Rethinking
Reconstructing
Reproducing

*

"精神译丛"
在汉语的国土
展望世界
致力于
当代精神生活的
反思、重建与再生产

*

Introduction à l' *Ethique* de Spinoza
La troisième partie: la vie affective

Pierre Macherey

精神译丛·徐晔 陈越 主编

[法]皮埃尔·马舍雷 著　赵文 译

感性生活：
斯宾诺莎《伦理学》第三部分导读

西北大学出版社
·西安·

皮埃尔·马舍雷

目　录

前言　/　1

"论受感致动的情状"部分的主题与谋篇布局　/　7
　　对受感致动的情状的理性观照("论受感致动的情状"的标题与序言)　/　9
　　从被动情状/激情到受感致动的情状　/　21
　　感性生活的组织方式　/　30

基本的概念和原理(定义和公设)　/　41
　　定义一和定义二　/　44
　　定义三　/　50
　　公设一和公设二　/　56

第一章　感性生活的自然基础和基本形式(命题一到命题十一)　/　63
　　1. 心灵的主动活动和被动活动(命题一、命题二和命题三)　/　65
　　2. Conatus(努力)(命题四到命题八)　/　90
　　3. 受感致动的基本情状(命题九、命题十和命题十一,受感致动的诸情状定义之定义一、定义二和定义三)　/　118
　　　　a/欲望及其双重决定(命题九及其附释,受感致动的诸情状定义之定义一)　/　122

b / 快乐和悲伤的对子(命题十、命题十一及其附释、受感致动的诸情状定义之定义二、定义三) / 145

第二章 受感致动的次级情状表现和对象关系的形成(命题十二到命题二十) / 163

1. 爱与恨(命题十二和命题十三及其绎理和附释,受感致动的诸情状定义之定义六和定义七) / 171
2. 联系与转移的机制(命题十四和命题十五及其绎理和附释,命题十六,受感致动的诸情状定义之定义八和定义九) / 185
3. 受感致动的情状的双向特征(命题十七及其附释) / 205
4. 受感致动的情状系统的时间性投射(命题十八及其两则附释,受感致动的诸情状定义之定义十二和定义十三,定义十四和定义十五,定义十六和定义十七,命题十九和命题二十) / 217

第三章 受感致动机制在人际间的表现形态和受感致动的情状的模仿(命题二十一到命题三十四) / 237

1. 二元组情境与三元组情境(命题二十一和命题二十二及其附释,受感致动的诸情状定义之定义十八和定义十九,命题二十三及其附释和命题二十四及其附释,受感致动的诸情状定义之定义二十三和定义二十四) / 247
2. 指向他人的感情和指向自我的感情(命题二十五和命题二十六及其附释,受感致动的诸情状定义之定义二十一和定义二十二、定义二十五和定义二十六、定义二十八和定义二十九) / 264

3. 受感致动的情状的模仿(命题二十七及其附释、绎理一、绎理二、绎理三,以及绎理三附释、受感致动的诸情状定义之定义三十三和定义三十五) / 282

4. 他人注视之下的动作(命题二十八,命题二十九及其附释,命题三十及其附释,受感致动的诸情状定义之定义三十和定义三十一、定义四十三和定义四十四) / 297

5. 受感致动的情状模仿机制的讨回效果:为自己和为他人的欲望与被欲望、爱与被爱、恨与被恨(命题三十一及其绎理和附释,命题三十二及其附释,命题三十三和命题三十四) / 319

第四章 感性冲突(命题三十五到命题四十七) / 343

1. 爱何以会转化为恨(命题三十五及其附释、命题三十六以及其绎理和附释、命题三十七和命题三十八,受感致动的诸情状定义之定义三十二) / 346

2. 拒你所欲和欲你所拒(命题三十九及其附释,命题四十及其附释和绎理一与绎理二及绎理二附释,命题四十一及其附释,命题四十一绎理及其附释,命题四十二、命题四十三和命题四十四及其附释,受感致动的诸情状定义之定义三十四、定义三十六、定义三十七、定义三十八、定义三十九和定义四十二) / 360

3. 厌憎和迷恋(命题四十五、命题四十六、命题四十七及其附释,受感致动的诸情状定义之定义五和定义十一) / 381

第五章 感性生活中的偶性和变动(命题四十八到命题五十七) / 393

1. 固着（命题四十八、命题四十九及附释） / 395
2. 预感（命题五十及其附释） / 404
3. 无常的喜怒哀乐（命题五十一及其附释，受感致动的诸情状定义之定义二十七、定义四十、定义四十一） / 407
4. 心灵的几种走锚情状（命题五十二及其附释，受感致动的诸情状定义之定义四、定义五、定义十和定义四十二） / 417
5. 忧虑与偏好（命题五十三及其绎理，命题五十四，命题五十五及其绎理、附释及该附释之绎理和附释，受感致动的诸情状定义之定义二十五和定义二十六） / 431
6. 关于偶性的感性行为的推导以及对受感致动的被动情状的一般定义（命题五十六，受感致动的诸情状定义之定义四十五、定义四十六、定义四十七、定义四十八，以及受感致动的情状的总定义） / 446
7. 个体感性体验的差异性（命题五十七及其附释） / 471

第六章 受感致动的主动情状（命题五十八和命题五十九） / 485

主要受感致动的情状形态索引 / 506
《伦理学》第三部分纲要 / 533

代译后记：斯宾诺莎《伦理学》Affectus 概念意涵锥指 / 540

前　言

本卷是对《伦理学》第三部分的阅读,是斯宾诺莎《伦理学》系列导读①的第二分册,本系列的第一分册是对《伦理学》第五部分的阅读,已于 1994 年出版。②在本导读的第一分册的开篇③,已经对这个导读计划、其目标及实现目标的方法作了一些解释:读者可以去参阅。在这里可以回顾一下,我们对斯宾诺莎《伦理学》作这一导读,意在为那些对《伦理学》文本有兴趣——不仅仅是对思想内容有兴趣,思想内容是颇有阐释的余地的——的读者提供一个解读的引导:本导读的意图是让斯宾诺莎所依循的推理的阐述更易为人所把握,他的这种推理是不能与它借以展开并表现自身的那种演证的部署体系(appareil démonstratif)相分离的。出于基本方法论需要的规定——这一规定要求在努力形成解释之前

---

① 为方便起见,在这里再标明一下《伦理学》五部分的顺序:"论神(第一部分)""论心灵(第二部分)""论受感致动的情状(第三部分)""论奴役(第四部分)""论自由(第五部分)"。

② 皮埃尔·马舍雷:《解放之途:斯宾诺莎〈伦理学〉第五部分导读》(P. Macherey, *Introduction à l'Ethique de Spinoza. La cinquième partie : les voies de la libération*, Paris, PUF, coll. «Les Grands Livres de la philosophie», 1994)。

③ 同上书,第 1—27 页。

先要确切完整地认识文本——,这里首先要逐字逐句地进入斯宾诺莎的文本;切勿用阐述观念的方式替换他的字句,仿佛这些观念是存在于离开书写它们的文本支持之外似的。这决定了利用这里给出的导读的方法:对导读的利用必须伴随着对斯宾诺莎文本的不断阅读,而对他的文本的阅读要尽可能地读原文,也就是说,读其文本的拉丁文原文①,并在逐字逐句研究地理解了原文的基础上对之作出重译;万不可将这里给出的导读当作这种直接阅读的替代,相反,这里的导读恰恰是以努力做到逐字逐句的直接阅读为前提的。

由于这一系列导读以多少有些随机的顺序发表出了对《伦理学》各部分的专门研究,故此,使《伦理学》的连续部分的次序始终显得不清。就此我不能再重复作出解释,但要说明的是,《伦理

---

① 我们在这里重提一下以原文形式出版的斯宾诺莎著作的现代版本:其一是 Van Vloten 和 Land 所整理的版本(M. Nijhoff 编辑,海牙,1882—1883),另一为 Gebhardt 整理的版本(C. Winters 编辑,海德堡 Universitaets buchhandlung 出版社 1925 年初版,1972 年再版;这一版本的第二卷为《伦理学》,今天广为研究者参引)。至于法文版——就《伦理学》而言——,仅有两个双语版(拉丁文和法文译本双栏对排):其一为 Appuhn 所编的版本,但这个版本在文本考订上颇有舛误之处(1934 年 Garnier 出版,1977 年 Vrin 再版,但实际上今天市面已经无此版本流通),另一为 Pautrat 编的版本(Seuil 出版社 1988 年出版),这个版本保留了 Gebhardt 编拉丁文版精审的印刷字体。斯宾诺莎文本至今没有完全令人满意的法文译本:如果我们想要理解斯宾诺莎的真正所言,首先就得知道他实际上是怎么说的,这就必须去读他的原文,意识到这一点,我们就得自己(从拉丁文原文)作出译解。在这一情况下形成的所有这些译解即贴近原文的,这种译解必须来自我们所提倡的这种阅读努力,也只有在这种阅读运动的过程中才能得出这种译解。

学》是由几个"部分(partes)"而不是由几"卷(libri)"组成全书的：借此编排样式，斯宾诺莎当然是想提请读者留意这项哲学事业的总全的特征，即便这项哲学事业是以连续的阶段推进完成的，也从来没有偏离著作标题所标明的主要目标，这个主要目标就是将阐明实践生活所必需的理性要素加以集合汇总。由此来看，《伦理学》的每个部分当然是与它们共属的思辨的总体不可分离，各部分在这个总体中各就其位，若脱离了这个总体，每个部分都将在很大程度上失去其意义。对文本的逐字逐句的阅读——这就是《伦理学》的这个系列导读所主张的阅读类型——切勿忽视这种有机联系，以本质上伦理性的关切——这是一个贯彻始终的关切——为出发点而进行的不同步骤的反思，也正是由这种有机联系而成了一个整体。话虽如此，但毕竟，如何将他的方法分解为即便不是绝对自动地被把握也至少是易于被明白领会的推理顺序，这一直也是斯宾诺莎的一个关切：显然也正是基于此一考虑，全书的论述才以系列命题的形式被呈现出来，这样便切分了论述的渐进过程，以便于使论述遵循共时性的和原因性的必然性。这部著作前后相继的各"部分"因而各自覆盖着相对独立的探究领域，它们在全书整体之中构成了"整体的部分"，从各自特有的角度共同映射出一个总的系统。故此，我们能够联系《伦理学》各部分的探究领域来对它们分别进行认识，只要做到如下这一点就可以，即，勿忽视尤其适用于全书通盘考量的积分整体性把握方式，这种积分整体性也是同全书的演证的部署体系的工作执行——这种演证的部署体系的工作执行过程一以贯之地展示着这种积分整体性——联系一体并纵贯全书的。①

这里要研究的《伦理学》第三部分正好位于贯穿于整部著作的线索的中心。在此前两部分的论述之中,斯宾诺莎先是给出了对若干普遍法则的阐述,只要事物的自然总体地并在其各部分的细节中都服从于原因性原则,那些普遍法则就整全地决定着事物的自然(第一部分"论神"),接着由此推导出了精神顺序所特有的工作规则,因精神顺序所属的"是"的种类不能化简为身体顺序所特有的受决定机制,故有其特殊的工作规则(第二部分"论心灵")。作为《伦理学》第三部分理性考察之对象的感性(感情)生活本身乃是这种心灵建制的特殊方面,这种心灵建制为形形色色的个体存有——就其普遍形式而论的个体存有,它们可以是人,也可以不是人——设定了基础;因此,在对伦理学说进行阐明之前,《伦理学》第三部分对一种真正的实践理论所内含的要素作出了界定。只有从这一部分出发,才有可能使对特殊地规定着——在个体方面和集体方面规定着——人的状况的那些样式加以推导成为可能(第四部分"论奴役"),这一推导进而又在关于实现解放的步骤的推理考察中得到了延续,那些使解放得以实现的步骤也将使理智的理论机能和感性的实践机能达成伦理的综合(第

---

① 要对《伦理学》的任一阶段——无论它是在全书的开始、全书的中间,还是全书的结尾——进行研究,都必须事先通读全书,这是一个总的规则。《伦理学》的证明的总集合,其复杂性最初是让人无法摸清的,为了便于开始时摸清楚一条道路,读者可参考本导读系列第一分册《解放之途:斯宾诺莎〈伦理学〉第五部分导读》附录中所给出的《伦理学》系统索引总表(前引书,第 205—230 页)。

五部分"论自由")。《伦理学》第三部分就受感致动诸情状加以推理得出的理论构成了一个关节,此一关节将专门对普遍而论的自然所进行的探究与对有其特殊性方面的人类存有的探究联系了起来:这一部分因而使我们能够从理论的视角过渡到实践的视角、从客观的视角过渡到主观的视角,同时又不会让我们将人这种存有思考得"像是一个国中之国(tanquam imperium in imperio)"①,也就是说不会使我们将人这种存有的决定机制绝对化,仿佛这些机制是在其自身之中充足的似的,这只是一种幻觉,这一幻觉实际上正是伦理解放的主要障碍。我们可以认为这一部分乃是整部《伦理学》所阐述的证明的枢机部分,这一部分具体而微地呈现了整部《伦理学》的基本证明方向。

---

① 这个经常被引用的提法出现在"论受感致动的情状"部分的序言之中,见后文第 11 页。

"论受感致动的情状"部分的主题与谋篇布局

Sujet et composition du *de Affectibus*

对受感致动的情状的理性观照
("论受感致动的情状"的标题与序言)

《伦理学》第二部分在"心灵的自然/性质和起源(de natura et origine mentis)"的标题下专门对从总的方面来看的心灵建制①的运作条件进行了研究,其范围是就这种心灵建制客观地被规定着全部"思想的事物(res cogitans)"所具有的现实性顺序的那些法则所决定的而言的,故此并没有——至少是在最初阶段没有——明确涉及人的特有自然。《伦理学》第三部分标题为"受感致动的情状的起源与自然/性质(de origine et natura affectuum)"②,这一部

---

① 心灵建制(régime mental)、精神系统(psychisme)这些提法更接近斯宾诺莎赋予 mens 一词的意思,尽管想要找一个更好的表达,但在这里我们还是沿用传统译法将 mens 译为"心灵"。

② 这个标题显然在措辞的形式上是对"论心灵"的标题的模仿。这两个部分,问题都是阐述精神系统的现实性的某些方面,只要这些方面是隶属在这样一种"自然/性质(natura)"之下的,即,这些方面虽然由某种外部的决定作用(un déterminisme extérieur)——比如身体的某种决定作用——的干预而来,但却也本然地属于同一个"自然/性质",这种"自然"完全地在它自身之内由它的特定条件所决定,而这些特定条件同样也是该"自然/性质"的"起源(origo)"——为此"自然/性质"给定了它的作用的客观基础的"起源"——所

分阐述了这种运作的特定方面,即与涵盖了全部可称为受感致动的情状的领域相应的那个方面,但并未进一步深入人的生存的特定系统之中:受制于受感致动的情状的共同特征的,[在"论心灵"部分里]一直指的都是"事物(res)",就这里的指涉而言,这"事物"即便不是所有存在者,至少也是生存的所有个体形式,也就是说是有生命的东西的全体,而不是指人格主体。所以说,得出的这些法则首先可适用于人的自然,或许还可以这样来看,即在伦理学语境中,将这些法则运用于人的自然,是特别为斯宾诺莎所关注的,但是,这些法则绝不是仅考察了人的本质而得出的结果,也就是说,绝不是说完全只考察人的本质——就仿佛人的本质是自治的现实性顺序的中心似的①——就能得出这些法则。

固定下来的。与心灵的活动的其他形式一样,受感致动的情状也通过它的原因得到解释,也就是说,通过规定着它的力量的那些法则得到解释——受感致动的情状构成了该"自然/性质"的一种具体表现,而受感致动的情状的力量也是该"自然/性质"的力量总体的一部分。

① 在"论受感致动的情状"命题三附释的结尾处,斯宾诺莎写道:"我可以用这种方式证明,被动激情与心灵构成关系的方式,同它们与个别事物构成关系的方式是一样的,而再无别的方式可以感知它们了;但我的计划是只论及人的心灵(hac ratione ostendere possem passiones eodem modo ad res singulates ac ad mentem referri nec alia ratione posse percipi ; sed meum institutum est de sola mente Humana agere)"。存在着被动情状的总形式(相应地也存在着主动情状的总形式),它同时地涉及所有个别的事物,无论它们属于什么"是"的种类,而不仅只涉及心灵或人的心灵。即便斯宾诺莎的计划主要是解释人的心灵的机制,我们也不要忘记,这些机制执行着的是也在其他领域里起作用的自然过程,其原因不唯仅见于人的心灵的自然之中,仿佛它们只决定着人的心灵的自然/性质,并构成了一个分离出来的实体顺序似的。

这一理论定位显然来自审慎的选择,斯宾诺莎通过这一选择使自身直接地同整个传统决裂。"论受感致动的情状"标题之下紧跟着的序言的第一句话就提示出了这一点:"大部分写文章谈论人的受感致动的情状和生活系统的人,好像不是在讨论遵守自然界的共同规律的自然事物,而是在讨论超出自然以外的事物似的。他们似乎简直把自然中的人设想得像是一个国中之国(plerique qui de affectibus et hominum vivendi ratione scripserunt videntur non de rebus naturalibus quae communes naturae leges sequuntur sed de rebus quae extra naturam sunt agere. Imo hominem in natura veluti imperium in imperio concipere videntur)。"① 于是,在人的自然之中,从其起源方面来看,似乎没有任何东西可以确证它是从事物的共同顺序中发端的,尽管人的自然完全服从于事物的共同顺序、人的自然也依循着事物的共同顺序的一般法则,即便它看上去表现出的情形是无序和混乱的,比如从受感致动的情状这一具体的情况来看尤其如此。

---

① "Tanquam imperium in imperio(像是一个国中之国)"这个提法以最直截了当的方式表现了斯宾诺莎的理论的反人道主义,他拒绝承认人的顺序是服从于自己法则的一个分离出去的现实性,人能通过这些法则而独立于共同的自然顺序,仿佛他所构成的"自然"在自然本身当中并无起源似的;斯宾诺莎的这种否认往往在割裂其语境的情况下被援引:事实上我们必须承认这个提法有一种象征性价值。"像是一个国中之国",这个提法的这一通常表达方式,在某种程度上迂回地表达了如下的原初意义:人被认为具有某种非凡的"权能(pouvoir)",它所与之断裂开来的不是属于这种或那种自然的"权能",而是自然本身的权能,这样一来我们便具有了某种神秘化了的思辨形式,而完全与事物的自然相脱节了。

在开篇就被斯宾诺莎所论断的这种激进立场，倾向于把受感致动的情状的种种现象移置到这种上下文中，从而对它们作中性化处理，然而，在大多数情况下，这些现象反倒没有得到公正的对待，因而不合法地被祛自然化并因而被非自然化了："实际上（论述这些问题的大多数人）确信人破坏自然的顺序而非遵循它（nam hominem naturae ordinem magis perturbare quam sequi… credunt）。""credere（确信）"这个动词在这里有着相当强烈的值性：它标明了一个事实，即，这种观点具有某种荒谬的特征，使自身完全服从于想象的法则，这是与真正的认识相对立的。这种信念无法自圆其说，这一点体现在它所造成的自相矛盾的后果之中：实际上，这种观点将人放在了相对于事物的自然而言的一个既过度又不足的位置之上。过度，是说人被赋予了超常的权能，据信凭此权能，"他自己有绝对能力控制自己的行为，除了他自己之外，没有什么决定着他（ipsum in suas actiones absolutam habere potentiam nec aliunde quam a se ipso determnari）"。不足，是说由于某种非理性的辩证法的缘故，这种特权会转向它的反面，绝对的权能本身转变成了无力状态的抵押品："找到了最雄辩的论据来攻击人人心灵的无能的那些人受到称扬，被提升到神的品级（qui humanae mentis impotentiam eloquentius vel argutius carpere novit veluti divinus habetur）。"这种思想方式的结果就是在人的自然中辨认出种种例外的性质，这些例外性质既被视为卓越的表现，也被视为不足的表现：将人看作"tanquam imperium in imperio（像是一个国中之国）"的这两种方式是对称且互补的，因为它们都无法恰当看待人的自然在普遍自然顺序之内的真正起源，反而代之以一种想象的自然，这种想象的自然被褫夺了规定着真正现实性的全部特征,只可能呈现为毫无连贯性的东西,因而也只可能是被某种内在否定性所掏空了的东西;这种否定性就体现在这个概念的自相矛盾之中。①

对受感致动的情状的总难题的这种理解方式是有缺陷的,因为这种理解方式与它的对象之间保持的是一种模仿性关系。道德家难免"慨叹、嘲讽、轻蔑或更为经常地憎恶(人的自然/性质)(quant flent, rident, contemnunt, vel, quod plerumque fit, detestantur)"②;所以"他们从未停止过对虚妄、荒谬和恐怖的谴责(quaeque vana, absurda et horrenda esse clamitant)"。这样看来,这些反对的形式恰恰也都是一些受感致动的情状:受感致动的情状被判断,但这种判断却是以受感致动的情状的名义作出的,是从必然被褫夺了客观性的观点出发作出的,因为这种观点的基础恰恰是它与它要证明的东西的完全同一,而我们在形成对它们的否定或肯定的态度之前首先必须努力去理解它们。我们至少可以

---

① 当斯宾诺莎在《伦理学》第五部分的序言中对古代哲学家(斯多葛学派)和现代哲学家(笛卡尔)的偏见——认为人被给予了对自己行动的全部首创性的偏见——进行批评的时候,斯宾诺莎将会以相同的方式解释说,这种将人看成机器同时也看成超人的看待方式,或者是既将人视为野兽也将人视为天使的看待方式,其前提是对人的本质的无知,和对人的本质的非自然化。

② 斯宾诺莎在《政治论》的开篇几乎以相同的措辞重申了这个观念:"哲学家总是把折磨我们的受感致动的情状看作是我们由于自己的过失而造成的缺陷或邪恶。因此他们惯于嘲讽、叹惋、斥责这些激情,或者为了显得比别人更虔诚,就以神的名义加以诅咒(affectus quibus conflictamur concipiunt philosophi veluti vitia in quae homines sua culpa labuntur; quos propterea ridere, flere, carpere vel, qui sanctiores videri volunt, detestari soient)。"

说,这种态度表明,它本身恰恰缺乏形成真知识所必需的拉开一段距离的审视,它完全没能形成对自身宣称要予以谴责的那种现象的控制:以践行这种态度为荣的那些人在无意识中深恐在自己身上发生那种现象,正是这种恐惧恰又使他们无法理解和支配他们自己的受感致动的情状,这些受感致动的情状的模棱两可的意向投射不过是被投射为一种基本上扭曲难辨的印象罢了。讥刺人的自然并主张通过明智的建议来改善它的大多数人都处在这个坏的循环之中;而且在这里,和在《伦理学》第五部分序言中将再次重申的一样,斯宾诺莎把笛卡尔引为一例来说明这种自相矛盾①,这一自相矛盾在纯理论的方案中使用了错误的前提,以人"有绝对能力掌控自己的行动(in suas actiones absolutam habere potentiam)"的表象为基础,并在其上建立起了一种生活规则。他使人成了一种例外的存在,借此方式嘲笑人的悲惨以彰显自己的伟大,反之亦然:高扬与贬损并行,这种奇怪的组合构成了多为道德家的明智之士的偏见,也是"心灵的混淆(fluctuatio animi)"现象的绝佳一例,我们将在后面看到这种"心灵的混淆"乃是我们受感致动的情状生活的常态。②

---

① 由于斯宾诺莎批判的矛头所向涉及所有的哲学家、神学家和道德家,而且一般都不直接点名,所以这种明确的指涉具有特别的重要性:在"论受感致动的情状"中斯宾诺莎沿用了笛卡尔在其论文《论灵魂的激情》(Les passions de l'âme)中给出的计划,所以在"论受感致动的情状"展开论述之始就点明笛卡尔的名字,我们可以看到斯宾诺莎与这篇论文展开了面对面的对话和争论,《伦理学》的这个部分可以说是以对此论文的旁注的方式写成的。

② 斯宾诺莎将在(《伦理学》第三部分)命题十七附释中对这个现象作典型描述。

斯宾诺莎意在打破这个循环，决意去做在他之前没人做过的事情，即"测定受感致动的情状的自然/性质（affectuum naturam determinari）"，就是说，从它的起源而不是就其本身去推断受感致动的情状，从而推导出其本质意义上的自然/性质的特征——而就受感致动的情状本身来作推断，是没有任何必然性的，不过是从它的自发展开中得出的一些想象性的标准罢了。这种路径绝非是不证自明的：这一路径的关键在于"用几何学方式去看待并通过理性去证明那些只能说是与理性相反的事物（more geometrico tractare et certa ratione demonstrare ea quae rationi repugnare… clamitant）"。科学看待受感致动的情状难题的这个计划是以拉开一段距离为前提的，这种距离可以使以超然的眼光审视受感致动的情状成为可能：但要做到这一点，就必须先要使自己摆脱受感致动的情状造成的异化作用力并把握它的运作机制。较之于其他部分，在《伦理学》的这个第三部分当中，"以几何学方式证明的伦理学"的这项事业更需要将理论问题与实践问题结合在一起：因为，我们若不理解受感致动的情状的自然/性质，又怎能对它形成控制呢？可是，反过来说，我们倘若不曾行使过对它的控制，又怎能认识它的自然/性质呢？为了让这两难困境间浮现的问题得到澄清，我们必须平和泰然待之①，为此，我们必须负起责任，对解决这些问题所必需的条件作出符合理性的解释。

---

① "平和泰然/自我满足（acquiescentia）"本身就是一种受感致动的情状。这种受感致动的情状后来通常被斯宾诺莎称为一种主动的受感致动的情状，心灵是它的充分原因：正是由于这一原因，这一受感致动的情状将成为《伦理学》第五部分阐明的解放规划的核心。

"这就是我的理由(mea haec est ratio)。"斯宾诺莎断言。我们不禁要将这句话理解为:这就是作为我出发点的假设。这个假设的关键在于主张将受感致动的情状完全整合入事物的共同顺序之中,既然它完全与自然的其他现象一样,也必然地服从于这个顺序的法则。我们的心灵建制由于其易变性,而且又由于它在那些力图领会它的人当中所激起的本能恐惧,似乎最为幽眇难测,但以这种类型来对它进行说明对知识来说则是可能的,这样一来我们的心灵建制在受感致动的情状方面也就是可以得到管控的了,只要它能被祛戏剧化并以某种方式被祛魅的话。现在,斯宾诺莎在《伦理学》展开的整个推理过程中论至此处,这项事业的理论基础已然得到了重新归并:原因性原则已经由"论神"部分所确证,这一原则不仅是普遍性的,而且存在论、逻辑和物理三个维度均依循着它,故此原因性原则概莫能外地适用于现实性的一切领域。这些基本的解释已经通过证明以完整的方式被给予了出来,其结果就是"自然中发生的一切,没有什么是可能归因于自然的无效的(nihil in natura fit quod ipsius vitio possit tribui)",换言之,我们必须把现实性和完满化理解为同一回事。① 道德家们往往反对这个原则,以便将"应然之是(ce qui doit être)"和现实性凭借自身内在的组织决定机制被给予出来的所是对立起来,若像这些道德家一样反对这个原则,就是拒绝承认"所有事物由其所成并因其而从一些形式变化到另一些形式的自然的法则和规则,是永远且到处同一的(naturae leges and regulae secundum quas omnia fiunt et ex unis formis in alias mutantur sunt ubique and semper

---

① 参看"论心灵"开篇部分定义六的陈述。

eaedem)",进而放弃了以连贯的观点看待事物。①现实性永远并到处服从于那些以同一种原因性原则为基础的法则,所以理解现实性的方式也不是多种的,我们必须承认"理解一切事物的自然/性质只有一种方式,也就是通过自然的普遍法则和规则(una eademque etiam debet esse ratio rerum qualicunque naturam intelligendi, nempe per leges et regulas naturae universales)"去理解。唯一正确的看待事物的方法显然是去认识遵循着法则的自然,这些法则表现着它的组织的实体性特征,所有事物——当然包括人及其行为——毫无例外地都是这些特征的表现和实现,我们是可以把握它们的,但必须依赖于对支配着它们、控制着它们的过程的那些普遍法则的认识,必须消除淆乱它们的一切危险,须知,那种淆乱毕竟只可能是暂时的和特殊的。

这就是说,要把受感致动的情状——毫无例外的所有受感致动的情状——视作事物,即便这些事物是发生在这样的事物身上的,"它们"自认为是自由的主体和自己的主人,然而这仅是一种虚构,一种由道德家、智者们的宏大话语详论并因而被放大的虚构。"仇恨、愤怒、嫉妒等受感致动的情状,就它们本身而论,正如其他个别事物一样,皆出于自然的同一的必然性和自然之能力/

---

① 应该指出的是,斯宾诺莎在对这种自然顺序的典型特征的描述中认为,这种顺序服从于一些规则性的法则,但他并非是从静态的和固定的角度来论及这一点的;斯宾诺莎注重于强调这种决定机制的动态特征,这种动态特征为事物的"所成(fiunt)"和"一些形式变化到另一些形式(ex unis formis in alias mutantur)"的过程奠定了依据基础。理解这种自然顺序的必然性,并不是说只是去谴责世界的不动性特征(immobilisme),而是要创造手段,以更好地把握使世界变动不居的那些条件。

德性(affectus odii, irae, invidiae, etc., in se considérai ex eadem naturae necessitate et virtute consequuntur ac reliqua singularia)。"在写下这个句子的时候,斯宾诺莎有意地选择了以否定性动作举止为例,这些动作举止展示了最阴暗和最恐怖的感情现实性,并且悖论地表现着"自然之能力/德性(naturae virtus)",也就是说,这种感情现实性的力量也注定要达到它必然的完满化。① 能力/德性转变为恶的这种颠倒是怎么发生的呢? 是由于这一事实,即,这里提到的这几种受感致动的情状是"在它们自身内被考虑"的,也就是说,是被放回到它们自身的自然/性质之中的,因而是不附加任何阐释的,那些阐释本身就充满了受感致动的情状,从而对这些受感致动的情状作出了过度决定,并使它们成为耻辱的标志,使它们只被表述为唤起忧惧并激发出由恐惧而来的否拒的本能反应的东西。但这种恐惧是由某动机而来的,并非这些事物本身——它们是仇恨、愤怒,或嫉妒的受感致动的情状——固有的特征,我们往往失察于这些事物本身的原因以及由这些原因而来的效果,这与我们看待其他个别事物时的失察是一样的。但是,一旦它们被置于它们所属的必然性顺序中,被我们如其所是地加以理解,即针对它们所依循的原因对它们的真正决定机制去理解,我们就会发现"它们也具有某些被很好地被规定了的特征,值得我们加以认识,正如我认识任何别的事物的特征一样,在单独地思考它们时可以使我们得到乐趣(certas proprietates habent cog-

---

① 在这里使用的修辞是"异质混杂(oxymore)",即在一个单一表述中包含有对立且明显相互排斥的意符。这种修辞以后会经常在斯宾诺莎笔下出现。

nitione nostra aeque dignas ac proprietates cujuscunque alterius rei cujus sola contemplatione delectamur）"①。我们通常因这些受感致动的情状爆发而被刺激起来的惧怕于是便转变成了一种真正的"乐趣"；这种乐趣对应的是理解的快乐，而理解的快乐是积极的受感致动的情状中的一种，它发挥作用将能使心灵恢复其全部的力量②；我们"思考"这些受感致动的情状，一如它们是与我们并无直接关涉的事物，这样才能发现它们的起源和它们的自然/性质，从而我们才能以全新的眼光、从不再令人不快的而是可以消除疑

---

① 这段"论受感致动的情状"的文字指涉了"论奴役"命题五十七附释的结尾部分，那则附释探讨的是骄傲与自卑，其文字如下："自然的法则只涉及自然的共同顺序，而人却只是此自然的共同顺序中的一部分；我愿意附带提到这点，以便人们不致怀疑我只是列举人们的恶习或荒谬举动，而未曾科学地证明事物的自然或特点。因为在第三部分的序言里，我已经说过，我考察人类受感致动的情状的性质，与考察其他自然事物的性质完全取同样的态度。实际上，人的受感致动的情状即便不能表示人的力量和精巧，至少足以表示自然的力量和自然的精巧，绝不亚于我们所赞美的和带着乐趣所思考的其他事物（et sane humani affectus, si non humanae, naturae saltem potentiam et artijicium non minus indicant quam multa alia quae admiramur quorumque contemplatione delectamur）。"人的受感致动的情状是自然的创造力的丰富性——不可穷尽的丰富性——不可替代的证据：如果我们观察它们本身，感到的不是哀伤，而是快乐。

② "delectari（乐趣）"同样也用在"论奴役"命题五十七附释结尾部分的相同语境之中，这个词将在"论自由"部分命题三十二的陈述中由斯宾诺莎进行说明，它是心灵在第三种知识的实践过程中所拥有的特征。正如他的传记作者所记载的那样，斯宾诺莎本人在观看蜘蛛搏斗的时候也体验着这种乐趣，蜘蛛的搏斗释放着仇恨、愤怒和嫉妒的受感致动的情状。

虑的——至少是饶有趣味的——角度看待它们。正如我们能看到的那样，有关受感致动的情状的知识就算带着受感致动的情状的标记仍旧可以形成真知识，只要它获得了被控制了的受感致动的情状的形式——在受到控制之后，受感致动的情状便不再与平时使我们异化并在理论和实践上妨害我们控制它们的表现的那种自发式爆发有关了。

即便受感致动的情状的表现呈现出了一定数量的特殊性质——我们必须对它们作专门研究——，也不必过分强调它们的差异，不必把它们看作 tanquam imperium in imperio（像是一个国中之国），也就是说，仿佛它们服从的规则并不是指导事物的通常原因的那些规则似的，或它们有着打破事物的通常原因的非常力量似的。正是由于这一原因，斯宾诺莎才在"论受感致动的情状"的序言最后几行里解释说："为了考察受感致动的情状的自然/性质和作用力（forces），以及心灵对它们的权力（pouvoir），我将重复在前面两部分中考察神和心灵的同样的方法；并且我将要考察人类的行动和欲望，如同我考察线、面和体积一样（et humanas actiones atque appetitus considerabo perinde ac si quaestio de lineis, planis aut de cotporibus esset）。"①这个具有挑衅性的提法对受感致动

---

① 在明确提及了"论受感致动的情状"序言的"论奴役"命题五十七附释中，斯宾诺莎解释自卑的后果时说："这些事物都必然地跟随着这种受感致动的情状，就如三个角之和等于两个直角必然跟随着三角形的自然一样（haec ex hoc affectu tam necessario sequuntur quam ex natura trianguli quod ejus tres anguli aequales sint duobus rectis）。"在这里理解的关键在于效果总是"跟随着（sequuntur）"——在存在论意义上、逻辑意义上和物理意义上"跟随着"——它们的原因。

的情状生活的科学研究的计划作出了特别的强调,它无疑要勾勒这种生活的客观机制,得出精确的陈述——而这种精确的陈述也要采用几何学的陈述结构——,从而澄清来龙去脉、原因和效果,这个计划依循的程序也是《伦理学》第三部分的标题所透露出来的:"受感致动的情状的起源与自然(de origine et natura affectuum)"。

从被动情状/激情到受感致动的情状

由此出发的理论取向从一开始就体现在术语的选择上,这一点是极为关键的:斯宾诺莎在指明《伦理学》第三部分所从事的调查的范围时,坚持使用"受感致动的情状(affectus)"①这个词,该词不仅出现在这一部分的标题之中,还将在后面的文本中出现170次。斯宾诺莎一上来就在标题中使用"受感致动的情状"这个词,明显挑明了一种理论转移的必要性,并随后在序言中对这种理论转移进行了论证。实际上,断言人是一种特殊存在者的那些道德家说人既是神奇的同时又是恐怖的,他们在说什么呢?他们说的是人的"被动情状(passions)",道德家们谴责这些被动情

---

① 为了保持这个概念的客观意义——在真正科学视角之下被描述的客观意义——,它绝对只能用"affect(受感致动的情状)"这个法语词来翻译,尽管这个词已经不属于当前通用的语言了:正是由于这一原因,该词标明了斯宾诺莎对"感情"难题的理解方式同传统理解方式的断裂。这一断裂正是斯宾诺莎那里的典型特征。

我们最好可以用"sentiment(感觉反应)"来理解 affectus(受感致动的情状):"论受感致动的情状"部分描述了一个意大利语词"affetti"所形容的斑斓色彩混淆杂染的世界。

状的肆虐,他们将它们的成因归咎于人的自然,或是人的意志的不确定性,他们将它们解释为人的虚弱和败坏的标志。对这种主体作此论述的理论只可能是不能自圆其说的,因为它们把人的异化的标志转变成了某种可能的自由的证据,进而以确定的方式遮蔽了异化必然以之为基础的那些机制,使这种机制没有受到任何意向主动性的干预,因而更不必说使应被归咎于这些机制的罪责(culpabilité)概念受到任何干预了。要清除这些含混——对真正理解指导着受感致动的情状机制的客观法则来说,它们形成了一种障碍——,我们必须相应地使用新的词语,以便扫清传统所说的灵魂的激情(passions de l'âme)的含义,这个提法可以追溯至笛卡尔:实际上,"passion(passio)"这个词,即便斯宾诺莎没有完全从"论受感致动的情状"这部分的陈述中取消,在这部分陈述中也仅仅只出现过18次,出现频率仅为"affect"的十分之一,可见该词的重要性被相对化了。

一反探究此类问题的人们通常使用的方法,不是谈被动情状或激情(passion),而是谈论受感致动的情状,这么做在某种程度上就是在矫正我们观照人这种存有的最敏感方面时通常所采用的视角,这样才能更少风险而更有把握地在责任与过失的角度之外测定它们必然依赖的那些原因①:"受感致动的情状"这个词因

---

① 通过《论灵魂的激情》的理性分析,笛卡尔已经走上了纠正被动情状难题的这条道路,但是却并未像斯宾诺莎所主张的那样放弃道德化的视角,笛卡尔的这种视角建立在关于意志及其权能(pouvoirs)的错误观念之上:这恰恰是斯宾诺莎力图以"受感致动的情状"——无论它们是否是人的"受感致动的情状"——客观研究取代激情研究的方式加以避免的含混。

而以临床观察的精确性客观中立地指称心灵的某种状态或倾向（disposition），只要心灵以这种或那种方式"被促动"并因而被导向这类或那类关切，此外再无别的意思。无疑，我们将会看到，受感致动的情状的机制通常使我们发生异化，使我们陷入无力状态，这种状态无疑是有害的：这些扰动——它们无疑应受到适当的控制——是恶的，这话的意思和我们说身体有疾病的意思一样，疾病是这样的事物，即，它们以并非起源于身体自身的自然/性质的方式降到身体上，因为它们构成的偶然改变是从外部损害这种自然的。① 故此，受感致动的情状的作用应受的价值判断——就它们总是限制着我们的行动力量而言——无涉于道德谴责，那种道德谴责不过是对人的被动情状或激情的苦情剧的仪式性满足罢了，这种苦情剧展示灾难，其结果也不过是让应得的惩罚降临：就好像所有事物②都该当遭受这些恶的折磨，甚至这些恶挑战的是这种事物的构成似的！

因此，斯宾诺莎在阐述受感致动的情状的一般难题的过程中慎重地使用着"受感致动的情状"和"被动情状/激情"这两个词，前者表现的是后者的真概念，而后者只是前者给予出的一种呈现，这种呈现是衍生的、局部的，以及——如果我们坚持使用一个常用说法来说的话——不充分的。在《伦理学》接下来的部分里，当斯宾诺莎在同一个层面并用这两个词的时候，就是说当他说

---

① "除非由于一外部原因，否则没有事物能被消灭（nulla res nisi a causa extema potest destrui）"：这个由"论受感致动的情状"命题四提出的论点在这个部分的全部论证中拥有核心地位。

② 显然，马舍雷这里所说的"chose（事物）"是"人"。——译注

"被动情状/激情或受感致动的情状(passio seu affectus)"①的时候,他的意思是,心灵的所有被动情状——只要它们困扰着心灵,被心灵体验为在"被动情状"的真正意义上的种种激情——都是受感致动的情状,但绝不能反过来说所有受感致动的情状都是被动情状/激情。正是由于这一原因,才能得出结论说对受感致动的情状的科学分析终将获得伦理学意义:如果说并非所有的受感致动的情状都是被动情状/激情,也就是说,在为"passion"一词给定其准确的意义上来说,如果说并非所有的受感致动的情状都是心灵在外部原因的干预中所经受的冲动之下的被动情状,这句话的意思是,受感致动的情状并非不可避免地是对我们的心灵建制施加扰乱,并非必定是与心灵的理性理解力的积极功能相异的影响;换言之,感觉与理知不是两个分开的、潜在地冲突着的官能,相反,它们的干预是能够相互协调起来的;感觉与理知有着完全相同的源头,即心灵生产着纯然心理应变致动的状态(affections)的机能,心灵的应变致动产物就是观念——心灵的自然/性质就是由这种机能定义的。毋宁说,感觉与理知是可以和谐统一的,两者的和谐统一也正是《伦理学》第五部分所描述的解放过程的基础。在本著作的这最后一部分,斯宾诺莎将开始阐明一些条件,在这些条件之下,"乃是被动情状/激情的一个受感致动的情状……将不复为一被动情状/激情(affectus qui passio est desinit es-

---

① "被动情状/激情或受感致动的情状的作用力能够压倒人的其余主动活动或力量,以至于此种受感致动的情状以极强的作用力束缚住人(vis alicujus passionis seu affectus reliquas hominis actiones seu potentiam superare potest ita ut affectus pertinaciter homini adhaerat)。"(《伦理学》第四部分命题六)

sepassio)"①,而又不会失去它之为受感致动的情状的本来特征。

在"论受感致动的情状"的整个论述过程中,斯宾诺莎只要使用 passio 一词,绝大多数情况都是在侧重于其动词词根 pati(经受、经历,均有承受的意义)的意义上来使用的,故此,passio 不能与其反义——即相对动词 agere(主动)的反义——相分离,pati 与 agere 构成了被动性和主动性的选择关系,这种选择关系为斯宾诺莎的全部受感致动的情状学说划定了理论空间②:正是由于这一原因,"受感致动的情状"一词优于"被动情状/激情"一词,因为它更具普遍范围,它笼统地包括了在受动性与主动性两极间展开的所有受感致动的情状,③也就是说包括了主动的受感致动的情状和被动的受感致动的情状,后者就是激情。④

---

① 《伦理学》第五部分命题三。

② 参看《伦理学》第三部分定义二:"……我便说此时我们是主动的(nos tum agere dico tum…)。相反……我便说此时我们是被动的(at contra nos pati dico cum…)。"

③ 参看《伦理学》第三部分定义三:"我们倘若可能是这些应变致动的状态的任何一个的充分原因,我便把这个受感致动的情状理解为主动性,否则,就将之理解为被动性(si alicujus harum affectionum adaequata possimus esse causa, tum per affectum actionem intelligo, alias passionem)。"

④ 参看《伦理学》第三部分命题五十八:"除了乃是被动情状/激情的快乐和欲望之外,还有别的快乐和欲望的受感致动的情状会与我们——只要我们是主动的——相关(praeter laetitiam et cupiditatem quae passiones sunt, alij laetitiae et cupiditatis affectus dantur, qui ad nos quatenus agimus referuntur)。"《伦理学》第四部分命题五十八附释则相反,涉及的是"乃是被动情状的受感致动的情状(affectus qui passiones sunt)",隐含地与这里的这类受感致动的情状相对立,后者不是心灵的被动情状,而是心灵的主动情状。

然而,在"受感致动的情状的总定义"——这个总定义总结了"论受感致动的情状"的阐述——之中,斯宾诺莎似乎又重拾起了在前面的论述中已被取消了的该词那种通行的用法,而谈到了"可以被称为灵魂的苦楚(pathema)的受感致动的情状(affectus qui animi pathema dicitur)",而在受感致动的情状这条总定义所附的解释中,这个提法又被表述为如下形式:"受感致动的情状或灵魂的激情(affectus seu passio animi)"。此总定义主体部分所使用的 pathema 一词无疑来自希腊语,在希腊语中这是一个医学词汇,而整部《伦理学》对该词的使用极为罕见,仅此出现过一次,而且被用作 passio 的同义词,这么做是为了以这个特殊的词来拉开一段距离,在某种程度上表示对这种表述的不认同。pathema 和 passio 这两个词在这里与名词"灵魂(animus)"相联系,而这个名词在《伦理学》中也是极为罕见的①,斯宾诺莎已经用具有科学色彩的 mens 一词取代了它,理由同用受感致动的情状取代激情的理由完全相同,mens 表现的是精神顺序的实际现实性,只要这种现实性是属于思想的事物所特有的客观法则系统的。受感致动的被动情状(或应恰当地被称为"激情")与受感致动的主动情状之间的区别有着十分关键的伦理学意义,因而是相当有益的,因为,在《伦理学》第五部分里,这种区别将引导着整个解放过程,也就是说,只要我们在心灵中把受感致动的被动情状和受感致动的主动情状的关系颠倒过来就可以使解放的实现成为可能。然而,在这则总定义中,斯宾诺莎把受感致动的情状——应从最普遍角度

---

① Passio(激情)一词在《伦理学》中出现 74 次,anima(灵魂)仅出现 8 次,而 mens(心灵)则出现了 590 次。

来观之的受感致动的情状——简化成"灵魂的激情(passiones animi)",他这么做,岂非是大笔一勾抹杀了受感致动的主动情状和被动情状之间的那种具有伦理学价值的区别了吗?我们应该这样来理解,即,当他说"可以被称为灵魂的苦楚的受感致动的情状"的时候——而且他在这则总定义中还指出受感致动的情状是一种"混淆的观念(confusa idea)"并因而持续地直接将这层意思典型化了——,斯宾诺莎仅限于用此定义来界说深受真正意义上的激情困扰并主要表现出被动性的那些受感致动的情状,而未涉及受感致动的情状的全部主动性因素,而那些主动性因素必定是与充分观念的生产联系着的。因此,我们看不到有什么理由能使我们认可此定义具有"受感致动的情状的总定义"的地位,这个"定义"只能被理解为是对受感致动的被动情状的总定义。这里的讨论引出了相当关键的理论问题,即,就其所有表现形态而论,受感致动的情状是否总是永远沾染着被动性?以及,即便某些受感致动的情状是主动的,它们之中是否还存在着被动的因素?心灵能完全主动而无一点被动吗?或者,心灵是否确乎处于被动性与主动性的两极之间,必定依循两套建制时而主动、时而被动吗?若是如此,这两套建制间转换的阈限又是什么呢?

让我们提出这样一个假说:斯宾诺莎在"受感致动的情状的总定义"中按照表述感性的通常说法谈论 pathema(苦楚)或 passio(激情)概念并将之视同 affectus(受感致动的情状),目的就是要纠正这种提法,并修订其理论意义,以便用更为精确的另外的表达和思想方式替换掉此类通常说法。他是想让我们明白,当我们泛泛地谈论感性的时候,当我们将感性理解并描述为激情的时候,我们就标划出了一个有待分析的领域,这个领域的客观现实性只有通过对受感致动的情状这一概念的考察才能得到真正的思考,而受感致动的情状即指心灵的应变制动的状态,它们皆是纯粹精神或心理的样式表现,因而也都是只有从着眼于观念生产条件的角度才能被理解的观念的样式表现;而就此"总定义"所论情况而言,也就是说,就人们习惯称为激情的所有感情而言,它们都是心灵的混淆观念的样式表现。这则"受感致动的情状的总定义"因而是为了表明对感性的笼统理解仅将之视为被动情状/激情,但实际上感性是有客观现实性的,受感致动的种种情状因而是可以得到科学分析的。这种"总定义"提示的这种理解上的"笼统性"首先是一种 modus cogitandi(思想样式),但也更是一种 modus indicandi(指代的样式),这种笼统性会引发混淆,且不能排除受感致动的情状还有其他的方面,而那些其他方面是此一笼统理解未把握到的。受感致动的情状的其他的方面就是那些受感致动的主动情状,没有任何理由可以使我们认为那些受感致动的主动情状可被片面地归入混淆的观念,它们不能为此一"总定义"所涵盖,《伦理学》将在后文对此详加考察。

最后,让我们引用一则原文来结束这一术语分析。《伦理学》第四部分将专门描述这样一种人的状况,即人在日常生活中因自发的激情而相互冲突,这些冲突还会发展为不受任何理性控制的恣肆泛滥的状态,在这一部分,斯宾诺莎解释说,"只要人们受乃是被动情状/激情的受感致动的情状的困扰,人们在自然/性质上就可能不相合(homines natura discrepare possunt quatenus affectibus qui passiones sunt conflictantur)",而且"只要人受制于乃是被动激情的受感致动的情状,他们就可能相互背反(quatenus affectibus

qui passiones sunt conflictantur possunt invicem esse contrant）"。①
"受……困扰（conflictari）"指经受和遭受,而且还意味着在历经痛苦的意义上而言的经受和遭受,此种情况具有"传染病"的全部特征,在此过程中有机体感染外来有害因素,这些外来因素让该有机体不能完整发挥其能力：斯宾诺莎解释说,人们正是由于受此困扰,他们才相互发生干涉,每个个人都把影响着他们自己的外部原因加于他们的那些限制又加于他人,甚至是成倍地加于他人,但这种情况又不能归责于每个个人。"只要（quatenus）"他们在心理上受困于这种类型的受感致动的情状（被动情状/激情）,我们就可以说人是异化的,并且是相互之间疏离的；但是,对quatenus（只要）一词的使用——这个词在受感致动的情状的理论中扮演着关键的角色——,使得这一断言的范围相对化了,因为,这个词使我们能够取消受感致动的情状和被动情状/激情之间那种自发的等同。仅当受感致动的情状具有被动情状/激情的形式的时候,也就是说仅当受感致动的情状具有被动遭受的感觉形式的时候,它们才是对人的生存而言有害而无益的受感致动的情状。一旦它不再是一种被动情状/激情②,则此受感致动的情状就达到了一个全然不同的地位,不再代表人的奴役状态的典型形式,而是成为人的解放的有益手段。

---

① 《伦理学》第四部分命题三十三和命题三十四。
② 这个提法已经提到过,参看《伦理学》第五部分命题三。

感性生活的组织方式

　　道德家们致力于抨击人的变易无常,留下了连篇累牍的论述,他们所批评的这种不稳定性和易变性,也正是感性最为显见的一个方面。斯宾诺莎在对心理现实性的这个极为特殊的方面进行研究时,面对的是一个无限微妙的世界,那些初看上去难以察觉和不为人知的比例在这个世界里起着作用。感性生活,充满了不断的反弹、含混两可和兜转迂回,既然如此,理性程序的严格性即便取法于几何学,将一切都放回到线与面的问题之中,又怎能在使这种生活不失去活力的情况下,将它还原为笔直的纯粹线条以放大它的特征、为它给予显然静态的表述来固定它呢?这就是"Affectibus(论受感致动的情状)"这部分的阐述的难点所在,在阐述的过程中,斯宾诺莎主张对受感制动的情状的生活中精妙细密的网络组织进行拆解并呈现其错综性,避免不恰当的简化做法,保留其组织方式在自然中的复杂特征;换一种说法来表述这种难点,那就是,他所从事的工作即在非逻辑显然占支配地位的地方重新引入一种确定的逻辑。斯宾诺莎的计划,如其在"论受感致动的情状"序言中专门谈到过的那样,就是以好的方式去证明受感致动的情状也有着逻辑,在它们无序的表象背后,甚至是在它们表面上的谵妄的背后,这一逻辑也必然地决定着它们的自然/性质,而无须从它们的个别历史的角度去清点、说明它们由怎样的例外和随机组成,因而也无须求助于见证着人的卓越同时也见证着人的堕落的自由意志的意向原则。要实现这个计划,能够依循的只有一条途径,它也是无一例外地适用于所有现实性领域的途径:这就是原因性解释,这种原因性解释同时着眼于存在论、逻辑和物理的层面,只有这样才可能追溯至受感致动的情状的现实性的源头,并进而重建其现实性的整个网络,这个网络正是从那些源头生产出来的,关于这个网络的知识因而也可以从那些源头推演出来。于是,就有了这样一条使"论受感致动的情状"部分的阐述得以建构起来的极为简单的原则:首先必须回到受感致动的情状的系统建基其上的那些基础,正是它们为这一系统指派了某种稳定性和恒常性,它们因而能展示跟随它们而来并且是它们的展开的全部后果的由来——这些后果也因而都处在多种微妙的样式变化的范围之内——,也正是这些基础日复一日地形成了我们的"感情"和我们的"感性冲动"的基质。

"论受感致动的情状"前十一个命题致力于阐明感性的基础。这些命题陈述了所有受感致动的情状的所有表现中无一例外地贯穿着的动力原则,正是因为有了这些原则,它的种种表现才能够呈现为系统。处在这组命题阐述的中心位置的,就是众所周知的受感致动的情状由其起源而来的真正自然/性质的相关阐释——而其来源也是一个至关重要的概念,即 conatus(努力)——,即命题六、命题七和命题八:受感致动的情状(affectuum)这个概念极为宽泛,因为它无区别地涉及身体和心灵两套顺序,因而揭示的是一种动能因素,我们几乎只能说它的意思就是指力量的动量性状,这种力量的动量性状在每个事物的现实性的基底中都存在着,构成着它们各自的"实际本质(actualis essentia)";对这个基础的发现,打开了一种视角,使我们可以从着眼于结构性系统的角度去审视感性生活的全部体系,进而看到，每个事物所特有的 conatus（努力）的力量和能量只有借由这个系统才能被授予每个事物，也就是说，每个事物所特有的 conatus（努力）的力量和能量才可能在一个阈值区间内得到分配，其最小值对应为被动性一极，而其最大值则对应为主动性一极。

在勾勒了这个基础性的结构系统之后，有关受感致动的情状的基本论点也随即就位，这就是命题九、命题十和命题十一所论述的内容：这三个命题直接从 conatus（努力）的自然/性质中推导出了几个"受感致动的基本情状（affectus primarii）"①，其数量为三，它们是"欲望（cupiditas）""快乐（laetitia）"和"悲伤（tristesse）"；在随后的我们感性生活里的各种组合配置之中都可以发现这三个受感致动的基本情状，它们为全部的组合赋予了某种恒常性，使之万变不离其宗。这些在某种意义上构成了心理学上的受感致动的情状的基本形式，犹如"最简单的物体（corpora simplicissima）"②构成了物理学的基础元素：它们构成了基本组成成分。这也就是说，这三个受感致动的基本情状是一切心理现实性的基础元素，所有的心理现实性的复杂细节皆由它们衍生变化而来。在说明了这些要素的特征之后，我们才可能由此理解它们是怎样组织出可被我们称为"受感致动的情状丛结"的那些感性形式的：受感致动的情状不仅只与心灵有关，它还同对于外部事物的表述

---

① 这个概念是在命题十一附释中被引入的。

② "论心灵"部分命题十三和命题十四之间插入了一部分论述，这部分论述的引理三后面附有两则公理。"最简单的物体（corpora simplicissima）"这一概念即出现在公理二的评注之中。

相关,当其与对外部事物的表述相联系的时候,前述三个基本要素便演化出不同的形态和组合,这些不同的形态和组合就是这里所说的"受感致动的情状丛结"。斯宾诺莎将从"论受感致动的情状"部分命题十二开始对这些"丛结"进行推导,这一推导过程要持续到著作的这部分的结尾。

实际上,这些受感致动的情状要素性形式由于是从 conatus(努力)中发展出来的,也就是说,由于都是 conatus(努力)的直接表现,因而都具有这样一种特殊性,即,它们都表现为不受约束的受感致动的情状,也就是说,它们都是仅与心灵状态的波动相关且仅与心灵本身相联系的心灵活动;换言之,受感致动的三个基本情状应被厘定为 conatus(努力)本身的表现,而并非是固定地指向任何被决定的对象的。① 既然如此,那么是什么使受感致动的次级情状与它们的那些基本形式相区分的呢?是由于这样一个

---

① 要想理解受感致动的情状的这些初始特征,我们就得追问一下,我们是否必须以发生学视角去观照这些特征,也就是说,受感致动的情状的初始特征是否是先于受感致动的情状丛结的形成而发展的。如果是这样的话,斯宾诺莎的思路就是与弗洛伊德所依循的思路——比如《关于儿童性特性的研究(*Etudes sur la sexualité infantile*)》的思路——是相同的。但我们会看到,事实上二者思路是不同的:在斯宾诺莎那里倘若有一种感性的发生学,此发生学将会与他有关借由三种受感致动的基本情状表现其自身的 conatus(努力)的全部学说体系相抵牾。受感致动的基本情状与受感致动的情状丛结——也可类比地称之为受感致动的次级情状——之间的关系是无法借发生学来解释的。在随后衍生出的所有受感致动的情状的形态中,都能发现那三种受感致动的基本情状。因此,受感致动的三个基本情状不能等同于儿童阶段或未成年阶段的受感致动的情状。

事实:受感致动的次级情状在表现着与conatus(努力)有固定联系的力量的同时,还将这种表现同对事物的这样一些表述联系起来,这些事物的表述——斯宾诺莎解释说——完全是受想象机制制约的。在这些条件下,受感致动的情状出现了新的组配方式,它们与此前呈现的那些基本形态完全不同:所有的感性冲动实质上都是欲望,但欲望并不仅只受出自conatus(努力)的能量的推动,还表现出指向对象的趋附性,只要那些对象是被欲望认作其目标的;换言之,在斯宾诺莎看来构成了感性典型形式的欲望不是自在地自我确证的欲望,而总是对某事物的欲望,因此,欲望是不能再仅由conatus(努力)的内部运动来解释的;因此,欲望的表现方式总是伴随有快乐和悲伤,快乐和悲伤标志着存有和动作的力量的增减。快乐和悲伤总是通过想象机制而与外部原因相联系的,因此,这两种受感致动的情状也借由它们所联系的那些外部原因而被体验,在这种体验中,这两种受感致动的情状分别呈现为"爱(amor)"和"恨(odium)"的形态。"爱"和"恨"这两种形态即我们所说的"以对象为导向的受感致动的情状"。这两种形态因此也与三种受感致动的基本情状发生了区别。三种受感致动的基本情状是完全与被决定的对象无关的。这一点将是《伦理学》这部分的分析重点。斯宾诺莎将通过分析证明爱与恨的巨大装置是怎么形成的,又怎样地具有极为多变的形式,这些形式的无限复杂的机制构成了我们绝大部分感性生活。

爱与恨就是对外部事物的趋附和排斥,而爱与恨可能具有的全部形式皆为以对象为导向的受感致动的情状。对此类受感致动的情状的研究本身要求进行新的分类。从命题十二到命题二十，斯宾诺莎对这些"冲动"进行了考察，说它们是"冲动"，是因为它们总是与事物一般相关联，而且欲望"主体"与欲望"对象"间的关系是模糊含混的：人欲望事物，欲望由于是人的conatus（欲望）的表现，因而来自人的内心最深处，但有待于认识的是，是什么机制使欲望指向了特定的现实性的，而这种欲望指向只能从别的来源、只能凭借完全独立的原因才能得到解释。婴孩为什么欲望乳汁？酗酒者为什么酷爱酒精？是出于真正与这些被欲望的事物的自然/性质相关的理由吗？如果是这样的话，受感致动的情状就是一种意向性的冲动，是由对被欲望的事物的客观自然/性质的判断激发起来的冲动：这正是道德家们、自由意志理论家们所主张的假设，而自由意志——只要被眼睛所见——皆映照着人的伟大和悲惨；在他们看来，我们因事物之所是而欲望事物，这是出于审慎的选择的，而我们的欲望也自有其动机，无论这些动机善恶，它们都有自己的理据。斯宾诺莎却主张完全相反的论点：我们并非因事物之所是而欲望事物，甚至完全相反，恰恰是因为我们自发地陷于对事物——就我们欲望它们而言——的真正自然/性质的无知之中，我们才欲望它们；我们甚至还要更进一步地承认，与我们的欲望显现相伴随的那些动机——无论那些动机是否是可以公开承认的，无论它们是真还是假——都不在欲望冲动的过程中起决定作用。那些动机是纯粹偶然的，是与身体与物体/身体的不可重复的相遇有关的，是与这些相遇经由想象机制加工而产生的心理反射有关的，而这些心理的反射在实质上必然都是混淆的观念。我们爱或恨事物的原因总是自发地想象性的，①我们的欲望之所以有独特的趋向，唯一原因就在于想象的工作机制使然，想象机制生产出诸多想象性表述，我们的倾向又因这些想象性表述而发生不可避免的偏向，被撕扯于冲动（冲动的原因实质在我们自身之内）和观念之间，但那些观念却并非对事物的观念，而是对事物的印象的观念，印象的痕迹一旦被铭刻为我们身体组织的一部分就会成为恒久的身体记忆。"论受感致动的情状"命题十二到命题二十这个部分分析了想象特有的两个工作步骤：联系（association）和转移（transfert）。想象的这两个工作步骤直接决定着欲望对事物的固着，但造成这种固着的原因与这些欲望显现时所伴随的或多或少意识性的动机没有任何关系。在这一情况下，受感致动的情状所特有的特征得到突出强调，这个特征就是：受感致动的情状通过自己自发的展开而总是表现出"双向性"。实际上，联系和转移的机制的工作状态条件总是造成心灵被撕扯于主动性和被动性之间、快乐和悲伤之间、爱与恨之间，而永远都不可能确定地指明心灵归属于两极状态中的哪一个。命题十七附释分析了"心灵的混

---

① 然而我们要注意切勿太过笼统地理解这种解释，不要把想象的工作机制理解为一种单一形式的模型。促使婴儿去抓取奶瓶的受感致动的情状由混淆的观念引发，促使醉汉想办法满足他的激情的那种受感致动的情状亦然。但是，两种情况中的混淆观念的混淆方式却是不同的，将婴儿和醉汉的受感致动的情状等量齐观是荒谬不通的。醉汉无疑仍是一个对自身无知的儿童，但是受母乳哺育的婴儿却绝不是一个潜在的嗜酒者，婴儿的本能让其与自己欲望的"好的对象"相关联，尽管这种关联不是基于对原因的充分认识的，但这种本能并不欺骗他。在论述想象的时候，斯宾诺莎总是使自己与有关欺骗性力量的传统论述拉开距离。

淆(fluctuatio animi)",它是这种不确定性的极端后果,此则附释以示例的方式说明了受感致动的情状的自然显现所特有的不稳定状况。

在"论受感致动的情状"命题二十一之中,对以对象为导向的受感致动的情状的分析采取了一个关键步骤,在那里,斯宾诺莎探讨的情况是我们由于全然在我们自身之中的原因——因为,在此同时,这些原因皆来自我们的 conatus(努力)的表现——而欲望着事物的情况,在这种情况中,这些原因所依赖的那些个别程序使我们偶然地形成了某些事物是可欲的表述,也使它们自身被表述了出来——表述总是想象的,因为,只有通过想象的中介,事物才能被建构为欲望的对象,正如只有通过想象的中介才能得出快乐与悲伤的感受,进而才会在致动趋势上对那些可以被称为属于我们的事物有爱与恨的固着。此后,欲望便在这一语境中持续展开,与以往所设想的不同的是,在这一语境中,人与人之间的关系不仅是需要相互承认对方为可欲的和被欲望的人的关系,而且是需要相互承认对方为欲望着的人的关系。欲望对象不再是一个简单的东西,不再是婴儿所希求的乳汁和醉汉所希求的酒水这样的东西,相反,欲望对象在潜能上变得取决于一种想象的欲望,我们自己的欲望正是经过这一想象的欲望才被反射出来的,就如他人的欲望——我们在想象中归之于他人的欲望——让我们迂回地知道了我们自己的欲望那样。当我们开始爱众人——也就是说爱"与我们相似的事物(res nobis similes)"①——的时候,受感致动的情状的机制便以应有的极其难解的方式发生复杂化。这

---

① 这个表达出现在命题二十二附释中。

些机制为极为多变的受感致动的情状的情况设定了必要条件,专论这些情况的"论受感致动的情状"的随后命题将对基本情节走向(scénarios)进行重构:这些命题中的每一个都以图式化的方式——这是为了给出受感致动的情状的最简的本质性蓝图起见——讲述了受感致动的情状的一个故事。这些故事若被带回到真实情况之中,就都是个别性的,因为在现实中它们所利用的元素都取决于偶然原因;但毕竟,它们都还是处在一个共同框架之内的,这个框架为它们赋予了最低程度的恒常性,使它们都受不可逆的重复法则的约束。基本的受感致动的情状的情况有多个种类,但没有一种是无限的:它们的显现形式的无限性可以化简为若干特定的固定结构,其作用方式犹如刻板,这些固定结构能够以同一性方式进行再生产,即便环境和舞台上的人物永不是相同的。感性生活可展示为这样一些刻板,这一观念对斯宾诺莎所主张的全部解释来说是至关重要的。

实际上,所有这些情况都由一个单一原则演化而来,该原则在命题二十七附释中得到揭示,此即"受感致动的情状的模仿(imitatio affectuum)"原理。正是由于这一原则,贯穿于我们感性生活的大部分感情才会具有共有的情感形式,这类感情是这样的,即,若某人在某第一人那里具体经历过某些受感致动的情状,则这些受感致动的情状在其展开过程中就会包含对他人的考虑,在这种考虑中,他人仿佛不仅是此受感致动的情状的对象,同时又是此一受感致动的情状的主体似的。由于人们最终要明确地执着于事物,于是,这些受感致动的情状以看上去并不专属于任何人的方式流通于人们之间。我们可以理解的是,感性生活,在其发展的这个节点上,达到了不稳定性的最大限度:实际上,受感致动的情状在人们之间形成了一种终究没人知道谁爱谁或谁恨谁的博弈游戏,于是个体失去了对他们欲望的全部控制,继而会断然舍弃这些欲望,并进而开始决断他们各自的生活,其代价就是所有"局中人"都受到损害,一旦他们进入使每个人都终将失败的这样一种受感致动的交往关系中,他们相互之间注定要进行无休止的撕裂。

通过将人际间的欲望网络解析开来,并证明它们从来都是遵从着一些客观法则的——即便这些欲望似乎是随着泛滥的主观性而恣肆展开的,甚至更可怕的是它们最终不再属于任何具体的个人——,斯宾诺莎实现了他在"论受感致动的情状"序言中设定的目标:他因而成功地将受感致动的情状的种种活动带回到了由诸决定构成的恒常系统的框架之内,进而扫除了有关自由意志的种种幻觉,废黜了使这些幻觉大行其道的错误的道德,由此把它的自然特征交还给了它。毕竟,自由意志不是居于此处的。随即,他便以最后一组命题作结;这组命题极为精炼,仅仅由命题五十八和命题五十九组成,斯宾诺莎在这里用突然的光色转换,用一种彻底全新的光投射在受感致动的情状的难题之上。前面的论述并无半点征兆预示过这两个命题,但也就是在这两个命题当中,斯宾诺莎挑明此前提出的有关受感致动的情状的命题都是在它是以被动的方式困扰着心灵的意义上来说的,即所涉及的受感致动的情状皆依循的是"被动情状"的建制,并未涉及其他的——无疑是例外的——受感致动的情状,而那些另外而例外的受感致动的情状是主动的,是与心灵凭借充分观念所进行的生产联系着的。但是对受感致动的主动情状的这种指涉——在"论受感致动的情状"序言的开头间接地有所暗示,在对受感致动的情状进行专门定义的定义三中也有顺便提及——还未到充分展开说明的时机:一直要等到全书的结尾,在"论自由"部分,才会展开说明,在那里,这些受感致动的主动情状将扮演主导性的关键角色。

在以这种方式完成了对受感致动的情状的调查之后——这种调查使它们得以被置于一个理性的框架之中——,斯宾诺莎在专论"受感致动的诸情状定义"的长篇附录中,对这种解释的结果进行了总结,那则受感致动的情状的"总定义"就附在这四十八条定义之后,在这四十八条定义中,斯宾诺莎对始于"欲望(cupiditas,定义一)"终于"淫欲/力比多(libido)"的受感致动的诸情状的主要类型进行了辨析,这些受感致动的情状占据了我们感情生活的全部,并且全部地划定了这个场所。①

---

① 这些定义的内容将作为诸命题的推理呈现过程的结果被重新纳入我们所规划的对"论受感致动的情状"的解读之中。

基本的概念和原理
（定义和公设）

Notions et principes de base

(définitions et postulats)

斯宾诺莎效法欧几里得的阐释方式在《伦理学》每部分的开篇都会不加证明地给出一定数量的基本论点,这些论点的理性的必然性或实验性的必然性是直接给定的,本部分也是如此:这些原理——受感致动的情状的学说将借以得到阐明——由三则定义和两条公设构成。这些定义和公设是对本书前几部分已经确证了的结论的补充,也为随后的证明提供了一个基础。同时,它们也使"论受感致动的情状"将要接受的理性分析的新研究场地得以决定和划定成为可能。

　　三则定义——它们形成了一个同质性的整体——共同建构起了受感致动的情状的定义,定义三尤其专门对受感致动的情状作出了明确界定,将这个概念置入了由主动性和被动性的区别所划定的理论空间之中:一个事物被认为是它自身的效果的充分原因是什么意思,它被认为是它自身的效果的不充分原因又是什么意思(定义一)?什么是主动,什么又是被动(定义二)?着眼于从身体和心灵的存有的力量、从此力量的这种增加或减少来看、从此力量是否乃是已发生的应变致动的充分或不充分原因来看,什么是受感致动的情状(定义三)?通过回答这三个问题,斯宾诺莎给他的感性学说赋予了目标性内容,进而置换了"论受感致动的情状"序言中论及的有关人的被动情状/激情的传统道德视点的场地,只有这样才能以真正科学性的证明来专门研究这些难题。

定义一和定义二

这是两则互为扩展的定义,①第二个定义显然与第一个定义构成了参照关系,故此两则定义必须放在一起来阅读。② 就它们的书面表达形式而言,它们都是以斯宾诺莎那里的标准定义格式

---

① "Definition 1. Causam adaequatam appello eam, cujus effectus potest clarè et distinctè per eandem percipi. Inadaequatam autem seu partialem illam voco, cujus effectus per ipsam solam intelligi nequit."/"定义一:一种原因,其效果能由它本身而被清楚明白地看到,我便称之为充分原因。一种原因,其效果不能仅由它本身而被理解,我便称之为不充分的或部分的原因。" "Definition 2. Nos tum agere dico cum aliquid in nobis aut extra nos fit, cujus adaequata sumus causa, hoc est (per def. praec.) cum ex nostrâ naturâ aliquid in nobis aut extra nos sequitur, quod per eandem solam potest clare et distincte intelligi. At contrà nos pati dico, cum in nobis aliquid fit, vel ex nostrâ naturâ aliquid sequitur, cujus nos non nisi partialis sumus causa."/"定义二:有某种事物在我们之内或之外发生,而我们是它的充分原因,也就是说(根据前面的定义)在我们之内或之外跟随着我们的自然/性质而发生的某种事物,仅由我们的自然/性质便可被清楚明白地理解,我便说此时我们是主动的。相反,有某种事物在我们之内发生,或跟随着我们的自然/性质而发生,而我们仅是这事情的部分的原因,我便说此时我们是被动的。"——译注

② "论奴役"命题二证明就将这两则定义的内容关联在一起,以此解释了"不能单从我们的自然/性质的法则中推出来(ex solis legibus nostrae naturae deduci nequit)"的某一活动,我们仅是其部分的因而是不充分的原因,在这种情况下我们是被动的。"论奴役"命题五、命题二十三和命题三十三的证明也都把这两则定义放在一起来作参照。

写成的,"我便称之为充分原因……""我便说……我们是主动的……"。这两则定义并非对实际存有的事物的自然/性质的决定,相反,它们确立的是对事物的思维样式,或对事物的观看或言说方式,这种样式或方式着眼点在于如下的二择一的情境:诸效果的原因不显现为充分的原因,便显现为不充分的原因;不处在主动性情境中,便处在被动性情境中。于是这就打开了一个两难推理空间,其中有对立的两极:受感致动的情状的学说正是在这个两极空间中展开的。

定义一将"论心灵"部分就知识及其诸形式的论述所阐明的区分引入原因概念之中,这个区分即充分观念生产和不充分观念生产之间的区分:"一种原因,其效果能由它本身而被清楚明白地看到,我便称之为充分原因。一种原因,其效果不能仅由它本身而被理解,我便称之为不充分的或部分的原因"①。这则定义的书面表达方式对看到或理解——清楚明白地看到或理解,或者片面地因而混淆地看到或理解——进行了强调,这种表达方式把注意力重点放在了原因性关系的心理活动上,此原因性关系的产生要么是以充分方式完成的,要么是以不充分方式完成的,也就是说,要么是自治地走完它自己的闭合周期,达成自身自然/性质中所铭写的那些所有禀赋,要么则完全相反,因自身的过程为外部冲动所侵扰和扭转而半途中止。这两种心理显现或这两种观念,在它们各自以符合的方式或不符合的方式表述事物的同时,又各自

---

① "由它本身(per eandem)"或"单由它"(per ipsam solam);这些提法是"由它的真正自然/性质或本质"的缩略表达(参看"论奴役"命题五、命题二十三和命题三十三的证明对此定义一的重写形式)。

对应于自达结果的行动和不能自达结果的行动,所以,事情便又牵涉到了这些行动达成自己的自然/性质或本质的方式是总体的、完满的,还是部分的、不完满的:在实践中以充分的方式实现的东西,就是在理论中能被明白地思想的东西,相反,在实践中以不充分的方式实现的东西,即是在理论中被混淆地思想的东西。

力量,以及就力量的实际发挥可能呈现较完全的形式,也可能呈现较不完全的形式而言,力量也有其实际发挥的条件。这两条定义就这样将关于力量及其实际发挥的条件的学说勾勒了出来。在这个学说中,有某种东西初看上去并不是自明的。实际上,"论神"部分结论性的命题三十六已经证明了所有原因都生产效果,这是自然的;而且亦是自然的是,现实性与完满是同一的,这一点也被"论心灵"定义六所确证,且原则上可由此断定,就自然而言,每个事物都是作为原因生产出它能生产的全部效果的。这就是说,力量概念——这个概念的阐明对整个推理过程来说至关重要——必须以这样一种方式来理解,即,这种力量概念在规定性上把对所有未实现的潜力的表述都排除出了本概念的场地,而若非如此,潜力就会让这力量渗入一种内在的否定性。此外,一原因是否是行动的充分原因,不在于它能还是不能生产出它的力量的全部效果,相反,原因都生产效果,只是生产条件不同,效果或较多地由它们的原因而被说明,或较少地由它们的原因被说明,这两种条件分别使两种有其效果的原因呈现为充分的和不充分的。换言之,力量或无力不是由原因的内在价值衡量的,而是由它与它的效果之间的关系借以被看到的方式来衡量的,效果毕竟都是由它们的原因生产的,但要看生产式样是什么,在具体情况下,效果要么是完全由其原因而被理解的,要么是仅部分地由其原因而被理解的,因为在后一种情形中,效果还牵涉其他种种原因。

　　这里所说的力量具体地而言还指心灵的力量,心灵的力量本身正是受感致动的情状的学说的基本旨趣所在。也正是鉴于此,"论自由"命题三十一在参考"论受感致动的情状"定义一时将把心灵称为第三种知识的"一种充分的或形式的原因(causa adaequata seu formalis)",意思也就是说,这种知识是完全可通过心灵的自然/性质得到解释的,这种知识因而也总体地呈现着心灵的本质,只有这样,心灵的本质的这种显现才能在没有任何外部原因干预的条件下实现出来。从这个角度来看,一原因是其效果的充分原因,意味着由自身的自然/性质或本质而使这些效果本身得到完全地而非部分地理解,也意味着该原因以一种自由因的方式动作着,也即仅通过自己的自然/性质的法则、不以任何外部限制为转移地动作着,正如"论神"命题十七陈述及其绎理二所阐明的那样;而相反,一原因在外部限制下动作着,则意味着该原因本身必定应被理解为不充分原因,犹如其概念已经由"论神"定义七所介绍过的"受限制的事物(res coacta)"一般。

　　充分原因和不充分原因之间的区别,正是以这种形式被"论受感致动的情状"定义二所采用的:"有某种事物在我们之内或之外发生,而我们是它的充分原因,也就是说(根据前面的定义)在我们之内或之外跟随着我们的自然/性质而发生的某种事物,仅由我们的自然/性质便可被清楚明白地理解,我便说此时我们是主动的。相反,有某种事物在我们之内发生,或跟随着我们的自然/性质而发生,而我们仅是这事情的部分的原因,我便说此时我们是被动的。"这则定义在其表达方式上具有属人性特点——它提及了"nos(我们)"——,而定义一则体现出某种完全普遍的特征,在陈述充分原因和不充分原因的概念时,并未将它们关联于任何具体人或物。但是,定义二这种属人性特征的表达方式,就它与如下事实相关而言,有着悖论性的方面:"有某种事物在我们之内或之外发生(aliquid in nobis aut extra nos fit)"①;这个事实不仅表明了我们的行为举止的主动性或被动性的自然/性质,而且把该自然/性质中的所有主观维度全都剔除掉了,完全是在因果性过程的展开所给定的框架内勾勒这种主动性或被动性的特征的:"有某种事物在我们之内或之外发生……也就是说……在我们之内或之外跟随着我们的自然/性质而发生(ex nostrâ naturâ aliquid in nobis aut extra nos sequitur)……"我们可以是主动的,其原因在于客观上有某种事物发生——在我们之内或我们之外发生,而且是以某种非自我们而出的方式,也就是说,就此方式而言,我们不能作为意向主体对这个"主动"过程产生任何干预,不能以我们自己所意向的这个或那个方向控制这个过程的走向;而当我们是被动的时候,也没有与我们是主动的情况不同的另一种理由。这样一来我们就又回到了第一条定义所划定的那个中立化了的

---

① "论奴役"命题二证明对这则定义二的内容进行了重写,在那里,斯宾诺莎使用了更为形象化的表述:"当有某种事物在我们之内生长起来时(cum aliquid in nobis oritur)"。他使用这种表达方式目的是要对被动性情境进行说明,在这种被动性情境之中,我们完全听任其发生的事实是我们之内有某种事物发生着,而"我们仅是其部分原因(cujus non nisi partialis sumus causa)"。从字面上来说,某种事物从我们这里"出来"(这里的"出来"是在动词 oriri 的本来意义上说的,即使生长、使开始、使诞生、使某物源起),这东西并不真的来自我们,或不仅是源自我们的:在这里,如"论受感致动的情状"定义二的陈述所言一样,我们看到的是同一种对比效果,这种对比效果与逆喻修辞法是有关的。

场地之中：所谓主动，就是从其原因来说，这个过程完全可以从这一原因得到说明，因而是得到清楚明白的说明；另一方面，被动是这样一种过程，该过程只能部分地，因而是混淆地通过其原因得到说明，因为要理解这个过程，就还必须有对其他原因的考虑介入进来。是主动的或是被动的，无非就是指：这取决于两种行为举止的图式，它们是同一种客观分析，我们无须为两个图式再赋予——比方说吧——另外的意向动机性要素，更无须将两种图式的关联拆解开来，它们本就必然地联系在一起，都是原因性过程的展开的结果，无论这原因性过程的展开是以整全的方式还是以部分的方式实现的；实际上，主动性图式和被动性图式完全是从此过程的不同特征来理解的，这个原因性过程对它们是不作区分的。

最后，还应该注意的是，当我们是主动的时候，我们的主动性的效果无差别地既发生在我们之内也发生在我们之外，也就是说，这些效果有着"使……动作起来（agere）"的形式——这里的"使……动作起来"是在该词的本义上说的，它是与"工作（operari）"的意义相对的①；或者说，用亚里士多德主义的术语——这种区别深受亚里士多德传统的启发——来说，这些效果又可以用praxis 或 poiesis② 的范畴来衡量：唯一重要的是这些动作的效果本身，也即是说，关键在于这些动作在我们之内或之外作为原因而引发的种种形式变化究竟是否是单由我们的自然/性质而被理解

---

① 这种术语上的区别出现在"论神"部分定义七，"自由的事物（res libera）"和"受限制的事物（res coacta）"两者不同的地位由这一定义作出了对举。

② praxis，希腊语的拉丁化拼法，意为"实践"，poiesis 为希腊语拉丁文拼法，意为"自然造化生成"。——译注

的。另一方面,当我们发现自己处于被动的情境中时,或可以说是这样的时候,我们只能将这些被动效果理解为是在我们之内发生的,因为它们不可能单从我们自己的自然/性质而被理解:因为,我们既是被动的,我们就只受我们自己状态上的变化的影响,只要这些变化构成了从我们本质之外而来的外部干预的种种效果。我们可以说,主动性的图式乃是这样一些条件的制度性体现,这些条件能使我们在保持我们自己自然/性质的同一性的情况下外化我们自身①;而相反,被动性图式则限制我们向外表现我们自身的能力,从而使我们倾向于局限在我们自身之中。

定义三

前两个定义已经设定了一个理论空间,现在在这个空间里,便可以决定受感致动的情状概念的内容了,②这个概念的内容也

---

① 通过外化我们自己的方式而在我们之内是我们之所是:这一观念已经非常黑格尔了。

② "Definition 3. Per affectum intelligo corporis affectiones, quibus ipsius corporis agendi potentia augetur vel minuitur, juvatur vel coercetur, et simul harum affectionum ideas. Si itaque alicujus harum affectionum adaequata possimus esse causa, tum per affectum actionem intelligo, alias passionem."/"定义三:就受感致动的情状,我理解为身体的这样一些应变致动的状态,身体的动作力量借着这些应变致动的状态——同时还借着这些应变致动的状态的观念——增长或减退,顺畅或受阻。所以,我们倘若可能是这些应变致动的状态的任何一个的充分原因,我便把这个受感致动的情状理解为主动性,否则,就将之理解为被动性。"——译注

就是《伦理学》第三部分的对象本身:"就受感致动的情状,我理解为身体的这样一些应变致动的状态,身体的主动性力量借着这些应变致动的状态——同时还有这些应变致动的状态的观念——增长或减退,顺畅或受阻"。① 在这条定义的陈述中,应该立即将注意力聚焦于"同时还有(et simul)"这个并列的提法,它是该则受感致动的情状的定义的核心:受感致动的情状是由身体的应变致动的状态和该应变致动的状态同时在心灵中产生的关于它的观念之间的一纸两面般的重合性构成的。

这则定义明显参照着"论心灵"第一组命题中命题十三所阐明的有关心灵的界定,在那里,心灵被界定为身体的观念,这一点尤其在《伦理学》第二部分"论心灵"的命题十二开篇的陈述中得到了这样的说明:"构成人的心灵的观念的对象无论碰到何种变动,必定为人的心灵所感知到;或者说,心灵中必然会有对那事物的观念(quicquid in objecto ideae humanam mentent constituentis contingit, id ab humana mente debet percipi, sive ejus rei dabitur in mente necessario idea)。"在这个提法中,"会有(dabitur)"这一将来

---

① 在"论受感致动的情状"结尾部分,斯宾诺莎将以逐字逐句对此定义三进行评述的方式阐明一则"受感致动的情状的总定义",并在此"总定义"中对被详尽列出的那些受感致动的诸情状所共有的特征进行概括。这个"总定义"——我们后面会专门研究这则总定义——重述了开篇的这个定义三的某些重要方面,尤其是侧重于强调身体的"存有的力度(vis existendi)"在强弱两极之间的变化的观念;然而,由于这则"总定义"是在感性的具体历史性语境中谈论受感致动的情状的特征的,因此,使此特征看上去只具有被动性的维度;就此而言,"受感致动的情状的总定义"相较于关于"受感致动的情状"的这则定义三,是较为狭义的定义。

时表达看上去在身体的应变致动的状态的产生与心灵对它的表述——这一表述采用的是该应变致动的状态的观念生产的形式——之间设定了一个时间差,好像在身体的应变致动的状态与该应变致动的状态的心理察觉之间确立了一种原因性关系似的,前者激发后者,似乎后者代表了某种"反射":毋庸置疑的是,二者之间的沟通关系是被确定的,心灵立即以察觉的方式,辨识出、捕捉到同时性地在身体上发生的事情。但是只要——如"论心灵"命题七附释所解释的那样,"广延的一个样式和这同一个样式的观念,也是在两个不同样式中被表现的同一个事物(modus extensionis et idea illius modi una eademque est res sed duobis modis expressa)",显而易见的就是,这种沟通——自动地建立起来的这种沟通——必定是瞬时的;身体上发生的事情的观念是即刻和同时地在心灵中获得形式的。斯宾诺莎的身心统一观的重要原创性就在这里,这种身心统一观使它自身尤其与笛卡尔所主张的那种身心观相区别,对斯宾诺莎来说,心灵和身体不是在实体层面区分的两种现实,二者之间亦无须建立或多或少人为和牵强的联系,更不要说建立使二者合成一体的什么外在关系了;它们是"在两个不同样式中被表现的同一个事物",一种样式是该事物的广延中的受决定产物,而另一种样式是该事物相应在思想中的受决定产物,这一点在神之中有其原理,只要神既是"思想的事物(res cogitans)"又是"有广延的事物(res extensa)",并已生产了它们各自所分属的两种顺序,或者说,两种"是"——思想和广延——的种类。在身体的应变致动的状态和心灵中对此应变致动的状态的观念之间被证明有一种关系,但并非决定关系,而是表现关系:在原因性决定原则——原因性决定原则由所有种类的"是"以自类同一的方式所贯彻——统辖之下,这两类东西各自表现着同一个内容,只是通过两种完全不同的方式在进行着表现,我们可以说,一个以身体特有的语言来表现,另一个以心灵特有的语言来表现。在"论自由"的开篇,这个论点正是从这一角度得到重申的,在那里,斯宾诺莎肯定地断言,心灵的任何观念与身体的应变致动的状态或事物留下的印象——心灵中的观念就是对身体的应变致动的状态或事物留下的印象的表现——之间是"完全同步(ad amussim)"地对应的。① 在《伦理学》的这一部分的开篇,"受感致动的情状"的这则定义则是通过"同时还有(et simul)"这个提法阐明了这一观点。

受感致动的情状因而同时地有两个面目,一个是身体的面目,一个是心灵的面目,它代表这两个面目间的相互整体换算。我们可以作出总结说,在感性生活中,身体事件和心灵事件之间的绝对的可换算性和不可解性离是以极其明白的方式体现的,而受感致动的情状也正是由这种可换算性和不可解离性所定义的。但还须补充说,受感致动的情状不负责在心灵中解释身体的应变致动的状态;但是,其定义也明确进一步规定说,就身体的应变致动的状态中的某一些而言,"身体的动作力量借着这些应变致动的状态增长或减退,顺畅或受阻(ipsius corporis agendi potentiel augetur vel diminuitur, juvatur vel coercetur)",心灵则形成对它们的观念。在这里极为关键的是又使用了一个连接词"或(vel)",这说明身体的动作力量经历着和被分配了一种非此即彼的情形,而受感致动的情状显然也对这种非此即彼的情形进行表现,这种表

---

① 见《伦理学》第五部分命题一。

现是在心灵中同时呈现的,以至于我们可以说,专属心灵的动作的力量也经历着并被分配了这同一个非此即彼的情形。

处在"身体动作的力量（corporis agendi potentia）"这个概念——此概念的内容将由紧跟着受感致动的情状的此则定义的公设一来解释——的表达的核心之处的东西是:这种动作力量,据此公设,与可被以多种方式和样式促动而致动的力是相一致的,力的这些致动方式和样式有时在增长的方向上,有时又在减少的方向上拉动身体动作的力量。当然,在所有这些情况中,这种力量都保持为一种动作的力量,故此,静态的耐力的观念在这里是没有任何意义的。只要身体动作的力量从根本上而言是活动着的,也就是说,只要它体现为一种动作力量,我们就可以在原则上确定地说,身体总是被该力的种种应变致动的状态向这个或那个方向驱动,也就是说,身体总是被驱动得表现出这种力的较大或较小值,而这种力量,无论其如此致动是通过何种方式来实现的,都保持为同一种力量:但是,只要它是一种力——某些条件会制约它的实现——,它就总是在两极之间受促动而发生着变动,即,总是受促动而在最小值和最大值之间变动,若低于或超出这个值域都将破坏这种力的自然/性质和本质。身体在与其他身体/物体相遇的过程中,受到决定而表现着这种动作力量的不同情况,而正是身体与身体/物体的相遇在身体上留下的印象使身体的动作力量发生应变致动的——见"论受感致动的情状"公设二的说明——,故此,身体的存有在构成性上注定是不稳定的:身体的存有是受冲量作用的场所,这些冲量时而将它导向这个方向,时而又将它导向那个方向,这些冲量在它们的变化阈值的两极之间发生着消长波动。心灵同时对应着这些状态的变化,将它们即刻转译为心灵自身的语言，也就是说转译为观念：心灵在这种情况中形成的这些观念即为种种受感致动的情状。① 感性生活"完全同步地（ad amussim）"反映着身体的实际存有上发生的种种偶然情况，在心灵中再生产它们，感性生活因而在实质上是多变的，必然随着身体在这个或那个方向上的变动而变动，其变动范围也介于一个最小值和一个最大值之间。

除了对受感致动的情状作出这种界定之外，斯宾诺莎还把在定义一和定义二中已经解释过了的"主动（actio）"和"被动（passio）"的论点运用于受感致动的情状所特有的领域：当我们是它所表现的某应变致动的状态的"充分原因（adaequata possimus esse causa）"的时候，该受感致动的情状具有主动形式；当不满足这个条件的时候，它相反就具有被动的形式。但在所有情况中，受感致动的情状都连续对应着身体动作的力量的状态改变，无论该力量状态的改变是在哪个方向上实现的。由此隐含地出现了两个结论，它们对后续的论点是极为关键的：即便受感致动的情状呈现为被动的形式，它也还仍旧表现的是一种根本上的主动性，这

---

① 《伦理学》第五部分命题二正是在这个意义上谈论"受感致动的情状在心灵中的震动（animi commotionem seu affectum）"的。"commotionem"一词在字面上如实地表现了被感荡震动的实际情况，正如常说的使人具体地"被触动"的某事件那种"震撼"性质一样：感性生活完全是由不可胜数的这些感荡或震动组成的，它们大多数是不为人所察觉的，但也正是这些感荡或震动提升或降低着我们的心灵建制的紧张度，就像我们身体建制的紧张度也与此同时发生着改变一样。所以，受感致动的情状代表着状态的改变，它们是身体状态的改变在心灵中的表现，其方式与某种记录仪——比如说电位计——的工作方式完全一样，高度敏感地"感知着"现实的变动，并对现实的变化作出反应。

种主动性是存在于我们存有的所有情况之中的;另一方面,无论受感致动的情状表现为何种方向上的,无论是倾向于增长,还是倾向于减少,它都会一直持存,只要它还构成着对事件的反应的话——此事件即身体与外部的另一身体/物体相遇而激发起的事件,所以这种事件是不能单独通过我们的自然/性质的法则来解释的。这似乎意味着,就感性生活而言,不可能截然地区分主动和被动,在我们的个人史——身体的个人史,也是心灵的个人史——的每个阶段里,主动性和被动性总是以相克相生的方式相互交叠和牵连在一起的。这就提出了一个问题:纯粹的主动——我们动作的力量完整地且只凭其自身发挥出来的那种纯粹主动——是可能的吗?这种主动活动必定跳出了非此即彼的情况,也就是说,不再有两种相对立的运动,一个运动趋向于表现我们动作的力量的最小值,另一个运动趋向于表现我们的动作的力量的最大值,而与这样一种主动活动相应的受感致动的情状又将是什么类型的呢?只有等到著作的最后,这个问题才能得到合理的解决。

公设一和公设二

公设是以显然直接的方式就确定的具体事物所专有的性状所给出的命题,这些性状是思考这些事物的自然/性质时直接在经验中被给予出来的。① 斯宾诺莎《伦理学》中提出的所有公设

---

① 《伦理学》第二部分命题十七附释:"我提出的所有公设几乎没有任何与经验不相符的东西(omnia illa quae sumpsi postulata vix quicquam continent quod non constet experientia)。"

都与人的身体及其构成有关。①在"论受感致动的情状"开篇提出的这两则公设②陈述了人的身体"能(potest)"怎样"以多种样式受促动而致动(multis affici modis)"并怎样"经历多种变化(multas pati mutationes)"。我们根据这两个公设中的第一个——在这里直接对第二部分"论心灵"中的公设进行了参考——理解了身体的"动作的力量(agendi potentia)",这个已经在受感致动的情状的定义里出现过的概念因而也得到了进一步的阐明。身体动作的力量是悖论性的力量,其特征不是通过主动性而是通过被动性得到表现的:它是受力而动的力量,始终是承受性的力量!斯宾诺莎在"论受感致动的情状"命题二的长篇附释中批评自由意志论

---

① 除了"论受感致动的情状"开篇这两则公设之外,《伦理学》第二部分里在命题十三和命题十四之间插入了六则公设,从公设一到公设六的论述构成了一套完整的阐述。

② "Postulatum 1. Corpus humanum potest multis modis affici, quibus ipsius agendi potentia augetur vel minuitur, et etiam alijs, qui ejusdem agendi potentiam nec majorem nec minorem reddunt. Hoc postulatum seu axioma nititur postulato et Lemm. 5 et 7 quae vide post pr. 13. p. 2."/"公设一:人的身体可以多种样式受促动而致动,人的身体动作的力量在这些样式中或是增长的或是减少的;同样还有许多样式,人的身体动作力量在其中既不增加也不减少。这一个公设或公理的依据是第二部分命题十三后的公设一、引理五与引理七。" "Postulatum 2. Corpus humanum multas pati potest mutationes, et nihilominus retinere objectorum impressiones seu vestigia (de quibus vide post. 5. p. 2.) et consequenter easdem rerum imagines, quarum def. vide sch. pr. 17. p. 2."/"公设二:人的身体能够经历许多的变化,但它却仍然能够保持对象留下的印记或迹象(参看第二部分公设五),因而也能保持对那些事物的印象,关于印象的定义请参看第二部分命题十七附释。"——译注

者"不知道身体能做什么或不知道什么才是可从有关仅属身体本身的自然/性质的思考中推知的东西(nescire quid corpus possit quidve ex sola ipsius naturae contemplatione possit deduci)",这种无知使他们把行为举止的首动性归因于心灵,而实际上那些首动性都是本然地属于身体的构成的,当斯宾诺莎谈论这些的时候,他所说的全部这些倾向——受力而动的倾向、经历变化的倾向——都参照的是这种动作的力量的概念。

根据这第一个公设,身体的力量从一开始就是通过身体的不同应变致动的状态而表现出来的。人的身体,像所有个别事物一样,是实体的一种样式或一种分殊,这就规定了它有着确定的可"以多种样式(multis modis)"致动的能力:组织越复杂,这种能力就越多样,其多样性增加了它与外部生命环境之间进行交换的可能性,因而也扩大了它的存有领域和动作场所的范围。① 一个身体能做的首先是:丰富并扩大它的经验,丰富和扩大的度则取决于它与周围世界发生联系的能力,只要这些联系不致造成对它的损害而消灭它自己的自然/性质,相反使它能恒有这种自然/性

---

① 有关这些多样的交换,可参看"论心灵"公设三:"组成人的身体的各个个体,以及人的身体本身,会以多种样式受外部物体的促动(Individua, corpus humanum componentia, et consequenter ipsum corpus humanum a corporibus externis pluribus modis afficitur)。"据公设四,与人的身体相关——只要人的身体是自然的一部分——的这些交换,无论如何都是无法被规避的,它们与需要相关,这种需要的必然性是人的身体的构成本身所具有的:"人身需要多种别的物体才可借以使自身得到保存,也可以说是,借以使自身不断得到再生(corpus humanum indiget, ut conservetur plurimis alijs corporibus, à quibus continuo quasi regeneratur)"。

质,从而保有使它成其为它自身的那些特征;若无此交互性、若无此向其他存在者开放的可接触性、若无此对外部现实性的助益的开放性,动作的力量就只能是一种未展开的潜能。

这个公设的基础是前面在"论心灵"中被阐明的论点,它显然参考的是:公设一(该公设表现了人身体组织的复杂性,人的身体是一个个体,它本身又是由复合起来的多元的许多个体所组成的)、引理五(这条引理陈述了一被组合起来的复合个体,尽管构成了它的那些部分永恒地变化着,该个体要保持自身形式所要满足的条件)以及引理七(这条引理将此形式或自然/性质等同于其各构成性部分各自运动之间的组成关系)。人的身体绝不是一种刚性的和不可变形的物质结构,而是一种有可塑性和灵活性的形式,它通过并克服着它自身永恒的样式变化而持存着:我们可以认为,它的动作的力量同它在抵抗变化的同时保持自身的主动性的能力是成正比的,而它的动作的力量越是能易于被调动起来,这种能力就越大。

在与外部世界发生交换的时候,人身体的动作力量总是处在变动中的,要么增加,要么减少,因而也总是在这两个方向上致动的,而其中一些致动效果反而使它能保持自身而不发生改变。①

---

① 斯宾诺莎承认这些应变致动的状态中有一种不使身体的动作力量发生改变——既不发生肯定方向上的改变,也不发生否定方向上的改变——的情况,这样的情况中的那些应变致动的状态,其观念同时在心灵中表现为"不动心",因为这些观念在心灵中既不引起快感,也不引起不快感。斯宾诺莎就此介绍了我们心灵建制的一种既有情形,它将在"论受感致动的情状"命题十五中被证明,这则证明依据的基础显然是该公设的这样一个方面:这样一些应变致动的状态所对应的观念有着纯粹再现性的和静观的特征,它们仅只让我们对事物进行思想,而这些思想是不带任何被感性旨趣所左右的色彩的。

感性恰恰就呈现为对这些不断变化的反应,对动作力量的伸展或收缩的一种反应,这些变化有怎样的运动,受感致动就同时发生怎样的反应,分明了然地反射着身体的"不稳定的稳定性",身体的这种不稳定的稳定性是永不静止的,因为无限期的长时间的静止将构成对它的动作的力量的威胁,因为在这静止中它注定保持为不可表现的,同时是不工作的一种力量。身体生活就是由这些变动构成的,它们构成了身体动作力量的表现,只要这些变化不突破某个阈限地一直发生着,且在一个最小值和一个最大值之间一直发生着;低于最小值或高于最大值,这种力量将会消失,因为若是那样,身体依据使它自身的自然/性质得到规定的那些规则进行自我组织的恒常性将无法满足条件。身体的动作力量因而是由在确定地决定了的范围内发生变化的确定能限所规定的:一个受感致动的情状到另一个受感致动的情状的变化的差异,就处在身体动作的一种情状与另一种情状的极为精细的界线之处,都对应着被推向这个或那个方向的、受阻而减少或受推而增加或是暂时保持不变动的身体动作的力量。

公设二让我们注意不断标记着身体生活的那些改变之一:外部种种对象自成一个世界,身体就处在与这个世界的持续的交换关系之中,而且实际上,身体本身与外部的那些对象发生关系时,总是被"留下印象"的,也就是说,身体能"保持对象留下的印记(retinere objectorum impressiones)",这些对象留下的印记实际上是一些"痕迹(vestigia)",它们是身体由以致动的那些外部对象留在身体自身的构成之上的。① 这些痕迹持留在人的身体之中，而人的身体也通过整合这些痕迹并且以它们为中介、以它们为证据去辨明自身与其他事物的接触——这些痕迹客观地构成了"事物印象（rerum imagines）"。"论心灵"命题十七附释已经就这些"事物印象"进行过定义，该定义指出："人的身体的一些应变致动的状态，即便它们的观念并不传达外部的物体的形貌，它们的观念也确乎向我们表述外部的物体，仿佛这些物体在我们现前一般，我们将这种身体的应变致动的状态称作事物印象（corporis humani affectiones, quarum ideae corpora externa velut nobis praesentia repraesentant, rerum imagines vocabimus, tametsi rerum figuras non referunt）。""论受感致动的情状"公设二这里也是以此定义为据的。这些印象（或毋宁说这些印象在心灵中所对应的观念）让人所知的东西，不是印象及其观念所指示的东西——无论指示的是它们的现在现前，还是它们的不在现前——在它们自身之中的所是，而是身体过去曾与这些事物发生接触时的种种条件。在"论心灵"命题十七附释中，斯宾诺莎还接着说道："当心灵从这方面考量那些物体的时候，我们就说它在想象（cum mens hac ratione contemplatur corpora eandem imaginari dicemus）。"想象，是一种与

---

① 这里斯宾诺莎参照的是"论心灵"公设五，该则公设给出了有关这一现象的解释：这个解释的基础是身体器官中流体部分和柔软部分的区别，这个解释里包含了有关神经系统的大脑系统的总的生理学的基本原理；"论心灵"命题十七附释固然承认了这个学说的临时性质，认为有关人的身体的组织方式的知识尚待进一步完善，但也肯定说这些既有经验是可以作为一种公设被接受下来的，足以用来对事物印象的生产机制作出令人满意的解释。

身体经验不可分离的心灵活动,这种活动借以表述外部事物的观念是这样一些观念,它们的对象不是事物,而是事物印象,也就是说,这些观念的对象是身体上的某些应变致动的状态,身体之所以发生这些应变致动的状态乃因身体——也即心灵的观念对象——曾在与外部事物相遇时以这样或那样的方式留下过那外部事物的印记。

后面的义理皆跟随着这两则公设而被推出:个体身体组织是基础,故此,个体的基本特征便体现为受压迫感荡而致动的机能,这就表现了一个事实,即,个体绝不能须臾离开与其他存在者相联系的接触和交换,绝不能摆脱它的动作力量在其中经受着减少或增加的那些条件而单凭它自身存有:再加上感性生活的来源对这些起伏变化的利用和扩大,便由此造成了一个整体的心理联系网络,这个心理联系网络反过来又会感荡心灵,朝这个或那个方向引导心灵的关切,使它思及某些事物而不是另一些事物。只有在这样设定的情境中,感性的完整理论才能开始展开其阐述,这个理论的主要目标就是勾勒感性的基本自然特征。

第一章
感性生活的自然基础和基本形式
（命题一到命题十一）

Les fondements naturels et les formes élémentaires de la vie affective (propositions 1 à 11)

1. 心灵的主动活动和被动活动
（命题一、命题二和命题三）

"论受感致动的情状"开篇两个定义中已提出心灵特有的活动方式有主动和被动两种模式。前三则定义就是对这两种模式的研究。据命题一①及其绎理②,当心灵形成充分观念时,它是主动的,它形成的充分观念越多就越主动；相反,当心灵形成不充分观念时,它就是被动的,它形成的不充分观念越多就越被动,也就

---

① "Propositio 1. Mens nostra quaedam agit, quaedam veto patitur, nempe quatenus habet adaequatas ideas, eatenus quaedam necessariò agit, et quatenus habet ideas inadaequatas eatenus necessariò quaedam patitur."/"命题一:我们的心灵在一些场合是主动的,在另一些场合则是被动的,这是事实。只要它有充分观念,它相应地必然是主动的；只要它有不充分观念,它相应地必然是被动的。"——译注

② "Corollarium. Hinc sequitur mentem eò pluribus passionibus esse obnoxium, quo plures ideas inadaequatas habet, et contra eò plura agere, quo plures habet adaequatas."/"绎理:跟随着可以推知,心灵有越多不充分的观念,就越受制于被动情状/激情,相反,心灵有越多充分的观念,就越主动。"——译注

越受制于被动情状/激情。命题二①附有一个篇幅极长的附释,据该命题,发生在心灵中的所有事物只能由取决于心灵自身建制的那些原因去解释,同样地,发生在身体中的所有事物只能严格地以身体的原因来解释,所以,这就排除了心灵若处于主动状态便可作用于身体的可能性,也排除了心灵若处于被动状态便可被身体所作用的可能性。最后,命题三②表明,仅当心灵形成充分观念时,且因为它形成了这种观念,它才是主动的,而仅当心灵形成不充分观念,且因为它形成了这种观念,它才是被动的。我们可以看到,这三条命题展开的是同一个推理,其目标是必然地测定心灵的主动条件和被动条件,主动和被动这种非此即彼的情况大致划定了感性理论所适用的范围。

命题一是对一个有待理性分析的事实的观察:"我们的心灵在一些场合是主动的,在另一些场合则是被动的,这是事实(mens nostra quaedam agit, quaedam veto patitur)。""Veto(这是事实)"也可以读作"事实上",该词因而提示了这里作出的这种观察所具有的高度概括性的性质,这一观察的意义对接下来的推理来说是至关重要的:这种观察使在混乱纷繁的运动——心灵总是受着这些运动的感荡震动——中引入某种顺序成为可能,该观察总地将这

---

① "Propositio 2. Nec corpus mentem ad cogitandum, nec mens corpus ad motum, nec ad quietem, nec ad aliquid (si quid est aliud) determinare potest."/"命题二:身体不能决定心灵去思想,心灵也不能决定身体去运动或静止或其他情况(如果还有什么其他可能的情况的话)。"——译注

② "Propositio 3. Mentis actiones ex solis ideis adaequatis oriuntur; passiones autem à solis inadaequatis pendent."/"命题三:心灵的主动活动只起于充分观念;其被动活动仅取决于不充分观念。"——译注

第一章　感性生活的自然基础和基本形式(命题一到命题十一)

些混乱纷繁的运动划分为两个范畴,即心灵的主动活动和心灵的被动活动。但是仅停留在这个观察之上而对其普遍而必然的自然/性质不作论证显然也还是不够的:必须以证明的方式去分析它的合理内容,并将这一内容约简为原因性过程的形式,该过程的展开是不以任何特殊情况和特殊环境为转移的。"论受感致动的情状"这部分的第一个命题便始于这种解释,而这种解释又是通过证明这样一个事实来进行的,即,当心灵"有(habet)"充分观念便"必然(necessario)"处于主动状态而当其"有"不充分观念便"必然"处于被动状态,心灵有非此即彼的两种观念,这也决定了心灵有非此即彼的两种状态。"有观念(ideas habere)"①这个提法比较模糊,这些观念是怎么来的或是怎么在心灵中被给予出来的这一问题并未在这里将展开的分析中得到解答。"有观念"这一提法上的模糊性尤其还排除了这样一个问题,即,形成或生产这些观念的究竟是否是心灵本身,若它们是心灵本身生产的,那么其生产机制究竟是内在于心灵建制的,还是有外部干预影响了其工作所致,若有外部干预,那么在这类生产中外部介入的程度如何。就目前情况来说,只需做到如下一点就足够了,那就是,在心灵的生活分作主动性状态和被动性状态这一事实观察中引入一个决定因素,从而确定地指明心灵主动性和被动性的这两种状态有哪些表现并对它们进行特征说明。要证明这两种现象的全部情况正是这两种现象所需条件得到满足时的必然情况,也就是说,要将这种解释普遍化,还需要时间,只有到了命题三才会处理

---

① 我们不禁想到了《理智改进论》中的著名提法:"habeo enim ideam veram(我们有真观念)"。

这一问题。

"论受感致动的情状"的这个命题一的证明是特别复杂的：它诉诸一整套已经得到过证明的论点，这些论点中的大多数都取自"论心灵"前半部分的阐述，那一部分的论述主旨即从心灵的源头（此源头即作为"思想的事物"而论的神）推导人的心灵的自然/性质。此处命题一尤其参考了"论心灵"命题十一绎理。"论心灵"命题十一绎理的义理在此处被利用了四次：我们因而必须返回头去理解这里的这个证明是以何种方式对本命题一之陈述展开演证的。我们还记得，这则绎理是与另外一个命题或另外一组命题相联系的附属性命题，该绎理对它所联系着的那个命题或那组命题的某些方面或后果进行了强调。这是斯宾诺莎经常使用的陈述形式，他经常在绎理中对某个论点作出否定，而此论点在他看来又是相当关键的，因而须借助阐明某个更普遍的、能从中发现合理化证据的推论的方式作出这种否定。因此，"论心灵"命题十一绎理是处在《伦理学》第二部分命题十和命题十一所展开的推理语境之中的，并从这个推理的语境中演绎出某些确定后果。我们现在就来大致回忆一下这个推理的步骤："论心灵"命题十陈明了一个否定论点，即，人的本质一般不包含实体的特征；此命题十也有一则绎理，该绎理给出了一个肯定性论点，对人的心灵既然不是实体则它又是什么进行了解释：人的心灵是由神或实体的诸属性的某些样式化表达所构成的，这些样式化表达"被决定着以特定的样式（certo ac determinato modo）"表现着神的自然/性质，因而依赖于神的自然/性质，也就是说，这些样式化表达"跟随着"神的自然/性质而来，从某个特定角度、以某种有限的或受限制的方式表现着神的自然/性质；"论心灵"命题十一最后指明人的心灵——人的本质的组成部分之一——是思想的一种规定样式,也就是说,是一种有限的观念,这种观念的对象是实际存有的个别事物。① 从这个推理出发,命题十一绎理总结说:"跟随着可以推知,人的心灵是神的无限理智的部分(hinc sequitur mentem humanam partem esse infmiti intellectus Dei)。"

"论心灵"命题四证明的开头便介绍了神的无限理智的概念,这个概念的作用在那里是给命题三和命题四所阐述的"神的观念(idea Dei)"的内容提供解释:神——就它是一种思想的事物而言——在无限观念中直接呈现着它的本质和必然跟随着它的本质而来的全部事物的观念。尽管斯宾诺莎在这里没有明确参考"论神"部分的命题二十一和命题二十三,但我们可以理解,这个"神的观念"或"无限理智"指的就是思想这一属性的无限直接样式。② 心

---

① "论心灵"命题十三随后将对这种实际存有的个别事物进行解释,指明为观念或心灵——只要观念是思想的一种样式化表达——给予其对象的这种实际存有的个别事物就是身体。在命题十一证明无须挑明这一点,这则证明无须从对象推知对象的观念,而只是从观念推理观念必有其对象:心灵并非由于是身体的观念才是无限思想的有限样式,相反,心灵只是由于是思想的有限样式才是一种观念。(心灵)这种观念是完全在它所属的顺序的内部被决定的,在这里没必要去考量观念的对象和这对象本身的自然/性质,因为这对象属于另一种完全不同的决定顺序。

② 在标号为第 64 号的 1675 年通信"致席勒"中,斯宾诺莎把"绝对无限理智(intellectus absolute infinitus)"当作"思想(cogitatio)"的第一种——也就是直接的——无限样式的例子给了出来;这封信没有详细说明"思想"的第二种——也就是间接的——无限样式:这个或许并非事出偶然的缺环已经造成并无疑还将继续引发众多笔墨官司。

灵是神在"神的观念"中的分殊之一,而"神的观念"本身直接地生产了具有神的自然/性质的无限观念,因而必然地包含了属于思想这个属性的全部有限产物(它们的集合即可思的东西的全部系统),以至于凡是实际上可被思想的观念都无一例外地属于神的观念,也就是说,所有可被思想的观念也都是神的无限理智这一整体的"各部分"之结果。神本身由于是思想的事物,所以神作为无限理智有力量生产出并构成了一个整全的领域,所有观念都必然属于这个领域,也必然地在其中能找到各自被分配了的位置,故此,人的心灵是在它所是的这个顺序中可被促动起来的一种特定能力、且是就在神的无限理智中被思想着的所有事物能形成出某种形式的特定能力,或简言之,是能就所有这些事物有观念的特定能力。因此,包括人的心灵——就它是一种观念而言——在内的所有思想的事物,以及人的心灵在自己能限范围内所思及的全部事物,都是在神之中被思想着的。

由于这一原因,"论心灵"命题十一绎理接下来的部分解释说:"当我们说人的心灵感知这个或那个事物,我们说的不是别的,而只是说神——这里的神,非就其是无限的而言的,而是就其被人的心灵的自然/性质说明而言的——有这个或那个事物的观念(cum dicimus mentem humanam hoc vel illud percipere, nihil aliud dicimus, quam quod Deus, non quatenus infinitus est, sed qua tenus per naturam humanae mentis explicatur, sive quatenus humanae mentis essentiam constituit, hanc vel illam habet ideam)。"心灵之所以察觉到或"有了"这些观念,恰恰是因为心灵的自然/性质是对神的说明,或者说,恰恰是因为心灵的本质是由神构成的,就此而言,"有"这些观念的是神本身,换言之,正是神在它自己的自我观念或无限理智之中使这些观念得以产生的。这也就是说,我们"思想",就意味着——用见于"论受感致动的情状"定义二的说法来讲——"有某种事物在我们之内发生(aliquid in nobis)",这些事物所跟随的规则绝对不取决于我们的自由首动性,而是服从于永恒法则的必然性,也就是说,这些在我们之内发生的事物就是直接由神生产出来的:故此,保证这些观念能形成的心理机制并不具有主观特征,我们不是观念的作者,我们不是人为创造论意义上的那种超离于整个自然系统之外,尤其是超离于思想的自然/性质的系统之外的作者。

虽然武断的幻想在我们的内部有其绝对的根源,但我们确乎不能随心所欲地思想,从这一事实可以推出一个令人吃惊的后果,"论心灵"命题三十二对此作了说明:"所有观念,就它们与神相联系而言,都是真的(omnes ideae, quatenus ad Deutn referuntur, verae sunt)。"实际上,正如这个命题的证明所解释的那样,显然,这些观念是"在神之中(in Deo)"的,在神之中,它们必然与它们的对象相符合,因为,它们由以被生产的方式,同在其各自所属的"是"的种类中是其所是的对象得以被生产的方式完全是相同的:观念在思想的顺序内部被客观法则所决定,这些客观法则给它们派定了它们各自在神的无限理智系统中的位置,并且也必定在思想的顺序外部有同它们相符合的观念对象(ideato),在这个意义上说,观念都是真观念。既然这样,那么怎么解释充分观念和不充分观念之间的区别呢?这个区别首先是在哪里产生的呢?当然不是在神之中产生的,因为——就观念是与神相联系而言——"所有观念,无论充分的还是不充分的,都出自同一个必然性(omnes tam adaequatae quam inadaequatae eadem necessitate consequuntur)","论心灵"命题三十六这样解释道,这一解释取决于这一事实,即,"没有什么观念是不充分和混淆的,除非就它们与某个人的个别心灵相关联而言(nullae inadaequatae nec confusae sunt, nisi quatenus ad singularem alicujus mentem referuntur)"。在神之中,所有观念都是真实的,也都是充分的,在我这里,仅仅在我这里,有些观念才是不充分的和混淆的,因而是虚假的:只要它们是某种特殊首创性——这种首创性的不确定性或偏离的特征恰恰应归因于我的主观意志——的结果,它们就不会是真的①;因为可以完全确证的是,我并不具有从头开始且凭我一己之力首创出不是在神之中的、并可能不是神的无限理智的部分的观念的功能。在我之中乃为虚假的观念以我为限不会多过真实的观念:简言之,这些观念在我们中不像它们在神之中那般真实,这种"错位"——它是视角转换的结果——的原因在于,这些观念也是神生产的,与其他所有观念一样是必然的,只不过,神生产这些观念的方式不仅是借由我的心灵的自然/性质或我们的心灵的本

---

① 这样一来,斯宾诺莎就对笛卡尔在《第一哲学沉思录》第四个沉思中阐述的观点提出了驳斥,笛卡尔的观点认为,如果我服从于神的法则,则当我设想真的时候,我便总是会免于自欺,也就是说,若是越过雷池偏离了这种法则,就会因我不正当的意志而产生错误,这错误也就是完全我自己的责任了。

质,同时还牵涉进了别的东西。① 换言之,在我之中乃为虚假的观念,在神里面仍是真实的,因为这观念不仅是只在我之中的,而且在它的构成中还须计入我自身自然/性质之外的别的东西:在我之中乃为虚假观念的虚假,并不是该观念内在于其构成之中的虚假,而是说它仅在我之中乃为虚假,故它之为神所生产,必不能单从我的意识来说明,而必须通过其他事物来说明。

兜了这么大一个圈子,我们又回到了"论受感致动的情状"命题一证明,它以如下措辞对这个推理进行了概括:"在人的心灵中,有些观念是充分的,也有些观念是残缺的、混淆的。但是,凡是在任何心灵中是充分的观念,在神中也是充分的,因为神构成这个心灵的自然/性质;不过,在人的心灵中不充分的观念,在神中却仍然是充分的,因为神在自身中不仅仅包含这一个心灵的本质,而且同时也包含着别的事物的心灵(cujuscunque humanae mentis ideae aliae adaequatae sunt, aliae autem mutilatae et confusae. Ideae autem quae in alicujus mente sunt adaequatae, sunt in Deo

---

① 这可以概括"论心灵"命题十一绎理的证明思路:"当我们说神有这个或那个观念的时候,不仅是就它构成了人的心灵的本质而言的,而且也是就它除了有人的心灵外,还同时有与人的心灵并存的其他事物的观念而言的,故此,我们才说人的心灵部分地或不充分地感知事物(cum dicimus Deum hanc vel illam ideam habere, non tantum, quatenus naturam humanae mentis constituit, sed quatenus simul cum mente humanâ alterius rei etiam habet ideam, tum dicimus mentem humanam rem ex parte sive adaequatè percipere)。"确言之,有某种不充分的观念,就是仅片面地感知由神真实地生产的观念。正是由于这一原因,在斯宾诺莎看来,不充分的观念首先是不完整的观念,或"残缺的(mutilata)"观念,也就是说,是指其客观组成在理解上存在缺失的观念。

adaequatae, quatenus ejusdem mentis essentiam constituit et quae deinde inadaequatae sunt in mente, sunt etiam in Deo inadaequatae, non quatenus ejusdem solummodo mentis essentiam, sed etiam quatenus aliarum rerum mentes in se simul continet)."① 这就是说,完全如在神之中被思想的那样在我们之内得到思想的观念就是充分观念,而不充分的观念的特征则相反,不充分的观念在我们之内并未以它们在神之中被思想的方式得到思想,这些与我们心灵的自然/性质相联系而"不充分"的观念,在神之中,由于同时地还与我们的心灵以及其他事物的观念所构成的整体相联系,因而是充分的。因此,我们有充分观念的方式,与我们有不充分观念的方式是不同的。

而"有观念"实际上是什么意思呢?"有观念"不仅是在不产生后果的占有的意义上而言的,也就是说不仅是类似于"有印象",或有某种死观念,这种死观念犹如画布上静默的图画那样总是不能被调动起来的:这个问题在"论神"第二部分里已经被详尽阐明过。观念,无论是何种观念,都是心灵的动作行为,都表现或肯定着思想的特定的力量。"有观念"就必定造成"有观念"的全部后果,也就是说,就必定得到"有观念"本身作为一原因而可能产生的全部效果。若一观念,在我们之中如在神之中一样充分,

---

① 应该注意的是,斯宾诺莎写道在心灵的有限的框架内显然不充分的观念在神之中是充分的,因为,这些观念也是在神之中形成的,因为神"在它自身之中同时包含着其他事物的心灵(aliarum rerum mentes in se simul continet)":神包含着其他事物的"心灵",因为,在神的无限理智中的所有事物都是心灵或观念,心灵不是别的,而就是事物的观念,无论这事物是有着何种自然/性质的。

第一章　感性生活的自然基础和基本形式(命题一到命题十一)

则由此观念而来的全部后果也是如此的,只要神构成了我们的自然/性质,神就是这一观念所产生的全部效果的"充分原因",而——据"论受感致动的情状"定义一——这些效果也是能如其所是地被明白而清晰地理解的;因而,又据定义二的义理,心灵,由于它"有"这一观念,则处于最为主动的状态。相反,不充分的观念,即在我们之内并未如在神之中那样被思想的观念,我们可跟随着同一推理而说,我们的心灵是这些观念的不充分的原因,因而便会发现我们的心灵自身处在被动的情境之中,或者说,处在较少主动性的情境之中。换言之,所有观念毫无例外地都是心灵的动作行为,这些动作行为从心灵的角度来看并不都同样是"主动的",虽然它们都是在心灵中呈现的,故此,所有观念也按照主动性和被动性的比例依次分布在心灵之中。所以,通过使用以下两个范畴,完全可以对力量的不同表现进行归类:心灵有时主动,有时被动;心灵越有充分观念则越主动,充分观念的内容是被心灵完全理解并因而被心灵所掌握的——这里的"掌握"应在该词的强意义上理解,而心灵越有不充分观念则越被动,这类观念部分地超出人的心灵之外,人的心灵因而只能靠想象的方式去领会这类观念。

跟着命题一的一则绎理重复了这些内容,只是措辞稍有不同:心灵越是有不充分的观念,它就越受制于被动情状/激情,而心灵越是有充分观念,它就越主动动作。① 这个新提法引入了一

---

① 这则绎理只是以"只要……相应地……(quatenus... eatenus...)"这一提法把主命题中隐含提示的东西点明了出来,这个提法我们还会在后面看到,比如在命题五当中。从理论观点来看,这个提法很有意思,因为它的表达不是一种静态的视点,而是带出了一种连续渐变的统绪尺度。

整套新的视角：它使对心灵力量表现强度的变动加以衡量成为可能，这些变动是与充分观念和不充分观念的相应占比有关的。①这个提示极其重要，因为它肯定了主动性和被动性——至少就它们对应着充分和不充分观念在心灵中的生产而言——不是两种绝对的状态，不是相互彻底排除的两种状态：主动性和被动性处在渐变统绪之中而互为尺度，这些渐进状态是在[绝对主动和绝对被动]两极之间实现出来的、连为统绪的全部直接形式。就此，我们就可以提出这样一个问题了：[人的]心灵可能不带半点被动地完全主动吗？只有到了《伦理学》最后即第五部分，才可能为这个问题给出答案。

命题二与前一命题不同，给出的是一个否定的义理：它表明了心灵不可能相对于身体而是主动的或被动的，也就是说，身体的主动和被动不能等同于心灵的主动和被动，或者说，身体的主动和被动有其特有的方式。实际上，身体不可能作用于心灵，任何施之于心灵且心灵因此而被动的身体作用都是不存在的。同样，心灵也不可能作用于身体，任何施之于身体且心灵因此而主动的心灵作用也是不存在的。这个命题的内容显然极具争议，故此该命题附有一个篇幅很长的附释，在附释中，斯宾诺莎猛烈抨击了在这个问题上普遍常见的理解的种种错误。这种批评的阐述给人造成的印象是不针对任何具体的人的：但显而易见的是，斯宾诺莎批评的矛头主要指向的是笛卡尔，目的就是在这里创造

---

① 显然，心灵越"有"充分观念，它就越少"有"不充分观念；反之，它越"有"不充分观念，就越少"有"充分观念。

条件,在理论上与后者在《论灵魂的激情》(Les passions de l'âme)中对感性所作的解释决裂。要指明这种决裂是简单的事情,只需这样说就足够了:在笛卡尔看来,心灵和身体一方主动则另一方被动,当身体被动时心灵则主动,反之亦然,但斯宾诺莎指出,情况完全相反,只能说,身体和心灵同步地主动和被动,身体主动则心灵主动,而身体被动则心灵被动,二者同步地受推动,也就是说,身体和心灵受同一个运动的相同量级的推动,同步地趋向于这个或那个方向。

正如命题二附释开头所说,这个论点在逻辑上——极为清楚明白地——从"论心灵"部分所阐明的身心统一学说中推出。命题二附释据《伦理学》"论心灵"命题七附释的证明而得出了这样一个推论,即:"心灵和身体,是此时在思想这一属性中彼时又在广延的另一属性中被设想的同一个东西(quod scilicet mens et corpus una eademque res sit quaejam sub cogitationis jam sub extensionis attributo concipitur)。"① 心灵和身体,各自存在于它们所是的"是"的种类之中,分别在心灵中和身体中表现着同一个决定,这一决定必然地是所有的、无限多的"是"的种类所共同遵循的,因而也是这里涉及的这两个"是"的种类所共同遵循的:由此可推出,"我

---

① 在"论心灵"命题七附释中,对这个后果是借着圆形和圆形的观念间的关系被阐述的,圆形和圆形的观念"在两个不同样式中被表现的同一个事物(res sed duobis modis expressa)",这里所说的"两个样式"的关系就是心灵与身体的关系:这一关系没有特例,当然人的自然/性质也不可能被构成为某个特例的顺序,所以说,这一关系是作为普遍规则起作用的,所有事物都概莫能外。

们身体的主动活动和被动活动的顺序自然地与心灵的主动活动和被动活动是同步的（ordo actionum et passionum corporis nostri simul est natura cum ordine actionum et passionum mentis）"。这里的本质之点是，身体和心灵的主动活动和被动活动的顺序之间构成了绝对的一纸两面的吻合关系，这种关系所遵循的正是我们在阅读"论受感致动的情状"定义三专门理解受感致动的情状这个概念时已经有机会谈到过的那种同时性原则。在这种同时性中，身体的所有的样式化表达都直接在同一方向上与心灵的所有样式化表达一一对应，这也就明确地排除了身心各自运动间的相互作用的可能性，即，身心各自的运动并非是在样式上相区别的两个物体的运动，而是真正不同的两种事物各自的运动，不可能发生外部接触；若发生了这种接触，身心之间也就有可能相互传递冲力而施加影响于对方了，斯宾诺莎在"论受感致动的情状"序言中提到过这一点，而且在"论自由"的序言中还会对之进行重申：在笛卡尔身心实体性统一性的观点中存在某种不可理解的、彻底说不通的东西，即，身心既各自独立，又保持着最为紧密的这种关系，也就是说，它们是有相同自然/性质的两个东西，是相互限定的，这就等于是说，身体和心灵并非是真正不同的两种事物，而是在样式上有别的两种东西，能够紧密地相互作用。心灵和身体分属两个"是"的种类，不能相互化约，这是无可争辩的：承认这一点后，要说明它们真正统一的事实，唯一的方式就是将它们理解为同一个实体顺序在两种不同的有限样式下的表现，这个同一个实体顺序的无限顺序只能在神本身那里找到，这两种有限样式的表现由神而来，故也都必然地服从于同一个决定机制。①

命题二的陈述分别从身体的角度和心灵的角度详细点明了这些后果：身体不能决定心灵去对任何东西进行思想，因为心灵进行思想必然地是由神在神的无限理智中决定的，因而也遵从着严格的心灵程序，身体是绝不能涉入这套心灵程序的，而心灵同样不能影响身体，不可能通过意志的自由决定而使身体动或静，或处于任何状态，因为，正如在"论心灵"结尾处已经证明过了的那样，心灵中并没有自由意志，心灵中出现的所有事物都是由心理原因决定的，身体中发生的所有情况都无涉于心灵原因和心灵运动，而是单由身体原因决定的。这两点的证明已由"论心灵"部分的一个命题给出，此命题即："每个属性的各个样式都以神为其原因，但只能就样式所属的属性来看，而不能就其他属性来看（cujuscunque attributi modi Deum, quatenus tantum sub illo attributo, cujus modi sunt, et non quatenus sub ullo alio consideratur, pro causâ habent）。"②所以，从法则和事实上来说，心灵的运动不可能驱动身体的运动，同样，身体的运动也不可能驱动心灵的运动。

命题二带有一个《伦理学》全书中篇幅最长的附释，这里还不能详细对之进行分析，它需要另外单独研究。我们当前需要做的

---

① 显然，这个论点将在"论自由"开篇以其最高普遍性方式得到复述（"论自由"部分命题一）："思想和事物的观念在心灵中按顺序被排列和联结，身体的应变致动的状态，或事物的印象，也完全对应地在身体中按顺序被排列和联结（Prout cogitationes rerumque ideae ordinantur, et concatenantur in mente, ita corporis affectiones seu rerum imagines ad amussim ordinantur et concatenantur in corpore）。"

② 这是"论心灵"部分命题六的陈述。——译注

是在这个附释中把"论受感致动的情状"后面进一步展开论说的重要之点辨别出来。在后面的阐述过程中,斯宾诺莎反复诉诸经验以反对偏见,同时反复诉诸推理以反对由想当然的经验得出的错误证明,借此反复批驳"心灵的意志(mentis voluntas)""心灵的决断(mentis decretum)""心灵的指导(mentis directio)"等表述,而这类表述皆源自这样一种日常偏见,该偏见认为,"我们可自由地做任何事情(nos omnia libéré agere)",该偏见因而暗示了我们的身体"之所以能做极多的动作,只依赖心灵的意志和思想的作用(plurimaque agere quae à sola mentis voluntate et excogitandi arte pendent)":这类表述都表现着最典型的意志运动论。这种无条件的力量就这样被归给了心灵,心灵被赋予了随心所欲操纵身体的功能,身体犹如一具无生命的傀儡,我们就这样剥夺了本该属于身体本身的力量:我们赋予心灵种种神奇的力量,尽管这些力量——我们并不了解的是——在"身体的构造(corporis fabrica)"中有其根源。①"身体能做什么,迄今还没有人能予以测定(quid

---

① "人的身体的构造(corporis humant fabrica)"在这个段落里出现了两次,显然暗指的是维塞尔(Vésale)的著作《人体构造七书》(*De corporis humani fabrica libri septem*, 1544),这部著作在现代的开端奠定了实验和开放的人体解剖学方法基础,打开了对人体组织进行科学认识的道路。但是在斯宾诺莎看来,道路虽然打开,但仍需漫长的艰难探索才能成功地揭示人的身体这种组织结构的惊人奥秘,因为,"人的身体的构造本身,就精巧性而言,实远超过人类的技艺所能创造的任何东西(ipsa corporis humani fabrica... artificio longissime superat omnes quae humana arte fabricatae sunt)"。当然,这些特殊性再怎么令人惊愕,也必定可以由理性的解释来说明,即便我们尚未获得完全掌握这种解释的手段。

corpus possit nemo hucusque determinavit)"这个著名的提法的真正解释是：身体中的巨大力量、运动和活动的潜能完全是未知的①；这种无知使身体只被视作一种工具，或只被视作一种机器，若无其组织顺序之外的某种力量的助动，就总是保持惰性状态和不工作的状态。而这种力量是怎样起效的呢，它的范围如何呢，"身体凭借自身自然/性质——仅就该自然/性质只被思考为身体的自然/性质而言——的法则能做什么，身体假若单由心灵决定又能做什么(quid corpus ex solis legibus naturae quatenus corporea tantum consideratur possit agere et quid non possit nisi a mente determinatur)"？似乎没有人想着提出这些问题：也正是由于这一原因，对身体活动的研究才总是探求身体之外的原因，我们即使依赖于推理和经验，也根本没有客观地把握身体自身的力量和给它灌注生气的内在动力机制。

斯宾诺莎在附释中主要抨击的这种偏见都主张身体和心灵共有同一种力量，它们的这种力量分配就会使心灵在处于主动状态的同时，使身体陷入"惰性"或被动状态，因为身体只不过是纯然无生命的一台机器，只能受它本身所不能产生的冲力的推动。然而，经验却表明了相反的情况，即，身体和心灵的惰性状态是同时发生的，而一方主动，另一方也必主动：以睡眠为例，"如果身体是惰性状态的，心灵同时也不能思想(si corpus iners est, mens simul ad cogitandum est inepta)"；在这里，"同时

---

① 斯宾诺莎两次用到梦游的例子来说明还没有确解的身体力量表现：就梦游而言，就如身体其他所有的情况一样，必定是可以解释的，而目前虽然无解，但将这种无解本身当作一种解释而固守无知就是愚蠢的了。

(simul)"是一个重要的词,它标明了——这是同前面的推理已经证明过的原则相一致的——身体中和心灵中发生的事情是绝对重合的,因而不可能从不对等性的方面去考量它们的差异。因而,身体和心灵凭借着相等的力量和运动过着各自的生活,在一方中有其标记的事件,必定在另一方中有相关联的对等事件,反之亦然。因此之故,将两方特有的倾向对立起来,仿佛它们必定以诸如作用与反作用这样的相互克损的方式运作似的——这么做是徒劳的,相反,身心双方的倾向严格地对应关联,严格地服从于同一种展开节奏:心灵和身体以同样量级的强度一止俱止、一动俱动。"我相信,根据经验,每个人都能发现,心灵无法永远同样地思考同一对象,反而只有当身体能在自身内有这个或那个对象的印象时,心灵才愈能够考虑这个或那个对象(omnes expertos esse credo, mentem non semper aequè aptam esse ad cogitandum de eodem subjecto, sed prout corpus aptius est, ut in eo hujus vel illius objecti imago excitetur, ita mentem aptiorem esse ad hoc vel illud objectum contemplandum)。"若无"完全对应地(ad amussim)"——用斯宾诺莎在"论自由"命题一中所使用的这个表述来说——伴随的、同时发生的、具有相同强度的身体的功能,心灵的功能就不能这样起作用。

由此可推出的结果就是,心灵和身体同时自由,也同时受限制,一方的自由绝无可能必然构成对另一方自由的损害:心灵只可能与身体同步自由,而不可能反对身体。受感致动的情状生活的展开过程将会证明这一点,在这个附释的结尾,斯宾诺莎对此作了相当充分的思考。经验很好地表明,我们并不总是做我们想做的事情或我们有意识地愿望去做的事情,①在多数情况下某些暗中的力量引导着我们,而我们却毫无所知,在这些情况中,我们就处在被动的身体状态和心灵状态之中:某些观念或受感致动的情状以不可抗拒的吸引力驱迫我们,而我们却既不知道它们从何处取得它们的吸引力,也无法作出足够的应对以抗拒它们施于我们的压力从而从它们的运作顺序中逃逸出来;而当这些观念和受感致动的情状相互抵牾,我们便处在一种荒谬的情境之中,因为我们看到它们在我们之中或毋宁说在我们面前撕扯着,我们此时仿佛就是在观看着一出大戏,我们没法改变这出戏的走向,直至大幕降下,我们才能知道它的结果。我们所做的大多数事情,即使我们确信我们是按我们的决断自由地做这些事情的——因为我们感觉做不做它们都是可以的——,都是我们在某种决定机制之下被训练着做的,就像这种决定机制就如孩子找奶嘴吮吸一样是强制性的,当然,这种行为也是一种有意选择的结果:"人们认为他们自己是自由的,只是由于他们对自己的这些活动有意识,但同时却认识不到决定着这些活动的原因(hommes ea sola de

---

① 斯宾诺莎在这里以事实为例,指出我们甚至不知道如何自如地控制自己的舌头。我们不禁想起这个例子同斯宾诺莎传记作者们记载的一则轶事的关联:据说,德·维特兄弟被害的时候斯宾诺莎曾临时策划一场示威,准备独自一人高举上写"Ultimi barbarorum(野蛮至极)!"的标语牌上街游行,此时,他就屈服于一种冲动,但这种冲动与其说是疯狂和不受控制的,不如说是有仁慈(généreues)和理性的动机的。"论奴役"中说的一个提法"见善虽吾乐,遇恶却随之(Video meliora proboque deteriora sequor)"也出现在"论受感致动的情状"命题二的这篇附释中,同样也完全适用于这里所说的情况。

causa liberos se esse credunt quia suarum actionum sunt conscii et causarum a quibus determinantur ignari)"。实际上，他们的意识不外乎是对他们的活动的受感致动的情状的意识，而且人们在这些活动的受感致动的情状完成之后才察觉它们，他们并没有对它们的观念，因而也不知道它们的原因。所以，这些众所周知的自由动作，只是人自以为是地以为出于自己的独断罢了，"心灵的这些决断不是别的，而是冲动本身，而这些冲动则随着身体情况的不同而不同(mentis decreta nihil sunt praeter ipsos appetitus quae propterea varia sunt pro varia corporis dispositione)"：我们以为心灵决断起作用的地方，实际上是身体情况所致。实际上，心灵和身体都在决断着，并且同时有着相同的动量："心灵的决断作为冲动，与身体的决定在自然中是一纸两面地吻合的，或者毋宁说二者是同一的东西，当我们从思想的属性去观察，并且以思想的属性去说明时，便称它为决断；当我们从广延的属性去观察，并且以动静的规律去推究时，便称它为决定(mentis tam decretum quam appetitum et corporis determinationem simul esse naturâ, vel potius unam eandemque rem, quam quando sub cogitationis attributo consideratur, et peripsum explicatur, decretum appellamus, et quando sub extensionis attributo consideratur, et ex legibus motus et quietis deducitur determinationem vocamus)。"我们动作着，并非因为我们愿望如此动作或我们决定如此动作，而是因为我们被驱动如此动作，驱动来自同时发生于身体和心灵的那些运动及其勃兴激荡的功能，正是这种功能为感性生活的展开标定了路标。

这篇附释以睡眠和醒时这一令人吃惊的平行对比作结①,这个对比通过类比使我们理解了,在我们心灵中形成的一些观念,我们虽认为应归因于意志的决断,但它们却是不可能"同想象本身或记忆相区别(ab ipsa imaginatione sive memoria distingui)"的。决断做某些动作,比如说话或保持缄默,实际上就是决断对某些冲动予以延长,而这些冲动是由起激发作用的自动机制——不可能直接人为控制的自动机制——所促发的:换言之,这种决断是动作的后果而不是它的实际条件。当我们在梦中说话的时候,两种情况必居其一:我们要么是在确信我们说了话,但这一确信并不对应着任何现实,所以,它纯粹只是想象,之所以有这种确信,应归因于这样一种机制,即,该机制在心灵中生产出了这些不充分观念的同时,身体上也有由事物留下的印象因某种联系和持留作用而被生产了出来;要么则是,我们确实说了话,也就是说我们说出了词句,我们可以回忆起这些词句,而在我们说出这些词句的时候,我们却不能控制表达或措辞,因为它们来自完全不以我们意识为转移的身体的某种"身心过程",所以,我们在说这些词句的时候,不过是混淆地重复着我们在某时某地曾学会说的话,但我们却甚至根本想不起言说这些话的具体环境。无论这两种情况的哪一种,我们都在受冲动的驱迫,这些冲动根源极深,完全

---

① 显然,斯宾诺莎在这里利用了——但却是反其意而用之——笛卡尔在《第一哲学沉思录》第一沉思中阐述过的论证:梦工作的心理过程同指导我们意识生活的那些心理过程不能完全区别,它们在很大程度上都是由生产着不充分的、缺失的和混淆的观念的那种机制所支配的。梦和醒之间,不存在自然/性质上的差异,只有程度的差异。

超出了我们的把握之外:我们或许会有绝对发起随性的活动的错觉,但事实却并非如此,这些活动是在我们不知情的情况下从属于重复法则的,这些活动的实现正是借助这一法则才具有了现实性的表象:与其说我们自己做出了这些动作举止,不如说我们模仿着它们。而当我们不做梦的时候,当我们似乎知其所以然地做出这些动作的时候,归根到底无非只能证明的就是:这次我们做的这些动作——我们通过有关它们效果的表述孤立地看它们——都处于由种种决定组成的复杂网络的作用所规定的框架之中,①这些决定在很大程度上都先在于这些动作的执行,而且,这些动作的致动首动性基本上都是由这些决定实现的;重复法则持续起着作用,而我们绝对地使这些活动开始仅仅是表象,仅仅是我们头脑中的想法,就像在梦中一样,而这些活动本身的旨趣是超出了我们所顺应的意识动机之外的。如果我们坚持认为这些动作是源自我们意志决断的自由动作,我们的这一信念所具有

---

① 譬如谙于习得某种语言的人,他们只需形成自动化机制,他们每次在会话中甚至完全不需要思考:斯宾诺莎在"论心灵"命题十八附释中已经提到过这些机制的连续性。与其说是我们在说话,不如说是话在说我们:说话,就是在执行语法,而语法取决于极为复杂的蒙太奇拼贴(montages),我们虽不能一下子执行全部语法,但语法的所有命令是我们必须全部牢记的,只有这样,我们才能在需要的场合对这些命令作相应的提取;这就解释了我们为什么都是一些说话的机器,其运作需要身体和心灵同时起作用。在这里我们可以回想一下拉梅内(Lamennais)在其《论对宗教的冷淡》(*Essai sur l'indifférence*)第二卷中对博纳尔(Bonald)进行阐释时的说法:"言说即服从。"我们还可以回想一下罗兰·巴尔特在法兰西学院就职讲演时那个引起争议的说法:"一切语言都是法西斯主义的。"

的价值不是别的,而正是与我们睡梦过程偶然会具有的那种价值:"凡相信他们说话或保持缄默或做任何事情皆出于心灵的自由命令的人,都是在睁眼做白日梦(qui igitur credunt se ex libero mentis decreto loqui vel tacere vel quicquam agete oculis apertis sommant)。"无论是在睡梦生活还是在清醒生活中,充斥我们精神的观念都有着驱动性的作用力,这些驱动性作用力乃是这些观念本身——只要它们是观念——的自然/性质使然,这些观念在心灵中是在系统的决定条件下形成的:斯宾诺莎在这里采用了"论心灵"最后一个命题的义理,根据此命题的义理,心灵的种种意愿——我们总是将它们误解为自由决断的自发性产物——所具有的价值不是别的,而是,它们乃是心理动作的体现,它们全部都实现着心理动作,它们只是这些心理动作的动力的展开,且以心理动作所对应的肯定性为度。

命题一和命题二划定了一个范围,为谈论心灵的主动性和被动性划出了空间。命题三则确定了来自这些分析的结论,证明了心灵的主动活动须借由充分观念的生产且唯有借由充分观念的生产才能得到解释,而心灵的被动活动则须借由不充分观念的生产且唯有借由不充分观念的生产才能得到解释。所以,完全无须为这种贯穿于感性生活全部领域的现象寻找其他原因,尤其是在心灵顺序本身之外去寻找原因——心灵在感觉或欲望的时候无非就是在从事着观念的生产,它感知和认识的也只可能是这同一些观念。这一推理因而将感性生活的种种表现带回到了前面已经很好地划定和研究过的领域,从而让这种生活的这些表现实际上不再神秘而能为人所理解。

心灵是实际存有着的身体的观念,这一心灵概念已为"论心灵"命题十一和命题十三所阐明,此一心灵概念在这里构成了此处命题三证明的基础。这样一来,由于——正如《伦理学》第二部分命题十五所证明的那样——身体是由诸部分构成的一个复杂个体,而那些各个部分本身也都是复合的个体,所以,与身体的这种复杂现实性相对应,身体的观念这一面也相应同一地是复杂性复合体,身体的观念也由众多心灵上的、观念与观念之间的种种组配复合而成,凡此组配方式之种种,可推至无穷。人的心灵即由这些复合观念所构成,就如"论心灵"命题二十九绎理所指出的那样,"人的心灵,只要它是依据自然的共同顺序感知事物的(mentem humanam quoties ex communi naturae ordine res percipit)",人的心灵中的这些复合观念中的一些就必定是不充分的,但人的心灵中也会有充分的观念,这些充分观念亦由心灵生产,不过心灵在生产它们时,离开了自然的共同顺序所限定的日常条件,这种日常条件总是使心灵不得不以特殊性的偶然性质再现(表述)事物,正是由于离开了这种日常条件,心灵才进入对事物进行普遍认识的事业之中,此时,它所凭借的观念是《伦理学》第二部分命题三十八绎理所说的"人人共有的那些概念(notiones omnibus hominibus communes)"。心灵中的观念若非充分的,便是不充分的,概莫能外。"论受感致动的情状"命题三已经证明,当心灵"有"不充分观念的时候,它就是被动的,而当它"有"充分观念的时候则是主动的:心灵时时刻刻完全是从事着这些观念——不充分观念或充分观念——的生产的,因为心灵的自然/性质全由观念——充分的和不充分的观念——构成,所以显然,心灵有时主动有时被动的这一事实此外再无可能有别的解释:所以,仅当心灵形成充分观念的时候,我们完全有理由说心灵是在主动活动着的,而这些观念之所以是充分的,正是由于它们在神之中,因为它们只与神的自然/性质相关,而心灵若在其活动中完全依从自然的共同顺序、混淆地观察事物,我们则完全有理由说心灵是在被动活动着,此时它所凭借的观念并不能从心灵本身的自然/性质出发得到理性的解释,因而心灵在这种情况下生产的观念是不充分的观念。

本命题三附有一则阐述尤为精当的附释,包含着一个重要的理论问题。这个附释解释说,心灵,只要它的自然/性质"包含否定(negationem involvit)",它就会陷于真正被动的运动。而心灵的自然/性质之所以会"包含否定",是因为它处于这样的情境之中,即,此时现前于这些情境中的事物不能仅由心灵的自然/性质来说明:因而心灵感觉到它是"自然的部分(pars naturae)",无此它所属的自然整体,心灵单凭它自身是无法维持自身的。这个论点将在"论奴役"命题二那里得到重述,据此命题二,"我们只要是自然的部分——不能不凭借他物而仅由它本身而被设想的部分——就总处于被动的状态(nos eatenus patimur quatenus naturae sumus pars quae per se absque aliis non potest concipi)"。自然存在于我们之中,这个自然通过我们以某种被决定了的特定方式、因而也是通过特定角度表现着整个自然的力量,但毕竟这种表现中还有某些不完整的和未尽的东西,这正是我们的无力性的标志,也就是说,是我们力量的局限性和有限性特征的标志,我们的力量总是要受制于同我们的力量相抵牾并否定地与之构成对立的其他力量的。心灵的被动活动在心灵中反映着这种受限制状态,这种受限制状态是我们的自然/性质的片面特征的不可避免的后果,我们的自然/性质不是整全的自然,而是它的组成部分,处在同自然的其他组成部分的恒定关系之中。换言之，人似乎由于是一种因匮乏而有需求的存在者之故而总是要服从于被动活动的。

如果说被动是否定的标志，那么主动的标志则是肯定，与此同理，存在之充实和力量之充实表现则与存在与力量在被动情状中的匮乏表现恰成对照：心灵在主动之时，心灵中发生的东西可由心灵本身明白而清楚地得到说明，这就是说，此时它不再处于混淆的状况之中，此一状况是心灵被动性局限的必然后果；由于心灵完满地明白自身，它便能理性地控制它的动作，这时候的"心灵动作"是真正意义上的主动动作，心灵凭借这些主动动作表现着它自己的自然/性质，以至于此刻它是自足的，是不受必然造成它的无力状态的那些局限的限制的。此外，应该指出的是，在"论受感致动的情状"部分这一命题三的附释里，斯宾诺莎并没有明确地阐述他的论点的肯定性方面，而只是强调了人的自然/性质所特有的局限，同时仅强调了这一局限性也是特殊的有限事物的存有所共有的自然/性质，无论是人，还是任何特殊的有限事物，就它们自身而言，都是无力的，因此也都是受制于被动性的。被动性——否定性在某种意义上构成了它的逻辑标志——是人之中最自然的东西，然而，由此引发的问题是，人能否完全摆脱这种自然的逻辑，并从事不再受制于这样的局限的主动活动呢？

2. Conatus（努力）（命题四到命题八）

"论受感致动的情状"部分前三个命题厘定了感性生活在其中得以展开的领域，为它给定了一个总体的范围。现在必须要搞清楚，这个领域里发生着何种现象，它们是怎么发生的，它们各自特有的必然性类型又是什么。我们将要考察的这些命题谈的都是这种生产的能量条件,它们旨在勾勒受感致动的情状的动力学特征,而前面的分析则把重点集中于受感致动的情状的认知方面、理智方面,以及在某种意义上说的逻辑的方面,所以,前面的分析即便不是忽视了动力学特征,至少也是极少谈及,故此,这里的这些命题的侧重点在于完整勾画出我们心灵的自然活动所必定具有的整个边界。正如我们将要看到的那样,感性生活的全部方面归根到底、无一例外地都指向了对存有和动作的根本力量的肯定,这种肯定可被 conatus(努力)这个概念所概括,它指的是一种自然的和生命的强度,所有事物——不仅仅是人和人的心灵——以及所有事物所体现的一切形式的行为举止都在这种自然的和生命的强度中有其存在理由:这种力量构成了源头,所有效果皆自它而出,都实现着这种力量,都以无量多的形式表示着这种力量,要在这些无量数的表现的背后找到它们所表现的那独一的强度,就必须对这个力量进行解析。必须指出的是,这一组五个命题强调了这种生命力量的基本现实性,这一基本现实性以不同的强烈程度体现在无限实体的所有产物之中,同时,这一组命题也暂时悬搁了人的感性的难题:这些命题谈的都是被作普遍考量的"事物(res)",只有等到命题九才会专门涉及人的心灵的情况和人的心灵以其自身方式实现此种 conatus(努力)的力量的那些特殊条件。

对 conatus(努力)的推导分为两个步骤:几乎具有公理性质的命题四和命题五一开始就以否定形式通过归谬推论说明了既是存有的顺序之中的同时也是逻辑的顺序中的几种不可能性:任何东西都不可能消灭自身,相反各种趋势不可能凑合起来持续地构成一单个"主体"的自然/性质;在这一被澄清的基础之上,命题六、命题七和命题八接下来建构起了冲动这一积极概念,即,所有事物都是在冲动的驱迫之下去成其所是的,并受到冲动的激发尽可能保持自身的存在,正如我们将看到的那样,冲动显然构成了感性生活的全部表现的根源,无论这些表现可能呈现出什么形式。

命题四①和命题五②之所以重要,不仅是因为它们构成了 conatus(努力)学说的论述前提,而且因为它们所围绕的主题正是整部《伦理学》的中心性的主题:必须将否定性理解为根本外在于事物自然/性质的东西,因为,事物是其各自之所是,则否定性必定不可能是一种内在决定;换言之,即便否定偶然地在事物之间传递,也不可能真正进入事物本身之中,不可能对事物之内的构成性必然要素发生任何影响。③ 从这个视角来看,前面提到的"否定"——即命题三附释刚刚谈到的作为人的有限性标志的"否定"——立刻被相对化了:一切事物都具有的这种有限性并不是在它们的实质上规定着它们的东西;实体的诸样式分殊——只要是同一个"是"的种类中的诸样式分殊——相互限制,必定产生否

---

① "Propositio 4. Nulla res nisi à causa externâ potest destrui."/"命题四:若非由于外部原因,事物不可能被消灭。"——译注

② "Propositio 5. Res eatenus contrariae sunt naturae, hoc est eatenus in eodem subjecto esse nequeunt, quatenus una alteram potest destruere."/"命题五:只要一事物能消灭另一事物,则它们则相应地具有相背反的自然/性质;这就是说,它们不能存在于同一主体之中。"——译注

③ 黑格尔在《哲学史讲演录》中说斯宾诺莎"未能正确看待否定",很可能指的就是这一观点。

定,诸事物若以此种方式被生产,则否定也将是它们的生产方式的不可避免的后果,但即便如此,否定也绝不能被视为真的构成了事物原因或起源的东西。这个观点的逻辑方面和存在论方面是很容易被理解的,但撇开这些方面不谈,这个观点从一开始就具有一种伦理学的维度:它预示着一条解放之途,这条解放之途的关键就在于把事物放回到着眼于它们内在自然/性质的视角下去观照,由此视角去观照,事物则不再受限制于总是会造成异化的、在相反的方向上取决于外部关系的否定视角,在否定视角之下,事物是不会就它们的自然/性质本身被思考的,而事物的自然/性质,若就其本身来看,是绝不能使事物以此种异化方式被看待的。

命题四陈述的论点看似极为简单:任何事物都不能消灭它自己,也就是说,凡是在一事物"自身之中"被给予出的东西,都不可能造成该事物的消灭,①而事物的消灭只可能是外部原因干预的结果。斯宾诺莎说这个论点是自明的,因为,它不过是一个简单的逻辑问题②:任何事物都不可能既是其所是同时又不是其所是,

---

① 命题六的证明:"没有事物在它自身之中有使它可能由以被消灭的东西(neque alla res aliquid in se habet a quo possit destrui)。"命题四陈述之所以被命题六所参照,关键就在于命题四所说的事物是"在其自身之中"的事物。

② 正是由于这一原因,"论奴役"命题一证明参考了"论受感致动的情状"部分的这个命题的内容,并对它进行了解释:"如果错误观念所具有的肯定性的东西会由于真观念之为真而被消灭,那么真观念也就会被自己所消灭,而这是荒谬不通的(tolleretur ergo idea vera a se ipsa, quod est absurdum)。"这之所以不通——就其显然不通而言——乃因其不可能:至少从符合逻辑的逻辑推理上看是这样的。

74　不可能既是肯定或现前同时又是否定或取消,因为根据矛盾律,① 一事物之中不能兼有这两种状态。这个基本推理还需要更切近的考察,因为,它实际上并非是自明的。

这里的难题在于"被消灭(destrui)"的含义:当我们说事物不可能由于它自身之内的某原因而"被消灭",当我们说事物只能由于外部原因而"被消灭",这个"被消灭"是什么意思呢?在这两种情况中,"被消灭"指涉的是同一个内容吗,或者说,它的用法包含某种语义含混吗?实际上困难如下:斯宾诺莎在命题四证明里说"任何事物的定义都是对该事物本质的肯定,而非对它的否定,或者说,是设定事物的本质,而非取消它(definitio enim cujuscunque rei ipsius rei essentiam affirmat, sed non negat; sive rei essentiam ponit, sed non tollit)",在这里我们面对的更像是一个逻辑问题的陈述,此陈述对本质的说明是,本质乃是通过定义而被一劳永逸地给定的,本质也显然不可能同定义相抵牾;但是,到了命题六证明,这个论点却被重述为如下形式:"没有事物在它自身之中有使它可能由以被消灭的东西或取消它的存有的东西(neque ulla res aliquid in se habet a quo possit destrui sive quod ejus existentiam tollat)",曾为"本质"所占据的地方,被替换成了"存有",这样一来,问题就不再是逻辑问题了,原来的逻辑问题由于字面转换而变成了一

---

① 按照"论奴役"命题十八附释所言:"这道理必然为真,就如整体大于其各部分也必然为真一般(quod quidem tam necessario verum est, ut quod totum sit, suâ parte majus)",这也是一个普遍的逻辑公理。

个关于存有的问题①,因为,至少就个别的事物——个别的事物是实体的有限样式——的情况而言,个别的事物的本质和它的存有并不是同一回事:一旦谈到样式现实性,我们在"论神"命题二十四那里就已经得知"它们的本质并不包含存有",样式现实性的存有或者说样式现实性之实存由不能在它们的自然/性质中被给予出来的极多原因所造成,这一点已经在《伦理学》"论神"部分命题八附释中作过说明。当斯宾诺莎说事物不能被在它自身之中被给予的原因所消灭的时候,问题就来了,不能被消灭的是该事物的本质,还是该事物的存有呢? 事实上,这个论点高度简练的陈述使它获得了一种普遍形式,能无例外地适用于所有事物,既可适用于实体现实性的事物,也可适用于样式现实性的事物,故此,这种陈述就简化成了简单的逻辑问题的陈述,而未能对问题涉及的这两个方面作区别对待。但是,适用于实体现实性(也就是其本质必然包含存有的现实性)的推理方式,究竟能不能适用于样式现实性(也就是其本质不包含其存有的现实性)呢?

如果我们仔细对此加以思考,就会发现,斯宾诺莎所处理的

---

① "论奴役"命题二十证明参考了"论受感致动的情状"部分这个命题四,那则证明紧跟着有一个附释,"消灭自己"在那个附释里同曾在["论奴役"]命题十八已经提到过的自杀这个很具体的问题相联系,这个难题根本不能自明地被化简为一个逻辑问题:消灭本质,和取消存有,这是完全不同的两件事,很难直接被放在同一个层面。斯宾诺莎要说的是,自杀的人的行为也不合逻辑,这个行为只能说明他被外在于他自己的自然/性质的影响所异化和攫取。在这个极端的例子中,我们可以看到,将意愿简化为理智会导致什么样的后果,那样一来,行为尺度的意义价值只取决于理智,只取决于行为的理性/理由内容,而不取决于决断的性质。

这个问题比它直接在斯宾诺莎的简要表述形式中显得的要远为复杂。对该问题所能作出的理解，不仅只有两种，实际上是三种，这三种理解可总结如下：在一事物的本质中，有能否定此事物本质本身的东西吗？在一事物的本质中，有能否定此事物的存有的东西吗？在一事物的本质之外，有能否定此事物的存有的东西吗？针对前两个问题，按照斯宾诺莎的看法，我们只能给出否定的回答，而针对第三个问题我们只能给出肯定的回答。但是，前两个问题必须被给出否定的回答所分别依据的理由却是完全不同的。第一个否定回答实际上是一个纯逻辑问题，它适用于事物一般，而无须把这些事物的自然/性质计入考量；而第二个回答仅在涉及其本质不包含存有的那些事物的情况时才有意义，所以，这个回答是完全不涉及本质包含存有的事物（即实体）的。任何本质都不可能否定自身，这是明白的。但是，至于就其本质不包含其存有的事物而言，它的本质中不能有消灭该事物存有的东西这一论点，对源自纯逻辑的推理来说，就不再是同样明白的了。但"论受感致动的情状"部分这则命题四陈述的核心处恰恰存在着这样一个观念：一事物若非实体，此事物的本质虽不包含存有，但其本质也同样地不可能包含非存有。个别事物的本质虽不充分包含个别事物的存有，但其本质中也绝没有使该个别事物不存有的东西；故此，任一个别事物的离开存有和进入存有，只可能是它本质之外的某些原因使然。从斯宾诺莎的角度来看，这是自明的：让我们这么来理解吧，这一主张在他本人的思想体系中是至关重要的，在某种意义上说，这一主张构成了他的思想的终极要求。这就是说，我们若不承认这个论点的有效性，我们事实上就出离了这个思想体系和它的"逻辑"所特有的视角，而把这个思想体系所特有的这种"逻辑"简化为一劳永逸普遍适用的普遍逻辑的任何做法都将是一种误用。

在指明了这个刚被分析过的论点在斯宾诺莎整个体系中的重要性之后,我们现在有必要专门谈一谈这个论点的陈述:它归根到底要说的是,就算从着眼于事物的本质的视角来看,事物的存有与事物的本质一样是不可消灭的,但事物的这种存有可以在外部原因的介入之下被消灭。这就是说,个别事物的存有既是可以被消灭的,又同时是不能被消灭的,但这个矛盾并不存在于该个别的事物的本质之中。我们该如何理解具有这种矛盾的个别事物呢?为了理解它,我们就得把在这里还没有被直接阐明的一个概念预支过来。从"论受感致动的情状"命题六开始,斯宾诺莎才从对 conatus(努力)学说的消极前提的阐述转入对该学说的正面解释,就事物在何种条件下才能被说成是"保持在它自身的'是其所是'之中(in suo esse perseverare)"的作出了说明,只有在确证了这些条件之后,我们才可能从这些条件出发对事物"不能在它自身的'是其所是'之中被消灭(in suo esse destrui)"这一由命题四所证明的义理作出完整的把握。就算事物的本质不包含该事物的存有(事物的本质在任何情况下都不可能被消灭),此事物也不可能在它自身的"是其所是(esse)"中被消灭,但它的存有在外部原因的干预之下则可被消灭。事物的"是其所是(esse)"既不是该事物的本质,也不是该事物的存有,毋宁说,事物的"是其所是(esse)"乃是该事物的"存有的本质",事物的这种"存有的本质"与该事物的所谓的"应然本质"是完全不同的。在 conatus(努力)学说之中,不能被消灭的正是事物的这种"是其所是",事物的特殊存有无论随着自然的共同顺序会经受着怎样的随机运数的拨弄,事物都将坚决地要保持在它的这种"是其所是"之中。

命题五以一种更为复杂的形式对命题四阐明的论证进行了重述。它同时提出了几个论点:有互相消灭之势的事物也有着对立的自然/性质;这样的事物不能在同一个主体中并存;它们的不兼容性或不一致性愈大,就愈是相互消灭地对立着。该命题是对上一个命题的直接扩展,且构成了上一个命题的某种绎理。正如命题五证明所确证的那样,此命题的内容是围绕着这样一种陈述得到组织的,该陈述的特征全然是逻辑性的。它的陈述提出了"主体(subjectum)"概念①,在这里应在语法意义上将该词理解为"主词",也就是说,我们所谈论的一个命题的"主词"应服从于矛盾律,因而不能在同一个"主词"之中填入相互排除的东西:在斯宾诺莎的哲学中,可被我们称为"是主词/主体"的东西就是由这种不可能性所决定的东西,此种东西除了逻辑价值之外,别无其他意义,它的否定形式也只能通过归谬法推理得到确证;这就是说,在其自身之中的自在主体——也即具有可被积极地决定的独立性的主体、超然于建构着外部自然顺序的事物间冲突的主体——在这种哲学中是没有任何存在空间的。对主体哲学而言,主体最卓越的形态就是"内在性"形态,但是,要想在 conatus(努力)学说中寻找主体哲学的奠基要素却是徒劳之举;在某种意义上说,这种主体恰是 conatus(努力)的反面,与 conatus(努力)毫无

---

① 此概念除了另见于"论自由"公设一之外,再未出现在《伦理学》之中,在那个公设一中,该概念也是在此处所运用的完全相同的视角下被理解的。

关系，因为，conatus（努力）不是别的，只是在有着相背反自然/性质的诸事物相遭遇的情况下才展现出其自身的东西。但诸事物有着"相背反的自然/性质（contrariae sunt naturae）"是什么意思呢？当然不是意味着这些事物各自具有的自然/性质是矛盾的，因为，从诸事物本身的决定——它们各自的内在决定——来看，诸事物绝不可能由于各是其自身之所是而是矛盾的：因此，每个事物不可能就其本身的自然/性质而言是矛盾的，它们相矛盾只可能是一种效果，它们具体地相遇于某些条件之下，正是这些条件使它们不得不呈现出相互背反矛盾的形式。

相背反性这个概念之所以有意义，也全在它的这种逻辑价值，而也正是它的这种逻辑价值标明了它的涉及范围是存有领域，从而标明了命题五本身的内容范围：该命题的陈述采用了"只要……则相应地……（eatenus... quatenus...）"这一提法，我们已经在命题一的相关评论中强调指出过该提法所联系着的东西。这个提法使我们可以对不可能性进行级别划分，并引入一种趋势视角去看待排除关系的渐变式呈现，而不再绝对地、以"全或无"的眼光看待排除关系。正如"论奴役"命题三十证明——此证明就是建立在"论受感致动的情状"的这个命题的基础上的——将会解释的那样，一事物与另一事物"相背反（contraria）"，则此事物就会"减少或阻碍"另一事物的"动作的力量"（agendi potentiam minuere vel coercere）。绝对消灭一个事物的存有与使其活动领域以某种比例缩小之间是存在重要的差别的：正是在这个差别拉开的空隙——这是一个由或多或少相互排除着的事物的种种具体关系填充其间的空隙——之中，事物的对立在这里按照介于最小值和最大值之间的一系列的冲突指数渐次分布开来。一切事物

"莫不同可能消灭其自身存有的一切事物相对立（ei omni quod ejusdem existentiam potest tollere opponitur）"：斯宾诺莎在"受感致动的情状"命题六证明中说这句话的时候，正是从这些方面援引了命题五的义理的，我们必须将这种被消灭的危险——既有想象中的被消灭的危险，也有现实中的被消灭的危险——的趋势性维度勾勒出来，这种趋势是可以被相对估量的，因而是可以被测定和分级的。我们切不可认为体现在事物间的外在关系中的否定性基本性状会由于弥散分布为无量多的显现方式而被缓释，因而便不具有了基本性状的绝对性质；恰恰相反，这种弥散分布意味着，在外在相遇的顺序中，被消灭的危险造成了持久的、无处不在的紧张，虽然紧张的强度级别不尽相同，但毕竟这些不同强度级别的紧张张力持久地构成了每个相遇事物都竭力予以测度的存亡攸关的对象，因为每个事物只有评价、把握了自身所处的张力紧张程度几何，才能对这种张力的撕扯或妨害作出适当的反应。《伦理学》第四部分将阐明的有关好坏善恶的学说，也正是基于这种评价的，这一有关好坏善恶的学说认为，对任一事物而言的善好意味着，该事物尽最大可能地与同其自身的自然/性质相合的事物相结合，而竭力避开与其自身相背反的那些事物，且如有必要就消灭之，因为那些事物是与它的自然/性质不相容的。显然，事物越是与同其相"善"的事物结合，事物便越是能免于"恶的事物"的伤害。在感性生活中，爱与恨的这种博弈以全部可能的和想象的形式发展了这些关系，并且发展了典型地体现在这些关系之中的张力。

如果说以上两则命题有一种否定性的和关乎斥力的内容，并以此内容配合着它们所表现的公理性形式的话,那么命题六①、命题七②和命题八③则从积极的方面阐明了一种力量学说,在这种学说中,力量首次呈现为一种莫测的生命冲动形式,这种生命冲动形式之所以莫测,就在于它似乎是难以用严格的逻辑框架予以框范的。Conatus(努力)概念构成这三个命题的核心,非常有意味的是,命题六在一开始就直接使用了动词"conari(努力)",此后,命题七、命题八,连续使用了其名词形式 conatus。从"努力(conatus)"这个概念中可以得出一种运动的图式,从中能看得到运动有一个开端和冲动启动的临界点,所以说,这个概念指称的内容的趋势性是在一开始就被摆明出来的。严格说来,conatus(努力)不是一种事物,不是一种可量化的力量,故其现实性不可能一劳永逸地被决定和固定,相反,它总是标示着力量在所有事物中的现在现前,这种力量的现在现前,总是在实际中的,是不能同力量的现实化动态相分离的。使这个概念得以形成的动词

---

① "Propositio 6. Unaquaeque res quantum in se est in suo esse perseverare conatur."/"命题六:凡是尽量在其自身之中'是'的任何事物,都会努力地使自己保持在它自己的'是其所是'之中。"——译注

② "Propositio 7. Conatus quo unaquaeque res in suo esse perseverare conatur nihil est praeter ipsius rei actualem essentiam."/"命题七:努力使其自身保持在它自己的'是其所是'之中的任何事物的这一努力不是别的,就是该事物的实际本质。"——译注

③ "Propositio 8. Conatus quo unaquaeque res in suo esse perseverare conatur, nullum tempus finitum, sed indefinitum involvit."/"命题八:努力使自己保持在它自己的'是其所是'之中的任何事物的这一努力不包含任何有限的时间,而是包含无限期的时间。"——译注

conor、conari 从字面上看意味着"准备""倾向""预备"做某事、进行某种活动,具有"准备去做"和"投入去做"的双重含义①:故此,conatus(努力)概念表现了某种活动势所必然的迫切性,因而已经初现动机且已有其起源。所以,处在这个概念的核心处的,是有关某种基本冲动的观念:这种基本冲动观念首先表现的是这一事实,即,"conatus(努力)"是从每个事物的内里"勃然生长(conatur)"②出来的,也就是说,"conatus(努力)"是一种源于本质的投入,这种投入绝非某外部压力干预所能解释。因此,将 conatus 译为"努力"或"倾向"总是未尽其意,尤其是总是会使之进入某种目的论化了的视角,故此,最好还是将它表述为一种具有牵引力的运动,这种运动或是有意向于某对象的,也可能是没有任何意向的,所以在这里还是保留其拉丁文原有形式,以便使它的用法含义中性化。

命题六说明了这种冲动运动使得"凡是尽量在其自身之中'是'的(quantum in se est)"每个事物,无不努力"使自己保持在它自己的'是其所是'之中(in suo esse perseverare)"。这个倾向并非只属于某类特殊现实性或为某类特殊现实性所专有,而是与无

---

① 伽菲奥(Gaffiot)所编《拉丁语—法语词典》就列举了以下例子说明了这里说的该词的第一层含义:ego obviant conabar tibi(Térence),"我准备去见你(例句来自泰朗斯)";magnum opus et arduum conamur(Cicéron),"我们正着手开始一项伟大而艰巨的工作(例句来自西塞罗)"。

② Conatus 一词的德语对应词是"Trieb",即"驱动"或"冲动"。[在德语中"Tieb"还有"嫩枝"的意思。——译注]

论是什么的"任何事物(unaquaeque res)"都具有的倾向,否则那类特殊现实性必然会被视作 tanquam imperium in imperio(像是一个国中之国)——这一点是至关重要的。万物,无论它是什么,无论它属于何种种类的"是",莫不是自然的产物,皆携有不可遏抑的冲力强度的 conatus(努力)。我们本身也是万物之一,我们所是的这种事物同时地、无差分地涉及身体维度和心灵维度:可以说,在我们的构成方式的原初层面——或在某种意义上说的天然层面——身体维度和心灵维度这两个面便一纸两面般地重合着,这两个面的重合如此绝对,以至于没有什么能使它们可能被无彼此关联地区别开来。实体的众多样式化产物或应变致动的状态都具有 conatus(努力)的力量。不仅如此,实体的这些样式化产物或应变致动的状态各自的变动能力以及这种能力的样式表达也各有其自身的 conatus(努力)的力量,表现着一定比例的力量强度。因此,"论奴役"命题五和命题六承认,受感致动的被动情状/激情也会"保持存有(in existendo perseverentia)",仿佛它们特有的某种 conatus(努力)在鼓动着它们,通过这种类似的 conatus(努力),这些受感致动的被动情状/激情发展出了一种具有独立性的作用力,甚而能与心灵的独立性力量相抗衡,甚至使心灵成为它们的猎物。

对"保持在它自己的'是其所是'之中(in suo esse perseverare)"这个提法也需要作一些评注。这个提法提示了一种惯性动力学的观念,从这种惯性动力学的角度来看,每个现实性,一旦处于这种动力学机制之中,必定无限期地延长其轨迹,这一轨迹的路径是由该现实性自身的构成授予它的,直到有某个相反的外部运动对它进行干扰才能迫使它偏离原来轨迹,这种视点的最终视域就是该现实性的运动的彻底中断,也就是说,它的自然/性质的消灭。这一态势所包含的保持的方面①初看上去令人吃惊,因为这一保持的方面暗示了持久性,透露出一种观念,即,事物的方向一经制定,事物就会沿着这个方向运动并维持或保持这个方向上的运动,这种持久性似乎与事物"是其所是"的力量的原初爆发会受外部原因干预的遏制的说法相矛盾。但是,这一趋势所包含的保持的方面事实上是说,事物的"是其所是"的力量不再是无限制的倏忽而兴又突然消逝的无中生有之力,相反,事物的"是其所是"的力量只可能是事物的本质的连续演变的表现,必须符合该事物被铭写在其自然/性质构成之中的受决定机制(也即该物最为特有的受决定机制),事物的这种"是其所是"的力量就是事物的 conatus(努力),因此,我们也不能用无条件且不受控的主动机能来理解这种 conatus(努力),而那种所谓无条件且不受控的主动机能总是表现为绝对地肇始某种行动的那种优越性。一事物——无论是什么的任一事物——被牵拉、被推动而成的全部,就是该事物能符合它的本质而是的它全部的"是其所是(esse)":作为实体的体现的有限事物不同于实体,实体单凭自身便自为地存有,而有限事物的本质在其自身之内不足以使它单凭借自身的内在逻辑而存有,但是,即便如此,有限事物的本质毕竟是由实体所构成的,而且,这种本质一旦使有限事物进入了存有,有限事物也就由这一本质获得了它自身的能力限度,并就此按照它自身的

---

① "自我保存(ipsius conservatio)"的观念出现于"论受感致动的情状"部分命题九附释。"论奴役"部分命题二十和命题二十五证明对"论受感致动的情状"部分的命题六进行了引用,并将之与人们"保持自身的'是其所是'(suum esse conservare)"这一观念相联系。

自然/性质所授予的而非别的任何东西所授予的方式持续地无限期地存有下去。"保持在它自己的'是其所是'之中(in suo esse perseverare)"只可能是上面所说的这个意思:特别重要的是,该提法绝非要对一事物的存有作绝对肯定,那样势必会为存有的事实赋予一种自在价值,势必使之独立于该事物本质必然地规定的那些条件,可是毕竟,[conatus(努力)的]冲量是以无限期的持续形式、并在这些条件所给定的基础上,从该事物的本质爆发而出并将这本质投向或注入该事物的存有的。

所以,命题六说,使自己保持在它自己的"是其所是"之中的每个事物,皆是尽其量——不多不少的那个量——而"在其自身之中'是'"(quantum in se est)的。这就是说,conatus(努力)的力量以其自身的限度为限,也不能须臾分离于它自身的限度。这个限度——一劳永逸地被某quantum(定量)的决定所划定的这个限度——禁止该事物跃出雷池半步而使该事物的自然/性质摒绝了所有否定性吗?Conatus(努力)有严格保持限量的活动性吗?是这样的,至少若从某种外部比较的框架来衡量conatus(努力)的冲量,看上去就是这样的——这是因为,外部比较通过在各事物之自然量差之间会得出并定下一个量:但是,显然此量非彼量,因为真正的这个冲量的动力不是别的,而是"是其所是"的这个事物的必然性的表现,而这种必然性铭写在该事物的自然构成之中,也正是由于这一自然构成,该物才不可能绝对地不"是"它自身。所以,在"尽量在其自身之中'是'(quantum in se est)"这个提法中,对"在其自身之中(in se)"的指涉,就定义而言,点明并特指出了这种"是"是不以外部比较为转移的,否则将丧失其内在性特征,这个指涉说明了这种"是"是不能同那个"定量(quantum)"的决定相分离的,该"定量"——从规定着该定量自身的自然/性质的那些条件出发——划定了这一"是其所是"的力量的活动范围①:每个事物别无旁骛地使自己保持在它自己的"是其所是"之中的动力皆来自它们自身的根底,而无关任何外部干预;故此,没有任何理由使我们能在这种运动中见到某种外部顺序的标记,即,没有任何理由能让我们能以始源冲力所限的界内或界外来划定这种运动,也就是说,我们是不可能从否定性角度来界定它的,因为,这种运动的全部力量——有此运动的事物必定要发挥的全部力量——从一开始就是在这种冲动中被全部给予出来的。

在这个意义上说,conatus(努力)总是按它自身的方式在活动,它的活动形式每时每刻都受决定而无常形,表现为有限和无限的综合。Conatus(努力)就是有限和无限的综合:有限,是因为conatus(努力)有特定的保存维度,并由此而具有它一定的quantum(量),也就是说,每种conatus(努力)的量都有其特定范围;无限,是因为每种conatus(努力)都凭借其自身的自然/性质的实质而对其内在连续性作出肯定——肯定之为肯定,就是在其自身之内不涉任何否定,且该肯定为该种努力给予了它的冲量无限趋向的恒量。命题六就是对这一综合条件所作的阐述。命题六的论证挑明了一个事实,即,个别的事物都是实体的表现,也就是说,都是"神之所是的力量

---

① "凡是尽量在其自身之中'是'的任何事物,都会努力地使自己保持在它自己的'是其所是'之中(quantum potest et in se est in suo esse perseverare)"这一提法还出现在命题六证明的结尾,只能被理解为对这样一种力量的肯定,此力量是完全由它"鼓动"的那事物的自然/性质所决定了的,而且是决定了它的全部内在能量的。

和神的动作的力量(potentia qua Deus est et agit)"的表现,个别的事物"以被决定的特定样式(certo ac determinato modo)"被授予了这种力量,从而各自具有了它们分别所特有的"是其所是"和"动作"的力量。一切事物莫不是从无限实体中获得它们各自所具有的能量的,这种能量从一切事物各自的基底内部发出驱动,驱动它们竭力"保持"在它们各自的"是其所是"之中,驱动它们按照它们的本质中所铭写的必然性去"是其所是"而成它们之一切能是。无论这份能量多么有限,它都从它自身的特殊角度,按照在构成性上为它所规定的完满性类型发挥出它自身的自然/性质中的无限力量。在"论奴役"序言的结尾处对此专门有所说明:"但凡任何事物,无论是较完满的还是较不完满的,总是能够靠着它们去存有的相同力量来使它自身保持在自己的存有之中。所以万物在这方面都是一样的(res quaecunque, sive ea perfectior sive minus, eadem vi qua existere incipit semper in existendo pervererare poterit, ita ut omnes hac in re aequales sunt)。"万物都是同等的,这意思是说,它们同样齐一地有力,或者说,都一样地有一份能使它们保持在它们的"是其所是"之中的力度,唯万物齐一地有这样的力度,万物各自才能不以外部衡量或比较为转移地各是其是。万物借以"开始存有"①的这种力

---

① 应该注意的是,斯宾诺莎在"论奴役"序言结尾的这个句子里使用的是直陈现在时"去存有(existere incipit)"而非过去时"开始存有了(existere incepit)"。这是因为,从事物借以使它自己保持在它自己的"是其所是"之中的力量角度来看,也即从实际来看,"是其所是"总是一个不断现前的、实际活动中的状态,每个事物总是要不断"开始"去存有的,就此而言,这里不存在一种它的实际起源时刻,好像它从那一刻——且仅从那一刻——才开始了它的存有似的。

度催动它们各自进入不断更新的存有之中，进而各自以各自特有的方式表现着神所是的力量和动作的力量。

命题七所阐明的正是这个观念。命题六着眼于 conatus（努力）之显现效果模式阐述了 conatus（努力）的概念，证明了万物齐一地受其推动的那种运动在万物各自的基底内部催动它们各自"勃然生长（conatur）"且推动它们不断地去存有。这种运动的力量在命题七得到了明确的指认和命名。① 在所有事物中，都有一种力，每个事物借此力而"努力使其自己保持在它自己的'是其所是'之中（quo in suo esse perseverare conatur）"，这个力"不是别的，而就是该事物的实际本质（nihil est praeter ipsius rei actualem essentiam）"。它不是别的，这个提法的意思是，该力量如此严格地与该事物的现在现前的本质——这种本质是来自该事物的基底的东西，该事物也因此一本质而"在它自身之中'是其所是'"——相吻合，以至于两相无间：conatus（努力）不是从外部授予该事物的冲力，仿佛该事物是由人工力量开动的似的，相反，该事物的构成是独立于此种外部冲力而自在地被决定的；这种 conatus（努力）在且只在该事物和该类事物之中，绝对地与该事物和该类事物的实际本质相吻合一致。

但这种"实际本质（actualis essentia）"——conatus（努力）就是由之而被界定的——是什么呢？按照命题七证明中的说法，它就是"事物的被给予出来的本质（data rei essentia）"：这是一种"被给

---

① 正是由于这个原因，在《伦理学》接下来的部分里，这个命题七被其他命题多次参考，共计被援引 25 次。

予出来的"本质,这种提法提请我们注意它的"quantum(一定量)"的限度,此种本质是在这一定量的限度内尽量发挥其自身并因而成其"所是"的:由于它是被给予出来的或实际的本质,因而必然地是对神之所是的力量和动作的力量的表现,不过这种本质也是从它所特有的角度对神之所是力量和动作的力量予以表现的,它借着在它自身之内的并使它维持在它自身的"是其所是"之中的力量表现着神之所是的力量和动作的力量。维持在自身的"是其所是"之中乃是一种特定的保持存有的方式,"论奴役"命题二十六证明对"论受感致动的情状"命题七的义理进行阐释的时候是这样来理解的:"自我保存的努力不是别的,就是事物本身的本质,而由于事物以那种方式存有着,所以事物的本质就被设想为保持其存有的力度(conatus sese conservandi nihil est praeter ipsius rei essentiam quae quatenus talis existit vim habere concipitur ad perseverandum in existendo)。"事物的实际本质就是使它"以那种方式存有(talis existit)"的东西,正是由于这一原因,事物的存有与它的被给予出来的本质才是完全吻合一致的:从事物的存有与其本质的这种完全一致中源生出了事物使自身保持在它自己的"是其所是"之中的力度,此力度即构成了该事物的 conatus(努力)。从这种观点来看,可以说,事物的实际本质也就是它的本质本身,而就它的本质并非简单直接地"被给予出来"、不是一次且全部地"被给予出来",而相反总是动作着的本质而言,这种实际本质催动或迫使该事物去居有一种无限期延续且总是重新开始的存有,而且这种"去居有存有"的方式是完全不以外在原因为转移的,虽然那些外在原因助成了它的存有也随时能使它逸出它的存有。"是其所是(esse)",指的不是别的,而就是事物被如此这般地催动着在它的"是"中的保持:在实际中、且从该物自身的基底内部无限期地推动着该物从而使之朝向居有其本质的方向去存有的东西,就是事物的实际本质本身,或者用我们在关于命题四的评述中已经用过的一个提法来讲,就是该物的"存有的本质",当然也可以说,是它的本质的存有。就此而言,事物的"自然/性质(natura)"与事物的"力量(potentia)"完全是同一个东西。①

事物发挥conatus(努力)的过程具有根本性的主动性特征。命题七对此作出了明确的强调。Conatus(努力)在推动一切事物竭力保持在它们各自的"是其所是"之中的同时,也推动事物去动作,也就是说,推动事物产生出conatus(努力)在该事物中作为原因而能生产的全部效果,——因为这是由事物的自然/性质本身所决定的。每个事物都是动作着的,它们的动作又不得不同它们各自的自然/性质本身所限定的条件协调一致——每个事物也正是在其动作中,才将自身揭示为某种"力量(potentia)"的携带者,

---

① 正是因此,"论奴役"命题三十三证明才这样重述"论受感致动的情状"命题七:"力量,也就是说,自然/性质(potentia hoc est natura)。""论奴役"命题五十三证明也参考了"论受感致动的情状"命题七,在那里斯宾诺莎以同样的方式解释说,对一个人来说,"要了解他的本质,就须了解他自己的力量(suam essentiam intelligere, hoc est suant potentiam)"。在同一意义上,"论自由"命题九证明解释说,心灵的本质就是它自己的力量;同样对心灵作相关论述的命题二十五证明也将"能力/德性(virtus)""力量(potentia)""自然/性质(natura)"和conatus(努力)放在同一个平面等量齐观。斯宾诺莎哲学的独特性正在于此,其哲学认为原因和理性是同一的,从其观点来看,诸本质,就它们总是实际的本质而言,也就是力量:就此主题,尤其可看"论神"部分命题十六和命题十七。

第一章 感性生活的自然基础和基本形式（命题一到命题十一）

它们各自总是凭这个"力量"去存有且同时动作着。① 在这里，斯宾诺莎在论述这种力量的时候，附带地为《伦理学》后面的阐述引入了一个关键性的细节，这个细节对"论奴役"就 conatus（努力）和 virtus（能力/德性）概念所作的阐明而言尤为关键：conatus（努力）的力量就是"每个事物（无论是独自还是联合他物）借以动作行事（ipsa vel sola vel cum aliis quidquam agit）"的力量。一个事物，无论它是什么，要实现同它自己的自然/性质相符合的活动，就得发挥出它的 conatus（努力）的力量，此力量同该事物的被给予出来的本质是一纸两面般地相吻合的，这一力量从一开始并永远地决定着该事物的"是其所是（esse）"和"能成其所为"。这个努力的过程绝不是闭锁在一事物的自然/性质先行为该事物划定的专有范围之内而专由它独自在其中活动的，相反，这个努力的过程打开了一个集体活动的视角，必须着眼于"联合他物（cum aliis）"的联系，只要这些其他事物同该事物的自然/性质是相合的。任何一个事物都有从其最深根底而来的冲动，这个冲动催动它竭力使它自己保持在自己的"是其所是"之中、催动它完成它本身所能实现的所有活动，而实际上，也正是经由这种冲动，每个事物都以被决定的特定样式分有着自然的普遍力量，自然之所以能总全

---

① "论奴役"部分开篇的定义八明确参考"论受感致动的情状"部分的这一命题七，从"力量（potentia）"概念出发，对"能力/德性（virtus）"概念进行了说明，指出"能力/德性（virtus）"概念是与人的本质或个人的本质相关的："能力/德性（virtus）"就是"人的本质本身或自然/性质，就人能够让仅只由他自身的自然/性质之法则而被理解的某些东西成为现实而言（ipsa hominis essentia seu natura quatenus potestatem habet quaedam efficiendi quae per solas ipsius naturae leges possunt intelligi）"。

地是其所是并成其所为,就是通过这普遍的力量而实现的,而[个别事物对普遍力量的]每种分有必定服从的限定并非是一种限制或否定,相反却起着构成自然的作用,这也创造了使事物与事物相联合并进而趋向于万物自然整体协同的条件。① "论自由"将会展开的论述就是对实现这样一种联合的展望。

每个事物皆内禀着竭力保持在自身"是其所是"之中的倾向,万物由此而参与到普遍的自然力量之中,斯宾诺莎在命题八当中对万物内禀的这一倾向的根本特殊性作出了阐述,以此为专门谈 conatus(努力)的这部分总论作结。这个倾向的根本特殊性在于:此倾向所产生的冲力"不包含任何有限的时间,而是包含无限期的时间(nullum tempus finitum, sed indefinitum involvit)"。每个事物内禀的 quantum(定量)无论量限如何,其 conatus(努力)都会在无限期的时间内施展或释放它的活动:这种无限期的时间特性就构成了事物使其自身保持在它自己的"是其所是"之中的努力的特殊性,这就是说,任何一个已经存有并不断更新地存有着的存有物不可能仅由

---

① 从这个观点来看,当"论奴役"命题十八附释将 conatus(努力)的特性称为"使自身保存在'是其所是'之中的努力(conatus proprium esse conservandi)"时,其着眼点并不是严格个体论意义上所说的孤立于自身之内的个体的事物,相反,此附释说得很清楚,"为了使我们自身保持在我们的'是我们之所是'之中,我们不可能完全对外部的东西毫无所需,也不可能以这种方式生活,乃至不与外在于我们的事物打交道(nos efficere nunquam posse ut nihil extra nos indigeamus ad nostrum esse conservandum et ita vivamus ut nullum commercium cum rebus quae extra nos sunt habeamus)"。"论自由"命题八证明对"论受感致动的情状"命题七作了参考,并解释说,"同时的原因愈多而不是愈少,力量就愈大(plures causae simul plus possunt quam si pauciores essent)"。

于外部原因的干预而被消灭。因此,命题八在结尾处解释说,事物"除非为外部原因所消灭,否则永远会根据目前它借以存有的同样的力量而持续存有(si a nulla externa causa destruatur, eadem potentia qua jam existit existere perget semper)"。这也是如下事实的一个后果,这个事实就是:任一被给予出来的事物的conatus(努力)的构成性量限总是与该事物的自然/性质完全吻合一致的,因此,事物所内禀的conatus(努力)的构成性量限也绝不会以否定的或施加限制的方式作用于该事物,相反,其conatus(努力)的构成性量限总是绝对地与该事物的实际本质完全吻合一致,并积极地肯定着该实际本质在其自身之内包含的东西:正是由于这一原因,事物内禀的conatus(努力)的构成性量限绝不可能包含该事物存有之断灭,相反,总是包含着该事物存有的永恒且同一的再生产。伴随着事物存有的且同对该事物自然/性质之肯定相吻合一致的这种力量,就其定义而言是不灭不竭的:因为,命题四已经阐明过,使事物如其所是地是此事物的东西不可能使它是"非其所是",据此可推知,事物内禀的conatus(努力)总是伴随着该事物的存有,且与对该事物的自然/性质的肯定相吻合一致,在这种肯定中不可能包含对否定的任何内在参照。单是这一论点就足以支撑起命题八的全部证明,因此,命题八证明采用的正是归谬法的纯逻辑形式。

此论点还被"论奴役"部分命题二十附释所采用。"论奴役"部分命题二十附释的结尾论及了与斯多葛学派相关的出于意愿的自杀问题,并对这一论点作了如下重述:"人依照他的自然/性质之必然性去努力地不去存有,或努力地改变自己直至消解在另一种形式之中,这同某事物从无中生出一样是不可能的,任何对此点稍有考虑的人都能明鉴(at quod homo ex necessitate suae naturae conetur non existere vel in aliam formant mutari tam est impossibile quam quod ex nihilo aliquid fiat, ut unusquisque mediocri meditatione videre potest)。"人与事物一样,要终结自己的存有,就须沿着变换或改变自己自然/性质的方向发展下去,直至最彻底地改变自己的自然/性质,因为这种改变即等于它自身的自然/性质的消失。所以以下两种情况是同样不可能和不可思议的:事物从无中被造而成是不可能和不可思议的,同样不可能和不可思议的是,事物,既以特定样式被构成,就意味着它的本质内禀了力量,此力量是在它的本质中被给予出来的,但它却沿着它赖以使自身能去存有和动作的这种力量而趋向于断灭或不再"是其所是"。

我们不禁会得出结论说,每个事物无不在自身中携带并凭借着这样一种力量,只要没有外部原因干扰此力量的肯定性,它就会使事物永久化,故此,所有事物都可期以永恒,在这个意义上,"论自由"命题二十三附释才说,"我们感觉到并且经验到我们是永恒的(sentimus experimurque nos aeternos esse)"。但实际并非如此,因为永恒和存有的这种持续没有任何关系,正如"论神"的定义八已经指出的那样,永恒不是无限期地存有的东西,而是单凭其自身的自然/性质之必然性并因而不涉及任何时间上的绵延而绝对地存有的东西:因此,永恒与无限期地延长而超越时限的存有没有任何关系。①

---

① "论神"定义八:"就永恒,我理解为唯有这样被设想的存有本身,即,它必然地跟随着永恒事物的定义而来(Per aeternitatem intelligo ipsam existentiam, quatenus ex solâ rei aeternae definitione necessario sequi concipitur)。"这个定义还附有如下说明:"由于这样的存有就像事物的本质一样被设想为永恒的真,因而不能借由绵延或时间来说明,虽然绵延是被设想为无开端亦无终结的。"

绵延是可以被经历体验的,但永恒却是不可能被经历体验的。对绵延的经历体验不可能产生自永恒事物的本质。但是,也正是对绵延的经历体验,引导着conatus(努力)的实践,从而使之得到可能的肯定——这种肯定总是与conatus(努力)本身相关联着的。

关于绵延的这一经验与"论心灵"定义五所说的是一致的,据此定义五,"绵延是存有之无限期的延续(duratio est indefinita existendi continuatio)"。① 这个定义所附的说明看上去就像是对"论受感致动的情状"命题八所展开的推理的预示:"我说'无限期',是因为存有的事物在绵延中的存续绝不是由它的自然/性质决定的,也不能由致动因决定——某个致动因必然地设定了存有着的事物的存有,但不取消它(Dico indefinitam, quia per ipsam rei existentis naturam determinari nequaquam potest, neque etiam a causa efficiente, quae scilicet rei existentiam necessariò ponit, non autem tollit)。"这种绵延是无限期的,因为无论在存有着的事物的自然/性质一边,还是在使事物得以存有的致动因一边(因为致动因绝不可能使该物消灭)都没有决定绵延的东西。在这里——与在"论受感致动的情状"命题四证明那里一样——,这个论点仍然是以纯逻辑论证的方式被证明的:致动因是使事物的存有得以置出的东西,因而,事物致动因与事物的本质完全一样地不可能在既使事物存有的同时又取消它的

---

① 在"论受感致动的情状"这个段落,斯宾诺莎没有区分"时间"和"绵延":命题九即用"无限期的绵延(indefinita duratio)"的提法来表达命题八提出的"无限期的时间(tempus indefinitum)"的观念。

存有。①所以，所有存有都包含着无限期的时间，从着眼于存有本身的视角来看，没有什么能决定存有的时间，更不用说决定其终或始了；但是，我们绝不能说永恒属于包含着无限期的时间的存有，因为，仅直接以其定义本身来理解，永恒就是"本质存有着"这一事实，而且仅由此一事实，存有便得以绝对置出，本质也因而得以获得肯定，永恒无非就是对本质的这种肯定。②

---

① 然而，我们拿不准的是，"设定了存有着的事物的存有，但不取消它（existentiam necessariò ponit, non autem tollit）"（"论心灵"定义五说明）与"设定该事物的本质，而非取消它（sive rei essentiam ponit, sed non tollit）"（"论受感致动的情状"命题四证明），这两句话的意思是否完全相同。

② 此处推理参看《伦理学》第一部分定义一（自因）、定义四（属性）、定义八（永恒）、公理七、命题十一、命题二十四。根据定义一（自因）、定义四（属性）和定义八及命题十一，可以推知，实体"有"属性，也就是说属性"存有"且永恒"存有"，本质的存有因而是与永恒相联系的，或者说永恒属于本质存有着这一事实，也就是说，永恒是与本质存有着这一事实相联系的。就样式层面而言，每个属性之下必定有它全部可能的样式表达，或者说必定有"无限直接样式"，它的全部可能样式表达或"无限直接样式"必然存有这一事实永恒为真，因此，永恒也属于无限直接样式，比如，用一个类比来说，圆形概念以及在符合此概念的一切圆形图形是永恒的。但就"无限间接样式"个体的样式化产物来说，这些个别事物虽由于属性而获得了它们的理据性本质，也就是说，虽在理据上实际地分有着该属性的永恒本质，却未必然存有（公理七、命题二十四），同样用类比来说，比如圆形的概念是在纸面上作出圆形的图的理据，但圆形的图可以被画出也可以不被画出，即使画出圆的图形，这些圆形的图案也可以有无量数的尺度差异。不过，根据第三部分这组关于"conatus（努力）"的命题及其推论可知，如果乃是样式化产物的任何个别事物"进入存有"或"开始存有"，该事物便获得了它自身的"是其所是"的conatus（努力）的力量，且在无限期的时间内，或无定期的绵延内维持其存有，直到

换句话说，conatus（努力）的力量——而非它在客观绵延中的效果——是以独立且单一的方式被完全决定了的，这一力量占有了与其 quantum（定量）相一致的一个有限定额，该定量额度具体地生产了这个绵延，同时从该 conatus 本身的根底深层源源不断地肯定着它的存有的必然性，故此，此存有也才能持续地更新它的这一存有，而此力量在趋势上不受任何确定时限的限制地扩展着 conatus（努力），以此方式将其自身给予出来，同时也给予出自身的存续。存有，不应被理解为在存有的事物那里简单被给予出来的存有或受困于被动性的——因而也是被强制的——存有，相反，从着眼于 conatus（努力）的视点来看，存有的事物的存有是该事物对由它自己的自然/性质所成的一切东西的完满承担和经历，故此，一事物的存有乃是从其自然/性质而来，并在它所特有的功能中、在它存有且动作着的领域中展开的。事物的存有只要是由事物自身基底所内禀的那种肯定所给予出的东西，事物就会凭此肯定而持续地更新它的这种存有，绵延也就总是与它的这一存有相伴随：不存在为所有事物所共有的绵延——或者说，至少，这种表述仅仅是抽象思想方式的结果，只有种种绵延，它们源自万物各自的存有本身，只要这种存有是与种种事物的 conatus（努力）的存有或力量的实际发挥相对应的。

在某些外部原因的干预之下才消灭其存有。因此，可以说，永恒是与实体属性或本质及其"无限直接样式"相联系的，且不涉及时间性，而绵延则在时间性中与属性的"无限间接样式"或个别事物整体相联系，而且全部样式化产物作为"无限间接样式"总体所经历的绵延是无始亦无终的。——译注

3. 受感致动的基本情状
（命题九、命题十和命题十一，受感致动的诸情状定义之定义一、定义二和定义三）

前面的五个命题——它们全然无涉于人的心灵的实际现实性——已经阐明了conatus（努力）的概念，在其论述范围内，conatus（努力）的概念涉及的是事物一般，因而涉及的是自然的无例外的全部方面：事物一般以及自然的全部方面是一个整体，因为自然中的全部方面都有着同一个冲动，尽管程度不同，它们皆为这种根本肯定性的运动所驱动，该运动的原理完全与它们各自的现在现前的本质相吻合一致，这一运动使它们各自进入一种总是不断重新开始的存有之中，它们凭借在它们自身之内存在的，并推动它们同等地在无限期的时间内使自身保持在自己的"是其所是"之中的力量而在这一运动中不断地更新地去存有。这种冲动——它的动力学形态可以表现为全部的现实性形式——也同样地在人的心灵中起作用，①而且，就人的心灵是实际存有着的身体的观念而言，这种冲动在人的心灵最深处、以最接近构成人的心灵的实际本质的东西的方式起着作用：心灵的种种运动，按照"论受感致动的情状"的前三个命题已对它们作过的说明，也就是心灵的被动活动和主动活动，心灵的自然/性质的全部表达都可

---

① 应该指出的是，命题九、命题十和命题十一的陈述涉及的是心灵一般；只有命题九和命题十一的附释才专门谈人的心灵。

第一章 感性生活的自然基础和基本形式（命题一到命题十一） 119

以归结为这两种活动，现在可知，心灵的这些运动是由心灵的 conatus（努力）来说明的；有其全部内在力量的心灵的 conatus（努力）推动心灵表达出它自身"是其所是"的力量的种种现实表现，在这一力量本身所规定的领域内，这些现实表现展现出无限多样的形式。命题四、命题五、命题六、命题七和命题八已经对 conatus（努力）的普遍理论作出了阐述，不仅就 conatus（努力）本身加以说明，而且还论及了 conatus（努力）的那些逻辑的（也是存有的）方面。"论受感致动的情状"命题九①、命题十②和命题十一③的意图显然是想把前五个命题所阐明的东西运用到由命题一、命题二和命题三所说明的心灵现象之上。

有关感性的理性学说的基础就此得到了确定：命题九和命题十一所带的附释直接对 conatus（努力）作演绎，从构成了人的心灵

---

① "Propositio 9. Mens tam quatenus claras et distinctas, quam quatenus confusas habet ideas, conatur in suo esse perseverare indefinitâ quâdam duratione, et hujus sui conatus est conscia."／"命题九：心灵努力使自身在无限期的时间内保持在它自己的'是其所是'之中，且对此努力是有意识的，因为心灵有清楚明白的观念，也有混淆的观念。"——译注

② "Propositio 10. Idea quae corporis nostri existentiam secludit in nostra mente dari nequit, sed eidem est contraria."／"命题十：把我们身体的存有排除在外的观念，是不可能在我们的心灵中被给予出来的，此种观念同我们的心灵相背反。"——译注

③ "Propositio 11. Quicquid corporis nostri agendi potentiam auget vel minuit, juvat vel coercet, ejusdem rei idea mentis nostrae cogitandi potentiam auget velminuit, juvat vel coercet."／"命题十一：任何会助长或减弱、促进或阻碍我们身体的动作力量的事物，它的观念亦会助长或减弱、促进或阻碍我们心灵思想的力量。"——译注

的原初力量的这个 conatus(努力)中演绎出了一定数量的基本形态或受感致动的基本情状，从这些形态或情状可以随后重构出有着更为复杂、更为隐微错综的迂回曲折形式的感性生活的总体，无论感性生活有着怎样复杂的形式，归根到底都由这几个受感致动的基本情状所组成的动态系统所表现，这个动态系统不仅支配着人的心灵，而且也构成了人的心灵的情绪激变的秘密原理，所谓情绪激变即经验中的特殊感情显现形式。① 在考察了这些基本形态之后，斯宾诺莎在命题十一附释中写道："除此以外，我就再认识不到还有其他的受感致动的基本情状了（praeter hos nullum alium agrtosco affectum primarium）。"②顺带说一下，我们将在评述"受感致动的情状"这部分时使用"受感致动的基本情状"这个概念，这个概念很好地解释了感性生活中这些基本形态的原生性和根本性的特征，这些基本形态——它们是最大可能地接近于 conatus(努力)的天然冲动的形态——构成了，这么说吧，心灵的原始运动，因为它们是源于心灵的自然/性质本身的。当然，我们必

---

① 在"论受感致动的情状"的结尾，命题五十七证明以如下措辞重提了这个观念："所有的受感致动的情状都同欲望、快乐和悲伤有关（omnes affectus ad cupiditatem, laetitiam et tristitiam referuntur）。"

② 在"受感致动的诸情状定义"的定义四——它定义的是"惊讶（admiratio）"——所附带的说明中，斯宾诺莎将再次论及这一点："我仅承认三种受感致动的原始情状或三种受感致动的基本情状，即，快乐的受感致动的情状、悲伤的受感致动的情状，以及欲望的受感致动的情状（très tantum affectus primitivos seu primarios agnosco, nempe laetitiae, tristitiae et cupiditatis）。""三种受感致动的原始情状（très primitivi affectus）"这个提法还出现在命题五十七证明和命题五十九附释中。

须要思考一下这些"受感致动的情状的基本性或原始性"的自然/性质,追问一下其自然/性质是符合于发生学意义上的先在性呢,还是符合于结构意义上的优先性:斯宾诺莎在种类所循的推理采用了一种推论的形式,这一事实更有利于这两种假说中的第二种。

感性的这些基本形态本质上可以分为三种:一为欲念或欲望,其概念是在命题九附释中被指明的,并且在《伦理学》"论受感致动的情状"部分最后的"受感致动的诸情状定义"之定义一中被复述;另外两个是快乐和悲伤,它们的概念在命题十一附释中被指明,并在"受感致动的诸情状定义"之定义二和定义三中再次被说明。有意思的是,我们注意到在这些附释中斯宾诺莎一次都没有称这些受感致动的情状为感性的基本形式,在这些附释里,在其运动完全靠自身逻辑、独立地持续推进的这些更为概括性的演绎推论性旁注中,这三种受感致动的情状是以它们的专有名称被称呼的,因而在某种意义上是被范畴化了的:"论受感致动的情状"整个部分都采用了这种演绎推论的手法,这是符合序言里所解释的那种要求的,即,必须让感性的难题获得原因性的理性解释,这种解释须先被 a priori(先天地)阐明①,继而才能使这些难题成为经验描述的对象,伺后经验描述才会给这种推论演绎所得出的感性现实性给予人所熟知的、标签式的和被命名了的形式。

---

① 在斯宾诺莎"原因或理据"的哲学思想体系中,"先天"证明意味着从原因推出结果的演绎性推论。——译注

a/ 欲望及其双重决定（命题九及其附释，受感致动的诸情状定义之定义一）

在命题九当中展开的这部分演绎推理对推动着心灵的那些全部运动的基本原因作出了测定，也就是说，对一种本质性的作用力或 conatus（努力）作出了测定。Conatus（努力）这种本质性的作用力存在于包括心灵在内的所有事物之中，从心灵之自然根底里驱使它竭力使自身保持在它自己的"是其所是"之中。在心灵活动性的全部表达形式背后，无一例外地都会找到这种第一冲动，而无论心灵是它的这些活动性表达形式的充分原因还是它们的不充分原因，有关这一区别，"论受感致动的情状"第一组命题已作过介绍，就前一种情况而言，心灵由于掌控并认识自己，因而心灵的活动性清楚明白地得到表达，而就后一种情况而言，心灵由于没有前一种情形中那种使自身完全主动的理性素质，它的活动性则只能混淆地得到表达；无论是哪种情况，命题九解释道，心灵都对它自身、对它所感受到的一切都是有意识的，这种意识伴随着这种第一性的力或冲动的消长起落，在心灵中同步地感荡震动。心灵生活有许多方面，理智也是它的一个方面，因为正是理智的方面在真正意义上构成了心灵生活的主动活动，但心灵生活的全部方面无例外地都可由心灵"是其所是"的这种力量来解释，这种力量极其密切地主导着心灵，因为，这种力量与心灵的实际本质是完全吻合一致的：这种力量也是心灵的被动活动的源头。心灵的主动活动和被动活动——它们的现实性前面已经说明过——代表了两极，其间展布着 conatus（努力）在心灵中的种种显现，以及伴随着这些显现在意识中的种种效果。

第一章 感性生活的自然基础和基本形式（命题一到命题十一）

意识这个主题在"论受感致动的情状"部分命题九当中是在明显批判性的视角之中被引入的，因而意识的意义是被相对化了的，也就是说，conatus（努力）在心灵中的表达伴随有意识，但意识既不先于conatus（努力）在心灵中的表达，也不是conatus（努力）在心灵中的那些表达的条件，因为conatus在心灵中如同在所有其他事物中一样有一种冲动的形式而非一种意向的形式，而意向的基础乃是对其目标有先行表述并使其自身在意识中——如人们所说——投向这个目标：命题九这里所说的意识只能由conatus（努力）的自发性冲动解释，而不是相反。①"论神"附录借被共同经验确证了的论点的形式介绍过的一个观点在这里的演证系统中被重新提起："在这里，只消根据人人共同承认的一个事实作为基础就够了，此即所有人生来是对事物的原因无知的，所有人都

---

① 命题九附释结尾明白地表述了这同一个观念："我们并不是由于判断一事物是好的才去追求它、愿望它、寻求它或欲求它的；相反，我们由于追求它、愿望它、寻求它或欲求它才判断一事物为好的（nihil nos conari, velle, appetere neque cupere quia id bonum esse judicamus, sed contra nos propterea aliquid bonum esse judicare quia id conamur, volumus, appetimus atque cupimus）。"命题三十九附释中将以更为集中的形式重复这个论点，那里的说法是，"我们并不是因为判定一事物是好的，然后我们才去欲求它，反之，乃是因为我们欲求一事物，我们才说它是好的（nos nihil cupere quia id bonum judicamus sed contra id bonum vocamus quod cupimus）"，这个提法否认这些价值判断有客观意涵，以便使它们由"实"而返"名"。意识不知其然地形成了这些提示，或者说，意识所依循并决断的东西是无法解释特定的欲念的，尽管它自认为决断了什么是该被欲求的，而所欲是由决定机制制导的，意识也受这种决定机制支配，但却对这决定机制没有丝毫观念。

有追求有益于自己的事物的欲望，并且对这种欲望是有意识的（omnes homines rerum causarum ignari nascuntur et omnes appetitum habent suum utile quaerendi cujus rei sunt conscii）。"这是因为，人们蒙昧地为欲望所驱动，他们缺乏对事物真正原因的理性认识，自认为欲望对他们是有益的，而正是在此同时，人们对他们心灵中发生的事情有某种意识，这种意识逐一地反射着这些心灵运动，使自身成为一种直接的、非反思的意识，这样的意识只能是一种半意识，或一种虚假意识，因为实际上它正与无知相同。"论受感致动的情状"命题二所谈到的，也正是这一义理："人们认为他们自己是自由的，只是由于他们对自己的这些活动有意识，但同时却认识不到决定着这些活动的原因（hommes ea sola de causa liberos se esse credunt quia suarum actionum sunt conscii et causarum a quibus determinantur ignari）。"这说明了，无论conatus（努力）在心灵中的表达采取的是主动的形式还是被动形式——conatus（努力）借心灵的充分观念而成则为主动形式，借心灵的不充分观念而成则为被动形式——，在所有情况下，这种意识在心灵中都是现在现前的。

命题九证明参考"论心灵"命题二十三，说明了意识的这种涌现的理由："心灵除非感知身体的应变致动的状态的观念，否则不会对它自身有任何认识（mens seipsam non cognoscit nisi quatenus corporis affectionum ideas percipit）。"这个陈述的限制性形式表明了意识的这种呈现范围，心灵在此范围中，既不是直接地对它自己有认识，也不是直接地对它乃是其观念的身体有认识，这一点在"论心灵"命题十九中就已经指出过："人的心灵除非通过身体由以被促动起来的那些应变致动的状态的观念，否则就既不知道人的身体本身，也不知道人的身体存有着（Mens Humana ipsum humanum corpus non cognoscit nec ipsum existere scit nisi per ideas affectionum quibus corpus afficitur）。"在"论心灵"命题十九和命题二十三的证明中，《伦理学》"论心灵"部分的命题十一绎理发挥了十分关键的作用，而我们在评述"论受感致动的情状"第一个命题时也已经发现了本部分命题一对它的参考，本部分命题一之所以参考它，是为了说明心灵在条件局限之下，因而也是被动的条件局限之下，自发地生产着不充分观念。在神之中，人的身体的观念——也即心灵——不是孤立地被给予的，而是联系着使这个身体不断被促动的所有其他个别事物的观念的，因为这个身体不可能在没有这些其他个别事物的情况下孤立存有，这些其他个别事物构成了这个身体的生存环境；对这种观念——也即对心灵的这种观念，或者说，心灵在自然状态中对它自身所具有的意识——亦应同作如是观：这种意识是间接的，因，它实时地反射着身体的应变致动的状态的观念，它经由这些观念重构着对身体的意识，并因而重构出心灵对它自身的意识；故此，这种意识必然地是片面的，只要它受制于身体同外部物体相遇的各种随机性，这些随机性的发生依循的是自然的"共同顺序"而非铭写在此身体的或此心灵的本质之中的必然性。

感性不是别的，只能是这样的东西：就conatus（努力）在人的身体和心灵中必定促动起心灵的全部运动而言，感性就是身心因conatus（努力）所促动起的全部运动而致动的特性；而且，显而易见的是，这种意识虽逐一对conatus（努力）冲动所引起的效果作出反应，但却是通过对这些冲动的原因的完全无知或完全无意识而作出这种反应的，也就是说，是在始终昧于conatus（努力）本身这一原因的情况下作出这种反应的，conatus（努力）之力也是通过使它自身保持在这种意识的阈限之下的方式发挥其作用的。当意识只将 conatus（努力）所促动的这些运动同心灵联系起来的时候，意识便借"意志（voluntas）"这个名称来命名这些运动；当意识将这些运动——就像运动实际发生的那样——同心灵与身体同时联系起来的时候，意识便称这些运动为"冲动（appetitus）"。但我们必须要明白的是，在这两个名称①的后面存在着的是同一个现实性，它显然是逸出这个意识之外的，故此，意识才给它贴上了不同的标签去把握这个现实性。这个现实性就是我们必须正确称之为"欲望（cupiditas）"的东西，它不是别的，就是"有对自身的意识相伴随的冲动（appetitus cum ejusdem conscientia）"。"冲动（appétit）"，欲望的这一名称，指涉的是 conatus（努力）的本能驱动，且是就 conatus 同时驱动着心灵和身体而使它们一律同等地竭力保持在它们的"是其所是"之中而言的，这个名称在某种意义上构成了欲望的深层真理；"意识"仅只能间接而片面地知觉身心中发生着的事情，而欲望被称为"意识"的时候，尽管此时是被辨识了的，但也因而只能呈现为一种神秘化的和被遮蔽的形式，这种形式把对效果的思考置于对原因的思考之前，之所以如此，乃是与不充分的观念的自发生产有关的。

"欲望（cupiditas）"是斯宾诺莎在他对感性进行推理演绎期间识别出来的第一个受感致动的情状，斯宾诺莎将它辨识为同 conatus（努力）相遇而形成的一种受感致动的情状，而且，欲望在原理上既是无意识的，又是有着意识性的，为了更好地理解"欲望"

---

① 这两个"名称"指"conatus（努力）"和"appetitus（冲动）"。——译注

的这种双重自然/性质,我们可以直接参考"论受感致动的情状"结尾部分"受感致动的诸情状定义"总表中给出的第一个概括性界说:这则定义明白地说明了欲望的这种双重自然/性质。我们知道,"受感致动的诸情状定义"总表中定义一专门谈的就是欲望,因为欲望为感性生活的后续展开设定了基础:我们可以说,这则定义一对欲望这一根本性的受感致动的情状的一切可能的样式化作出了说明。① 这就是说,受感致动的情状的现实性,其幽微莫

---

① "受感致动的诸情状定义"定义一:"1. Cupiditas est ipsa hominis essentia, quatenus ex data quacunque ejus affectione determinata concipitur ad aliquid agendum. Explicatio. Diximus supra in schol. pr. 9. hujus cupiditatem esse appetitum cum ejusdem conscientia; appetitum autem esse ipsam hominis essentiam, quatenus determinata est ad ea agendum, quae ipsius conservationi inserviunt. Sed in eodem schol. etiam monui, me revera inter humanum appetitum et cupiditatem nullam agnoscere differentiam. Nam sive homo sui appetitus sit conscius sive minus manet tamen appetitus unus idemque, atque adeo ne tautologiam committere viderer, cupiditatem per appetitum explicare nolui, sed eandem ita definire studui, ut omnes humanae naturae conatus, quos nomine appetitus, voluntatis, cupiditatis vel impetus significamus, unà comprehenderem. Potueram enim dicere cupiditatem esse ipsam hominis essentiam, quatenus determinata concipitur ad aliquid agendum; sed ex hac definitione (per pr. 23. p. 2.) non sequeretur, quod mens possit suae cupiditatis sive appetitus esse conscia. Igitur ut hujus conscientiae causamvinvolverem necesse fuit (per eandem prop.) addere, quatenus ex data quâcunque ejus affectione determinata etc. Nam per affectionem humanae essentiae quamcunque ejusdem essentiae constitutionem intelligimus, sive ea sit innata sive adventitia, sive quod ipsa per solum cogitationis, sive per solum extensionis attributum concipiatur, sive denique quod ad utrumque simul referatur. Hic igitur cupiditatis nomine

测和明显的不稳定性虽无限多样,但毕竟都源自一个单一的源头:因而通过回溯此一源头,进而复原感性的总体逻辑,是完全可能的,这一点也是"论受感致动的情状"序言所勾画的程序已经谈到过了的。在解释整个感性生活的过程中,指认欲望为奠基性的设定,其理由何在呢?它从何处获得了它的统摄性力量呢,而正是

---

intelligo hominis quoscunque conatus, impetus, appetitus et volitiones, qui pro variâ ejusdem hominis constitutione varij et non raro invicem adeo oppositi sunt, ut homo diversimode trahatur, et quo se vertat nesciat."/"1. 欲望是人的本质本身,就人的本质被设想为受决定施行出自他本身的任何被给予出的应变致动的状态而出的一切动作而言。说明:我们在命题九附释中说过,欲望是有对自身的意识相伴随的冲动,因为人的本质是受决定施行出促进自我保存的动作,所以说,冲动就是人的本质。在同一个附释中我已澄清,实际来说,我不承认在人的冲动和欲望之间有任何差别。因为人对他的冲动无论有没有意识,冲动都还是那个冲动,总是保持同一的。所以——为了避免同义反复的空谈起见——我不想用冲动来解释什么是欲望,但我想要这样来定义欲望,即我设法在一个单一定义中概括人的全部趋向,即概括我们所称的冲动、意愿、欲望和驱力,因为我已经说过,就人的本质是受决定施行出动作而言,欲望就是人的本质。但由这一定义(根据第二部分命题二十三)却不能随之推出心灵能意识到它的欲望或冲动。因此,为了把这份意识的原因包含在内,(同一命题)必须加上'就人的本质被设想为受决定施行出自他本身的任何应变致动的状态而出的一切动作而言'这句话。因为,就人的本质的应变致动的状态,我们应理解为这种本质的任何状态,不论该状态是基于先天天赋的,还是后天获得的,无论是只从思想属性而被设想的,还是只从广延属性而被设想的,抑或终究同时同这两个属性相关联而被设想的。因此,欲望一词,我理解为指的是人的 conatus(努力)、趋向、冲动、意愿等等的全部,它们在同一个人之中,随着这人的状态的变化而变化,甚至往往相互背反,以至于这人被撕扯于多重方向之间,不知何所适从。"——译注

此一力量使它——这么说吧——成为最优先的受感致动的情状，而受感致动的情状生活的所有其他显现方式都只是它的表现？这些问题的答案就存在于斯宾诺莎对欲望所作的定义之中，这一对本质的界说必然是通过其原因来解释这种自然地——就欲望构成了所有受感致动的情状中的第一个受感致动的情状而言——属于欲望内包性之中的力量的。

在详细分析这则定义之前，我们应先对《伦理学》这个段落的形式作一评述，这段落的形式是相当特殊的。它本身呈现为一种说明性陈述（"欲望是……"），此一形式对被定义的事物的自然/性质给出符合理性的清晰阐述："欲望是人的本质本身，就人的本质被设想为受决定施行出自他本身的任何被给予出的应变致动的状态而出的一切动作而言（cupiditas est ipsa hominis essentia, quatenus ex data quacunque ejus affectione determinata concipitur ad aliquid agendum）。"这里对欲望的自然/性质的阐述本身还附有一个详细的"说明（explicatio）"，这则说明重新辨析了几个术语，从而给出了之所以使用它们的理由：斯宾诺莎本人就他对那几种受感致动的情状所作定义的初始陈述给出了评述；要得出有关这一基本陈述的理性义理，读者唯一应该做的就是循着文中的解释性的阐释来细辨文本。通过这则说明，斯宾诺莎想要做的显然是将读者的注意力引向他的定义的陈述的某种特殊性。在这一评述的过程中，他声明："我原说过，欲望是人的本质，就人的本质是被设想为受决定施行出特定动作而言"，我们完全有理由认为这一提法的措辞是他最先定下来的措辞①；但他立即说，这个定义可能

---

① 这个提法显然是命题九附释开头被用来定义"冲动（appétit）"的提法。

是有缺陷的,因为由这一定义是不能理解欲望在何种条件下——在人的心灵中——是有意识相伴随的;故此,他必须给他的初始陈述加上确切的限定,以便修正其不充分性:现在斯宾诺莎说,欲望是人的本质本身,就人的本质被设想为受决定施行出"自他本身的任何被给予出的应变致动的状态而出的"动作而言。所以,这是关于欲望定义的一个复杂陈述,按照斯宾诺莎的提法来说,这个陈述的复杂性在于,它是通过两个连续层面的链接而被组织起来的。要理解斯宾诺莎为这个定义所附加的含义,就必须解释清楚,最初的措辞形式——我们可以称之为简化的措辞形式——是怎么转变为第二种表达的,第二种表达构成了该定义的完整意义形式。原先对欲望的解释是"欲望是人的本质,就人的本质被设想为受决定施行出特定动作而言",而斯宾诺莎对此加上了精确性的限定,这些被施行出的动作是"自他本身的任何被给予出的应变致动的状态而出的",那么,这个精确的限定是什么意思呢?

我们先从最初的欲望定义(这是一个斯宾诺莎不得不放弃的定义)入手,然后再去领会作精确性限定补充——在他最初想要表达的意思上加进去的新东西——的必要性。我们可以认为,原先的初始测定是揭示了欲望的某些根本的或基本的方面的,要想在既有基础上获得对欲望的理性理解并对欲望在整个感性生活的展开中所占位置作出理性理解,就必须从这些基本方面入手。这个初始测定把两种"决定"相结合,它一方面解释了欲望是"人的本质本身",另一方面也解释了这种本质是"就它被设想为……动作而言"的。这两层说明分别是什么意思,而合起来又意味什么?

我们先看看斯宾诺莎说明欲望是"人的本质本身(ipsa hominis essentia)"时他的意思是什么。"受感致动的诸情状定义"第一则定义所附的这个说明一开始就指明,这个提法是"论受感致动的情状"命题九附释里出现过的,在那里,它被用于说明"冲动(appetitus)"概念,那里的文本是这样定义"冲动"的:"冲动不是别的,而是人的本质本身,而从人的自然/性质又必然可推出种种促进其自我保存的事物(nihil aliud est quant ipsa hominis essentia ex cujus natura ea quae ipsius conservationi inserviunt nesserario sequuntur)。""不是别的……而是……(nihil aliud quam)"是斯宾诺莎常用的表达式,专门为陈述赋予解释功能:欲望——或冲动——"不是别的"而是人的本质本身,这句话是说,人只能由这个单一本质来解释,人就是这种本质的直接显现或必然表现。[①] 欲望就是人的本质而不是别的,斯宾诺莎在这么说的时候,意图在于对欲望的这一关键特质进行强调,即,欲望是人那里的最核心的一种决定:要理解人的本质,不诉诸构成了人的基本决定的欲望是不可能的,反之亦然。欲望的关键特质因而是在"欲望是人的本质本身"这个提法当中被点明的。这个本质是一般意义上的人的本质,还是在其具体存有之中被具体地考量的人的本质呢?斯宾诺莎所使用的这个术语——essentia hominis(人的本质)这个提法翻译成"人的本质"和"某人的本质"都是可以的,因为拉丁语并不使用冠词,也就谈不上定冠词和不定冠词之间的区分了,这就使我们无法确定地在这两种阐释之间作取舍,而这样做也确实没有

[①] 命题七"努力使其自身保持在它自己的'是其所是'之中的任何事物的这一努力不是别的,就是该事物的实际本质"也应该在这一意义上来理解。

必要:欲望是所有个体——无论是什么的一切个体——的所有举动的实质所在,因而构成了抽象的普遍概念,可以概括为人类个体所共有的人的本质,欲望无非就是有欲望这一自然天性。①

这是不是说欲望是使人的本质有别于其他自然存在者的本质的特殊性质呢?显然不是的。这使我们重又回到了对欲望的基本性质的思考。欲望何以有这种基本性质呢?斯宾诺莎绝对没必要在这里再次点明原因。因为他认为这是已经被充分证明过了的,即,欲望或冲动是conatus(努力)的表达,是个体努力保持在它的"是其所是"之中的内驱力,这种内驱力是深植在每个个体的根底之中的,构成了每个个体的"是其所是"的本质性决定,构成了它的生命原则本身,构成了它的"实际本质"。自然的力量为每个存在者授予了它们各是其所是的这种驱力,自然的力量的无限动力让所有存在者无一例外地进行着不可遏制的运动,而不单只是让某个个体或某类个体去运动。如果说人在本质上是欲望着的人,不是因为人仿佛被赋予了优先性的特征似的能与自然的其他部分相分别,"tanquam imperium in imperio(像是一个国中之国)",而是因为,人是一种自然存在者,人本身分有着驱动着自然万有的生活的那种普遍力量。欲望对人来说是本质性的,因为人

---

① 不过,我们若是从实际本质的意义方向上去理解本质的概念——就像"论受感致动的情状"命题七所介绍的那样——,我们就侧重于该概念所表达的个体化了的欲望特质这层意思。这样一来,"欲望是人的本质"的提法意味着,每个个体的一切举动,都是由这样一种欲望来解释的,这种欲望直接来自该个体的现在现前的本质,因而同本质的conatus(努力)是完全吻合一致的。

是这种万物绝对共有的趋势的表现,万物绝对共有的这种趋势并不对任何特殊主体——至少是就其个别性而论的任何一个主体——有所偏袒。这是一种无主体的欲望,就其原理而言,它不依赖于——至少在它的根源中、在它的本质决定机制中绝不偏向于——任何有着殊异性质的特殊存有,并不关联或指向其自然/性质乃是先天地被决定了的某些对象;欲望的本质特征正是由此而来,唯其如此,它才是一种基本欲望,可以在无例外地皆由它激荡而动作起来的所有存在者——毫无例外的所有存在者,即便它们有着无量数的样式化表观——中被发现。①

这就使我们能理解斯宾诺莎写下欲望是人的本质,"就本质被设想为受决定施行特定动作而言(quatenus concipitur ad aliquid agendum)"时,他的意思是什么。欲望,人的基底深处的欲望,构成了他的本质的欲望,与使他努力保持在他自己的"是其所是"之中的内驱力——这种内驱力的特征不是静态的,而是动态的——是完全吻合一致的:对这种欲望着的自然/性质而言,"是其所是"

---

① "论受感致动的情状"命题五十七证明将再次提到这个观念,即,欲望"是每一个个体的自然/性质或本质本身(est ipsa uniuscujusque natura seu essentia)",并标明依据的是命题九附释,据此附释,冲动——与欲望并无实质差别——"冲动不是别的,而是人……的本质本身(nihil aliud est quam ipsa hominis essentia)"。在命题五十七的上下文中,欲望的"本质性"特征意味着,欲望不仅相对于其他受感致动的情状而言,甚至相对于快乐和悲伤这两种受感致动的基本情状而言,具有一种始基地位,欲望是因同 conatus(努力)保持着直接的沟通关系而获得此一地位的。这就说明了何以在对快乐和悲伤进行推论之前须先对欲望进行推论——快乐和悲伤的两个概念的介绍是在命题十一附释中给出的。

和"动作"是同一回事。如果说人的心灵被一种根本性的欲念所占据,而唯因这种欲念处于本源之处,它才能这样占据人的心灵的话,那么,这是因为人的心灵倾向于做能使自身尽量"保存"在自身之中的事情,也就是说做能使自身持续存有且是在可被指认的绵延中无限期地持续存有的一切事情,"论受感致动的情状"命题六、命题七和命题八也谈的是这种倾向,但在那里,斯宾诺莎对这种倾向的解释涉及在一般性中被考量的所有事物,而不仅只涉及的是心灵,更非仅涉及人的心灵。"受感致动的诸情状定义"第一项关于欲望的定义所附说明在一开头就援引了命题九附释,在命题九的这个附释里,斯宾诺莎就欲望这种自然天性指出,欲望这种自然天性使人"受决定施行出促进自我保存的动作(detenninata ad ea agendum quae ipsius conservationi inserviunt)",从而使conatus(努力)尽显其生命旨趣(intérêt vital)的性质,故此,欲望这一自然天性既构成了人的一切动作举止的决定,也解释着人的一切动作举止。但是,应该指出的是,作为"论受感致动的情状"部分结尾处所附"受感致动的诸情状定义"总表之首的定义一,"欲望"这一定义的措辞方式避免了对任何确指的利益的指涉,相反,这里的利益是生命旨趣(intérêt vital)这一趋向,这种生命旨趣的趋向促动着每个存在者保持自身的"是其所是":文本说明,所有存在者,由于它本质性的欲望/自然欲望,都"受决定施行出动作",但对这种动作的自然/性质却没有作任何说明。无疑,斯宾诺莎想要读者把注意力放到这样一个事实上,即,欲望,就它构成了人的本质而言,不是先天地被固定在某些目标上的,那些目标也并不先天地引导欲望指向某些方向而不是别的方向,仿佛欲望是取决于某种"源初决断"所指定的对象似的。欲望驱动着人去动作,而这动作无不以深植于他之"是其所是"的根底之中的、构成了他的本质的生命旨趣的趋向为导向,但并无涉于凭借意图或有意择取的动机——也就是说,可以给出排他性方向而将活动设定并导向特殊目的或目标的偏好——去做某些特殊的事。如果说欲望对人来说是本质性的,这显然是因为欲望并不——至少在开始的时候并不——执着于对这种目标的考量:在某种意义上说,欲望是漫无目的的欲望,是一种模糊的冲动,随时等待着它的具体实现形式,这些具体形式也随时——差不多是偶然地——为它赋形,给予它特殊的被决定的内容。

这就是对欲望定义的第一层的解释,而这则欲望定义内含着许多同 conatus(努力)概念的提法保持一致的说明。至此,我们可以对我们刚开始提出的那些问题中的第一个问题给出答案了。欲望具有始基特性,它统摄着人的全部行为,这是因为,欲望不是别的,而是人的本质本身,只要人的本质被设想为"受决定(determinata)"施行出特定活动:人的活动是被决定的,只要它们全部服从于这种将人的本质规定为有欲望这一自然天性的基本冲动。所以,当斯宾诺莎在"论奴役"命题六十一证明的陈述中参考这则定义时,他本人也对该定义作了这样的概括。他以如下措辞解释道:"欲望,在绝对层面而论的欲望,是人的本质本身,因为人的本质被设想为受决定以任何样式施行出特定动作的(cupiditas absolute considerata est ipsa hominis essentia quatenus quocumque modo determinata concipitur ad aliquid agendum)。"可以从这段话里得出两个重要的说明:其一,按照这个定义的提法来看,这个定义涉及的是"在绝对层面而论(absolute considerata)"的欲望,这是说,欲望在这里被化简为本质性的特征,这些特征将欲望呈示为始源性的、与始基冲动吻合一致的欲望,它不独在心灵或在人的心灵中存在,而是在所有事物中存在,使一切事物努力凭一切手段让自身保持在自身的"是其所是"之中;其二,欲望——其所涉事物皆因它而受决定去动作——无关于,至少就我们绝对地思考它而言无关于,按这个或那个方向制导着它的实现的那些条件:它的实现是可以"以任何样式(quocumque modo)"完成的,而无论欲望以何种方式实现,并不会对欲望本身的自然/性质造成任何影响。

然而,斯宾诺莎并未止步于欲望的这个本质性定义:他先在绝对层面思考欲望,继而又将欲望显现的相对条件的相关思考引入他的定义。这一相关思考,就是他给前述提法加入的精确限定:欲望使人受决定做出的特定的动作,乃是"自他本身的任何被给予出的应变致动的状态而出的(ex data quacunque ejus affections)",此一说明乃原先文本中所未见。在给出这个新提法的确切含义解释之前,有必要先搞清为什么必须要有这样一个新提法,因此,对斯宾诺莎本人就此给出的说明作一评述是必要的。

在"受感致动的诸情状定义"开篇第一个专论欲望的定义所附说明的一开始,斯宾诺莎便对已在"论受感致动的情状"命题九附释中给出的特征描述——即"欲望是有对自身的意识相伴随的冲动(cupiditatem esse appetitum cum ejusdem conscientia)"——进行了论述。初看上去,这里对命题九附释的参考是在欲望与冲动之间作出区分的,强调了欲望是比纯冲动更复杂的东西,在我们刚详细阐明的陈述中,已经有对冲动的定义:"冲动是人的本质本身,就人的本质被设想为受决定施行出促进他的自我保护的动作而言(appetitum esse ipsam essentiam quatenus determinata est ad ea agendum quae ipsius conservationi inserviunt)。"斯宾诺莎的意思是不是想说,这样被界定的冲动若伴随有对其自身的意识就是欲望呢？如果是这样,那么,这多出来的意识对冲动的基本决定有何改变,又对其内容有何影响呢？对此质询斯宾诺莎直接以溯及前文的方式作出答复:"在同一个附释中我已澄清,实际来说,我不承认在人的冲动和欲望之间有任何差别（monui me révera inter humanum appetitum et cupiditatem nullam agnoscere differentiam）。""我不承认……有任何差别":从这个提法中,我们可以清楚看到,斯宾诺莎清醒意识到这一提法——他自己的这个提法——同表述欲望的通常方式并无不同,他本人的这个提法倾向于仅在欲望定义里补充入意识,而反对再进一步对欲望与冲动进行区别,而且,冲动无论有没有意识相伴随,都不能改变对冲动的自然/性质的理解,冲动的自然/性质仍旧是某种因缺乏意识而盲目的欲望。故此,在斯宾诺莎看来,如果我们坚持本质的东西,如果"实际来说（révera）",则冲动有无意识相伴随的差别可以忽略不计,我们也不必非得将这一差别纳入对冲动的性质的考量。因此,我们完全有理由认为重要的关键之点在于,必须像以前一样将"在绝对层面而论（absolute considerata）"的欲望定义为冲动本身,欲望本身的决定机制实际上与冲动的决定机制是完全吻合一致的,难道不是这样吗？

"受感致动的诸情状定义"第一则定义所附的这个说明沿着这个方向继续说:"人对他的冲动无论有没有意识,冲动都还是那个冲动,总是保持同一的（sive homo sui appetitus sit conscius sive non sit manet tantum appetitus unus idemque）。"这就是说,就算有意识涉入,也绝不会改变冲动的原发性决定条件,冲动总是保持同一的；换言之,冲动从来取决于conatus（努力）的基本法则。冲动在其具体实现中即便有意识的介入,意识的介入也绝不可能实际地改变冲动的自然/性质。斯宾诺莎虽未明说,但我们不难看出,他在别处详述的有关"自由意志(libre-arbitre)"幻觉的论点在这里已经出现了:意识的表述以及这些表述所促动的有意择取的选择绝不可能干扰人的基本冲动过程,因为这些基本冲动服从的是 conatus(努力)的生命驱力:无论有无意识,冲动都总是保持同一。意识在感性生活展开过程中扮演的角色——由此我们可以这样来理解——是一种伴随性的角色,就像是这个展开过程的影子,并不能真正影响这个展开过程的进程方向。意识的角色被相对化到了这样一种程度,以至于命题九附释的令人吃惊的悖论式提法是这样来定位的:"我们并不是由于判断事物是好的才去追求它、愿望它、寻求它或欲求它的;相反,我们由于追求它、愿望它、寻求它或欲求它才判断事物为好的(nihil nos conari, velle, appetere neque cupere quia id bonum esse judicamus, sed contra nos propterea aliquid bonum esse judicare quia id conamur, volumus, appetimus atque cupimus)。"

因而在斯宾诺莎看来,欲望和冲动实际上是同一个东西。因此,无论是他在"论受感致动的情状"部分的开头还是结尾对欲望给出的定义中,都避免既提及冲动又避免提及意识,这样做是为了避免造成局限在循环论证之中的印象。"欲望是有对自身的意识相伴随的冲动(cupiditatem esse appetitum cum ejusdem conscientia)",命题九附释中的这个提法,不能被解释为欲望的真正定义。实际上,如果我们承认意识的加入并不能改变冲动的自然/性质,这个提法便说的不是别的,而只能是:欲望是冲动,这句话是真正的同义反复。而如果为了避免这种循环论证起见,我们决意要在欲望的决定中将更大的重要性赋予意识,以便对欲望的定义范围作严格的限定,那么就得排除所有没有意识的欲望,也就是说排除在冲动名下的东西,而这样做同样是不通的。相反,斯宾诺莎想做的是将欲望的界定放宽到最大限度,所以,他才在他自己对这个定义的评注中写道:"我设法在一个单一定义中概括人的全部趋向,即概括我们所称的冲动、意愿、欲望和驱力(studui, ut omnes humanae naturae conatus, quos nomine appetitus, voluntatis, cupiditatis vel impetus significamus, unà comprehenderem)。"从根本上说,欲望与让人运动起来的其他冲动、欲念或驱力是无本质区别的;所以没有实质理由可以让我们赋予欲望以一种特殊性,使之与趋向的其他这些范畴相离析;但话说回来,要对欲望作出定义,就必须揭示它的本质特征,而非强调它的派生性特点的某些方面,所以必须要将欲望重新整合到conatus(努力)的共同顺序之中,而欲望终究不是构成了conatus(努力)的东西,相反,欲望是conatus(努力)的必然表达。从这种宽泛角度来看,必定形成这样的阐释,即,欲望统摄性地解释着人的全部举动,因而在感性理论中具有始基价值,欲望乃是感性的基础。

因而,从着眼于意识的视角去理解欲望的自然/性质是完全没必要的,欲望在本质上是以独立于意识的方式被决定的,或至少,就此观点来说,是如在命题九附释所说明的那样被决定的。但我们如何解释欲望实际上可能有意识相伴随呢?或者说,如何解释欲望在意识中能产生回响呢?欲望不是由意识而生的,因为欲望在意识中没有它自己的原因,不过,欲望毕竟能抵达意识,它向意识显现自身,其抵达或显现的途径是欲望的种种效果,于是欲望也为人所知,而且同时,人们也欲望着对欲望有意识,但是,这并不是说他们知道他们的欲望的真实原因，并不是说他们知道欲望是怎样在深层被决定的。这种意识在什么条件下发生，并且以何种形式发生呢？斯宾诺莎提出了这个问题，所以他才在评注性的说明中说，如果他为欲望的定义保留已经分析过的、同样地适用于定义冲动的自然/性质的那个提法，则"不能随之推出心灵能意识到它的欲望或冲动（non sequeretur quod mens possit suae cupiditatis sive appetitus esse conscia）"。欲望的初始自然/性质与冲动的自然/性质绝无区分，直至在特定条件下，意识被接入欲望的自然/性质之中。但要说明意识是在何种条件下被接入欲望之中的、意识的这种接入是怎么发生的，就必须补充一个附加的精确性限定："自他（人）本身的任何被给予出的应变致动的状态而出的（ex data quacunque ejus affections）"。我们现在就对这个限定进行说明。

"自他（人）本身的任何被给予出的应变致动的状态而出的"这个提法乍看上去是难以理解的，哪怕仅就它的陈述的古怪句法而言也是难以理解的。让我们先搞清楚它不可能意味什么：如果这个提法意味着"以应变致动的状态为原因"或"以他（人）自身的任何被给予出来的应变致动的状态为原因"，那么这就是说"应变致动的状态（affection）"对欲望的自然/性质的决定具有一种本质的原因性价值，而且可能还是欲望的实际原因，所以也就对欲望的自然/性质起决定的作用。但我们已经知道，就本质而言，欲望的自然/性质之决定出自 conatus（努力），也就是说显然出自促动起欲望冲动的基底深处，或者说，欲望的自然/性质显然是不以任何对这类应变致动的状态的考量为转移的，欲望的决定事实在先，而对这类应变致动的状态的考量只能被置于此事实之后：欲望是不可能被这种应变致动的状态所决定的。既然如此,"自他(人)本身的任何被给予出的应变致动的状态而出的(ex data quacunque ejus affections)"这个提法的意思又是什么呢? 它只能意味着,"随着他自身的任何被给予出的应变致动的状态而出现",也就是说,如果我们相对自由一点地阐释这些词语的话,可以将这个精确性补充解作:"伴随着他(人)自身的任何被给予出的应变致动的状态而出现"或"依循着他(人)自身的任何被给予出的应变致动的状态而出现"。故此,这种应变致动的状态在某种意义上有着一种原因性的效果,因为它是介入欲望的决定之中的;但是,这种介入应该对应于可以被称作次级原因性的东西,它与先行设定整体系统的那种基本原因性是不同的,也就是说,次级原因性不能变更决定着欲望的自然/性质的总原因,次级原因性为欲望给予出特殊原因,或只要你愿意,还可以说,次级原因性设定的是欲望的实现环境。

斯宾诺莎说的"他(人)本身的任何被给予出的应变致动的状态"又是什么意思呢? 在"受感致动的诸情状定义"专论欲望的定义一中,他本人就在此定义所附的说明性评注中解释说:"就人的本质的应变致动的状态,我们应理解为这种本质的任何状态,不论该状态是基于先天天赋的,还是后天获得的,无论是只从思想属性而被设想的,还是只从广延属性而被设想的,抑或终究是同时同这两个属性相关联而被设想的(per affectionem humanae essentiae quamcunque ejusdem essentiae constitutionem intelligimus, sive ea sit innata sive adventitia, sive quod ipsa per solum cogitationis, sive per solum extensionis attributum concipiatur, sive denique quod ad utrumque simul referatur)。"我们应把"constitutio"一词翻译为

111 "状态",指人的身体的或心灵的无尽无余的全部状况:无论这些状态基于人的特征的恒常特点,还是仅是人与其他存在者相遇而发生的偶然效果,这状况都持久或短暂地刺激起人的冲动,使他的欲望以趋利为目的而朝着这个或那个方向致动,进而使这些欲望固着于这个类型而不是别的类型的对象①;这些状况起附加条件的作用,这类附加条件使欲望具体地朝某个方向实现出来,但这种导向并不在本质上改变欲望的本质的自然/性质。这些条件起次级作用这个事实也可由它们获致特殊形式的完全无决定的特征来证明:这些应变致动的状态是"任意的",这是说,它们的具体方向归根到底无涉于欲望的本质性的自然/性质,而欲望的本质性的自然/性质也总是同样无涉这些条件的,这表明,这些条件作为环境条件而使欲望本质性的自然/性质发生应变和扰动。

欲望的自然/性质因而是一种双重决定:一层决定使欲望服从于一般法则,即conatus(努力)的法则,该法则解释了欲望的力量来源;另一层决定涉及这种力量的实际发挥的特殊条件,这些条件通过实际生成的无限多样的方式在环境中将欲望导向这个或那个方向,从而能给根本性的欲望赋予一种具体内容,这种内容的多样性是无限量的。必须要明白的是,后一种决定相对于前一种决定是"次级的",前一种决定则是"第一性的",在这么说的

---

① 比如,以吸香烟为例,某人爱吸黄烟丝香烟或黑烟丝香烟,这种考虑是次级的,隶属于这种欲望的基本决定之下。而从根本上说,从有此选择偏好的这个人的角度来看,他这样做的原因和理由不是别的,只是同一地保持在他自己的"是其所是"之中的必要性。

时候,我们的意思不是说这种"优先性"指的是"先在性",仿佛第二种决定在事实上后起,是为了影响那些导向而补充地加给第一种决定的似的,我们说的优先性,是存在论、逻辑学和物理学上的优先性,是"论神"命题一中所说的那种类型的优先性,根据"论神"命题一,"实体在自然中优先于它的分殊(Substantia prior est natura suis affectionibus)",这绝不意味着实体在绵延中先在于它的分殊而存有。"论神"命题十八本着这同一种精神在"内在原因(causa immanens)"和"传递性的原因(causa transiens)"之间作了区分,前者完全不以时间条件为转移,而后者则注定是在这类时间条件中展开自身的。因此,我们须从一开始——而不是事后地——将两个决定区分开来,一个是普遍决定,另一个是特殊决定,两个决定的顺序交相组合,但又保持为相互区别又微妙转换的两个现实性层面,而从分析的视角来看,这两个现实性层面互相为对方构成了根本性的东西。

这些环境因素是怎么同欲望可能有意识相伴随这一事实联系起来的,这一点尚待解释。在这个问题上,斯宾诺莎的文本是相当简略的。如果说他没有深入阐明问题的这个方面,这是因为,他认为这个方面是已经充分确证了的。当我们对我们的欲望有意识的时候,发生了什么呢?我们究竟对它们意识到了些什么呢?我们根本意识不到本质性的决定,而这种本质性的决定恰恰规定着欲望的自然/性质,而欲望的自然/性质也正是从这种本质性的决定中取得其全部力量的,在某种意义上说这种本质性的决定是欲望的自然/性质的生命旨趣的趋向所系:这种本质性的决定不是我们能直接感知到的,我们仅能借它的特殊效果去把握它,因而我们对它的领会是沿着它的现实生产运动的反方向进行的。所以，我们只能出于我们所见的、替代了欲望的根本性的自然/性质的那些理由，而对那些使我们欲望这个或那个事物的连带性的环境有所意识；所以，这仍旧是倒果为因的意识，如"论受感致动的情状"命题九附释的提法所说，我们在实际上、在客观上是我们由于追求它、愿望它、寻求它或欲求它才判断一事物为好的，但相反，在主观上却表述为由于判断一事物是好的才去追求它、愿望它、寻求它或欲求它。换言之，自发地伴随着我们欲望的意识是对这些欲望的不完整的、有缺陷的表述，这种表述妨害了对这些欲望的自然/性质的充分认识；这种充分认识是由欲望原因来解释欲望的认识，欲望的原因是在这意识及其似是而非或虚假性背后存在于conatus及其根本性的冲力之中的。只能由这种充分认识来定义欲望，而这种定义的种种方面是已经被评述过了的。"受感致动的诸情状定义"第一则专论欲望的定义所附说明是这样结尾的："欲望一词，我理解为指的是人的conatus（努力）、趋向、冲动、意愿等等的全部，它们在同一个人之中，随着这人的状态的变化而变化，甚至往往相互背反，以至于这人被撕扯于多重方向之间，不知何所适从（Hic igitur cupiditatis nomine intelligo hominis quoscunque conatus, impetus, appetitus et volitiones, qui pro variâ ejusdem hominis constitutione varij et non raro invicem adeo oppositi sunt, ut homo diversimode trahatur, et quo se vertat nesciat）。"人的种种欲望的多变性和不稳定性——这是人的欲望的最显见的方面——同欲望的本质性自然的恒常性是相吻合的，欲望的本质性自然的恒常性使其全部形式总是指向同一个单一的根源：此根源即个体使其自身保持在自己的"是其所是"之中的conatus（努力）或趋势。这样就证明了人的欲望的双重决定，这种双重决定使人的欲望既由普遍原因而来又同时由特殊原因而来：所有感性生活都能由此得到解释。

b/快乐和悲伤的对子（命题十、命题十一及其附释、受感致动的诸情状定义之定义二、定义三）

心灵的所有运动，无论所循方向为何，皆与欲望有关，欲望构成了感性的核心形态；在某种意义上可以说欲望是最根本的受感致动的情状：乃至于所有其他特殊受感致动的情状背后都伏着欲望，那些特殊的受感致动的情状皆由它而来，都是这同一个初始力度的表现，欲望这种初始力度促使心灵竭力保持在它自身的"是其所是"之中，并将它的驱力授予那些其他特殊的受感致动的情状。我们可从欲望这个概念出发对感性作理性的综合，这个概念可以让感性一直并永远服从于conatus（努力）的动态决定并因而勾勒出感性的基本统一性。从这个单一的——由于它所反映的冲动趋向是单义性的故而是单一的——概念中推出往往是互相背反的受感致动的全部多样情状，用受感致动的情状的第一个定义（欲望）所附说明的最后结论的措辞来说，它们"在同一个人之中，随着这人的状态的变化而变化，甚至往往相互反对，以至于这人被撕扯于多重方向之间，不知何所适从"，——怎么能做到这种推导呢？单从欲望推导出受感致动的情状的全部生活，就是要对此过程作极端的化约，同时略去对感性生活过程的分析所必要的种种中间项。基于这一理由，斯宾诺莎并不限制从欲望推出基本的受感致动的情状，相反，在"论受感致动的情状"部分命题十和命题十一之中，他延续了这种推导，从而得出了受感致动的情状的另外两个基本形态，它们就是"快乐（laetitia）"的感情和"悲伤(tristitia)"的感情。① 这两个新形态具有互补性,它们的典型特征同处于两极关系的框架之内,使它们看上去就像是非此即彼二元选择的两个项。它们的互补性为感性研究设定了有着两个极的框架,被用以理解感性的基本构成,感性中虽然充满了不

---

① 欲望是在某种意义上说是感性的根本层面,快乐和悲伤作为一对受感致动的基本情状直接源于这个根本层面,所以在"论受感致动的情状"这部分结尾处的命题五十七证明当中,还要对这个根本层面进行明白的说明。见本书第 477 页注释①。在命题五十七证明中,斯宾诺莎解释道:"快乐与悲伤乃是足以增加或减少、助长或妨碍每个人保持他自己的'是其所是'的力量或 conatus(努力)的受感致动的被动情状。但所谓每个人保持他自己的'是其所是'的 conatus(努力)就其同时与心灵和身体相关联而言,即是构成了每个人的自然/性质本身的冲动和欲望,因此,我会把此 conatus(努力)理解为被外部原因所决定而增加或减少、助长或限制的冲动和欲望本身(Laetitia deinde et tristitia passiones sunt, quibus uniuscujusque potentia seu conatus in suo esse perseverandi augetur vel minuitur, juvatur vel coercetur. At per conatum in suo esse perseverandi, quatenus ad mentem et corpus simul refertur, appetitum et cupiditatem intelligimus. Ergo laetitia et tristitia est ipsa cupiditas, sive appetitus, quatenus à causis externis augetur vel minuitur, juvatur vel coercetur, hoc est est ipsa cujusque natura)。"故此,快乐和悲伤是在它们与欲望的关系中得到界定的,欲望为快乐和悲伤提供了始基,并传给它们动态的冲力,因为欲望是在"自然/性质(natura)""力量(potentia)"或 conatus(努力)中实现的,而每个个体的构成所特有的"是其所是"也是借此而得到决定的。但是,就快乐和悲伤对应着 conatus(努力)的这种自然/性质或力量的非此即彼的情状而言,它们又是由外部原因的干预而促动起来的,这快乐和悲伤两种情状——如果可以这样说的话——是在感性的根本层面和次级层面之间的过渡层中展开的:我们可以说,它们以基本感性的方式表现着——在它们的实际过程中表现着——直接带有次级感性特有特征的那些事件。

稳定的元素，变动不居且相互对抗，但都可纳入这个两极系统之中，体现着它的具体动力机制。心灵，总是欲望着的心灵，也就是永远被使自身保持在自己的"是其所是"之中的需要所占据的心灵，（心灵）因为什么而时而快乐时而悲伤，也就是说，因为什么时而趋向提升自己的力量，时而趋向抑制自己的力量呢——这种两难选择为心灵的全部视域划定了地盘，它的其他特殊受感致动的情状都是在这个地盘之中获得形式的？"论受感致动的情状"部分命题十和命题十一主要就专门考察的是这个问题。

前面已经考察过的命题九处理的是在它与自身的内在关系中被思考的心灵，从这内在关系中直接推出心灵的conatus（努力）或欲望，因为它的conatus（努力）或欲望是直接得自于心灵的本身的自然/性质的，并不参照任何异在于这一自然/性质的东西。命题十和命题十一，或多或少移动了分析的范围，将心灵思考为身体的观念，这样做的目的在于把身体生活的随机性（aléas）在心灵中的回响纳入考虑：正是这种考虑，才能够使推出受感致动的情状的两个新形态——即快乐和悲伤——成为可能。当然，这不是说身体是快乐和悲伤的原因，快乐和悲伤是心灵的受感致动的情状，因而必定源自心灵，而只是说，心灵是身体的观念，心灵同身体是不能分离的，心灵只可能同身体有着绝对共同的生活。快乐和悲伤正是在这种心灵与身体的共同生活中发生的，于是这里隐含地提出了一个问题，即，撇开由身心统一必然带出的这个语境而谈快乐和悲伤是否有意义呢？"论自由"部分的结尾将对这个问题给出答复，在那里，斯宾诺莎解释说，心灵甚至在保持"无关于身体(sine relatione ad corpus)"①或毋宁说"无关于身体的存有(sine relatione ad corporis existentiam)"②的情况下也能因快乐——而不是悲伤——而受感致动;所以,若是被放在这种身心关系的固定条件下,心灵更是无法逃避快乐和悲伤的非此即彼的来回摇摆,这个非此即彼的来回摇摆是我们感性生活的实质所在,感性生活永远是在这两极之间展开的。

命题十同时对快乐和悲伤进行推导,一上来,该命题就阐明了一个极端论点,即"把我们身体的存有排除在外的观念,是不可能在我们的心灵中被给予出来的,此种观念同我们的心灵相背反(idea quae corporis nostri existentiam secludit in nostra mente dari nequit sed eidem est contraria)",这个阐述同命题五中所介绍的那种"背反"概念在意思上是一致的:也就是说,这样一种观念一旦在心灵中形成,就旋即会被清除,因为它有消灭心灵的自然/性质本身的危险,心灵必将立即调动全力反对抵御这一危险,因为心灵的禀赋即在于使自身无限期地保持在自己的"是其所是"之中;因此,可以说,这种观念是在通常意义上理解的那样与心灵"相背反"的。这种消极的和反向动作的论点带出了一个积极的相关项,命题十证明对此积极相关项进行了陈述:"对我们心灵而言,首要之务是肯定我们身体的存有(primum et praecipuum nostrae mentis conatus est corporis nostri existentiam affirmare)。"于是,在这种排除和这种接受之间、在这种否定和这种肯定之间,便打开了

---

① 第五部分命题二十附释。
② 第五部分命题四十附释。

一个开放空间,conatus(努力)各种各样表现的总体都是在这个开放空间中展开的。这就是说,心灵在它与身体的关系中扮演的不是消极角色,仿佛它单方面受到它自身无论如何都无法摆脱的强制限制似的;相反,心灵深度参与着这种关系,使自身借它自己的conatus(努力)的全力和全部冲量而整体且密切地介入其中,此一全力和全部冲量使心灵尽量支持与肯定身体的存有相同向的全部事物,同时也使心灵尽量摒除与肯定身体的存有相背反的全部事物。

这个命题的证明——该证明的基础是"论心灵"部分命题九附释和"论受感致动的情状"部分命题五——赖以展开的论据,其前提显然是逻辑性的:身体的观念可以被给予为这样一种事物的观念,它可以消灭该事物,这是不可思议的,因为,一旦这种情况发生,由于身体上发生了有悖于身体的自然/性质的情况,对身体的观念便同时地在心灵中形成出来,而就心灵是身体的观念而言,心灵绝对地必定因这一观念与心灵自身的自然/性质不相容而反对这种观念,因为这种观念有消灭心灵本身的自然/性质的危险:实际上,心灵作为属于无限理智的一个观念,其本身是具有现实性的,其原因就是,心灵是其对象——即身体——上发生的所有观念的同时集合;它绝不可能眼见这对象的可能毁灭而无动于衷,若是那样,这对象也就对自己保持在自己的"是其所是"之中也是漠不关心的了。从相反的方面来看,也完全一样,凡是利于身体存有的所有观念,必定会被心灵积极地接受,因为那是完满地顺应心灵的自然/性质的。

然而,必须要看到的是,这种逻辑推理是不能完全令人满意的,在命题十一附释结尾,斯宾诺莎也觉得有必要重新思考命题十证明,他说"要更明白地了解一个观念出于什么理由而与另一个观念相背反（ut clarius intelligatur qua ratione idea ideae sit contraria）"，仅从矛盾律的角度对这个问题作逻辑处理本身不是绝对明白的，这或许是因为这种处理方式对该问题的内容的处理过于简化了。斯宾诺莎提出的新证明——这个新证明特别参考的是"论心灵"部分命题十七和命题十八——实际上要复杂得多：这个新证明引入了新的考量，即，思考了心灵究竟以何种方式在依循其自身的自然/性质的同时，又依循实际上是想象工作机制的那些程序对身体上发生的事情形成出观念的。心灵必然有身体应变致动的状态的观念，心灵借此观念认识身体并认识它自身，但这些观念就其自然/性质而言是不充分的，这就是说，这些观念就它们的对象所给出的仅是片面的认识，仅是以身体的效果的自然/性质为基础的知识：在此条件下，是难以把这些观念当作自明的观念而将矛盾律之类的逻辑原理运用于它们之上的：这种原理无疑对充分的和完满的观念是适用的，但当其被用于不为心灵所完满地认识的观念——这些观念只是由完全异在于心灵的机制强加给心灵的——的时候，如何保证这种原理同等有理性逻辑的有效性呢？

不过，如果我们细想一下，就会承认这个反对意见并不能彻底取消这里的逻辑有效性：因为，这样的观念——即心灵中不充分的观念——并不是在无限理智内被真实地构成的观念，也与无限理智中的观念是不一样的，故此，就像"论受感致动的情状"部分命题九证明参考"论心灵"命题九绎理时隐含地确证的那样，心灵绝不是这些不充分观念的"创制者"，而只类似于这些不充分观念的"观看者"和"目击者"。这样一来，在命题十一附释中重涉命题十证明时，斯宾诺莎想要做的就是更明白地澄清，在心灵从

第一章　感性生活的自然基础和基本形式（命题一到命题十一）

身体的应变致动的状态获致的观念的构成中确有逻辑的介入，但是逻辑的介入并无法让心灵知道观念构成是真还是假，因此也不能使心灵在主观上借逻辑所启发的判断去选择这些观念进而择取真的观念并消除假的观念，相反，在这里，逻辑介入的作用完全是客观作用，这种逻辑作用自发地——心灵是无法干预这种逻辑作用的——把反对心灵的自然/性质的观念与顺应心灵的自然/性质的观念识别出来；在这同一过程中，心灵甚至在毫无意识的情况下便被刺激起来进入摒除前一种观念而择取后一种观念的运动之中，这不是因为心灵判断前者为假而后者为真，仅仅只是因为前一种观念让心灵感到背反，而后一种观念让心灵感到快适。逻辑干预就是这样直接地参与到心灵的生活之中的：其方式并不是借助将心灵引向真理之途的知识的干预，而是自发地在心灵中引发感荡，这些感荡的状态推动心灵面对它就身体应变致动的状态而具有的那些观念作出实际的接受或摒弃的取舍。

这可以由以下事实来解释，即，这里起作用的逻辑，不仅对心灵及其工作起作用，而且是对心灵和身体同时起作用：正是同一个"逻辑"促使身体摒弃与其自然/性质相背反的应变致动的状态，也促使心灵难于接受这些应变致动的状态的观念，也正是这同一个"逻辑"使这些观念对心灵而言是难以容忍的、令心灵感到阻滞的，心灵在此逻辑作用之下只乐于接受那些与身体的自我保持同向的应变致动的状态的观念。这些心灵运动，在其发生时，心灵对它们的内容是没有认识的，这些心灵运动实际上关涉的是"心灵的现在现前的存有（mentis praesens existentiel）"，也就是说，关涉的是"想象的力量（imaginandi potentia）"，心灵借助"想象的力量"或其"现在现前的存有"肯定着"身体的现在现前的存有

(corporis praesens existentia)"或"身体的实际存有(actualis corporis existentia)"。身体的存有和非存有可以是心灵的客观认识对象，这种客观认识可以使心灵在意识中针对事物的这类观念或表述形成赞同或反对的立场——，然而，这里的关键严格说来却不是身体的这种存有或非存有："心灵停止肯定身体的存有，其原因不在于心灵本身，甚至不在于身体不再存有(causa cur mens hanc corporis existentiam affirmare desinit nonpotest esse ipsa mens nec etiam quod corpus esse desinit)"。心灵之所以肯定身体的现在现前的存有，原因只能在心灵自身的现在现前的存有中找到，心灵自身的现在现前的存有是同想象的力量不能分离开来的，所以，心灵的现在现前的存有才以某种连缀碎片的方式形成着不充分的观念：这类观念的形成，其原因既不在身体的开始存有，也不在身体的停止存有，而且在这类观念形成的同时，心灵就依循它们同心灵自身自然/性质的相反或相应而将它们体验为可吸收的和不可吸收的。心灵在由它自身现在现前的存有而被固定其中的那些条件下就是这样进行感觉的，而心灵的现在现前的存有并不在心灵中有其原因，也不在身体中有其原因，因为心灵的现在现前的存有通过它自身的运动反而能施动于心灵，心灵只能被动地承受其现在现前的存有的施动：之所以如此，唯一的解释是，心灵的现在现前的存有具有它自身心灵建制的运作过程，而某些观念若能在这个过程里显现为现在现前，这个过程的想象的力量就积极地指示它们，并显示它们为有利的、可喜的，使得这些观念显得是与心灵的自然/性质是相容的，相反，如果某些观念不能在这个过程里显现为现在现前，则这个过程的想象的力量就消极地指示它们，并显示它们为有害的、讨厌的，使得这些观念显得是与心灵的自然/性质是相背反的。

故此,只要身体的现在现前的存有总是不断地被感荡促动着的,则心灵对它的肯定的运动过程就会不断地激起心灵的现在现前的存有。现在,命题十一又解释说,这些变动是沿着增加或减少身体活动的力量的方向展开的,并对应地表现为助长或妨害这种力量的显现。与此相关联的是,心灵必定会相应地感觉身体的这些应变致动的状态的观念是以顺应于它的方式还是背反于它——此即命题十阐明过的"背反"的概念——的方式被构成的,并基于此而感觉自身的思想力量的扩张或收缩。在所有这些情况中,心灵一直在通过施展自己的想象的力量的方式肯定着身体的现在现前的存有,但是身体的现在现前的存有又使这种肯定随之致动而成为沿着扩张或受限的方向发生变动的指示标:所以,心灵无时无刻不在面临着在两个相反方向之间作抉择,一个选择将心灵拉向肯定它自身力量的较大值,而另一个方向则将心灵拉向肯定它自身力量的较小值。但须知,无论是哪一种情况,心灵都不是这些印象的充分原因,这些印象是依循完全在心灵之外的机制而被强加给它的①:认为心灵在充溢让它欣快的感情时比心

---

① 所以,命题十一证明参考了"论心灵"命题七,据此命题七,共属于某"是"的种类中的诸事物是由客观必然性而被联系在一起的,观念同样也是由这同一个客观必然性被连成连锁序列的,所以,心灵根本无法干预这些链条,这些链条的原因完全是在心灵之外的。正是由于这一原因,"论心灵"命题十四提出,当身体被促动而发生变化的时候,心灵在对这些变化的原因——因而是这些变化的真正自然/性质——毫无认识的情况下,也能感知身体的种种状况。

灵在为使它沮丧的感情所困扰时更能控制它自身的想法是绝对没有道理的。所有这些心灵状态本身都没有自身内部的稳定性，它们每一个都是随着受感致动的情状之流而起伏的，这个受感致动的情状之流又总是消长起落于峰谷两极之间。

无论是快乐，还是悲伤，不可能是别的，而只能是命题十一附释所解释的这样：快乐和悲伤是心灵中出现的好的感觉和坏的感觉，这两种感觉实时呈现，心灵完全无法知道它们的理由，或者说，就算心灵会对这两种心灵状态加以表述，并将相关表述认作这两种心灵状态的动机，但这两种心灵状态完全是独立于心灵对它们的表述而发生的。快乐和悲伤这两种心灵状态仅仅表现的是"变化（mutationes）"，也即仅仅表现的是心灵"一时可以过渡到较大的完满，一时也可以过渡到较小的完满（jam ad majorent jam autem ad minorem perfectionem transire）"的这种"变动"，在这里，"过渡（transitio）"是一个本质性的概念，后面斯宾诺莎将在他对"受感致动的诸情状定义"的定义二和定义三的说明中一再返回这个"过渡"的概念。不管怎么说，这些"过渡"被经验为"被动活动（passiones）"，因为心灵不是[它们的]充分原因，相反，心灵循着自身"现在现前的存有"——在这个过程中，心灵完全服从于想象机制——而承受着这些"过渡"。

这些感情在性质上相当模糊，可以被经验为（存有的力量的）不同力度，并表现为相应程度的心理区间。（存有的力量）向较大完满的过渡，当其在身心的统一性中既联系着身体也同时联系着心灵的时候，即为"欢乐（hilaritas）"，而当其虽同身心同时有联系，但却是从某一方出发的联系，因而也是以某一方为优先的联系，即为"痛快（titillatio）"，"痛快"所对应的激动总是同必定使身心中某一方的功能运作受抑制联系着的；(存有的力量)向较小完满的过渡，当其在身心的统一性中既联系着身体也同时联系着心灵的时候，就是"忧郁(melancholia)"，而当其虽同身心同时有联系，但却是从某一方出发的联系，因而也是以某一方为优先的联系，即为"痛苦(dolor)"。① 苦与乐的全部这些变动形式——尽管它们相互区别——都可连续地被归入快乐和悲伤这两个基本范畴之中，它们呈现出这两个范畴的各种色调，但绝不会改变这两个受感致动的情状的基本构成。

斯宾诺莎对快乐和悲伤在"论受感致动的情状"部分的结尾"受感致动的诸情状定义"定义二和定义三②中，重新使用了他已

---

① 根据"受感致动的情状诸定义"定义二和定义三所附说明，源于快乐和悲伤的这些形式——即一方面是源于快乐的欢乐和痛快，另一方面则是源于悲伤的忧郁和痛苦——，更多地与身体的情况(dispositions)有关，这些受感致动的情状代表了身体的这些情况在心灵中的回响，而将心灵对这些身体情况的形成的干预降低到最低限度。反过来，我们可以说，快乐和悲伤等受感致动的情状只能让心灵的这种干预达到最大限度，以不使身心失去它们的必然关联为度。

② "受感致动的诸情状定义"之定义二和定义三(附说明)："2. Laetitia est hominis transitio à minore ad majorem perfectionem. 3. Tristitia est hominis transitio a majore ad minorem perfectionem. Explicatio. Dico transitionem. Nam laetitia non est ipsa perfectio. Si enim homo cum perfectione ad quam transit, nasceretur, ejusdem absque laetitiae affectu compos esset, quod clarius apparet ex tristitiae affectu, qui huic est contrarius. Nam quod tristitia in transitione ad minorem perfectionem consistit, non autem in ipsâ minore perfectione, nemo negare potest, quandoquidem homo eatenus contristari nequit, quatenus alicujus perfectionis est particeps. Nec dicere possumus, quod tristitia in privatione majoris perfectionis

经在命题十一附释中使用过的措辞,只是稍有调整,据此附释,快乐"是心灵由以过渡到较大完满的被动活动",而根据"受感致动的诸情状定义"的说法,快乐是"人从较小完满向较大完满的过渡(hominis transitio a minore ad majorem perfectionem)",悲伤则是"人从较大的完满向较小完满的过渡(hominis transitio a majore ad minorem perfectionem)"。在这前后两种提法中,我们都看到了"过渡"这一概念,这是个关键概念;与此概念相联系,我们可以看到对两个互为中心对称的运动之间的对应性表述。有人认为,前一种提法中的过渡涉及的是心灵,后一种提法中涉及的是人,这并无实际的重要差别。但是,值得注意的是,斯宾诺莎在"论受感

---

consistat. Nam privatio nihil est; tristitiae autem affectus, actus est, qui propterea nullus alius esse potest quam actus transeundi ad minorem perfectionem, hoc est actus quo hominis agendi potentia minuitur vel coercetur (vide schol. pr. 11. hujus). Caeterum definitiones hilaritatis, titillationis, melancholiae et doloris transeo, quia ad corpus potissimum referuntur, et non nisi laetitiae aut tristitiae sunt genera."/"2. 快乐是人从较小完满向较大完满的过渡。3. 悲伤是人从较大的完满向较小完满的过渡。说明:我说过渡,是因为快乐不是完满本身。若人生而具有他所要达致的完满,拥有这种完满就不会感到快乐了。这由与快乐正好相反的悲伤来看更为清楚。因为人都不会否认悲伤是由过渡到较小的完满所致,悲伤本身并不是较小的完满,这是因为人在获得某些完满时,并不会感到悲伤。我们也不能说悲伤是由于缺乏较大的完满。因为'缺乏'就是无;但悲伤这一受感致动的情状却是一种活动,故此,悲伤不是别的,而是一种向较小的完满过渡的活动,也就是一种令人的动作力量减小或受阻的活动(见命题十一附释)。至于欢乐、痛快、忧郁、痛苦的定义,我这里要略过不提,因为这些受感致动的情状主要都与身体相关联,而且只是快乐和悲伤的类别而已。"——译注

致动的情状"结尾对这些概念重述的时候,他在谈及"从较小完满向较大完满的过渡"和"从较大完满向较小完满的过渡"的同时,想要明白地搞清这些状态的自然/性质,想要指明这些状态由于它们的构成性的不稳定性,故而是绝不可能具有任何绝对价值的。我们切不可看到这里提到了"完满"的概念就被搞迷惑:这个概念只是说,心灵的特有的力量表现的应变致动的状态无论其变化边界是什么,心灵总是保持与自己的自然/性质的一致,否则它就不再"是其所是"了;"完满"就是这个意思,而不可能意味别的什么:具体说来,这里的"完满"不是说心灵曾达到过它自身自然/性质的完整实现,任何向外的展望都将会改变这种完满,所以心灵达到这种完满后将会摒弃一切向外的展望而持留在那完满状态中并使自身获益。

这一点就是"受感致动的诸情状定义"定义二和定义三所附说明所强调的:"快乐并不是完满本身(laetitia non est ipsa perfectio)","完满"在这两则定义中是指,终极完满(perfection définitivement)和圆满(parfaitement parfaite),由它所给出的那些条件能使我们的心灵建制实现完全的稳定化,同时使我们的心灵超越感性动力机制起作用的领域。相反,快乐从来只是一种"过渡(transitio)",从来只是向着较大完满的一种过渡,也即从较小完满向较大完满的一种过渡:快乐完完全全是一种过渡的状态,因为它永远朝向的是对它构成其瞬时表现的某种运动趋势的翻新,若没办法来规定这一运动的定位,快乐的这种随该运动趋势的进展将会沿着无限期的方向进行下去,没有什么能中止这个进程,这个进程也跳出了非此即彼的增加和减少之外;但是,斯宾诺莎将在"论自由"部分最后解释说,要使这成为可能,心灵就得脱离身体的存有而继续生活，也就是说，心灵就得以不再肯定身体的现在现前的存有的方式去延续心灵生活，这就意味着，心灵完全摆脱想象的心灵建制，而只要还依循的是想象的心灵建制，心灵就注定受制于这种［增加或减少］的两难困境。

　　这则说明特别指出，就悲伤来看，这个道理更为明显，悲伤并不可能是一种较小完满的状态，因为在这个概念中有着内在矛盾的东西：完满一旦被否定性系数（否定性前缀）所标记，便在事实上不再是完满，而成为——就如该词显示的那样——不完满（imperfection）。悲伤仅仅对应的是向较大完满的过渡在趋势上的受阻；而正是由于这一原因，悲伤不是由完满的纯然简单的缺乏所构成的，因而也不是由不完满构成的，"缺乏"这一概念本身是没有任何意义的。① 如果说"缺乏"被理解为空白和阙如，就仿佛这种空白和阙如以其自身方式通过纯然否定标示出空无似的，那么向较大的完满过渡的受阻绝不是较大完满在这种意义上的"缺乏"。悲伤是快乐的反面，但并非是绝对的否定；也就是说，它不是快乐的缺席，而是完全与此缺席不同的东西：悲伤是心灵的思想力量的受限，是对它的暂时阻遏，但没有心灵的这种力量上的

---

① "缺乏就是无（privatio nihil est）"，斯宾诺莎写道：根本就没有自在的否定，也就是说，能在绝对之中被思考的否定（能被思考为并非乌有而是某种事物本身的那种否定）是不存在的。否定只可能意味着对某种关系的表述，因此，否定只可能隶属于肯定，否定与肯定是不可能完全分离的。换言之，现实性只可能在着眼于该现实性的外部关系视角下得到否定性指认，也就是说，任何现实性都绝无可能在它本身的内在构成中被否定性地指认。决定，只要它具有一种否定的形式，就有着相对的而非绝对的特征。这正是"论受感致动的情状"命题四所阐明的论点。

抵抗，悲伤便是不可思议的，悲伤持续地给予出对心灵的这种力量的一种悖论式表现。斯宾诺莎借助这样的推理，想要解释的是，心灵受感致动而发生变动的方向无论是什么，无论是快乐或悲伤，心灵在任何情况下都是被conatus（努力）这一内在冲力所促动着的，conatus（努力）从心灵的深层内里促动它在它现在现前的存有所加之于它的条件中——也就是在它与身体的共同生活的背景下——尽其可能地、竭力地保持在它自身的"是其所是"之中。由于这一原因，斯宾诺莎写道，"悲伤这一受感致动的情状却是一种活动（tristitiae affectus actus est）"：我们应将这种活动理解为一种心理行为，心灵在从较大完满向较小完满的受限趋势过渡的时刻里完全使自身随之而发生变动的一种心理行为，这里的这种过渡，并不是conatus（努力）的根本冲力展开的持续运动的中止，而是这个运动的一个有机部分，这个运动本身就是由所有这些过渡组成的，无论它们的走向是心灵的思想力量的增加还是减少，这种力量在所有情况中，并且根据其定义，总是保持同一的。所以，心灵在其感性生活中总是处于过渡之中的，也无时无刻不经验着种种"变化（mutationes）"，这些"变化"并不会改变心灵竭力保持在它自己的"是其所是"之中的驱力的恒定性，这种驱力在构成性上是不可变的，并且永远通过这些过渡状态的连续性而坚持着，而这些过渡状态的中项性质给它们也打上了基本的两可性的烙印。所以，悲伤之为一种活动，正与快乐之为被动活动相同：让我们这么说吧，悲伤和快乐都是被动活动性质的，它们分别对应的是最小和最大的两个极端，在这两个极端之间是感性生活的一个渐变的连续过程，这个过程完全无间无余地充满了欲望的驱力。这样便揭示出了感性生活的一种新的"常量"，它同现在现前的存有的不确定性是相联系着的,与这些不确定性在身心两方面的同时回响是相联系着的:在这个"常量"的契机作用之下,我们处在增长和减少的波动之中,被快乐和悲伤的来回转换所裹挟,注定无休止地从一个"过渡"到另一个。

让我们最后再返回到命题十一附释。依循命题九已经显然论述过的以欲望为出发点的推导,快乐和悲伤的来回变化的种种形态被推出之后,斯宾诺莎总结说:"除了这三种受感致动的情状,即欲望、快乐和悲伤之外,我不承认还有其他的受感致动的基本情状:实际上我将在接下来的命题中证明其他(受感致动的情状)都是源于这三种受感致动的情状的(reliquos ex his tribus oriri)。"①欲望、快乐和悲伤构成了感性生活的元素形式,因为在感性生活中,无论其他受感致动的情状的表层意涵是什么,在它们的根底里无一例外地必定能发现这三种受感致动的情状。"论受感致动的情状"后面的全部论述直至最后的命题五十八和命题五十九就是对其他那些受感致动的情状的论述,不过,命题五十八和命题五十九将引入受感致动的主动情状的概念;在感性生活中的其他受感致动的情状无非是以一切可能的方式、微妙的组合样式对这三种受感致动的基本情状所提供的元素的利用,这三种受感致动的基本情状为感性生活整体打下了三个基桩,无论感性的次级形式所固着的对象有着怎样明显的人为性,全部的这些次级

---

① 这一肯定显然是论争性质的:它质疑了笛卡尔在《论灵魂的激情》(II,69)对六种基本激情的确认,这六种激情除了欲望之外,还包括快乐和悲伤、钦羡、爱和恨。我们实际上看到,从斯宾诺莎的角度来看,爱和恨是被定位在次级感性的层面中的。

形式都可在这三种受感致动的基本情状基础上得到解释。在感性的顺序中,所有的东西归根到底都与欲望、快乐和悲伤——而不是别的——相关。

第二章
受感致动的次级情状表现和对象关系的形成
（命题十二到命题二十）

Les manifestations secondaires de l'affectivité et
la formation de la relation d'objet (propositions 12 à 20)

斯宾诺莎认为,要对关于全部感性生活的理性观点加以阐明,先要对心灵的主动活动和被动活动的总现象作出确定(命题一到命题三),然后阐明conatus(努力)的普遍原理(命题四到命题八),继而对欲望、快乐和悲伤这三个感性的元素形式(命题九到命题十一)进行说明:它们是真正的"受感致动的基本形式",它们更接近生命源头,心灵的种种运动都是从这个生命源头获得它们的能量和它们的原初驱力的,虽然这些运动所携带的力量等级各有不同,而且感情和心灵的被动活动虽然以它们的多样性和多变性为特征,但却整体保有了一种统一性,我们在它们的历史的每个阶段都是可以看到这种统一性的,故此这些感情和心灵的被动活动形成了一个复杂建筑,这个复杂建筑的整体正是树立在那个生命源头之上的。但是须知,这些元素形式——它们也是应该被称为受感致动的普遍情状的东西——本身在受感致动的情状的具体生活过程中是看不到的,也就是说,在这个具体生活过程中,这些元素形式不能被发现为它们的纯粹状态,在这个具体过程里,这些元素形式只能在种种特定的组配方式中通过组合、复合而显现,这些组配方式总是将这些元素形式同其他元素——这些其他元素的自然/性质并不属于真正感性领域,而主要属于对对象的表述——联系在一起。因此,正如我们在阐述"论受感致动的情状"整体计划时所提到过的那样,这几个受感致动的基本情状类似于某些"最简单的物体(corpora simplicissima)",我们在

"论心灵"部分命题十三和命题十四之间插入的那则公理二的阐述中见到过"最简单的物体（corpora simplicissima）"这个概念，那时候斯宾诺莎论述的是系统的一般物理学，他的这种一般物理学的关键就是提出种种理性抽象，要理解具体现实性，理性抽象的把握是必不可少的，这些理性的抽象通过将具体现实还原到它的基础元素的方式而使重构具体现实性成为可能。现在我们必须做的是从这些元素出发，推出受感致动的情状之形成的复杂多样性——就如它们被感受到的那样——，类比于斯宾诺莎在命题十一附释中所使用的"受感致动的基本情状（affectus primarius）"的提法，我们可以将这些复杂多样的受感致动的情状称为"受感致动的次级情状"：我们的意思是它们是受感致动的情状的复合体，这样才能更为清楚地辨明源于感性元素性形态这些构成之间的区别，才能清晰地认识它们的组织方式的具体复杂性，而这种具体复杂性也正是它们多样性的条件。

从"论受感致动的情状"命题十二开始，斯宾诺莎所阐明的感性分析跨过了一道门槛：它进入了一个新层面，此时，该分析将一类问题纳入考量，这类问题在此前的命题构成的背景系统中完全是被搁置一旁的。在对感性的元素性形式进行特征说明时，斯宾诺莎已经证明，在感性生活过程中，所有情况的显现方式虽然如此多样和复杂，但毕竟归根到底都同欲望——而欲望的基础则是conatus（努力）——相关，也就是说同力量相关，尽管这种力量在两极之间、在最大值和最小值之间有不同等级的力量强度变化，它朝这个或那个方向上的运动总是伴随有心灵上的快感或痛感。这种欲望表现着来自每个事物的基底的、以个体事物竭力保持在自己的"是其所是"之中为目的的本质驱力的现在现前，这种驱力为每个事物所内禀,且仅仅与它自身相关,而不与任何外在于它的事物相关——若与外在于它的任何事物相关,便会让这种驱力有一种意向的性质了,也便会驱动它朝着外在于它自身自然/性质的某些目标而动了。这就是斯宾诺莎所展开的这项分析的支撑点:欲望,作为 conatus(努力)的一种心灵表现,本身有足够强度去干预并维持使心灵被驱动起来的所有运动,而不必外求于其他的动力来源,否则,欲望冲力完全自然的和客观的性质也就丧失了;由此基本支撑点出发,斯宾诺莎才推出了该受感致动的基本情状(欲望)的决定机制。但须补充的是,在感性生活所展开的具体现实性中,欲望不可能以纯粹状态现前,因为欲望是起自它的源初驱动的,而这种源初驱动是与在我们每个人中被肯定的力量相关的:正是由于这一理由,意识——仅仅通过欲望效果感知欲望的意识——普遍地对欲望的真正自然/性质是无知的,因为只有从欲望的原因才能解释欲望,而这个原因从一开始就是逸出于意识把握之外的,也总是保持为"无意识"的。① 但从它的种种具体显现来看,欲望总是以这种方式现前的,即,它的本质性自然/性质是被改换了的,因为它同对事物的表述联系了起来,这些表述必然是意识的,也有在 conatus(努力)本身之外的其他来源。我们在对"受感致动的诸情状定义"的第一项定义——此定义的主题是欲望的双重决定——进行解读和阐释的时候,已经碰到了感性的现实性的这个本质方面,我们或许应该将它的这种本质方面

---

① 究其实质,构成了人的全部感性基础的欲望,若在其原因中被思考,就是一种无意识的决定机制:这恰恰是因为,在意识中显现自身的欲望从来都是针对某个被具体思想着的事物的欲望。

称为欲望中被"接入"了表述,表述的这种接入使感性的基本形式变为了它的次级形式,表述的这种接入也正是受感致动的情状之复合体或受感致动的情状丛结的形成条件:欲望永远决定着人总是在使他自身保持在他自身的"是其所是"的必然性——这一必然性是铭写在人的构成之中的——的推动下动作,就此而言,欲望是人的本质,但欲望的展现、欲望进入意识的形式,却是"自他(人)本身的任何被给予出的应变致动的状态而出的(ex data quacunque ejus affections)",这恰恰是因为,这种被给予出的应变致动状态不是由欲望本身的自然/性质所决定的,(人的身体上)被给予出的应变致动的状态本身对欲望本身的自然/性质是漠不关心的。① 简言之,这意味着,欲望,从它具体的显现方式来看,是自发多态的:是视具体的环境而定的,欲望可以欲望任何东西,同时并不会丝毫改变欲望本身的根本的和一般的原理,欲望在自然/性质上都是源于 conatus(努力)的,conatus(努力)在归根到底的意义上构成了欲望的本质性原因。但毕竟,欲望实际上是在由一个或更多的被给予出的应变致动的状态所给定的情境中给每个人强加它自身的法则的,也就是说,我们绝不可能绝对地欲望,而总是针对事物而欲望着,这些事物总是相对于其他事物而为我们所

---

① 关于欲望的双重决定的观点,是在"受感致动的诸情状定义"的定义一中被提出的,却不见于命题九附释,命题九附释仅仅说明欲望之构成是最深层基本层面,而将之同 conatus(努力)的驱动相联系,故此,尚未涉及这个双重决定的观念:但是命题九附释解释了欲望进入意识的条件,即,欲望是通过想象的表述进入意识的,而必须完全阐明了感性生活的全部系统之后,才能达到欲望的完整定义。

偏好的,欲望于是又总是在可具体指明的条件下同这类事物相联系的:对这些条件的阐明,就是"论受感致动的情状"剩余部分所论述的"受感致动的情状丛结"理论的专题。

斯宾诺莎的推理因而是以渐进的方式进行的,从简单上升到复杂、从一般推进到具体,尤其是从对原因的思考推进到对效果的思考:他断言沿着这条道路才能达到对感性的理性综合,这种理性综合将能够把这个领域重构为一个整体,并对它的元素配置在这个领域里所服从的组织原理作出澄清。虽然这种理性推导的运动使我们能搞明白感性的心灵建制是如何被生产的,哪些原因归根到底产生着它们的功能效果,但是,这种理性推导的运动同经验主义的发生论的运动是毫无关系的:这一推理的各个步骤不应该被混同于发展过程的诸阶段,发展过程的前后相继性不是从优先性,而是从先在性角度得到解释的。换言之,受感致动的基本情状从它们的始基特征来看不是感性的原始形式,所谓原始形式是在时序性上出现在每个个体的变化过程的开端的形式,因此是孤立地先出现的,然后才在这个过程稍后的各阶段里被定位为或重塑为由它们而来的更复杂的构型。但是,在受感致动的情状发展的实际现实性中,感性基本形式和次级形式是同时构型的,它们在经验中从来都是密切地联系着的,乃至于过于经常地混淆在一起:只有在推理中才能将它们区分开,才能将它们各自所属的现实性层面分门别类。这显然意味着,斯宾诺莎在"论受感致动的情状"中并未提出一种关于个体发展的学说,个体发展学说应该具体从受感致动的情状的历史、幼儿向成人的过渡等角度来证明是哪些条件发挥了作用的。这种学说至少不是斯宾诺莎论述的主要课题,他的着眼点是先于发生学存在的结构性存在；如果说重构一种发展论的受感致动的情状的发生学是可能的，也只有在先由这种结构研究确立的框架内才是可能的。就在conatus（努力）投射在欲望这种优先性形态之中的同时，对象关系的构造也发生了，现在将要得到揭示的就是这种对象关系的条件：尽管对象关系的发生与欲望完全同步，但毕竟若就对象关系使外在性法则压过了内在性法则而言，对象关系是另有其来源的。这将是"论受感致动的情状"命题十二所阐明的分析的主要义理。

正如我们前面已经看到的那样，欲望、快乐和悲伤是纯粹的受感致动的情状，直接表现着植根于每个个体的存有及其变化的基底的"是其所是"的力量：这三种受感致动的情状并不固着于特定对象，它们无涉于对任何外部事物的旨趣。受感致动的诸次级情状借以使自身充满了这类旨趣并因而制约着个体和他生活环境之间的动态交往的这种执着，就是将在下面得到解释的重点方面。斯宾诺莎就此主题所论述的论点是极端性的：正是想象按照标准程序主导着对象关系的形成，想象在欲望着的并受快乐或悲伤之感而动的主体与这些受感致动的情状被激发起来所趋向的对象之间建立起联系，而这些联系无论从受感致动的情状的主体还是客体方面均同样地没有内在必然性。这显然是说，任何人都可能欲望任何事物，都可能因任何事物而致快乐或悲伤，但在那具体的任一事物中并无使该事物成为普遍或绝对地可欲的东西，或者说，在那具体的任一事物中并没有使该事物自在地作为原因而使人快乐或悲伤的东西，该事物之所以可欲或能使人快乐或悲伤，只是由于想象之故，想象通过种种特有的晦暗不明的方式，让该事物如此表象，并进而将该事物塑造成引发受感致动的情状的对象。受感致动的情状有两种新形态将常见于大多数受感致动的情状丛结或感性的次级构型，这两种新形态正是在想象性表述的实质上形成的，它们就是爱和恨，这两种受感致动的情状是当快乐与悲伤同对外部事物的表述相关的想象机制联系着的时候的两种典型的欲望形式。

1. 爱与恨（命题十二和命题十三及其绎理和附释，受感致动的诸情状定义之定义六和定义七）

命题十二和命题十三描述了心灵运动——以趋附或排斥的方式——与想象的表述联系的普遍条件，conatus（努力）的冲动固着在这些表述上而使这些表述得到了来自感性角度的标记，从而形成了这种联系。这两个命题分别谈的是两种对立趋势，但这两种趋势的方向却是对称的，所以必须将这两个命题放在一起来解读。

据命题十二，"心灵总是竭尽所能尽量努力去想象足以增加或助长身体的动作力量的东西（mens quantum potest ea imaginari conatur, quae corporis agendi potentiam augent vel juvant）"①。值得注意的是，这里出现了动词 conari（努力）。我们从命题九得知，心灵自发地被一种运动所促动，凭借这种运动，心灵倾向于同一地保持在它自己的"是其所是"之中。现在我们看到，心灵在同一种努力推动之下将一些表述评价为好的，而将另一些表述评价为有害的，因为前一种表述同有利于身体动作力量的展开的对象相联系。此命题在这种运动上用上了"竭尽所能尽量（quantum po-

---

① 此即命题十二的陈述。——译注

test)"这个提法,这个提法像是命题六的回响,命题六谈的是冲动主体,这种冲动不独在心灵中,而是在一切事物中,促动所有事物——就它们"尽量在其自身之中'是'(quantum in se est)"而言——保持在它们自己的"是其所是"之中,故此,命题十二的这个提法也加强了这两种运动之间的类似关系。实际上,命题十二的证明是参考了"论受感致动的情状"命题六、命题九和命题十一的,命题十二的证明将心灵趋向于一些事物而排斥另一些事物的运动,同使它倾向尽可能增加自身思想的力量从而尽量保持在它自己的"是其所是"之中的运动联系起来,而它增加自身思想的力量的做法又是同对某些事物的表述所引发的快感联系着的,但这些事物,如此来说,是它在想象中所中意或喜爱的。这就是说,使这些事物的观念——这些观念并非是画布上静默的图画——得以形成的心灵的工作,根本不是无关利害的,相反,这种心灵工作本身充满了 conatus(努力)的生命冲动,心灵借此生命冲动在肯定其自身的"是其所是"的同时也肯定着身体现在现前的存有;因此,这些观念在形成的那一刻就附有隐含的价值判断,心灵通过这些价值判断而偏好于思考某些事物,因为它认为这些事物增加和助长着身体的动作力量。

命题十二证明高度依赖于对"论心灵"部分命题十七及其附释的参考,这则命题及其附释解释了心灵被引向对外部事物的"考量(contemplari)"的这样一种过程,在此过程中,心灵乃是其观念的这个身体受其他物体的促动而应变致动,心灵也将促动其身体的外部事物表述为现在现前,但心灵的这种表述是间接的,绝非直接的,这是因为:心灵对身体的应变致动的状态形成的这些观念,在它们本身之内既包含身体的存有,同时还包含使身体应变致动的外部物体的存有,但心灵在形成这些观念的时候却无

第二章 受感致动的次级情状表现和对象关系的形成（命题十二到命题二十） 173

法在这些观念中如实地分辨哪些是身体（心灵乃是其观念的这个身体）的存有的观念，哪些是使身体应变致动的外部物体之存有的观念。这里的命题十二证明现在则在两个方向上对心灵的这些表述与身体的应变致动的状态之间已经被确证的相关性进行了说明：该证明让我们了解，身体以某种方式为某些事物所促动，心灵则同时并依此而被导向对这些事物的考量，把它们考量为现在现前的，进而向自身表述它们，该证明还使我们承认一个事实，即，心灵在表述这些事物时，也就是说，心灵在想象这些事物时，心灵乃是其观念的这个身体也是以对应着这些表述的方式致动的，因为，这个身体此时经历的是这样一种应变致动的状态，即，在该应变致动的状态中该身体的存有和别的事物的存有——心灵混淆地形成了对这些别的事物的表述——是混合的。就此，我们还应补充说，正如"论心灵"命题十七附释已经证明过的那样，就算"我们把不在现前的事物考量为现在现前（ut ea quae non sunt veluti praesentia contemplemur）"，这同一种心灵机制也完全可以实现上述情况：就是说，就算这样，我们的身体（心灵是其观念的这个身体）也会同样地以同一种方式而应变致动，仿佛这些事物实际上现在现前并真实地使它应变致动似的。身体在事实上在按照增长它的动作力量的方式受感致动，则心灵中便反馈有满足的感情——这一点已经为"论受感致动的情状"命题十一所证明——，但对心灵而言，对足以促进我们身体的动作力量的事物进行想象就足够了：对心灵来说从这样一种表述获取愉悦或因这样一种表述而使它自己满意即可达到心灵自身的要求，这些表述所表述的、为人们思想的事物虽不在现前，但能增加身体的力量，同时增加心灵本身的思想的力量；就此，我们知道，心灵乐意形成这样一些观念，以便它能竭尽可能地努力想象那些事物，或者用出现在"论受感致动的情状"命题十五绎理之证明中的提法来说，以便"欲望着去想象那些事物（imaginari cupiat）"：实际上，用命题十二的内容所采用的并为命题二十八证明所重复的措辞来讲，"我们对此加以想象会引发快乐（ad laetitiam conducere imaginamur）"。

由此推理，必然首先会得出如下义理：在所有情况下使我们获得快乐的，不是事物本身，而是我们对这些事物的表述，因为这些表述是想象机制按照自然方式所建构的。我们的心灵对外部事物在我们身体上留下的印象形成出观念，并能在这些外部事物并不在现前时还努力想象这些观念，使那些外部事物犹在现前似的——若没有心灵形成出来的这些观念，外部物体又怎能直接地作用于心灵并直接地在我们的心灵中留下印象呢？因此，正是想象据偏好指导着心灵和心灵中的思想的力量，使之趋向于表述某些事物，心灵竭尽它的能限范围内的所有能量，努力地去想象这些事物，也就是说，努力地使自己将这些事物表述为现在现前，从而尽可能地形成这些事物的观念，因为心灵在这种努力中发现了一种对它本身而言同时也对它乃是其观念的身体而言的一种"激励"。①

---

① 在"论受感致动的情状"的结尾，即在命题五十四中，斯宾诺莎将在未对命题十三作参考的情况下重涉这个观念，并对该观念的某个不同的方面作出强调，据此命题五十四，"心灵只努力去想象那些有助实现它的动作力量的东西（mens ea tantum imaginari conatur quae ipsius agendi potentiam ponunt）"。这些观念的现在现前，心灵专一地保持它对这些观念的现在现前的偏好，而这些观念的现在现前之所以同时也能加强着身体的动作力量，其机制就是命题十三证明所描述的机制。［马舍雷本则注释中所说"论受感致动的情状"命题十三和命题十三证明应为命题十二和命题十二证明。——译注］

命题十三①采用了同样的推理,但却是在相反的视角下进行这一推理的,在这个视角中,心灵避免考量某些事物,它厌恶向自身表述这些事物,因为心灵想象这些事物不是增长身体的动作力量的,而是在心灵看来,这些事物减少身体的动作力量,乃是造成阻碍的原因。这个论点看上去是严格与上一则命题的论点相对称的。然而,必须注意到的是,斯宾诺莎有意展示出主命题的陈述和绎理的陈述之间的差异,②以细微调整的表达式样来阐明同一论点。该命题本身称:"当心灵想象到足以减少或阻碍身体动作力量的某种东西时,它将尽可能努力回忆那足以排除这种东西之存有的东西",而绎理则称,心灵"避免想象那些减少或阻碍身体力量的事物"。实际上,很难对命题十二的陈述作完全相反的陈述,即很难肯定心灵努力尽其所能地尽量不思想阻碍它身体动作力量的事物:因为,conatus(努力)的冲动——趋向性是这种冲动的基本特征——又怎能通过这样一种否定性介入来使自身得到推进呢? 因而,本质问题不是去认识心灵——在某些情况下——努力不去做什么事情,因为,毕竟这不是心灵进展的必由

---

① "Propositio 13. Cum mens ea imaginatur, quae corporis agendi potentiam minuunt vel coercent, conatur quantum potest, rerum recordari, quae horum existentiam secludunt."/"命题十三:当心灵想象到足以减少或阻碍身体动作力量的某种东西时,它将尽可能努力回忆那足以排除这种东西之存有的东西。"——译注

② "Corollarium. Hinc sequitur, quod mens ea imaginari aversatur quae ipsius et corporis potentiam minuunt vel coercent."/"绎理:由此可推出,心灵总是规避想象那些减少或阻碍身体力量的事物。"——译注

之路；相反，首先应该了解的是，在这些情况中，心灵若要努力积极作为，在既有定位所造成的否定性效果中应得出怎样的极限推理并依此推理而动，从而使力量的肯定——这种肯定才是心灵的关键，是来自心灵基底深处的东西——指导心灵朝这个或那个方向运动。因而我们不能说，心灵竭尽所能去形成对这样一些事物的表述，这些事物将能对扰乱心灵的事物的存有加以排除，心灵以此方式消除被它判断为有害的关于后一种事物的表述；但我们可以从相反的方向说，心灵自然地趋向于形成这样一些事物的表述，这些事物将能排除另一些事物的存有，只要心灵对后一种事物形成表述便立即因而引发不适感。这种反向的表述中有一个关键的东西：它突出地强调了心灵趋利避害地趋向一些事物而躲避另一些事物的导向——至少在最开始的时候——在根本上所具有的本能的和非意向的性质，心灵这种趋利避害的导向的本能性质显然是同 conatus（努力）的始源冲动相联系着的。

当心灵受驱动而表述那些妨碍身体动作力量展开的事物的存有时发生了什么呢？有人认为斯宾诺莎在命题十中"把我们身体的存有排除在外的观念，是不可能在我们的心灵中被给予出来的，此种观念同我们的心灵相背反（idea quae corporis nostri existentiam secludit in nostra mente dari nequit sed eidem est contraria）"的提法中已经对此问题作出了回答。但这个提法事实上是回答不了这里的这个问题的，因为，这里的问题的否定性特征与显然具有意向性的厌恶性排除有关。命题十三绎理回避了命题十三所提的问题的这个方面，对心灵不愿做什么避而不谈，现在，在尝试着搞清心灵不愿做什么之前，我们首先必须测定，心灵若陷入窘境(无论这困窘是什么),心灵是如何依循自己的生命旨趣而积极地为自己作出定位的——甚至在心灵有所意识之前,生命旨趣也必然是最优先的东西。

对这个难题的解答见于"论心灵"命题十七,这一命题也为本部分的命题十二提供了论证支撑。据此命题十七,"人的身体受激动而呈现某种应变致动的状态样式,这种样式包含着外部物体的自然/性质,则人的心灵会把该外部物体考量为实际存有着的或向它现前的,直到人的身体受激动而有另一受感致动的情状出现,而将此外部物体的存有或现前排除为止(donec corpus afficiatur affectu qui ejusdem corporis existentiam velpraesentiam secludat)"。① 后一种另外考量不断地把时间维度引入想象

---

① 在"论心灵"的这则陈述里,我们若看到"应变致动的状态(affectio)"的概念并不奇怪,但殊为可怪的是我们还看到了"受感致动的情状(affectus)"的概念,后者只有到了"论受感致动的情状"才会得到介绍和定义。此外,"直到人的身体受激动而有另一受感致动的情状出现,而将此外部物体的存有或现前排除为止",该命题陈述中的这个提法又见于"论心灵"命题十七证明,且在"论心灵"命题十三证明里得到了运用,而在这两处地方,该概念也未得到任何说明。"受感致动的情状"概念的这种提前出现显得相当神秘突兀,我们在那里看不透使用它的理由。实际上,这个谜直到"论奴役"命题一附释才开始得到解决,在该附释的结尾,"论心灵"命题十七的内容是这样被解释的:"毫无疑问,我们基于虚假理由而对某种祸患发生恐惧,而一旦听到了真相的消息,这恐惧也就消失;若我们对确切将至的祸患发生恐惧,而一旦听到了虚假的消息,我们的恐惧也会同样消失。所以,这种想象的消失,并不是由于真相之现在现前所致,而是因为另外的想象现在现前了,这些另外的想象比此前那些想象更强大(aliae occumnt iis fortiores),排除了我们想象过的那些事情的存有,这一点我们已在第二部分命

的工作,这种考量也同想象的自然/性质相一致,进而以构成性方式让想象长时间地发挥作用;而且——正如"论心灵"命题十七绎理说明的那样——想象能以虚构的方式让曾使身体致动的事物的相关表述持久长存,即便此时想象对这些事物犹如现在现前的表述已经不能再使身体致动了;想象毕竟还是可以一直使对这些事物的表述持久长存,直至有能把对这些事物的表述排除掉的另一些事物的观念被给予出来为止。实际上,心灵总是想象着它在肯定身体的现在现前的存有的同时肯定着它自己的现在现前的存有,但它仅是以某种连缀碎片的方式作这种想象地肯定的,故此这种肯定必定受制于具体特定环境,而此种肯定的方式也并不为心灵确保它的这些表述有持久性:这些表述,即便当其呈现在记忆之中时,也总是以实际性为条件并受其制约的,因而在本质上是不稳定的。当心灵受困于使它不快的观念——因为这些观念对应于心灵力量的减少——之时,它的自然/性质的多变性便自发地使心灵转向能排除前一种观念的另一些观念,如有必要,则从每一个碎片中创造出这另一些

题十七证明过了。""想象"的力的对抗冲突十分关键,这些想象借助这种力的冲突对心灵的思想的力量发生作用,使之趋于减少(心灵的思想的力量被某些忧惧所包围阻遏就发生这种减少)或增加(心灵的思想的力量从这些忧惧的阻遏包围中解放出来就发生这种增加),故此,我们可以认为,这些活动着的想象就是受感致动的情状(affects),换言之,也就是心灵取决于动作力量强度差异的应变致动的状态(affections)——依动作力量的强度差异而致动的原理已由"受感致动的情状"定义三作了界定。一种"受感致动的情状(affect)"就是一种应变致动的状态(affection),因为每一种"受感致动的情状"都有着特定的力量强度且借此力量强度而发生着"应变"而致动的动作。

第二章 受感致动的次级情状表现和对象关系的形成(命题十二到命题二十) 179

观念①；循此途径，心灵将竭尽全力地想象出这另一些观念所表述的事物，通过本能的记忆努力回忆起它们。与此同理，就如命题十三绎理所解释的那样，心灵随即避免——同样出于本能地避免——对使它自己的力量以及相关地使身体的力量之势能减少的那些事物进行表述。对此必须补充的是，这种"反感"不仅是理论上的，而且还自发地按照某种行动图式使其自身得以展开，倾向于消灭由这些观念所表述的事物，或用命题二十八证明来说至少"使它们远离我们(a nobis amovere)"——命题二十八对命题十三的义理进行了参考，并吸收了命题十三附释结尾所使用的那些措辞。

命题十三附释解释说，爱和恨就是这"而不是别的(et nihil aliud)"，显然，斯宾诺莎用这个提法，首先就是要对这两个演绎出如此之多的故事的感情祛神圣化，将它们放回到它们所对应的心灵运动的严格现实性之中。爱是conatus(努力)的冲动，只要这种冲动是朝向——以前述方式快乐地朝向——conatus(努力)所表现的"是其所是"的力量之最大化方向扩展性地运动着的，同时，这一运动还伴随着对某外部原因的表述，这种表述依循的工作机制显然是虚构拼贴，它造成这样一种幻觉，即，这个运动之所以趋向某物实际是由于该事物作为原因使这运动来附，但这种运动首先在本质性的欲望力之中有其无涉于该事物的原因，该原因或多或少——甚至在有着此受感致动的情状的"主体"毫无所知的情

---

① "想象(imaginer)"，在"想出一个象"的"创造(inventer)"意义上，就是动词"comminisci(拉丁语：谋划、发明)"所表现的意思，所以，斯宾诺莎在"论受感致动的情状"命题二十七绎理三证明中在解释命题十三的内容时没有用动词 imaginari(想象)，而用的是动词 comminisci(发明)。

况下——被接入了对某事物的犹如现在现前的表述,而这些表述实则是想象,正是想象为这些表述确定了它们的全部内容。所以,我们爱着和恨着的仅仅是想象性的事物,我们偶然地将我们的欲望、我们的快乐、我们的悲伤附着于那些事物上面,这一附着并不是必然地被内在原因所决定的。

"受感致动的诸情状定义"之定义六所附说明在后面就此方面作出了解释,在那里斯宾诺莎给出的定义是:"爱是伴随着外部原因的观念的快乐。"①在爱中,最基本的基础性的东西是快乐的

---

① "6. Amor est Laetitia concomitante ideâ causae externae. Haec definitio satis clarè amoris essentiam explicat; illa verò auctorum, qui definiunt amorem esse voluntatem amantis se jungendi rei amatae, non amoris essentiam, sed ejus proprietatem exprimit, et quia amoris essentia non satis ab auctoribus perspecta fuit, ideo neque ejus proprietatis ullum clarum conceptum habere potuerunt, et hinc factum, ut eorum definitionem admodum obscuram esse judicaverint omnes. Verum notandum: cum dico proprietatem esse in amante se voluntate jungere rei amatae, me per voluntatem non intelligere consensum, vel animi deliberationem, seu liberum decretum (nam hoc fictitium esse demonstravimus pr. 48. p. 2.), nec etiam cupiditatem sese jungendi rei amatae, quando abest vel perseverandi in ipsius praesentia, quando adest(potest namque amor absque hac aut illâ cupiditate concipi) sed per voluntatem me acquiescentiam intelligere, quae est in amante ab rei amatae praesentiam, à qua laetitia amantis corroboratur aut saltem fovetur."/"6. 爱是伴随着外部原因的观念的快乐。这项定义对爱的本质已有了足够清楚的说明。但有些作者把'爱'定义为'爱一事物的人想要与被爱的事物结合的意志',这只表示出了爱的性状,而非其本质。而且因为这些作者对爱的本质的见解不够清楚,也就不能对这性状有什么清楚的观点,所以人人都会断定他们的定

感情,这种感情的基址不是别的,就是心灵的思想力量;伴随着这种感情并且以某种方式从外部加给这种感情的对被爱的事物的表述,正因为是"附带地伴随性的",所以是附加的、从属的,须知,这种附加性同它所接入的此一基本感情的表现是严格地同时的:当然,这种附加性首先在这里被理解为"同时性的结构性决定",我们绝不能将这些时间上并行的决定放入经验主义的发生学中去理解而将它们离析开来。

斯宾诺莎给出的爱的定义,同传统观点是完全相反的,传统观点认为"爱一事物的人想要与被爱的事物结合的意志(amorem esse voluntatem amantis se jungere rei amatae)"①,这种观点首先取决于施爱者的主体意志,从而使这种感情处于某种意志性维度之中;进而,在这种观点中,爱呈现出趋向某目标的一般表象,该目标的决定是优先于爱的运动的,因而仿佛这种趋向于目标的爱的一般表象在真正意义上构成了爱的原因——或如他们所说,构成了爱的动机——似的;所以,在这种观点看来,正是由于施爱者对

义太过模糊不清。但要注意,当我说爱一事物的人有想要与被爱的事物结合的意志乃是爱的性状的时候,我并不是把意志理解为赞同、心灵的审思,或自由的决断(因为我们已经在第二部分命题四十八证明过这是种虚构)。我也不把意志理解为当被爱的事物不在现前时,那爱此事物的人想要将他自己与被爱的事物结合起来的欲望,更不把意志理解为当所爱的事物现在现前时,爱此事物的人想要维持该事物现在现前并从中获益的欲望。因为爱能够被设想为与这些欲望完全无关。相反我把意志理解为爱那事物的人由于被爱的事物现在现前而有的满足,而那人的快乐因此被加强,至少也是被煽动。"——译注

① 有关爱的这种观点正是笛卡尔在其《论灵魂的激情》(II, 79)中展开论述的。

被爱的事物的自然/性质作出的判断——正是这判断使他将被爱的事物当作可爱之物欣赏的——他才自由地归附于它的。

但这种看问题的方式的确本末倒置了,使爱变成了某种不可理解的东西,使得爱的难解的现实性被荒唐地赋予了种种过度的权能,但这些权能同爱的现实性的真正自然/性质是完全不相称的:斯宾诺莎说,这种观点把充其量只是爱的一种效果、只是由其本质而来的一种性状,说成了爱的原因。如果说施爱者想与他所爱的事物相结合,这恰恰是因为,他因快乐之故——也就是说,因他自己的"是其所是"的力量提升的感情之故——而爱它,他在体验这种快乐、这种提升的感情的同时,伴随着对此物的表述,这一表述是偶然地被与他的conatus(努力)的冲动绑定在一起的:断言他因想与它结合之故所以他才爱它,等于是在这种感情的特征说明之中引入了有待定义的事物的概念,从而陷入了一种坏循环之中,根本不可能就这种受感致动的情状在规定性上得出理性的认识。用"论受感致动的情状"命题九附释结尾出现的一个提法来说:"不是我们因为判断它为好的,才去追求它、愿望它、寻求它、欲望它;相反,恰恰是因为我们追求它、愿望它、寻求它、欲望它,我们才判断它为好的"。就此,我们现在可以补充说:不是因为我们判断一事物为好的我们才爱它,相反,是因为我们爱它我们才判断它为好的。

与被爱的事物相结合的欲望,既然是爱的性状,也就是说,既然绝非爱的原因,而是它的显现方式的一种特征性的形式,那么这种欲望究竟是什么呢?它当然不是在源于"心灵审思(animi deliberatio)"产生"自由的决断(libe rum decretum)"的"赞同(consensus)"意义上说的意志:斯宾诺莎提醒我们,所有这些都是"虚构(fictitium)"顺序里的东西,就像他在"论心灵"部分最后几个命题里已经证明过的那样。这种欲望既非即便被爱的事物不在现前时,那爱此事物的人愈发迫切地"想要将他自己与被爱的事物结合起来的欲望(cupiditas sesejungendi rei amatae)";甚至也不是当所爱的事物现在现前时,爱此事物的人想要"维持该事物现在现前并从中获益(perseverandi in ipsius praesentia)"的欲望,即便他在效果上的确从该物的现在现前中持续获益:因为,斯宾诺莎解释说,即便没有此事物,人也能爱着此事物,或者说,即便在不以意图性的方式考量他所爱的事物在客观上现在现前或不在现前的情况下,人也能爱着此事物,毕竟,人爱的东西不是该事物,而是他对该事物的想象性表述,这种表述从来不代表事物的现实性,而只能是以幻想的方式对那事物的表述,因此,就算那事物不在现前,这种表述也可以很好地形成,成为某种现在现前——不在现前的两可形式。同被爱的事物相结合的愿望因而与这事物本身并无关系,相反,这种愿望对应的是我们的这样一种意识,即,我们认为被爱的事物的现在现前———一种起满足作用的现在现前——能使我们获益,也就是说,这种愿望对应着一种acquiescentia(满足)①,一种平复的受感致动的情状,acquiescentia(满足)概念将在《伦理学》随后的部分扮演重要的角色。② 这种感情给予

---

① 在《伦理学》中,斯宾诺莎在"满足"这个意思上使用这个拉丁语名词的同时,也在"解放"规划中,在更高的层面将其理解为"平和泰然"。——译注

② 据"论自由"命题二十七,第三种知识的实践将引领心灵通向神的理智之爱,这种爱是幸福的最高形式,而第三种知识的实践也会发展出"在心灵中可被给予出来的心灵的最高满足(summa quae dari potest mentis acquiescentia)"。这种平和,即一种平复的感情,是心灵在完成了同外物的结合过程的最终结果,但这个外物不是这个或那个特殊事物,而是整个的自然。

我们的利己的满足,也就是说,从我们自己的"是其所是"的力量——这种力量构成了我们爱的冲动的基底——中获得的个人快感是要"被加强(corroboratur)"或"被煽动(fovetur)"的,也就是说,我们要让这炉膛里已经燃起的火持续燃烧下去。这种意愿因而使运动存续,虽则该意愿本身并无涉于此运动的开启。这就使我们回到了原来的论点:我们之所以爱一事物,并不是因为我们被想同它结合的欲望或意向所驱使,相反,如果说我们有此投射的话,这只是因为我们爱这个事物,而且,这种爱与该物的内在自然/性质以及我们关于它所能具有的认识无任何理据关系,也与牵引着我们去趋附它、在我们之中而非在那物之中的本质性的作用力无任何理据关系。这就是我们对这种感情所能作出的最彻底的袪神秘化,据说,这种感情引领着世界,我们把大多数人类利益固着于这种感情之上。① 而当斯宾诺莎在"受感致动的诸情状定义"

---

① 但是必须明白的是,这种袪神秘化是为此种感情的修复作长期的准备,这种修复直到"论自由"的结尾才能得到完全的说明,在那里,斯宾诺莎将介绍有关另一种爱的论点,这另一种爱是真正的爱,我们过去对这种爱的性质认识仅仅只是扭曲的、可笑的影子:这种爱不取决于对任何外部原因的特殊考量,因而构成了纯粹的快乐;它就是"神之爱(amor Dei)",它的意思是,我们对一"事物"的这种爱不再是外在于我们的爱,它是这样一种爱,即,借由这种爱,这"事物"无限地在我们中爱着我们;这样一种感情与使"我们感觉到并且经验到我们是永恒的"心灵运动是相吻合一致的,这种感情的特点就是它完全是非个人化的和无利害的,但又并不因此而不再是一种受感致动的情状,也就是说,它仍旧是心灵全然投入其中的一种心灵冲动。

定义七①——有关恨的定义——所附说明中重涉同一些考量过程中说这些是"易于看到的（facile percipiuntur）"的时候，这句话是不无挑衅精神的，因为，这里提出的爱的概念——以及与之互补的恨的概念——是同有关该主题的通常流行观点完全相反的。

2. 联系与转移的机制（命题十四和命题十五及其绎理和附释，命题十六，受感致动的诸情状定义之定义八和定义九）

在受感致动的基本情状——它们来自我们的深层自然/性质，故被称为基本情状——的具体现实性中，它们就这样伴随着对外部事物的表述，而正是由于它们进入了这样一些组合之中——感性的种种复合体就是由这些组合形成的——，它们才促动我们不可遏抑地趋向于我们的欲望碰巧被绑定的这些事物，乃至于我们深信不疑正是这些事物因它们自身的原因而吸引着我们，我们也由于它们自身的原因而爱它们或相反恨它们。欲望同对外部事物的表述的这种连接，正如我们所知，不是欲望的内在自然/性质所要求的，也不是这些事物的实际现实性所要求的，这种连接是我们所有的爱和所有的恨的实质所在，那么，这种连接是怎么发生的呢？命题十五绎理对此问题给出了回答："某事物

---

① "7. Odium est tristitia concomitante ideâ causae externae. Quae hic notanda sunt ex dictis in praec. def. facile percipiuntur. Vide praeterea schol. prop. 13. hujus."/"7. 恨是伴随着外部原因的悲伤。这里所要注意的是从前一定义中易于看到的。并请见命题十三附释。"——译注

虽非快乐或悲伤的受感致动的情状的致动因,但我们曾以快乐或悲伤的受感致动的情状考量此事物,单由于此一事实,我们便爱或恨此事物(ex eo solo quod rem aliquam affectu laetitiae vel tristitiae cujus ipsa non est causa efftciens contemplati sumus eandem amare vel odio habere possumus)。"我们过去曾将快乐或悲伤的受感致动的情状联系于对某特殊事物的考量,而无涉于该事物的自然/性质和与该事物的观念相联系着的受感致动的情状之间的任何实际原因性联系,正是因此,我们后来长久地爱或恨这个事物,并且在事实上对该事物有一种趋附或排斥的倾向,这完全是偶然的,要解释这种倾向,不必诉诸其他的维度,这种偶然联系是完全能对此作出解释的。在大多数时间里,我们凭借着已有的某些受感致动关系使我们的行为举止获得具体的导向,以决定什么事物是应被追求的因而是可欲的,什么事物又是不应被追求的因而是不可欲的,这是一种相当顺势而行的过程,并无实质的严肃理由,完全是冲动所致,我们是循着已经给我们打上烙印的旧有事件——甚至我们往往对此毫无意识——而这么做的。这样一些趋向的力度是强是弱,全由这种"顺势性"决定,因为,即便这些趋向倾向于使它们施加给我们的影响同一地永恒化,这些趋向的形成条件的脆弱性必定也造成了这些趋向本身是脆弱的,因此它们也具有易变性:感情都是随机地与某一事物绑定的,而这事物若在其他条件下还与诸多别的事物相联系,那么最初固着于这一事物的感情也会渐次转移向关于那些别的事物的考量。这就是联系和转移的机制,正是这种机制仅凭它本身就能为所谓的对象关系的形成提供解释。欲望、快乐和悲伤这些受感致动的基本情状——它们源于我们的自然/性质,也表现着我们的自然/性质——正是通过

第二章 受感致动的次级情状表现和对象关系的形成(命题十二到命题二十)

对象关系而固着于某些事物,且是外在于这些事物而有选择性地固着于这些事物,并进而使我们的受感致动的偏好获得导向的,当然,这种导向方式在实质上也是武断的、不稳定和不确定的。

命题十五绎理对以对象为导向的受感致动的情状是如何形成的所作的说明还涉及时间条件,这使该说明看上去像是一个发生学意义上的解释:"我们"过去"曾……考量(contemplati sumus)"某事物,并把对它的表述与快乐和悲伤的受感致动的情状相联系,这种联系还倾向于使自身永久保持下去,不断地在当前以可比较的形式再现它的那些效果。存在着一种感性记忆①,我们的全部趋向都有赖于这种感性记忆,因为我们的全部趋向总是要无限期地使过去一度发生过的并如执念般纠缠着我们的行为举止的某过去事件复现于当前。命题十四的主旨将在后面的命题十五绎理中被当作推理的结果得到重述,但我们现在必须回到命题十四本身,以便真正搞清楚这个主旨。命题十四显然是将记忆理论纳入了有关受感致动的情状的理性分析之中。关于记忆的这一理论,其基础正是"论心灵"部分命题十八所阐明的联系的原理,"论受感致动的情状"部分命题十四证明则运用了对"论心灵"命题十八的参考。要遵循斯宾诺莎的推理,我们就得返回详谈

---

① 有关感性记忆的主题已经在命题十三中提到过,在那里,斯宾诺莎解释说,我们的心灵一旦为一些观念所困扰,便会有一种不可遏抑的冲动驱使我们"回忆(recordari)"可抵消这些观念的事物的观念:出于本能,我们提取某些深深铭刻在我们内心深处的一些记忆,使某些观念复活,以保卫我们免受不合适的侵袭,这些侵袭是我们无法承受的。在命题十三中,记忆的介入是为感性服务的;但是,我们现在——在命题十四及以下——将看到,记忆完全是感性工作的一部分,因而是感性工作的构成性要素。

这种记忆理论的基本要点，因为这一理论是斯宾诺莎从对外部事物的感知的分析中得出的；故此，我们必须较为详细地再回顾一下"论心灵"命题十六、命题十七和命题十八以及它们的绎理和附释。

据"论心灵"部分命题十六，心灵只能通过人的身体的应变致动的状态去感知外部物体，人的身体的应变致动的状态的观念在心灵中是自动形成的，其形式表现为心灵的受感致动的情状，而心灵的受感致动的情状所遵循的组成规则同它们所对应的身体的应变致动的状态所遵循的组成规则是完全相同的：接下来的问题是，作这种表述的观念是不充分的观念，这种观念同时一下子表述着几个事物，① 也就是说，这种观念一方面表述着身体——心灵乃是此身体的观念——，另一方面表述着某个或某些物体，这个或这些物体出于偶然而使该身体应变致动，身体之所以因这个或这些物体应变致动，依循的是自然的共同顺序，也就是说，在简单的事实必然性支配之下依循的是相遇的随机性；此外，正如"论心灵"部分命题十六绎理二指出的那样，在这种复杂的表述中，心灵对身体受外部事物促动而应变致动的状态的表述要多过对外部事物本身的表述，因为心灵是身体的观念，心灵乃是其观念的这个身体是心灵与外部事物之间的中介，心灵仅借助身体的状态变化而感知外部物体，因此，身体的状态起着分拣和传递信息的某种过滤器的作用，心灵透过这个过滤器形成对外部事物的表述，而心灵在这种条件下形成的对外部事物的这些表述与其说使心灵知道的是那些事物本身，不如说使心灵知道的是因那些事物而发生应变致动的身体的状态。

---

① 就此我们可以称之为真正的"感知丛结"。

第二章　受感致动的次级情状表现和对象关系的形成(命题十二到命题二十)

根据"论心灵"部分命题十七①，这些自发的表述不是别的，而只是画布上静默的图画，伴随有对被表述事物的存有的判断，但实质上这类判断无非是幻觉而已，所以，"论心灵"部分命题十七绎理说，"尽管曾促动过人的身体使之应变致动的外部物体并不存有或并不现在现前，心灵还是能将它们考量为如现在现前一般(mens corpora externa, à quibus corpus humanum semel affectum fuit, quam non existant nec praesentia sint, contemplari tamen poterit, velut praesentia essent)"。在这些条件下，心灵不加审辨地，也就是说在未作真正"考量"或"思考(contemplatur)"的情况下便承认这些外部物体的存有或现在现前，心灵之所以会这么做，唯一的原因就是这些外部物体过去曾偶然地刺激过身体而使之应变致动，它们使身体产生的应变致动的状态在心灵中留下了观念，心灵忆起这些观念便会承认这些外部物体的存有或现在现前。人的身体只要曾经受其他物体促动而应变致动，这些应变致动的状态的印迹就会被身体无限期地储藏下来，心灵因而可以无限期地再现出对这些应变致动的状态的观念或感知。"论心灵"部分命题十七的这则绎理的证明曾描述了身体上的这种印迹赖以形成并得以储藏的纯机械性过程，靠身体组织的流体部分和柔软部分的相互作用进行工作的这种纯机械过程能够使外部物体在身

---

① "论受感致动的情状"部分命题十二和命题十三的证明均参考了这个命题及附释。在本册对"论受感致动的情状"命题十三作评注的时候，我们已经有机会说明了"论心灵"的这则命题十七的陈述已经以提前的方式介绍了受感致动的情状的概念，并对该命题的陈述作了回顾，参见本书第177页注释①。

体中留下印迹,并使这些印迹保留在人的身体组织构成之中。所谓身体组织的"流体部分"和"柔软部分"的理论是"论心灵"命题十三和命题十四间插入的物理学阐述里专论人体的自然/性质的六个公设中的公设二、公设五所阐明的:外部物体的作用通过身体组织的流体部分的传递(神经冲动①)而对身体组织的柔软部分产生影响,这些影响经常性的反复作用会使身体的这些柔软部分记录下这些影响的冲力,在这些柔软部分的组织(大脑)上形成样式的改变,大脑保留的这种样式化进而可以"经常地(saepe)"让这些神经冲动按照样式化了的轨迹再次活跃起来,这样一来,被不断再次激活的神经冲动便会反复机械地、以某种完全自动化的方式进行自我重复;从这一原理可推知,神经冲动的反复活跃未必靠外部激发,而只需凭借人的身体的内部运动就能被反复激活,而且,即便最初使这些印象得以成形的外部物体不在现前、心灵的观念对象不在现前,它的观念也会出现,且伴随有对该对象的存有的一种假定,就像"论心灵"部分命题十七所描述的那样。因此,心灵在物体不在现前时还能将它们"考量为如现在现前一般(velut praesentia es-

---

① 斯宾诺莎在"论心灵"部分命题十七附释中解释说:"这也可能尚有别的原因(péri potest ut hoc aliis de causis contingat)。"所以说,他确乎意识到他给出的这种解释仅仅是临时性的;但是为了推理起见,他断言应该满足于这种解释,只要它不可能是绝对的曲解,或至少只要它不与有待发现的真正解释完全相悖:他的假说是和被给予出的经验——这经验是他所能获得的经验——符合一致的,难道不是这样吗?我们不能因为他未能预知脑解剖学和大脑生理学而责难他;相反,我们必须承认,他阐述这种解释时所秉持的那种审慎态度是基于朴素的相近性的,他本人也完全承认这种朴素的相近性的不充分性,参看本书第61页注释①。

sent)"。让我们强调一个事实,即,身体曾受外部物体的作用而留下了印迹,心灵中同时产生了对身体上这种应变致动的状态的观念,但对那外部物体的"回忆"作为纯粹机械性工作机制并不以那外部物体实际再次作用于身体、心灵实际再次对身体上那种应变致动的状态产生观念为条件,甚至也不以这类再次作用所造成的习惯为条件,因为,外部物体只需一次作用于身体,便足以在身体中留下印迹,这印迹的力度足以使其自身一直保留在身体的组织构成之中,而且就这印迹在身体中能再现它的效果而言,心灵也相应地一直能自发地保留对这些印迹的观念,这些效果会不断机械地再现,直至受身体上新产生的另一应变致动的状态的明显抑制,后者之所以能明显抑制原先应变致动的状态的效果再现,是由于在力度上更强,能够同时相应地在心灵中产生更强的观念。①

这种随时间变化而工作的感知重构机制正是非意愿记忆机能的基础,正是这种感知重构机制使我们能够理解我们何以能"把不在现前的事物考量为如现在现前一般(fieri potest ut ea quae non sunt veluti praesentia contemplemur)"——这句话出自"论心灵"部分命题十七附释:我们之所以会这样表述不在现前的事物,可由这一事实来解释,即,感知在任何情况下都是心灵对身体的应变致动的状态的观念,而绝对不是它据信所表述或所"考量"的事物本身的观念,也就是说,感知既包含事物的自然/性质,同时更包含身体的自然/性质,人的心灵以身体为中介形成的这些感

---

① 与柏格森一样,在斯宾诺莎看来,心灵和身体都对以往发生在它们上面的东西无限期地保有整体记忆,没有什么东西能阻止这种记忆在任何时间里再次活跃起来,除非现在现前的存有条件对之形成阻碍。

知性表述实质上以心灵对身体的自然/性质的观念为主要成分，人的心灵却在形成这些表述的同时以默认的方式承认事物的存有同身体的自然/性质是相符合的。对不存有的事物的幻觉性感知使心灵将这些不存有事物感知为存有着的，而且，心灵借助对事物的这种感知而形成出观念与心灵对这些事物的存有作出肯定和承认的判断完全是同一个过程，因此，对不存有的事物有如在现前的感知是经常会有的；在提出了这个论点之后，"论心灵"命题十七附释第一行紧接着就用"如同常常发生的那样（ut saepe fit）"来对此进行说明。这甚至是我们对事物的感知的通常且正常的形式：我们对事物的感知包含着对事物的存有的肯定，但这种自发性的肯定又完全不取决于事物本身是否是存有着的。这种自发性的肯定仅仅取决于这样一个事实，即，某些印迹或"事物印象（rerem imagines）"储藏在身体之中，与这些意象相对应的身体的应变致动的状态在条件具足的情况下可以随时随地再次活跃起来："论心灵"部分命题十八就是对此作出解释的，并且因而提出了记忆理论的奠基性要素。

"论心灵"部分命题十八采用了命题十七绎理介绍的论点，探讨了身体一次由多个事物同时作用而应变致动的情况：在这种情况中，许多完全不同的事物之间没有任何关系，仅是因为在同一时刻刺激我们的身体而使之应变致动，我们就会自动地将对这些事物的表述联系起来，仿佛它们是一个东西似的：这些事物本身的自然/性质，以及形貌的相似性关联（它们或可具有某种形貌相似性关联）并不参与这种联系的形成，相反，它们之间的联系是绝对偶然地形成的，这一联系仅取决于人的身体保存下来的与这些事物相遇的随机性。据命题十八附释，这种情况尤其可通过与记

第二章 受感致动的次级情状表现和对象关系的形成（命题十二到命题二十）

忆活动有关的现象来解释，记忆活动是心灵的一种动作，我们通过这种心灵动作不仅想象事物，而且想象事物之间的关系：记忆"不是别的，就是观念的特定串联，这些观念包含着外在于人的身体的那些物体的自然/性质，对应于人的身体的应变致动的状态的顺序和串联，心灵中也形成这些观念的串联(est nihil aliud quam quaedam concatenatio idearum naturam rerum quae extra corpus humanum sunt involventium, quae in mente fit secundum ordinem et concatenationem affectionum corporis humant)"。在对事物的自然/性质一无所知的情况下，记住事物（这个事物因为从未被认识，故也不会被遗忘）就是把已被记录在身体上的同样的联系在心灵中复现出来。当身体再度碰到这种联系中的任何一个元素，这种（心灵中的）复现就会自动发生；身体在其过去历史中，遇到过受多物刺激应变致动的情况，则这些相联系的应变致动的状态中的任何一个若再度活跃，都会使相关联的别的应变致动的状态再度活跃起来，而与此同时，心灵就会同时一并感知所有这些外部事物，而这些应变致动的状态的观念虽未必能使心灵认识这些事物的自然/性质，但却包含着或提示着这些事物的自然/性质。换言之，记忆不是在绵延意识之上产生的，相反，记忆先在于绵延意识，甚至构成着绵延意识的基础，这是因为，记忆程序不是在时间中执行的，而是在空间中执行的，实际上与身体的空间性组配格局有关——身体记录着其过往历史中的一切痕迹，以此方式为它自身永久地固定下这种身体空间性组配格局，这才是记忆的实质：绵延的表述之所以能通过某种回溯性投射并进而与身体的生活相联系的方式而得到建构，就是因为自发性记忆——在每个现在现前的当下——总是被同感知活动联系起来的缘故。因此，过去的时间从未完全逝去,相反,只要我们把这种透视效果颠倒一下,过去的时间就会呈现为重现的时间。

应该强调的是,身体接受不同事物的同时刺激而应变致动并将这些应变致动的状态联系在一起,心灵也以与身体共变的方式同时把对这些应变致动的状态的观念联系在一起进行表述,(心灵的)这种联系性表述的机能不进行任何理智活动和反思活动,因为,在这里没有给推理留出余地。正是由于这一原因,斯宾诺莎才把这种联系性表述的连锁序列(这种联系性表述就其初始原理而言是偶然的)与"根据理智的顺序而形成的观念的连锁序列区别开来;理智的顺序即心灵由事物的第一原因去感知事物的顺序,而且这顺序在所有人的心中都是同一个顺序(concatenatio idearum quaefit secundum ordinem intellectus quo res per primas suas causas mens percipit et qui in omnibus hominibus idem est)"。理智主动地在事物之间进行的理性联系具有合规律性,因为,心灵在它的身体受诸多外部事物影响时,这样的观念不再简单地默认那些外部事物的自然/性质,而是以必然的方式把它们所提示的那种自然/性质同它的原因联系起来,从而使心灵认识那种自然/性质。理智主动地在事物之间进行的理性联系依据的是必然的方式,因而也是放之于所有人之心而皆同的方式,这一情形与形成着自发的联系的那些心灵状况是完全不同的,在那些状况里,心灵总是被动地顺着身体的,这里我们说"心灵顺着身体",意思不是说身体给心灵施加作用而心灵也承受这一作用,而是说,身体上的应变致动的状态的组合模式是视身体与外物随机相遇的偶然性而定的,心灵也按照这相同的组合模式来形成它对这些应变致动的状态的观念:也正是由于这一原因,对同一个事物的表述在不同的人那里被与性质完全不同的

第二章 受感致动的次级情状表现和对象关系的形成(命题十二到命题二十) 195

事物的联想性表述相联系:看到马蹄印,农夫会自发地想起他的犁,士兵则会自发地想起战斗,等等。① 理智所展开的理性运动则

---

① 在"论心灵"命题十八附释结尾处使用的这个例子很有意思,因为这个例子本身似乎就依赖于某种隐含的心理联系:在这里,"印迹(vestigium)",在被主体以身体印象形式感受之前,是外在于主体而存有着的,是被印在地上的,是某个独立的事物留在地上的痕迹,这个事物既有别于主体的身体,也有别于它所能唤起的任何外部物体(马的蹄子、马本身,以及任何可由此推及的种种事物印象所对应的东西)。对于感知及其想象性表述来说,同对记忆——记忆是源于感知的一种形式——来说一样,所有这一切都是标记,是标记的标记,没有任何东西能确定地中止这个意指链,这个意指链也不能确切地固定在一个单一的、单由其自然/性质的条件所决定的事物之上:在想象的世界中——既然想象是由于感知和记忆的机制所构成的——,是没有给解释留出地盘的。

与语言实践相关的自动机制——我们在研究"论受感致动的情状"命题二时曾稍有涉及——也可以用与此相同的方式来解释:对身体来说,在事物的视觉意象(以一个苹果为例)和声音意象(当"苹果"这个音被发出时听觉听到的东西)之间形成足够强的联系就可以使这些自动机制工作起来了,虽然这两种意象同这个东西的自然/性质之间没有理据关系;心灵也是以与此相同的方式连贯起这些应变致动的状态的观念的。这些连贯相对地都是被固定在某种被给予了的语言系统之中的,这些联系虽非由任意相遇的随机性但却是由此语言系统被顺势给出并传递的:但这种持久性(permanence)仅在这个系统的范围内是必然的,离此系统,它就不再被认可了。在这种共同使用的背景中,对每个人来说,根据个人之便而给同一些词语赋予不同的值总是可能的。同样地,由于语言标记的任意性,每个事物归根到底都是有待解释的。极言之,情况看上去是,感知的世界本身的顺序就是按照一种语言那样被构成的:这也说明了斯宾诺莎何以认为语言系统的词语链条是少有理性价值的,语言链条的连贯的含义总是随形就势的,因而不能明确地被锚定,每个人都以他自己的方式、根据他的个人经验理解词语,就像他在身体状态中感知事物那样。

不取决于特殊环境情势；所以，这些运动也不造成终究会导向绵延中的感情的回顾性投射；这些运动是 sub specie aeternitatis ——在永恒的形式中——而发生的。

现在我们可以回头来谈"论受感致动的情状"部分的命题十四①了，这个命题直接参考了此前有关"（身体的）应变致动的状态（affection）"概念和"（心灵的）受感致动的情状（affect）"概念的分析内容，后一个概念在"论心灵"命题十七的陈述中已经被以预告的形式介绍过。心灵乃是其观念的那一身体在过去某一时刻曾与某些外部物体相遇，心灵也在那一时刻同步地形成出对那些外部物体的表述或观念，并以身体同这些外部物体相遇的顺序相同的顺序把对这些外部物体的表述或观念联系起来，这些联系将会被储存起来，与此相应，这些有不同来源的受感致动的情状也由于仅仅一度形成了偶然联系也会以同样的方式被储存起来："如果心灵曾同时受两种受感致动的情状促动，则此后心灵受其中之一的受感致动的情状促动，亦会同时受另一个受感致动的情状促动"。某一种受感致动的情状过去一度进入了受感致动的情状丛结的蒙太奇拼贴（montages），则这个丛结中的任何一个要素都有可能使该受感致动的情状重新被激活，且其工作机制与自发地控制着观念的联系的机制完全相同，这种机制不受那些观念内

---

① "Propositio 14. Si mens duobus affectibus simul semel affecta fuit, ubi postea eorum alterutro afficitur, afficietur et altero."/"命题十四：如果心灵曾同时受两种受感致动的情状促动，则此后心灵受其中之一的受感致动的情状促动，亦会同时受另一个受感致动的情状促动。"——译注

容的理性把握的控制,因为这些观念只是想象的纯粹产物。命题十四证明,连同"论心灵"命题十八一起,都参考了《伦理学》"论心灵"部分命题十六绎理二,该则绎理由这里的命题十四证明作了如下复述:"心灵的想象指示我们身体的应变致动的状态,多过指示外部物体的自然/性质(mentis imaginationes magis nostri corporis affectus quam corporum extemomm naturam indicant)","论心灵"命题十六绎理二从"我们的身体的状态表达(corporis nostri constitutio)"角度阐述了同一个论点。①这个论点意味着,身体的状态会维持受感致动的情状的标记不变,或者说,身体的状态会持久不变地保持它曾因以致动的动作力量之强度变化的标记,同时心灵能相应地将这些力量之强度变化的观念复现出来:这些变化一旦再现——或简言之,一旦被联系机制所暗示——就足以使心灵再次在与过去相同的方向上被驱动起来。但这些变化——无论是实际上发生的,还是在我们的幻觉中复现的——都是由我们的想象"指示"出来的,想象所作的这些"指示"并非是如其曾发生过的那样表述那些外部事件,而是在为我们的身体唤起对这些外部事件的应激回忆,虽则这些外部事件仅是在过去激起过我们身体的动作力量。想象一有机会就总是为身体再唤起这些应激回忆。在随后的推理中,这则命题十四仅在命题十五证明及其绎理和命题十六中得到参考,因此,命题十四的目的仅仅是为命

---

① "论心灵"部分命题十六绎理的提法是:感知,就其联系着外部物体而言,"指示我们的身体的状态表达,多过指示外部物体的自然/性质(magis corporis nostri constitutionem quam corporum externorum naturam indicant)"。——译注

题十五和命题十六的这些陈述作准备,而这两个命题的陈述正是感性学说的核心关键。

命题十五陈述了一个极端的论点,该论点显然具有挑衅性特征:"任何事物都能出于偶然而成为快乐、悲伤或欲望的原因(res quaecunque potest esse per accidens causa laetitiae, tristitiae vel cupiditatis)。"①这显然是说,只要条件现前具足,我们可以欣赏或贬低和欲望任何东西,但却没有任何 a priori(先天的)理由——在我们之中的或在我们之外的先天的理由——在我们之内指导着这些感情趋向于某些事物而不趋向于另一些事物。命题十二和命题十三介绍爱和恨的概念时所用的那种方式已经使我们倾向于对此加以承认;但我们不能不感到吃惊——在"吃惊"这个词的最强烈意义上讲的"吃惊"——的是,这一次,这个主张以其全部普遍性被抛给我们,同时被呈现为全部感性生活的理论的一种根本性的被给定的东西,它使感性生活悲剧性地听任场合和环境的任意性的拨弄。

这个命题十五的证明采用了命题十四所建立的部署,而且将这种部署同"论受感致动的情状"部分的第一个公设所介绍的原理结合起来,这个原理的旨趣现在是这样表现的:该公设曾说明,人的身体由于其复杂性而可以通过无数方式被促动而应变致动,这些方式可被归为三类,即增加身体的动作力量的方式、减少身体动作力量的方式,以及使身体的动作力量保持不变的方式;这三种方式中的前两种又可归为一类,按照"论受感致动的情状"定义三的说法来讲,这一类是与身体表现出动作力量变化的应变致

---

① 此为命题十五的陈述。——译注

动的状态相对应的真正的受感致动的情状。对第三种应变致动的状态，我们可以将之理解为身体不表现出任何动作力量变化的所有身体应变形式，心灵中虽也有与这类身体应变形式相对应的观念，但这些观念仅具有表述性特征。也就是说，心灵中与身体不作出任何动作力量变化反应的全部这些应变形式相对应的观念也不表现出思想力量的任何力度变化，因而也不对应着有具体利害所系的任何受感致动的情状本身。"论心灵"部分命题十八所阐述的联系机制的理论所谈的也正是这些纯然表述性的心灵的受感致动的情状，我们凭借这些受感致动的情状（以幻觉方式）感知外部现实性，这类幻觉式的感知只判断"有事物在那儿"，除此之外再不可能置出任何判断；"论受感致动的情状"部分命题十四重申过这一理论，指出该理论适用于前一类应变致动的状态，也就是说，适用于真正有身体动作力量的变化反应的应变致动的状态；如今，命题十五及其证明进一步解释说，只要两类应变致动的状态（即使其中一类不受任何对事物的考量的影响，单就其自身而论也是一种应变致动的状态）与心灵对事物的表述相结合，此理论就是适用的。任一受感致动的基本情状——无论是快感或不快感或欲望——和心灵对事物的观念若曾经同时地使心灵致动，尽管这两种作用的同步效果并不意味着它们之间有内在关系，这两种作用也会像是有内在关系似的被绑定在一起，乃至于后来心灵在唤起对这同一个事物的观念时，与此观念偶然绑定的受感致动的情状也必定不可避免地会再次被促发起来。故此，"任何事物都能出于偶然而成为快乐、悲伤或欲望的原因"——偶然的原因，而非必然的原因，因为事物的现在现前在这里不是凭借它在其自身之中的"所是"激发起了受感致动的情状，而仅仅是因为此事物曾偶然地与这种受感致动的情状形成了联系。

命题十五绎理接着解释说,爱和恨不是别的,就是与心灵对事物的表述形成了特定的绑定关系的快乐或悲伤的受感致动的情状。又据命题十一、命题十二和命题十三的义理可知,爱和恨进而会使心灵形成将事物考量为可欲的或不可欲的倾向,也就是说,使心灵形成"欲望着去想象(cupit imaginari)"这个或那个事物,反之"规避(aversatur)想象"这个或那个事物的倾向。然而问题是我们的种种的爱和种种的恨是否都是这类爱和恨呢。斯宾诺莎肯定地主张,受感致动的基本情状和心灵对事物的表述之间只要偶然地形成了联系,也就足以使爱和恨就此形成,他的意思是说,只要这些条件现实具足,我们就被置于爱或恨之中。但这是否是说,这些条件是唯一能激发这种感性运动的一些条件呢?"单就/只要(eo solo)"这个提法——这是出现在命题十五绎理的陈述开端的提法——确实含有某种语义上的含混性,因为它既可以表示专有条件(une condition exclusiv)的观念,又可以表示充足条件的观念。① 我们

---

① 命题十五绎理的陈述为:"Ex eo solo quod rem aliquam affectu laetitiae vel tristitiae, cujus ipsa non est causa efficiens, contemplati sumus, eandem amare vel odior habere possumus。""Ex eo solo quod",如果按照"Ex eo solo quod"的提法涉及专有条件的观念来理解,则该陈述可被理解为"单就我们曾以快乐或悲伤的受感致动的情状去考量一事物——虽则那事物本身并不是快乐或悲伤的受感致动的情状的致动因——而言,我们是能爱或恨那事物的"。然而如果按照"Ex eo solo quod"的提法涉及充足条件的观念来理解,该陈述可被理解为"只要我们曾以快乐或悲伤的受感致动的情状去考量一事物——虽则那事物本身并不是快乐或悲伤的受感致动的情状的致动因——,我们就能爱或恨那事物"。——译注

在后面阅读"论自由"部分的时候会看到,爱——即便不能包括恨——是完全能够在别的条件下形成的,爱的那种形成方式不是在不充分观念下的偶然的方式,而是在充分观念下的必然的方式;但是在斯宾诺莎在这里谈这个问题时所使用的方式中,没有任何暗示这种选择的迹象。

  命题十五附释,作为这则证明的一个扩展,使用了"投缘(sympathia)"和"反感(antipathia)"这两个传统词汇。"论受感致动的情状"结尾部分给出的"受感致动的诸情状定义"将对这则附释作出参考。那个定义表在列出了爱的定义(定义六)和恨的定义(定义七)之后,又以对应的方式列出了与爱相对应的"偏好(propensio)"的定义(定义八)和与恨相对应的"厌恶(aversio)"的定义(定义九),这两条定义参考的就是命题十五的绎理,因为"偏好"①和"厌恶"②不是别的,就是"投缘"和"反感"的别称。快乐若一度被偶然地同对某事物的表述相联系,我们就在对该事物的表述中有了快感,换言之,我们就对该事物有了一种偏好;反之,一旦我们将悲伤同对某事物的表述相联系,我们就对这种表述有不快感,就厌恶该事物。这种趋附和排斥可以由偶然原因来解释,这些原因是同过去某些事件相关联的,这些过去事件有时候

---

  ① "8. Propensio est Laetitia concomitante idea alicujus rei, quae per accidens causa est Laetitiae."/"8. 偏好是伴随有对偶然引发过快乐的某特定事物的观念的快乐。"——译注

  ② "9. Aversio est tristitia concomitante ideâ alicujus rei, quae per accidens causa est tristitiae. De his vide schol. pr. 15. hujus."/"9. 厌恶是伴随有偶然引发过悲伤的某事物的观念的悲伤。以上两则定义,参看第三部分命题十五附释。"——译注

是如此微小,乃至于它们本身完全被遮蔽而潜伏起来了,仅只通过它们偶然地引发的这种联系而留有些痕迹。正是因此,"偏好"或"投缘"不是别的,只是"偏好是伴随有对偶然引发过快乐的某事物的观念的快乐","反感"或"厌恶"相反则是"伴随有偶然引发过悲伤的某事物的观念的悲伤"。这些定义的明显同义反复特征(在对偶然引发过快乐的事物的表述中感到快乐,在对偶然引发过悲伤的事物的表述中感到悲伤)使人费解和混淆,这些费解和混淆必定如影随形地同这些受感致动的情状相伴随:与某物投缘,就是因由它给出的快乐而感到快乐,进而就是在它上面感到一种吸引力,对这一现象的解释不可能是别的,而只能由这种吸引力及其不可遏抑地引发的驱力效果来说明,事实上,没人彻底知道这种吸引力到底来自何处:"反感"或"厌恶"的排斥现象也与此相同,在为之找到可信的动机之前,排斥就已经在发挥作用了。在这里,正如命题十五附释所说的那样,我们爱或恨某些事物,"我们却不知道为何原因(ab ulla causa ttobis cognita)"。我们习惯成自然地将这种无知投射为事物的自然/性质本身,于是就使这些事物被构成为吸引或排斥的对象,而我们也就此而谈论"事物的某些特定的潜伏的特质(rerum occultae quaedam qualitates)",并认为这些特质神秘地深藏于事物的构成之中,并以它们所能唤起的偏好[或厌恶]为内在理由来加以合理化。①但是,与其这样做,不如专注考量这些"尽人皆知、显而易见的特质(no-

---

① 像通常所做的那样,斯宾诺莎在这里也提及了一些"作者(auctores)",而未确指他们是谁。我们可以认为这些作者主要是斯多葛主义者,正是他们将投缘的概念置于他们的世界体系的核心。

tae vel manifestae qualitates)"，斯宾诺莎这样补充说。但我们必须清楚的是，"投缘"和"反感"是应由最为平常的环境来解释的，即便这些事物——它们绝对不是什么非凡的东西——是在不可能有彻底的解释和理性的决定的情况下发展的，因为它们仅仅事关偶然和随机性。

这些"感情"的未决性和不确定性似乎在没有可被指明的原因的情况下出现，以至于它们的所谓对象性导向随时被驱动起来，而毫无清楚明白的方式可言。对某些事物给予出的快乐感到快乐而不知这是为什么，这已经是不知不觉地习惯于把偏好转移到其他事物之上的倾向的体现，而这些其他事物不过是由于同原初事物在表象上有相似之处，也就是说，"只要它们以某种方式同通常在我们这里激荡起这同一些受感致动的情状的对象相似（eo solo quod aliquid simile habent objectis, quae nos ijsdem affectibus afftcere solent)"，所有这些都同习俗和惯例有关，人们又总是把这些习俗和惯例当成了真知识，因而无法理解与这些受感致动的情状绑定的事物的真正自然/性质。

关于"转移机制"的问题由"论受感致动的情状"命题十六提出，因而命题十六构成了对前一命题所阐述的"联系机制"理论的直接扩展。命题十六指出："只要我们想象某事物同平常使心灵快乐或悲伤地受感致动的对象有某些相似，我们就会爱或恨那事物，虽然那事物与那对象的相似并非此类受感致动的情状的致动因（Ex eo solo quod rem aliquam aliquid habere imaginamur simile objecto, quod mentem laetitia vel tristitia afficere solet, quamvis id, quo res objecto est similis, non sit horum affectuum causâ efficiens, eamtamen amabimus vel odio habebimus. ）"①换言之，我们所感觉到的对某些事物的偏好和排斥，是可以逐渐地转付给别的事物的，唯一所谓的理由就是现在现前的这些别的事物与原初那些事物有某种相似。这种相似性评价形成基础完全是含混不清的，甚至是难以捉摸的，因此现在现前的这些别的事物与原初那些事物之间的所谓相似本身就是纯然偶然的、被指定为事实的东西，是纯然外在于所涉事物的自然/性质的，也是纯然外在于这些事物偶然联系着的受感致动的情状的。这确证了一个事实，即，我们的趋向所关联的并非是在它们自身之内被考量的那些事物，而只是那些事物的这样一些方面，即这些别的事物在我们的想象中呈现的[同原初那些事物]的种种相似方面，也就是说，我们总是通过想象把某原初事物的某些方面转移给其他事物，并在其他事物中识别这些所谓相似的方面。而我们的感性旨趣的运动隐伏性地从一个对象转移到另一个对象，还可以据同一过程而从这另一

---

① 根据格布哈特（Gebhardt）《斯宾诺莎著作集》版本中给出的这个段落的义理表明，该命题陈述中使用的是 causae afficiens（施动因），而命题证明中则使用的是 causa efficiens（致动因）。而凡·伏洛顿（Van Vloten）和阿普恩（Appuhn）版本给出的这两处文字皆作 causa efficiens（致动因），与命题十五绎理中所用的表述皆同；也正是由于这一原因，吉雷（Gueret）、罗班奈（Robinet）和东布尔（Tombeur）为鲁汶天主教大学出版社所编伦理学索引（1977年版）中将命题十六的陈述和证明都归入"efficiens"此条之下。鉴于命题十六陈述中还用到了 afficiens 的动词形式 afficere（使……受感致动），我们可以严格保留格布哈特版的两种义理，但必须把 causa afficiens 翻译为"施动因"。无论是遵从格布哈特的版本，还是伏洛顿和阿普恩的版本，这个命题的含义都不会有实质性的改变。[这是命题十六的陈述。——译注]

个对象隐伏性地转移到下一个对象,这个过程激发起了我们感性旨趣的运动的无限扩展,而这种扩展确乎表明了一种无理据性。我们可以对这样不可遏抑地被驱动起来的灾难性的受感致动的诸情状作出推测:"论受感致动的情状"命题四十六将沿着这一理路推测基于这类相似性的思辨会出现民族主义行为或毋宁说种族主义行为;而据"论奴役"命题三十四——该命题也参考了这里的命题十六——,民族主义或种族主义行为正是使人类世界分崩离析的基本冲突的起源。

命题十六完全是通过命题十四和命题十五及其绎理来证明的:这确证了转移机制的工作程序所利用的相似性逻辑从一开始就是内嵌在联系机制的工作程序之内的,我们的所有趋向都可追溯到联系机制的工作程序,因为,就我们的趋向趋附于种种对象并且我们的行为也随后被决定着指向这些对象而言,我们的全部这些趋向都是基于外在的关系而形成的,这种外在关系的必然性只可能是偶然的,毫无内在理由可言,既在这些对象之内没有任何内在理由,也在我们之内没有任何内在理由。

3. 受感致动的情状的双向特征(命题十七及其附释)

我们因受感致动的情状而趋向或规避某些对象,我们的这种脾性的形成条件是极其偶然的。这是前面几则命题所强调的论点。想象原则是唯一支配着这些脾性的东西,某些武断的联系一旦被扭结而成,便能自动发展成为我们的脾性,这种脾性通过我们完全无法控制的逻辑隐伏性地传染开来,使我们对一个对象的好恶,转移为对另一些对象的好恶。这也就是说,我们对事物的所有爱和恨,都是随机偶然地被决定的。命题十七推导了受感致动的情状丛结的建立所特有的极端不可理喻的后果①:没有任何东西是特别注定被我们每个人考量为可欲的或不可欲的,任何事物都可能成为既可爱又可恨的对象,而只要发生一种简单的随机组合,且该组合与早已建成的联系和转移的工作程序之间发生畸变干扰,就会使事物成为既可爱又可恨的对象;当然,如果这种情况发生,此种情况便会将我们置于一种令人极度困扰的境地,一种危机境地,这种境地可以说是一种病理性的处境,因为它完全扰乱了我们心灵建制的工作。这一视角展现了悬在我们受感致动的情状的全部生活之上的一种恒常的威胁,使这种生活的全部暴露出爱恨纠结的永恒风险,其中蕴含着反复冲突的不确定的可能性,尤其蕴含着使我们的倾向发生导向变化的不确定性:我们不明就里地既趋向于某些事物,同时又隐约觉得我们对这些事物还怀有厌恶感,这是怎么回事呢?这种极端情况恰恰说明了我们受感致动的情状的构成之中的本质特征,这一本质特征即:受感致动的情状是在对立的两极间展开的,每一种受感致动的情状都摇摆于两极之间,受感致动的情状的这种"两极性"性状就是双向性的根源所在。实际上,我们所有的感性状态都

---

① "Propositio 17. Si res quae nos tristitiae affectu afficere solet, aliquid habere imaginamur simile alteri, quae nos aeque magno laetitiae affectu afficere solet, eandem odio habebimus, simul et amabimus."/"命题十七:如果我们想象一个常常以悲伤的受感致动的情状感荡我们的某事物,与某常常以同等大的快乐的受感致动的情状感荡我们的某事物有某点相似,我们就会在恨那事物的同时又爱那事物。"——译注

第二章 受感致动的次级情状表现和对象关系的形成(命题十二到命题二十)

被打上了双向性的烙印,这种双向性使我们每时每刻都被动地、受控于激情地处在难以承受的爱恨交织的情境之中:我们除了在想象中虚构的理由之外,无法确知我们何以会爱某些事物,我们对它们的爱绝不是永远被固定的,而是会滑向相反的感情,直到那时,我们才会明白,我们曾经怀有的对它们的爱的旁边还潜伏着对它们的恨。

命题十七的陈述利用了已在命题十六附释中使用过的一个观点,该陈述是对前一个命题的直接扩展,把前一个命题的逻辑推向了其终点:"如果我们想象一个常常以悲伤的受感致动的情状感荡我们的某事物,与某常常以同等大的快乐的受感致动的情状感荡我们的某事物有某点相似,我们就会在恨那事物的同时又爱那事物。"①感性唯一服从的规则只是想象的规则,因此感性会被推向难以解决的矛盾:出于武断的原因,对一事物的表述便与悲伤的受感致动的情状形成了联系,我们相信这个事物与我们为之固着了快乐的受感致动的情状的另一事物(我们因这另一事物而感快乐的原因实质上也是想象性的)有相似之处同样是武断的。故此,命题十七解释说,就想象借以将受感致动的情状同种种表述联结起来的方式而言,我们完全可能既以悲伤的受感致动

---

① "magno laetitiae affectu(以同等大的快乐的受感致动的情状感荡我们)"这一表达方式在该命题的证明中被"magno laetitiae conamine"的提法所替代,后一种提法可以被译为"以同等大的快乐的受感致动的情状驱动我们"。在整部《伦理学》中动词 conamen(驱动、支撑)仅此一见,是 affectus(感荡、使应变致动)的同义词,可以在 conatus(努力)的效果及冲力这一语义上替换 affectus 一词。

的情状又以快乐的受感致动的情状来考量同一个事物,也就是说,我们完全可以在同一个事物上发现其为可爱的同时也发现其为可恨。在这里控制着这种受感致动的情状丛结的形成的,完全是机械工作程序,这些程序完全无涉于有意识的和经过推理的意图。这种"走锚现象"是随时随地发生的。

命题十七附释为了加强精确性而又重涉了本命题的证明,该则附释指出,本命题对两种相反的受感致动的情状丛结的形成所作的推导,"由其中一种受感致动的情状本身的原因以及另一种受感致动的情状的偶然原因而来(ex causis quae per se unius et per accidens alterius affectus sunt causa)"。斯宾诺莎还补充评述说:"我之所以这样做,是因为从前述各命题能相当轻易地推出这些原因(quod ideo feci quia facilius ex praecedentibus deduci poterant)";但这并不意味着不能以别的方式解释这种丛结形成的原因,也就是说,并不意味着这里谈到的这种丛结形成现象不可由"同时是每个受感致动的情状的致动因的对象(plerumque oriri ab objecto quod utriusque affectus sit efficiens causa)"引发。他的这个补充说明表明,在命题十七陈述中,斯宾诺莎考虑的是一种极端的情况,是把附释中补充说明所谈的通常情况的后果推到极致化的一种情况。为什么要区别这两种假说呢?据附释陈述中提出的第一种假说,两种对立的受感致动的情状之间形成纠缠,其中一种受感致动的情状,在它所绑定的对象中有其致动因,这种对象就是文中所说的该受感致动的情状的"本身的原因",而另一种受感致动的情状仅是偶然地在此对象中有其原因。但是,正如命题附释补充说明中提出的第二种假说所阐明的那样,在如下情况中丛结也可以很好地形成——这甚至是更为常见的情况——,即,两种受感致动的情状都在同一个对象中有它们的致动因而非偶然的原因。初读这一段文字,我们十分讶异何以要给出这种区分,因为,据命题十六及其绎理,任何受感致动的情状在所有情况下都是偶然地同它的对象相关联的,该对象也并非任何受感致动的情状的致动因,因为在所有对象中都没有使它本身(就其本性而论)乃是可欲和不可欲的东西,难道不是这样吗?既然这样,斯宾诺莎何以能够作这样的肯定呢——这种肯定说,当受感致动双向情状现象发生时,组成了这种冲突的受感致动的情状丛结的两种受感致动的情状都——或其中之一——可以在其所绑定的对象中有其致动因?让我们再看看命题十七的陈述:如果我们理解得不错的话,此命题的陈述一上来就谈的是被固定于某对象的悲伤的受感致动的情状,这里所谈的这个对象本身引发了这种悲伤的受感致动的情状;接着,命题指出,通过某种传染机制,即,因为这个对象看上去相似于另一个平常使我们快乐的对象的缘故,这种快乐随即附会地被转移到了前一个(引发悲伤的)对象上,这样一来,以另一个对象"本身"为原因的快乐的受感致动的情状也将以前一个(引发悲伤的)对象为"偶然原因"被激发起来。那对象本身所引发的悲伤的受感致动的情状由直接联系而来,而那对象引发的快乐的受感致动的情状则通过转移机制的间接联系而来,在后一情况中,该对象在比附性的考量之下引发了快乐的受感致动的情状,因而该对象是作为另一对象的代表(且是间接代表)而得到考量的。命题十六及其绎理所阐述的学说并未因命题十七的这种分析而失效,命题十七的这种分析只是把偶然性程度差异的问题引入了这个学说:当一个对象本身被考量为感性情绪的诱因时,我们就说它是致动因,即便这只是一种表象,而当此对象通过代理机制或委派机制而激发感性运动时,我们说,它虽也是原因,但只偶然地是原因。第二种经验在某种意义上起到了第一种经验的显影剂的作用:第二种经验能够让我们看到,平常不大会与一对象绑定的某种受感致动的情状,在危机情境的场合中会更加偶然地同那个对象绑定在一起。因此,也正是这第二种经验借此极端情况把受感致动的情状同某对象的绑定机制所普遍服从的偶然条件的普遍性强调了出来。我们由此可以明白,病理性的经验对正常经验作出了解释,前者对后者的某些特定方面作出了标记。

  命题十七附释中被考量的平常情境究竟是什么呢?它是这样一种情境,是这样一种极为经常发生的情境,在其中,同一个对象就其自身而论"本身(per se)"同时地诱发了快乐和悲伤。斯宾诺莎说,这种情境须由人的身体的复杂性来解释,人的身体复杂性使身体的诸多组成部分可以同时地在同一个外部物体促动下而应变致动,身体诸多组成部分的这些同时应变致动在方式上会有矛盾抵牾:"人的身体是由有着不同自然/性质的许多个体所组成的,因此之故,人的身体可以以不同方式由同一个物体致动(corpus humanum ex plurimis diversae naturae individuis componitur atque adeo ab uno eodemque corpore plurimis diversisque modis potest affici)"。正是因此,当玫瑰花香气令我们陶醉的时候,它的刺刺痛我们又使我们恼怒,这种情形直接使我们的感情带上了一种陶醉与痛楚相抵的性质,这种纠结的感情会指导我们对此对象的行为,使我们在对此对象做出行为时,既有规避它的考量又有凑近它的考量。所以,在这种情况中,这玫瑰,这同一枝玫瑰,既刺人同时又香气馥郁,①这同一个对象引发了两种反方向的受感致动的情状,而且就这个对象乃是这种纠结的受感致动的情状的致动因而言,玫瑰这个对象实际地造成了这种纠结的受感致动的情状。

另一方面,斯宾诺莎也还认为,在我们这里由同一个对象激发起相反的——或者还可以说混合的——受感致动的情状的情况,甚至并非是由于该对象同时地使得我们的身体的不同部分应变致动所造成的,而是由于——既然身体本身构成是复杂的——该对象使我们身体的同一个部分矛盾地应变致动所造成的,这是"因为同一个事物可以借由不同方式应变致动,所以它也可以借由不同方式使我们身体的同一个部分应变致动(quia urn eademque res multis modis affici potest, multis ergo etiam diversisque modis unam eandemque corporis partem afftcere poterit)";举例来说,阳光在照亮事物进而使人更容易地看到事物的同时,也会灼伤眼睛并造成失明,因而在我们这里唤起了渴望充分利用阳光的欲望,同时也唤起了使我们尽量避免其害的欲望,因为同一个阳光既与助益有关也与危险有关。这个例子和前一个例子中应予重视的是我们同世界关系的复杂性,在这一复杂关系中,我们不可能同简单的情境打交道,所以,我们总是处在晦暗而歧义丛生的风险之中,我们永远不能确切知道该笑还是该哭,而且就我们不能确切地以绝对的好或绝对的恶来考量我们眼前的所有平常现在现前的事物而

---

① 这一并不见于《伦理学》文本之中的例子是我有意选择的,因为它可以让人想起斯宾诺莎为自己设计的一个印章,其纹样暗示了他的名字的谐音:带刺的玫瑰花。这个形象就印在格布哈特编辑版《斯宾诺莎著作集》的封面上。

言,我们对所有这些平常现在现前的事物也都不可能有确切认识。

在刚探讨的这些不同类型的情况中,似乎可以化简出一个最小公因数,即想象;而一旦有另一种机制建立起来——随后的几个命题就是讨论这种机制的——,想象还会扩大,这种机制将给我们的受感致动的情状赋予一种"预料"的维度;因此,当我们看到一枝花的时候,我们会在既害怕手里拿着它的同时预期它的芳香的性质,之所以如此,唯一的理由就是一枝玫瑰会伤害我们的同时,还以其香气包围我们;在这种预料中,有某种根本性地想象的东西,因为不是所有的花都带刺,也不是所有的花都有令人愉悦的气味;所以,某对象和某受感致动的情状曾在某一次场合里建立了联系(在这一次的场合里,该对象可以说是该受感致动的情状的致动因),而这种联系若又在别的种种场合(这些场合没有任何可称为致动因的理由可言)自动地再生产自身,这就完全是偶然的了。斯宾诺莎谈这种反射式激发想要说明什么呢?他无疑是想让我们明白,即使我们初次遇到某个事物,该事物只要使我们的身体在两个对立的方向上应变致动,该事物就能作为实际地致动因造成我们心灵中的两种对立的受感致动的状态,也就是说,在这一情况中,想象的工作机制还未来得及启动工作,还没有把这两种联系固定下来以便使这两种联系后来随时可以被转移到与那事物相似的其他事物上,我们便已经由于身体在两个对立方向上实际地由于那事物而应变致动的缘故,而直接陷入受这两种受感致动的情状撕扯的感情危机之中了,而且这一情况是经常发生的。我们的感性生活既与我们的身体组织构成状态相关,同时还与我们所接触的物体的构成相关,因此,双向情境和两歧情境构成了我们的感性生活中的基本场景,甚至在想象还未来得及编织起可转移的联系的网络之前,我们每个人就已经彻底注定是双向和两歧的感性冲突的舞台了。

命题十七陈述的另一个方面也应该引起我们的注意:它在这里所研究的是这样一种情境,某种东西在开始时使我们悲伤,后来在我们这里变成了投缘的情绪的对象,当然所有这一切变化都是偶然的。这种颠倒的情况是怎么发生的呢?一个事物,本来看上去是可爱和可欲的,它可能在后来在保持它的吸引力的同时,也还能作为可憎的和引起不适的东西而现前吗?我们可以认为,斯宾诺莎诉诸如下人所共知的经验,而不必把话说得太明:经验中有太多这类颠倒的例子,比如,你已经知悉了憎恨某事物的全部理由,但却还继续爱着它,此外,就爱和恨这两种同时出现的受感致动的情状是被与关于特殊事物的考量联结在一起的而言,爱和恨本身都一样毫无稳定性,因此,命题十七就"爱我所恨"现象展开的论证和分析更适用于相反的"恨我所爱"的现象。不过,斯宾诺莎在命题十七当中对受感致动的双向情状这一问题的阐述重点并非快乐因染上苦痛的况味而发生畸变的情况,而是伴有快乐的悲伤的情况,那么,相较于悲伤,在快乐当中是否有更强且更稳定的某种东西保证了快乐免遭颠倒之虞呢?命题十七及其附释虽设定了这个问题的内容,但其表达方式高度致密,只允许我们提出这个问题,却不能使我们摸到解答这个问题的太多的线索。

在命题十七附释中,斯宾诺莎从"同一个对象可以是多种矛盾的受感致动的情状的原因(unum idemque objectum posse esse causant multorum contrariommque affectuum)"这一事实出发谈论此事实所造成的一种心灵状态的特征。若同一对象是矛盾的受感致动的情状的原因,心灵便无所适从,进而处在一种"心灵的混渚(fluctuatio animi)"①的心绪之中,这种心绪揭示出心灵的深刻混乱:心灵这时不知道什么是可爱的、什么是可恨的,因为它按设定的程序对这同一个对象同时既爱又恨,而不知道这是为什么。这种紊乱之于感性,一如"不确信(dubitatio)"②之于想象:在作出这一评述之后,斯宾诺莎立即补充说,"心灵的混淆和不确信之间除了程度大小的差异之外再无差异(nec animi fluctuatio et dubitatio inter se différant nisi secundum majus et minus)"。想象在其工作过程中经常会伴随有各种各样常见形式的"犹疑",而"心灵的混淆"作为感性紊乱正是较为严重的犹疑。斯宾诺莎在将"心灵的混淆"与"不确信"作比较的时候,参考了"论心灵"部分命题四十四附释,该则附释又是对"论心灵"部分命题十七和命题十八的义理的运用,我们已经在对象性丛结是如何形成的这一问题进行说明时分析过那两则命题的义理。"论心灵"部分命题四十四附释研究过"想象发生混淆(fluctuabitur imaginatio)"的种种条件,并且随后谈论了作为后果的"想象的混淆(imaginationis fluctuatio)",但没有使用"不确信(dubitatio)"这个词,该词稍后才出现在"论心灵"命题四十九附释中。现在,根据命题四十四附释所解释的绎理一的说法,想象的不确信和犹疑状态说明了一种心理倾向,这种心理倾向导致我们"既从过去的角度也从未来的角度将事物考量为偶然的(res

---

① fluctuatio animi,马舍雷译作"心灵的混淆(confusion mentale)",也可译作"心灵的波动"。——译注

② 我们将 dubitatio 译为"incertitude(不确信)",而使 dubitatio 区别于另一拉丁词 dubium,在别处斯宾诺莎使用过 dubium 一词,在那里它的真正意思是"疑惑"。

第二章 受感致动的次级情状表现和对象关系的形成（命题十二到命题二十）

tant respecta praeteriti quant futuri ut contingentes contemplari）"。

该则绎理下所附的附释中分析的例子使我们明白，偶然性在这里就是不可靠性的同义词，想象在创造着关于任何随时可能现前的事物的表述：这个例子说，一个孩子在一天的不同时间里碰到三个人，清晨碰到彼得，中午碰到保罗，傍晚碰到西门；第二天，又在清晨碰到彼得，这孩子就会期待在中午碰到保罗、在傍晚碰到西门，而且随即会猜测他会碰到这两个人；到了傍晚，孩子已经见到西门之后，他将再次想到彼得和保罗，并将他们三人与小孩自己对过去的种种事情的表述联系在一起，同时还将他们三人与小孩绑定在那些过去的事情之上的感情联系在一起，如果事情总是这样发生的，这种经验还会经常重复；但是，如果一天傍晚，现身的不是西门而是雅各布（因为彼得、保罗、西门或雅各布的出现是由各不相干的原因所决定的），这种顺序排列的规则性——此规则性本身完全是偶然的——就会被扰乱；这孩子虽还会对傍晚发生什么有他的想法，但他的想法会变为一会儿想到西门，一会儿又想到雅各布，也就是说，孩子的想象将会把这两种表述向他呈现为偶然的东西而不再是必然的东西，于是这孩子便陷入这种犹疑之中，在这两种表述之间作出选择。"论受感致动的情状"命题十八证明——该证明也依赖于"论心灵"命题四十四绎理一附释所阐明的这个论点——指出，"关于过去时候或未来时候的印象（imago temporis praeteriti autfuturi）"就是这样形成的。这个例子何以与"论受感致动的情状"命题十七附释中所描述的"心灵的混淆（fluctuatio animi）"的情况有关呢？二者的关联是这样的：孩子形成了事件前后相继的想象性绵延表述，这些事件若被与积极评价的快乐的感情和消极评价的悲伤的感情联系起来，"心灵的混淆"就会参与到孩子的这一想象性绵延表述之中，他的那种想象性绵延性表述从而会带上感情倾向。让我们这样来假设：孩子一如平常地在早上遇见彼得而在中午遇见保罗，但傍晚在他遇到西门时，西门送给他一块诱人的甜点，那么，孩子将会形成一种想象，觉得他这一天的过程仿佛就是朝向这个令人愉快的结果发展的，孩子还将以使他自己感到快乐的耐心期待天天如此；可是若某一天，孩子在傍晚遇到的不是西门而是雅各布，这个雅各布给他的不是甜点而是谴责和耳光，那么孩子便对他所想象的一天过程应有的终点形成了忧惧；第二天，这孩子像往常一样先在早晨见到了彼得，又在中午碰到了保罗之后，将会有这样一种感情，即，他会感到随着时间的推移，那个时刻将会到来，那或是美味的时刻或是忧愁的时刻；孩子虽仍在早晨见到了彼得，在中午见到了保罗，但保罗在中午出现对孩子来说意味着对傍晚情形两歧性的预告，他既有可能在傍晚遇见西门，也有可能在傍晚遇到雅各布，保罗的中午出现似乎是为傍晚西门的出现或雅各布的出现作准备，所以，就在中午见到保罗的这一刻，他的确不知该如何是好，他将在保罗的中午出现这一情况上同时体验到快乐和悲伤两种反向的感情，他的心灵撕扯于两种感情之间，而无法确切地决定：这样一来，孩子的想象就陷入一种不确定性之中，这种不确定性使他在"不确信（dubitatio）"的心灵状态中对未来或过去的事情的偶然性形成体验，而这种心灵状态在一定条件下能转变为"心灵的混淆（fluctuatio animi）"，心灵的混淆将这种不确定性撕裂并将它推到让人无法容忍的程度。

"心灵的混淆（fluctuatio animi）"是感性的一种极限形式，在这种形式中，感性的极其悖谬和冲突的方面被突出地展现了出来。"论受感致动的情状"部分命题三十一、命题三十五附释、命题五十还将就"心灵的混淆（fluctuatio animi）"问题作多方说明。

此外,命题五十六和命题五十九附释还说"心灵的混淆"是与快乐和悲伤同一层面的一种有其自身完整性的受感致动的情状,这种说法似乎表明关于快乐和悲伤的那两则定义只具有某种"准定义"的身份。即便心灵的混淆只是偶或出现,它与感性运动的大多数一样也是具有两歧性的,充满着不可消除的矛盾。

4. 受感致动的情状系统的时间性投射(命题十八及其两则附释,受感致动的诸情状定义之定义十二和定义十三,定义十四和定义十五,定义十六和定义十七,命题十九和命题二十)

感性生活与时间性的关系是复杂的:在某种意义上说,在真实时间中发生的变幻莫测的现在现前的存有时刻引发我们的感性生活的波动,就此而言,我们的感性生活总是取决于现在现前的存有的,但是,有其不可磨灭的痕迹的过去事件也支配着我们的感性生活。想象以那些过去事件为素材自发地阐释它们,久而久之便将那些过去事件按一定组配方式建构为绵延①,并同时地把观念和受感致动的情状投射到这种绵延之中。孩子按惯例为他自己建构起对过去时间的表述,这一由"论心灵"命题四十四绎

---

① 想象所创造的这种绵延的表述注定是极受局限的。"论奴役"定义六又谈到了由感性的时间性投射而产生的"过去的、现在的和未来的事物所促动的受感致动的情状(affectum erga rem futruam, praesentem et praeteritam)",在此定义中,斯宾诺莎还随即补充说,"对与空间的距离正如对时间的距离一样,超出一定限度,我们就无法想象了(ut loti sic etiam temporis distantiam non nisi usque ad certum quendam limitem possumus distincte imaginari)"。

理给出的例子,说明的正是我们心灵建制中的这个方面,心灵的这个方面使我们在对现在现前的事物形成观念的同时在这些观念上经验特定的受感致动的情状,而且还会使我们总是把这些观念以及同这些观念绑定的那些特定受感致动的情状与过去或未来的事物联系起来,或用斯宾诺莎在"论受感致动的情状"命题十八证明中用过的、我们在这里应予评注的一个提法更确切地说,"使它们与对过去时间或未来时间的想象交汇在一起(juncta imagini temporis praeteriti aut futuri)",从而使我们在对现在现前的事物形成观念以及同这些观念绑定的那些特定受感致动的情状的含义发生改变。斯宾诺莎在"论受感致动的情状"命题十八①阐述感性的这个方面时,就着力强调了受感致动的情状丛结所依赖的客体关系的这种幻觉维度,由于幻觉,这些受感致动的情状丛结倾向于使自身同不存在的事物绑定起来,这里说的"不存在",既指事物不再存在,也指这类事物尚未存在。

感性生活就这样被导向着,总是为它对正在发生的事情的表述加上形式翻新但实质不变的"成见",这些"成见"的实质就是与对"过往"和"将来"的特定感情相联系的"回想"和"预料":"对于过去或未来的事物的印象和对于现在现前的事物的印象一样可以引发人的快乐和悲伤的受感致动的情状"。命题十八所提出的这个论点是对我们前文已说明过的"论心灵"部分命题十六绎

---

① "Propositio 18. Homo ex imagine rei praeteritae aut futurae eodem laetitiae et tristitiae affectu afficitur, ac ex imagine rei praesentis."/"命题十八:对于过去或未来的事物的印象和对于现在现前的事物的印象一样可以引发人的快乐和悲伤的受感致动的情状。"——译注

第二章 受感致动的次级情状表现和对象关系的形成（命题十二到命题二十）

理二、命题十七和命题四十四绎理一所包含的义理的展开。心灵是身体的观念，为身体表述着事物在身体构成状态上留下的永久印迹，并使这些印迹成为心灵中的"事物印象"。这些"事物印象"所对应的身体构成状态上的那些永久印迹并无差别，因而也无过去、现在和未来之别："单就事物印象本身而论，无论它是关于过去、未来或是现在，都是一样的（rei imago in se sola considerata eadem est sive ad tempus futurum vel praeteritum sive ad praesens referatur）"。事物给身体留下永久的印迹，心灵对这些印迹进行表述所形成的观念，一方面作为事物印象而使身体构成状态上的这些永久性标记进入意识，另一方面还同特定受感致动的情状绑定在一起，因此，事物在身体状态中留下的印迹不可磨灭且无过去、未来或现在之别，同理可知，无论事物印象所联系的事物是被考虑为过去的、现在的还是未来的，或进一步说，无论事物印象所联系的事物本身是不在现前的还是现在现前的，与事物印象绑定的特定受感致动的情状也总是保持不变。由此看来，感性似又被封禁在新的两歧性之中，此一新两歧性使感性既不能在过去事物和未来事物之间作辨别，也不能在过去事物和现在事物之间作辨别。但根据命题十八所附两则附释，我们将会看到，与对于在过去的和在未来的事物的表述相联结的是某些特殊的受感致动的情状，正是这些特殊的受感致动的情状与同对于现在现前事物的表述相伴随的受感致动的情状之间的差异，才使心灵得以将事物表述为在过去的和在未来的。

在"论奴役"命题九附释中，斯宾诺莎又重提"论心灵"命题十八所展开的推理，强调说，无论受感致动的情状是同对现在事物的表述还是同对过去事物或未来事物的表述联系着的，只要"我们将注意力仅只集中在事物印象上（ad solam ipsius rei imaginem attendimus)",受感致动的情状的自然/性质就总是保持不变的,这是因为,事物印象的现实性以及对事物印象的观念就此现实性存有所给出的肯定,与它们所指示的事物是不在现前地被思及还是现在现前地被思及全然无关。但是,如果当心灵思及一个事物印象和对它的观念时,还同时有对别的事物的观念的考量,且前一事物在身体构成状态上造成的事物印象及其心灵对应物(即对它的观念)所指示的对前一事物存有之肯定受到后一考量的观念的质疑而变得不确定,那么与前一事物的事物印象以及对它的观念绑定的受感致动的情状也就会"被削弱(debiliorem redditur)";从字面上说,"被削弱"的意思是指,此事物印象在某程度上被标上了不可靠性且相应地降低了可信度,并因而失去了活力。①

---

① 斯宾诺莎在"论奴役"命题九附释结尾加上了一个评论,这个评论使我们了解了《伦理学》接下来的推理是怎样得到一般性地组织的,该评论说:"我当时没有指出这一点,因为我将在这里讨论受感致动的情状的不同作用力(de affectuum viribus)的时候才加以论述。""受感致动的情状的不同作用力(affectuum viribus)"这个提法还出现在《伦理学》第四部分的标题中,进而为这一部分的核心定位进行了说明。该提法指涉的是对受感致动的诸情状——就它们构成了自动的作用力而言——施加在心灵上的活动强度加以科学把握的规划;而在这里,在进入这一规划之前,必须搞清楚的是——这是"论受感致动的情状"部分的真正目标所在——这些受感致动的情状在心灵本身之中是怎么形成的,它们又是怎样进一步脱离心灵而趋向成为一种独立存有的。在这个情况中——如同在我们此前已经考察的那些其他情况中一样——,结构的视角远胜于发生学的视角;受感致动的诸情状从一开始就对心灵起着作用,就仿佛它们在心灵中被构成得有它们自己的 conatus(努力)一样;将受感致动的诸情状的两个方面——它们的现实性和它们的力量——分开来相继进行研究,这么做是为了方便理性分析。

命题十八附释一重点说明了心灵在什么条件下形成出了对于过去的事物和未来事物的不确定性表述。在现实中,已经发生过的事物和在未来会发生的事情必定不在当前发生,因而也必定与现在现前的事物相区别,与此相应,我们必定也会循着由想象的工作机制建构起来的过去时间、现在时间和未来时间的印象产生关于发生过的事情、现在的事情和未来的事情的想象:"我在这里说过去或未来的事物,是指事物过去曾使我们应变致动或将来会使我们应变致动(rem eatenus praeteritam aut futuram hoc voco quatenus ab eadem affecti fuimus aut afficiemur)",曾经或将要以这种或那种方式作用于我们并使我们获益的事物即是此例。"论心灵"部分命题四十四绎理一附释所讲的那个故事里的孩子,早上碰到彼得,中午碰到保罗,这两件事已经对他造成了影响并且一直影响着他,因为这两件事在他的脑海中正是对另一件也对他造成影响的事情的预告,这两件事在这孩子的心灵中是他将在傍晚碰到西门或雅各布的征兆。孩子可以在三件事的现前时刻分别孤立地思考这些事件,但由于他总是考虑这三件事的相继关系的缘故,孩子便总是按它们的排列顺序思考它们,却未想过这三件事可以同时发生。所以,将一事物表述为现在现前,与将一事物表述为过去或未来是不同的。然而,在所有这些情况中,对事物的表述——就它们是由想象形成的而言——都是在实际的事实中肯定了事物的现在现前的存有的,因为这种肯定不曾受到来自否定此存有的其他观念的反驳:也正是从这种肯定中,对事物的观念获得了它的表述价值。因此之故,我们完全可以犹如它们现在现前那样思及过去或未来的事物,并且在"论受感致动的情状"部分命题十四、命题十五和命题十六所描述的联系和转移的机制的作用下把特定的快乐或悲伤的受感致动的情状同这些过去或未来事物绑定在一起。然而，人思及过去事物和未来事物的时候，得不到他们在考量现在现前的事物时所体验到的那种确定性感情："他们感到困惑（fluctuunt）"而且"对那事物的出现极不确信（de rei eventu plurimum dubitant）"，并且——正如"论心灵"命题四十四绎理一所说——倾向于将那些事物考量为偶然的①；所以，与这类事物绑定在一起的受感致动的情状也不像人在思及现在现前的事物时固定感受到的受感致动的情状那样稳定，而是"常常被其他事物印象扰乱，直到人们对事物的结果更为确信才告段落（plerumque aliarum rerum imaginibus perturbantur donec homines de rei eventu certiores fiant）"。如果说实际现在现前的事物可以使人获得一种确定的经验，他也可以确定无疑地将确定性感

---

① 我们很清楚,这种不确定性必定总是与对于未出现的未来事物的表述相伴随的。但是,如果说已经发生过的事情的过去现实性由于实际地同我们产生了利害关系而已经在我们的身体构成状态之中留下了不可磨灭的痕迹的话,那么,我们对这些对我们造成过影响的过去的事情为什么也会有不确信的感情呢？这是因为,我们就这些已发生的事情形成的表述是想象性的表述,这些表述也被偶然性的感情所标记:这些事情真的发生过吗？尤其是,它们如我们回忆告诉我们的那样发生过吗？这些事情确实不再存在,我们因而无从验证它们的真实性,这些事情于是也就显现出一定程度的偶然性了。这证明了一个事实,即,斯宾诺莎在这一组命题中谈关于未来或过去的事物的表述时总是严格地保持二者的对称性,这么做实际上是将二者置于同一水平,因为它们都是对于事物的表述,而且是在"表述"一词的真正意义上来讲的对于事物的表述,对于事物的表述不是事物的存有,对于事物的表述因而都带有不确定性标记的烙印。

第二章　受感致动的次级情状表现和对象关系的形成(命题十二到命题二十)

情同这一经验绑定的话,人在思及过去或未来事物时则既无确定经验,也无确定性感情,因此当人在思及过去事物或未来事物的时候,总是抑制不住地想象别的事物,直至让关于别的事物的观念对被他们表述为在过去或在未来的那个事物的存有作出否认为止。

命题十八附释二对与上文说明的这类表述相联系的特定受感致动的情状进行了识别和命名,这些特定受感致动的情状有:"希望(spes)""恐惧(metus)""确信(securitas)""绝望(desperatio)""欣慰(gaudium)"和"遗憾(conscientiae morsus)"。关于过去事物或未来事物的考量一经以任何方式与快乐和悲伤相联系,便产生了构成对子关系的这些对立的受感致动的情状形态。对于过去事物或未来事物的表述若有快乐和悲伤相伴随,便形成希望和恐惧,同时,快乐和悲伤由于这些表述的关系而带上了不确定性的烙印,希望和恐惧这两种受感致动的情状都"出自不确定的事物印象(ex rei dubiae imagine orta)","我们对那事物的出现并不确信(de cujus eventu dubitamus)","受感致动的诸情状定义"之定义十二和定义十三①补充说,我们至少"在某种程度上

---

① "12. Spes est inconstans laetitia orta ex idea rei futurae vel praeteritae, de cujus eventu aliquatenus dubitamus. 13. Metus est inconstans tristitia orta ex ideâ rei futurae vel praeteritae, de cujus eventu aliquatenus dubitamus. Vide de his schol. 2. pr. 18. hujus. Ex his definitionibus sequitur non dari spem sine metu, neque metum sine spe. Qui enim spe pendet, et de rei eventu dubitat, is aliquid imaginari supponitur, quod rei futurae existentiam secludit; atque adeo eatenus contristari(per pr. 19. hujus) et consequenter dum spe pendet metuere, ut res eveniat. Qui autem contrà in metu est, hoc est quod de rei quam odit, eventu （aliquatenus）"，对事物的出现并不确信。而当不确定性被打消之时，当我们确知这里涉及的那些事物的现实性之时，那些事物虽则并不现在现前地存有，也还保持着过去事物或未来事物的特征，但我们对它们的感情却会发生变化：希望，若有一些切实的担保的支持，便转变为"确信（securitas）"，而恐惧在此类担保的支持之下则转变为"绝望（desperatio）"，这些感情为我们固定在过去事物或未来事物的表述之上的快乐和悲伤恢复了相对的稳定性，乃至使快乐和悲伤更少偶然。与对于过去事物或未来事物的表述相联系的这些快乐和悲伤的受感致动的情状若以此方式再进一步稳定化，则必完成一种彻底的转变，我们对那事物的极不确信转而变为对那事物的十足确信，这样一来我们就会"回绝一切等待观望（praeter spem）"而对那事物的出现与否有了确实的把握，

---

dubitat, aliquid etiam imaginatur, quod ejusdem rei existentiam secludit, atque adeo (per pr. 20. hujus) laetatur, et consequenter eatenus spem habet, ne eveniat."／"12. 希望是由我们就过去事物或未来事物所具有的观念所生出的不稳定的快乐，在某种程度上我们对那事物的出现并不确信。13. 恐惧是由我们就过去事物或未来事物所具有的观念所生出的不稳定的悲伤，在某种程度上我们对那事物的出现并不确信。见命题十八附释二。由这两则定义可推知，没有不带恐惧的希望，也没什么不带希望的恐惧，两者如影随形。停留在希望之中，并对所希望的事物的出现感到疑虑的人，是在想象某种排除那未来事物存有的东西。所以就此而言，他会感到悲伤（根据命题十九附释），因而当他停留在希望之中，他就会恐惧（他想象的）事物的出现。相反地，在恐惧中的人，也就是怀疑他所恨的事物出现的人，也会想象某种排除他所恨的事物之存有的东西。所以（根据命题二十）他会因怀有那事物不出现的希望而感到喜悦。"——译注

第二章 受感致动的次级情状表现和对象关系的形成(命题十二到命题二十)

当此之时,我们不再备受煎熬,如释重负,同时因这种释然而感欣慰或由于我们的否定性期待确然坐实而感内心悔愧内疚——而那否定性期待曾因此类坐实的暂时阙如毕竟还给某种特定的希望留有那么一点点余地。①

实际上,"受感致动的诸情状定义"中专门界说"希望"和"恐惧"的定义十二和定义十三指出,"没有不带恐惧的希望,也没什么不带希望的恐惧(non dari spem sine metu, neque metum sine spe)"。这些感情两歧特征是感性的双向性的很好示例:希望是同对于过去事物或未来事物的表述联系着的快乐,尽管是一种不稳定的快乐;这种快乐中固有的不确定性在于,我们在想象着过去事物或未来事物的同时,共时地还想象着使这事物成为偶然、进而化为乌有的别的事物的存有:所以体验着希望这种感情的人不免是"停留在希望之中,并对所希望的事物的出现感到疑虑(dum spe pendet metuere, ut res eveniat)",因而陷入悲伤之中。与此相反,一人若把悲伤的感情联系于某物并对它感到厌恶,遂对该物的出现感到恐惧,只要此物未出现,他就总是保持着一种希望,这希望再微弱也是对该物可能不出现的希望,因为他本能地想象着所有防止它来临的事物,并且"因怀有那事物不出现的希望而感到喜悦(adeo laetatur, et consequenter eatenus spem habet

---

① 斯宾诺莎在这里精细地描述了寄托在过去事物或未来事物的出现几率大小之上的这些感情,在他这么做的时候,很可能暗示地指涉他本人的贸易经验,他在很年轻的时候参与过家族商业活动,有过这方面的经验:一艘满载集资购入的货物的大船,预计到达而无确切的到达日期,这样的经验的确极有助于成为表现多种多样受感致动的情状的一个调色板。

ne eveniat)"。希望是带有悲伤的快乐,恐惧则是掺杂着某种快乐的悲伤:这两种感情都是尤其紊乱和不清楚的受感致动的情状,正因为这样,所以——正如"论受感致动的情状"部分命题五十陈述所说①——"每一个事物都可以偶然地成为希望或恐惧的原因(res quaecunque potest esse per accidens spei aut metus causa)"。正是由于这一原因,"论奴役"命题四十七才将要证明,"希望和恐惧的受感致动的情状本身不可能是好的(spei et metus affectus non possunt esse per se boni)"。

当然,希望和恐惧稳定化以后就会发生转化。"确信来自希望,绝望来自恐惧(oritur ex spe securitas et ex metu desperatio)"。这是"受感致动的诸情状之定义"十四和十五的说明中的一个说法。②

---

① 命题五十附释解释说,希望和恐惧这些受感致动的情状的基础是对模糊的"征兆(omina)"的解释,而非确定的知识:"到处惑乱人心的迷信就是从这里发生的(ex his ortae sunt superstitiones quibus hommes ubique conflictantur)"。因而斯宾诺莎再次使用了"困扰(fluctuationes)"一词,在这种"困扰"之中,这些受感致动的情状让心灵扰攘不安,"因为从这些受感致动的情状的定义可以推知,没有不带恐惧的希望,也没有不带希望的恐惧(quandoquidem ex sola horum effectuum definitione sequitur non dari spem sine metu neque metum sine spe)"。

② "14. Securitas est laetitia orta ex ideâ rei futurae vel praeteritae, de quâ dubitandi causa sublata est. 15. Desperatio est tristitia orta ex idea rei futurae vel praeteritae, de quâ dubitandi causa sublata est. Oritur itaque ex spe securitas, et ex metu desperatio, quando de rei eventu dubitandi causa tollitur quod fit, quia homo rem futuram vel praeteritam adesse imaginatur, et ut praesentem contemplatur, vel quia alia imaginatur, quae existentiam earum rerum secludunt, quae ipsi dubium injiciebant. Nam tametsi de rerum singularium eventu (per coroll. pr. 31. p. 2.)

要实现这一点,就必须打消那些受感致动的情状固定于其上的事物是否发生的不确定性,也就是说"这个人"应该"想象过去或未来的某物就在那里,并把它当作现在现前的东西加以考量(homo rem praeteritam vel futuram adesse imaginatur et ut praesentem contemplatur)";但这并不意味着,这里所说的这个事物是实际现在现前的,而仅仅是说,因为"他想象了别的事物,它们排除了使他陷入疑虑的那事物的存有(alia imaginatur quae existentiam earum rerum secludunt quae ipsi dubium injiciebant)",这样一来,再没有什么能阻止他把那事物想象为现在现前的了:此时,此前支配性地

---

nunquam possumus esse certi fieri tamen potest, ut de earum eventu non dubitemus. Aliud enim esse ostendimus (vide schol. pr. 49. p. 2.) de re non dubitare, aliud rei certitudinem non habere; atque adeo fieri potest, ut ex imagine rei praeteritae aut futurae eodem laetitiae vel tristitiae affectu afficiamur, ac ex rei praesentis imagine, ut in pr. 18 hujus demonstravimus, quam cum ejusdem schol. vide."/"14. 确信是由我们就过去事物或未来事物所具有的观念所生出的快乐,我们已经消除了对那事物的怀疑。15. 绝望是由我们就过去事物或未来事物所具有的观念所生出的悲伤,我们已经消除了对那事物的怀疑。因此,确信来自希望,绝望来自恐惧,只是关于那事物的出现的怀疑已经被消除了。之所以会有这情形,人想象过去或未来的某物就在那里,并把它当作现在现前的东西加以考量,或是因为他想象了别的事物,它们排除了使他陷入疑虑的那事物的存有。尽管我们不能确信某个别事物的出现,但还是能对这个别事物的出现不怀疑(根据第二部分命题三十一绎理),正如我们所阐明的(见第二部分命题四十九附释),不怀疑是一回事,确信又是另一回事。故此,正如我们已经在命题十八及其附释中已经提到过的那样,对于过去或未来的事物的印象和对于现在现前的事物的印象一样可以引发人的快乐和悲伤的受感致动的情状。"——译注

使受感致动的各种情状发生紊乱的事物的表象因遭遇到了另外的表述的抗阻而被消除了。人们可能会把这种抗阻理解为"否定之否定",但事实上,这种抗阻并非任何意义上的肯定性的平衡,相反,想象另一些事物,从而使不确定性的事物的表象得以消除的这种心灵工作结果归根到底还带着两歧性和否定性的烙印。在上述类型的心理过程结束之时,它所得出的结果根本不等于对事物的现实性有了确信并在这个问题上不再有不确定性,这一心理过程的结果只是引起疑虑的那些理由因新的表述的解释而变得不确定从而得到了否定。

斯宾诺莎在这里重拾了"论心灵"命题四十九附释开始所阐明的这一解释:"当我们说一个人安于错误的事情并对它们不怀疑,我们不是说他对这些事有确定把握,而仅仅是说他在这些事情上不怀疑,或者说他满足于这些虚假观念,因为使他的这种想象发生动摇的原因还没有被给予出来(cum dicimus hominem in falsis acquiescere nec de iis dubitare, non ideo ipsum certum esse sed tantum non dubitare didmus, vel quod infahis acquiescit quia nullae causae dantur quae efficiant ut ipsius imaginatio fluctuetur)。"故此,夯实了确信的感情基础的那些理由,虽则消除了希望所特有的两歧性,却一样脆弱,因为它们也是想象性思辨的一部分:只能如此,不可能是别的,因为,正如"论心灵"命题三十一所示,"我们对我们以外的个别事物的绵延存续,只可能具有完全不充分的知识(nos de duratione rerum singularium quae extra nos sunt nullam nisi admodum inadaequatam cognitionem habere possumus)",这种极不充分的知识严重地限制了我们对就这些个别事物是否真会出现有确定把握。至少在这个意义上说——"论心灵"命题三十一绎理解释说——"所有特殊事物都是会腐朽的和偶然的(omnes res particulares contingentes et corruptibiles esse)",这个提法在被给出时参考了"受感致动的诸情状之定义"的定义十四和定义十五所附的说明:它们之所以是偶然的和易于消逝的,是因为,我们对它们在我们以外的存有条件没有任何确定的担保——以充分知识为支撑的,因而是无可争议的真实的担保。因此,确信和绝望的受感致动的情状的稳定性是一种表面的稳定性:是一种不稳定的稳定性,其基础是各种反向表述之间脆弱的平衡,这种平衡会因新表述的加入而瞬间瓦解。"论奴役"命题四十七附释解释说,"确信""绝望""欣慰"①"遗憾"②,同"希望"和"恐惧"一样,都是"心灵无力的标志(animi impotentis signa)";这则附释还就确信和欣慰的感情作了如下精确性补充:"即便它们是快乐的受感致动的情状,但毕竟须以先行的悲伤——也就是说,希望和恐惧——为前提(quamvis affectus sint laetitiae tristitiam tamen eosdem praecessisse supponunt, nempe spem et metum)";没有任何东西能清除这种不确定性的消极性:否定之否定终究是一种否定。

---

① "16. Gaudium est laetitia concomitante ideâ rei praeteritae, quae praeter spem evenit."/"16. 欣慰是种快乐,伴随着一个过去事物的观念,那事物如今变得比我们所盼望的更好。"——译注

② "17. Conscientiae morsus est tristitia concomitante ideâ rei praeteritae, quae praeter spem evenit."/"17. 遗憾是种悲伤,伴随着一个过去事物的观念,那事物如今变得比我们盼望的更差。"——译注

命题十九①和命题二十②包含了命题十二和命题十三所介绍的爱和恨的概念。命题十二和命题十三已就爱和恨的对象性关系作过推理分析，而在命题十九和命题二十这里将专论爱和恨的受感致动机制的时间性投射这一时间维度，指明我们的受感致动的种种情状在什么方向上作用于我们，以及我们对事物的表述究竟如何同我们的恐惧和希望形成了联系，以至于我们在想象的中介作用下为之绑定了快乐的受感致动的情状的那些对象（也就是我们所爱的对象）在我们看来应维持它们的现在现前的存有，而我们为之绑定了悲伤的受感致动的情状的对象（也就是我们所恨的对象）在我们看来应予消灭。这种受感致动机制的运动与一种"思想迂回"是密不可分的，这种"思想迂回"执念般地围绕同一些关切焦点而展开，使我们乐于思及对于给予出快感的事物的表述，相反认为那些对于引起不快的事物的表述应该被消灭。在对于我们所爱的事物和所恨的事物的表述之间作取舍，这构成了一种主动性模式，在我们心灵中建立起"理论性的关切"，进而指导着我们的动作，使我们尽力做维持我们所爱的事物的存有的事和消灭我们所恨的事物的存有的事。换言之，在对于我们所爱的事物和所恨的事物的表述之间作取舍的导向必定使受感致动机制在实践中促发我们施行出有着"占有"和"侵凌"实质

---

① "Propositio 19. Qui id quod amat destrui imaginatur, contristabitur, si autem conservari, laetabitur."／"命题十九：人想象他所爱的东西被消灭则将会感到难过，想象那东西得到保存，他将会感到快乐。"——译注

② "Propositio 20. Qui id quod odio habet destrui imaginatur laetabitur."／"命题二十：人想象他所恨的东西被消灭则将会感到快乐。"——译注

第二章　受感致动的次级情状表现和对象关系的形成(命题十二到命题二十)　231

的两类动作。① 但同时我们立即要知道的是,那种"思想迂回"绝不仅仅是前述意义上的"理论性的关切"。

命题十九的陈述以双重陈述的形式说:"人想象他所爱的东西被消灭则将会感到难过,想象那东西得到保存,他将会感到快乐。"这里用动词将来时串联起来了一个不可避免的前后连贯的顺序,"将会感到难过(contristabitur)""将会感到快乐(laetabitur)",强调出了必然性。该命题证明展示了这个前后连贯的顺序是如何形成的,这个前后连贯的顺序的起点是自动控制着感性波动的心灵机制,此心灵机制在不牵涉意识或意志的情况下自动地将感性波动推向笑或者哭。从一开始就有一个不可抗拒的驱动,它在心灵中尽其所能地推动心灵去想象一切与增进身体力量同向的事物,这个驱动的轨道已经在命题十二中进行过强调——这种驱动轨道是这样的:心灵总是将有助于增益——真实地或想象地增益——身体动作力量的快乐的受感致动的情状同某些事物联系起来,因而也将欲望固定地指向它们,就这样,出于偶然地爱着这些特定的事物。想象的这种努力是我们的种种依恋和趋附的基础,而想象的努力要想成功,心灵还必须有对于这样一些事物的表述——这些表述也是想象性的——的帮助,这些事物能确

---

① 这个主题将在"论受感致动的情状"命题二十八中得到阐明:"我们想象其引发快乐的一切事物,我们就会去努力增益其存有;反之,我们想象其造成妨害或引发悲伤的一切事物,我们就会努力去清除或消灭它(id omne quod ad laetitiam conducere imaginamur conamur promovere ut fiat ; quod vero eidem repugnare sive ad tristitiam conducere imaginamur amovere vel destruere conamur)。"行为动作的这些图式受想象性表述的逻辑支配,我们正是借这一逻辑,将对事物的观念偶然地同快乐和悲伤联系在一起。

保被爱的事物的存有,而相反,凡是对于与这事物的存有相背反的事物的表述,即同想象的这种努力相逆的表述,其表现则是心灵要予以压制的。因此,爱一事物,不仅包含了对有益于这被爱的事物的其他事物的观念以及该类观念所引发的满足感体验,同时还包含了对妨害这被爱的事物之存有而必定不可避免地引起不快的其他事物的贬低,因为这后一些事物破坏了已被固定于对于被爱的那事物的表述之上的快乐。

命题二十就一种情况——不是我们爱某事物的情况而是我们恨某事物的情况——展开了相同的推理。在这里,斯宾诺莎使自己仅限于这样一个简单评定:"人想象他所恨的东西被消灭则将会感到快乐。"①这个命题与前面一个命题的证明方式一样,而且这次利用了命题十三所解释的一个论点:当心灵不得不想象一些并非与增进身体动作力量同向的,而是在方向上减少这种动作力量的事物即令心灵悲伤的事物,引发心灵对它们的恨的事物的时候,心灵就努力地补救这种情况,为其自身表述反对这些事物的另一些事物,以此给予自身满足。这种满足表面看上去与命题十九陈述第二部分所描述的欢欣感构成了对称,但实质上是不同的,因为,就这种满足的形式而言,它是一种消极的快乐,同它联系着的观念不是关于"发展"的观念,而是关于"消灭"的观念:追求这种类型的快感,显而易见地会培养起受感致动机制的双向性

---

① 与他在命题十九陈述中所做的不同,斯宾诺莎在这里没有作出反面陈述。这个反面陈述可以被这样重构出来:"人相反想象那东西使它自身得到发展,他将会感到难过。"我们可以这样认为,即,依据已经架设好了的受感致动的情状的组合方式,这是不言而喻的,甚至没有必要直接言明。

特征,在"心灵的混淆(confusion mentale)"的系统中难解地混杂着快乐和悲伤,因而还有纷繁错综的爱恨交织。

命题十九和命题二十在某种意义上构成了对命题十六所证明的论点的补充,进一步解释了受感致动的情状是怎样从一些对象转移到另一些对象上的,这种转移使这些受感致动的情状的显现逐渐地晦暗难解。我们爱某些特定的事物,因而我们也倾向于以好意看待使那些事物得益的事物,以嫌恶看待使那些事物受损的事物;根据平行原则,我们也倾向于以好意看待那些使我们所恨的事物受损的事物。举例来说,农民由于心系他的葡萄园,所以对有助于葡萄成长的太阳感到满意,而一旦提到威胁葡萄的存有的冰雹则只会感到不快;他还对刮风带走了暴雨的观念感到欣慰。他通过这些感情而被撕扯于希望和恐惧之间,这使他来回交替地爱和恨着现实性的种种方面,他本来可能对现实性的这些方面是漠不关心的,至少本来他并不会以那样的强度、那样的方式对它们产生兴趣,只是由于他对于现实性的这些方面的表述同他的快乐和悲伤的受感致动的情状直接绑定的某些东西有了联系,他才会对这些方面产生摇摆不定的爱恨。这种情况不是特例;这种情况中展开的操心和利害都是日常生活的操心和利害,在日常生活中,我们从对受感致动的原初情状最初绑定的那些事物的操心开始,操心的事情越来越多,这些事情同最初的那些事物也越来越不同;我们欲望这些事物的出现或害怕这些事物的出现,乃出于偶然的理由,这些理由越来越少地同事物的深层自然/性质相关,也常常易于发生意想不到的翻转:刮风固然能带走暴雨,也能带来大火;太阳使葡萄成熟,但也会使土地干涸;冰雹所经之处无不为其破坏,但却让只关注冰雹大作这种外部现象的孩童们感到欢乐。所以,所有人都是出于势所必然的需要,依据由环境决定的受感致动的情状的冲动,从切身直接利害出发急眼前之所急,临机而动(chacun entend midi sonner à sa porte)①,这些视环境而定的受感致动的情状的冲动也一步一步地使每个人远离了他努力保持在自己的"是其所是"之中的这一根本冲动,尽管那些后发冲动都是由这一根本冲动而起的。

这种冲动所服从的逻辑必然使它的表现形式极为不可理喻。这一逻辑就是以联系和转移这两种工作程序为基础的想象逻辑,这种逻辑再怎么两歧、再怎么悖谬都不会停止工作,它会逐渐引导冲动,慢慢地让感性旨趣固着到那些与它们在自然/性质上相差甚远的东西之上,结果是,感性旨趣虽在自然/本性上源于原初的 conatus(努力),但却总是执迷于那些与它们自身在内在本性上毫无关系的东西之上。受感致动机制服从于外部事物的法则,也服从于感性自身所无法限制而只能予以顺应的自然的共同顺序,与此同时还始终都被"同一化"的幻想所纠缠,这种同一化幻觉根本上是自恋的,它使受感致动机制对它所趋附的对象的投入仅仅是表层性的投入,这种投入根本不在乎这些对象何所是,而只在乎想象性的利益,这种利益是想象——或系统地构造而成,或发自本能——从功利性标准所支配的视角出发所期盼的。农民使自己的眼睛紧盯着土地,也紧盯着土地上生长的一切,并且首先紧盯着避免垦殖风险的一切事物,因为他是把对于这些事物的表

---

① 马舍雷此处原文为"chacun entend midi sonner à sa porte(走到门边才听到正午钟声)",此为法文谚语,意为每个人首先根据自己的利益看待事情,把自己的问题看作是最重要的。——译注

述同他最根本的生命旨趣之利害联系在一起的,他的这些生命旨趣与他保持在他的"是其所是"之中这一本质要求是一纸两面的关系,他的全部思想和全部行为动作的动态过程无时无刻不受这些旨趣和"自我保存"这一本质要求的支配,而且,他还会不断将他的这些生命旨趣投射到他自己的外部。

我们爱某些事物,也会爱屋及乌地盼望另一些事物,因为我们把对于这另一些事物的表述与我们对于我们所爱的那些事物的表述联系在一起。但我们都是为我们自己而爱所有这些事物的。在它们之中,我们爱的是我们自己,因为我们自己在归根到底的意义上才是我们全部的希望和恐惧的真正对象,其他对象仅是这个真正对象的极为偶然的托词。故此,这种自恋的幻想会发展到异乎寻常的地步,那时,我们的受感致动机制将固着于这样一些事物上,它们虽一直是在我们外部的东西,但我们尤为密切地在它们上发生自居认同,因为它们已经使自身成了镜子般反射着我们的受感致动的情状的载体,在这种镜像关系中,已经设定好了规则的联系和转移的游戏将更为复杂并不断衍生。因而,对有助于被爱事物存有的事物心怀善意,对有损其存有的事物心怀嫌恶,而又对能阻遏抑制那些有损被爱事物之存有的事物感到喜悦,这将产生出异乎寻常的而且——在极端情况下——失常的受感致动的情状:在考察受感致动机制的工作系统在人际关系领域中的投注方式时,我们将会看到这一点。

第三章
受感致动机制在人际间的表现形态和受感致动的情状的模仿
（命题二十一到命题三十四）

Les figures interpersonnelles de l'affectivité et le mimétisme affectif (propositions 21 à 34)

从命题十三到命题二十,受感致动的情状丛结的形成已经与一般而言的"事物"联系了起来,这些受感致动的情状丛结完全以自然而然的方式围绕"事物(res)"①而形成,但从这些命题的阐述可知,这些事物就它们自身而论与偶然地嫁接在它们之上的欲望的内在自然/性质是无关的。正是由于这一原因,在这样的上下文中,必须从对象关系角度来谈这些事物,这些"事物"所履行的功能不是别的,只是为欲望给予一种外部满足,而欲望本身另有独立起源,即,欲望在深层是由conatus(努力)动力机制驱动起来的。如果可以这么说的话,欲望是落在这些事物的表面上的。正如命题十九和命题二十已经证明过的那样,欲望偶然地指向一些事物,而且,若另一些事物与这些事物有相似之处或同这些事物的存有相关联,欲望还会从这些事物转移到另一些事物之上,欲望总是固着于所有这些事物的表面。这两则命题所揭示的受感致动的情状以对象为导向的这种固着方式十分关键,它造成了一个有趣的并具丰富后果的特征:受感致动的情状依据联系和转移的程序偶然地使自身固着于其上的那些"事物",不是——或并不总是必然地是——单纯的对象,不是不变地被决定的对象,仿佛

---

① 正如《伦理学》整篇文本中涉及"事物一般"时"事物"所指涉的那样,该词可以理解为具体的东西、事物、事情,甚至"人物"。凡是个别的个体,都可以归入"事物"。——译注

它们是惰性材料似的,相反,那些"事物"本身也发生着应变致动,它们的应变致动的状态既是它们之外的种种原因造成的,也依赖于由它们自身的自然/性质所决定的它们的存有。这些被"欲望"着的事物本身也经历着受感致动的诸情状的感荡,因而它们不再是纯然的"事物",不再是中立的东西,仅仅机械地激发起受感致动的机制和表述的工作,相反从那些"事物"本身的角度来说,它们也积极地、亲身地作为受感致动机制的主体卷入了这场游戏——要对此作出评估,可以采取这样一种步骤(这也正是"论受感致动的情状"命题二十一所做的),这个步骤初看上去似乎并不引人注目,①但实际上却打开了一个全新的探究领域,即,对人际关系的探究,只要这些关系是受感致动的情状的载体,通过这些载体,人们互为对象,受感致动的诸情状也因而相互交错、互相交换,并使我们已经知道的联系与转移的程序更加错综复杂。

命题二十一同命题十九构成了对称关系,实际上,命题二十

---

① 斯宾诺莎所遵循的推理过程在这里出现了一个本质性的转捩点。然而这个转折是以难以令人察觉的方式作出的,此前和此后之间并没有清晰标明的过渡:命题二十一自然而然地紧承着前面命题所阐明的内容而来,可是,从这个命题二十一开始,论证——此前的论证在范围上都是一般性的,受感致动的情状固着于其上的事物的自然/性质是没有任何明确的决定的——收紧到了对欲望主体之间关系的具体考察之上,这将会提出一类相当特殊的难题。斯宾诺莎以此方式进行推理,无疑想要说明,这些人际关系——它们占据了人的感性生活中的绝大部分——在构成上并不会实质性地改变对象关系一般展开的方式:人际关系只是对象关系的某种复杂化,对象关系展开的整体逻辑实质上没有发生任何改变,仍旧受支配着该逻辑的联系和转移的规则的决定。

一虽利用了命题十九的陈述,但却注入了新的东西,这使得关于受感致动的情状的分析转入了一个新的方向。在命题十九中,问题在于受感致动的情状执着于对于被爱事物的被保存或被消灭的表述;在作为命题十九的扩展的命题二十一中,有一种另外的考量,这种考量要更为深入,而且实际上在意义上也有不同,据命题二十一,我们所爱的这种事物本身也可以受快乐或悲伤的感荡,而隐含的意思是该物之受快乐或悲伤的感荡,与它的存有受加强或受威胁——这是命题十九在前面讨论过的——是大有干系的。显然,我们不是对任何事物都能有这种想象的。仅当我们对于与我们同属一特殊类型的共同体的事物进行表述的时候,我们才会有这种想象,我们与这些事物是同类,我们因有共同的性状而与其他类的事物相区别,我们有着共同的感受,也都同样地被种种受感致动的情状所困扰。这些事物不是纯然的事物,而就是人,是像我们一样的人,用命题二十七陈述将使用的一个说法来讲,是"与我们相似的事物(res nobis similes)"。实际上,从命题二十二开始,受感致动的情状丛结的形成越来越多地同"某人(aliquis)"而不是"某种东西(aliquid)"相联系,只要有人在我们所爱的事物上感到快乐,我们就爱他;从那一刻起,此人就不仅是我们的受感致动的情状的对象,而且也潜在地是受感致动的情状的主体。

关于受感致动机制的学说从对于事物一般的论述转入对于特殊而论的人这种"事物"是非常重要的。现在我们就尝试着就这一过渡的重要性作简要说明。我们通过想象的中介把某种受感致动的情状固定于某个事物,虽则这个事物的自然/性质是完全以自然的方式被决定的,但我们之所以可以作这种感性固定,乃由于我们承认它有某些质,我们认为这些质在某种程度上对我们构成了快乐或悲伤的外部原因,故此,面对这事物,我们就会有某种善意倾向或嫌恶倾向,但即使如此,我们同这个事物的交往仍然是极为有限的,因为这种交往是单向的:我们把某受感致动的情状附着于此事物,乃出于想象的引导,该事物遂在我们眼中具有了某些质,从而使它成为可爱的或可恨的,但我们对它有怎样的爱或恨,都不会引起该事物的反应,该事物自在地对我们保持冷漠,它因而也不会受我们对它的爱或恨的任何促动而受感致动。若被爱或被恨的事物本身被承认在潜能上也可以产生受感致动的情状,能有快乐和悲伤的感情,因而也能把种种表述同这些受感致动的情状相联系,或者说,被爱或被恨的事物实际上也有爱和恨的能力,事情就完全不同了。在这种情况中,我们因之而受感致动的这个人的受感致动的情状势必与我们的受感致动的情状相互作用。从这个人的受感致动的情状的角度来说,它们可能是指向我们的,或仅仅是我们乐于想象他的那些受感致动的情状是指向我们的;他的那些受感致动的情状(毋宁说我们对于他的那些受感致动的情状的想象性表述)因而是对我们的受感致动的情状的回应,这样一来,我们的受感致动的情状与那人的受感致动的情状也就进入了一种相互影响的关系之中。这就使谈论真正的受感致动的交换机制成为了可能。这里谈及的后一个论点正是命题三十三所提出的,据此命题,"当我们爱与我们相似的事物时,我们努力地、尽我们所能地使它反过来爱我们(cum rem nobis similem amamus conamur quantum possumus efficere ut nos contra amet)"。一旦这样,受感致动的情状便卷入了某种贷出—偿还的游戏之中,这场游戏所依据的是一种新逻辑,这种新逻辑为了在受感致动的情状的交换关系中达成某种质上的和强度上的平衡(真实的平衡或想象性的平衡),而逐渐产生出许多复杂的表现形态。新的受感致动的情状丛结虽然从根源上仍由conatus(努力)而来,而conatus(努力)也仍旧——在归根到底的意义上——是它们的来源,这些新的受感致动的情状丛结毕竟是从conatus(努力)中获取它们的能量的,但在前述那些条件下,这些新的受感致动的情状丛结仿佛在循着一种惯例自动地运作,差不多和已经阐明过的对象关系这一简单形态所循的规则一样,在自动机制的基础上进行工作,因此,这些新的受感致动的情状丛结既不涉及意图性意向,甚至也不涉及意识性意向,至少是在其工作初始是不涉及这两种意向的。

这些自动机制的执行是围绕一个中心性原则来完成的,这个原则就是受感致动的情状的模仿原则:"受感致动的情状的模仿(imitatio affectuum)"的概念将在命题二十七中得到阐明,这种"模仿"或"拟态"不是别的,就是一些人的受感致动的情状在另一些人那里的想象性投射,因而仍是一种转移:如果说感情共享作为一种受感致动的情状是人们自觉状态下的感同身受,那么这种投射则无须感情共享就能在纯受感致动机制的水平上建立起人们之间的想象性联系。每个人都循着他的conatus(努力)的不可遏抑的冲动而把他自己的生命潜能投注到欲望之中,所以,这些欲望——就其表现服从于想象的法则而言——是从集体性中而非仅从个体中获得的:欲望在真正意义上构成了联系工作机制的力量载体,所有后来的个体间欲望形式都是从这种联系的力量中起源的,具体来说,人的共同体——无论它们是在什么水平上构成的——也是从这种联系的力量中起源的。众多个体并不是像一个个独立的细胞那样相互外在地挤在一起而形成相互关系的,相反,众多个体正是在受感致动的情状的模仿基础之上建立起相互关系的,因此,与单个个体的构成状态中会出现诸多受感致动的情状丛结一样,众多个体形成的相互关系从一开始也会出现诸多的受感致动的情状丛结,个体间的相互关系因而自始至终都受着"受感致动经济"的支配,因为,"受感致动经济"的规则本身就是同时涉及众多个体的,众多个体的想象性表述机制在这一规则的支配下发生着相互作用。这一学说有着范围极大的后果——它使我们能搞清楚:每个人在努力地把在其自身之中的"是其所是"的力量实现出来的过程中必定会产生怎样的受感致动的情状,而由于人们反过来又会共同地为这些受感致动的情状所困扰,他们又将以何种方式自然地形成联结,或毋宁说会怎样地形成相互依赖(在"依赖"这个表达的全部意义上所说的"依赖")。社会纽带的真正基础也就在这里,社会纽带并非源于理性的计算,而是源于只受想象规则支配的被动情状/激情的自发释放;被动情状/激情的自发释放在种种条件的调节之下最终把冲突(冲突的原初形式可以在每个个体的心理倾向中找到)转移到了所有的共同体之上,而制约着这种转移的那些条件(完全自发地处在这些条件中的人们对这些条件甚至一无所知)也正是受感致动的情状丛结赖以形成的条件。这个严格意义上的政治学主题将在《伦理学》下一部分中得到说明,①也还将系统地在斯宾诺莎最后一部著作《政治论》中得到详述:《伦理学》第三部分的主旨虽然是阐明关于受感致动的情状的学说,但这一学说也确乎对

---

① 尤其见"论奴役"部分命题三十七及其附释。

人的社会形式的分析打下了基础，在此意义上说，《伦理学》第三部分已经阐明了斯宾诺莎政治学主题的若干基本概念及其主要路径。①

命题二十之后的这些命题虽然初看上去犹如迷宫，极其复杂，但我们从上文简要勾勒出来的这些考量出发，还是能在这个迷宫中辨识出这些命题所循的推理的：它们完全致力于阐明人际关系，并就在这些关系形成的特殊系统中出现的受感致动的情状丛结进行推理。命题二十一到命题三十四构成了第一组命题，在这组命题中，斯宾诺莎首先揭示了受感致动的情状的模仿的基本原理，因为这一原理是人与人之间受感致动关系所有形式的源头；继而，在由命题三十五到命题四十七构成的第二组命题（这组命题在本书的下一章进行研究）之中，斯宾诺莎对受感致动的情状的模仿原理的种种后果进行了展开说明，并阐明了"受感致动经济"的种种特殊规则，这些规则之所以能支配爱与恨的日常游戏，其基础与其说是意图性的意向或理性算计，不如说是对互惠性的欲望，正是这种对互惠性的欲望促使人们顺着从一开始就铭写于他们心灵建制的构成之中的，尤其是从一开始就铭写于控制着他们的想象性表述生产工作机制之中的那种禀赋和倾向紧密地结成了相互联系。

命题二十一到命题三十四这组命题的目标在于对感性生活赖以展开的基础进行阐述，指明了感性生活的系统中既变化多样又具有同一性形式的他者关系。通过这一阐述，种种新的受感致

---

① 在"论受感致动的情状"部分命题二十一到命题三十四这部分里，斯宾诺莎着手于一项研究，该项研究今天我们称之为心理社会学。

动的情状被识别出来，它们都是在对他人的考量中获得了样式化的不同种类的快乐和悲伤："怜悯（commiseratio）""同情（misericordia）""嫉妒（invidia）""嘉许（favor）""气愤（indignatio）""仁慈（benevolentia）""看重（existimatio）""轻视（despectus）""骄傲（superbia）""争胜（aemulatio）""通人情（humanitas）""赞赏（laus）""责备（vituperium）""光荣（gloria）""耻辱（pudor）""自我满足（acquiescentia in se ipso）""羞惭（humilitas）""沮丧（abjectio）"和"懊悔（poenitentia）"。循着自"论受感致动的情状"命题九就开始执行的程序，这些具体的感性现象（它们还将在"论受感致动的情状"部分的结尾所录受感致动的诸情状定义的总表中被系统地重述）得到逐一辨析，并被赋予名称，而在这些命题所附的附释中，也就是在总的推导的旁注中，它们也被层层推演，乃至于随着总推导的展开，这些感性现象看上去就像在那些附释中进行着系统的生成，从一个生出另一个，相互勾连，像是一个整一的形式组合中的各个片段一样；也只有把这些感性现象置于它们所共属的这个系统——正如"论受感致动的情状"前言所勾勒的研究规划所言——才有可能找到它们的理性工作规律，而正是这一理性工作规律使它们深植于我们心灵建制的自然构成之中。

1. 二元组情境与三元组情境（命题二十一和命题二十二及其附释，受感致动的诸情状定义之定义十八和定义十九，命题二十三及其附释和命题二十四及其附释，受感致动的诸情状定义之定义二十三和定义二十四）

这一组命题，就它们的陈述的表达方式而言，完美地印证了我们前面所说的东西，即，它们组成了一套抽象的组合系统，在这一系统中，若干特定感性情境——连带着与它们相对应的若干不同心理倾向——在逻辑上都是与他人相关的：命题二十一："想象他所爱的东西快乐或悲伤地受感致动的人（qui id quod amat laetitia vel tristitia affectum imaginatur）……"；命题二十三："想象着他所恨的东西悲伤地受感致动的人将会感到快乐……反之……感到悲伤……（qui id quod odio habet tristitia affectum imaginatur… si contra idem laetitia affectum esse imaginatur）"；命题二十二："如果我们想象某个人使我们所爱的事物快乐地受感致动……或者相反……如果我们想象那个人使这事物悲伤地受感致动……（si aliquem imaginamur laetitia qfficere rem quam amamus… si contra eundem imaginamur tristitia eandem afficere…）"；命题二十四："如果我们想象某个人使我们所恨的事物快乐地受感致动……如果相反我们认为那个人使那事物悲伤地受感致动……（si aliquem imaginamur laetitia afficere rem quam odio habemus… si contra eundem imaginamur tristitia eandem rem afficere…)"。① 当我们面对这些情境中的某个他人时,我们就会以完全冲动的方式在受感致动的情状上同这个他人发生关联,在此同时,却又根本意识不到由这些感性的对子所构成的系统,尽管正是这个系统决定着我们的态度的配置,在这些情境的每一种之中,也正是这个系统使我们在能思考我们的态度之前就自发地倾向于采取这种态度。这里实际上有一种自动驱动机制的效果,这些命题的阐述风格也透露出了这种自动驱动机制效果的那种没完没了地纠缠着人的、重复的节奏,这种风格使得自动驱动机制的效果直接明白地易于为我们所把握。② 斯宾诺莎在这里进行的就是对感性的种种重要现象的解析工作,从而给出一种系统分类,而这分类方式的原则本身是不以调节着每个个人在其亲身经验中体验并经历这些受感致动的情状的条件为转移的。

命题二十一③阐述的观念是,当人想象他所爱的事物因快乐

---

① 命题二十一和命题二十三构成了一对对子,命题二十二和命题二十四构成了一对对子,但它们不是以连续的方式被阐述的,这两个对子的各项按照类似叠韵的渐进过程被交叉在一起。

② 这种极具风格的阐述过程是对命题十九和命题二十已经使用过的那种阐述过程的扩展,这一风格就体现在"欢乐(laetari)"和"悲伤(contristari)"这两个动词的将来时态上。

③ "Propositio 21. Qui id quod amat laetitiâ vel tristitiâ affectum imaginatur, laetitia etiamvel tristitiâ afficietur, et uterque hic affectus major aut minor erit in amante, prout uterque major aut minor est in re amatâ."/"命题二十一:想象他所爱的东西快乐或悲伤地受感致动的人,也将以同样的快乐或悲伤而受感致动;而这人的这受感致动的情状的强弱,会随着他所爱的那事物的受感致动的情状的强弱而改变。"——译注

或悲伤而受感致动的时候①,爱着此事物的人也——并且是等同地——以同一种快乐或悲伤而受感致动:因此,人在心理上将他的快乐或悲伤的受感致动的情状固定在一个事物上,而且这个事物本身是可以因快乐或悲伤而受感致动的,或至少该物是被如此想象的,这就等于说此人使自己分享了该事物的受感致动的情状,共有了这些受感致动的情状,这种受感致动的情状的分享或共有从低到高的强度比例也达到了相应的程度,至于强度是高是低,则视被爱事物的受感致动的情状的程度而定,也就是说,被爱事物的受感致动的情状若发生变化,爱此事物的人这里所产生的快乐或悲伤的受感致动的情状也相应地、同方向地发生变化。一种被动情状/激情动力学(这种被动情状/激情动力学总是以同一方向把主体和对象的受感致动的情状联结在一起)的运动就这样被激发了起来:主体所爱或恨的对象若被主体想象为因被另一事物爱或恨并因而产生快乐和悲伤的受感致动的情状,这个对象的这些受感致动的情状只要在主体的表述或想象中得到反馈,并直接地引发主体的受感致动的情状的波动,就足以使受感致动交互性的想象性循环建立起来,感性的这种想象性循环正是感情的交换(le commerce des sentiments)的基础。命题二十一证明有两个

---

① 命题二十一的陈述在措辞上仍然使用的是被一般地考量的事物的中性含义:"他所爱的东西(id quod amat)""被爱的事物(res amata)"。这样做使得这个命题可以顺承前面的推理,与那些推理保持自然连续性。但是,如果对这则陈述的含义有足够细致的把握,我们就会理解,这里所说的"东西"或"事物",就它被想象可以因快乐或悲伤而受感致动而言,在心理上是人格化的,或是有人的特征的:因而这种事物不再完全是一个单纯的事物。

基础,一个基础是命题十一附释,这则附释对快乐和悲伤的受感致动的情状作了界定,指出甚至在受感致动系统未与任何对象绑定之前,这两种受感致动的情状就已经表现着心灵的思想力量的变化了,①另一个基础是命题十九,这个命题说明,人若爱某事物并且同时把他自己的快乐的受感致动的情状固定于这被爱的事物,必定随着这个事物的存有力量的变化而受到快乐或悲伤的感荡。

与命题二十一一样,命题二十二也考量的是事物是爱的对象的情况②;而且,也同命题二十一一样,它探讨的也是这样一种情境,即,这事物本身也被想象能有快乐或悲伤的受感致动的情状。但是命题二十二的情况稍微复杂一些,它补入了这样一个新的元素:被爱的这事物被想象着是因某个人而快乐或悲伤的,故此,这种想象"伴随着关于外部原因的观念(concomitante idea causae externae)",这个外部原因本身还是某个人;也就是说,被爱的这事物,在这里所探讨的情况中,只可能是一个人,而他本身又被认为爱或恨着一个第三方,而且陈述中还提及,这个第三方也是一个人,所以也能受快乐或悲伤的感荡,或者至少可以被想象为受快

---

① 请记住,这里所说的"之先"仍然并非是"先在于",而是"优先于"的意思。

② "Propositio 22. Si aliquem imaginamur laetitiâ afficere rem, quam amamus, amore erga eum afficiemur. Si contrà eundem imaginamur tristitia eandem afficere, odio etiam contra id ipsum afficiemur."/"命题二十二:如果我们想象某个人使我们所爱的事物快乐地受感致动,我们也会爱那个人,或者相反,如果我们想象那个人使这事物悲伤地受感致动,我们就会恨那个人。"——译注

乐或悲伤的感荡。①这样一来,就会产生出对于使这一被爱事物发生快乐或悲伤的受感致动的情状——或被想象如此——的那个人的一种感情转移,该人也遂成为爱或恨的对象:人爱一个对象,若他还想象此对象对另一人有爱的感情并因这爱的感情而感到快乐,那么,另一人也会成为此人的爱的对象;人恨一个对象,若他还想象此对象对另一人有恨的感情并因这恨的感情而感到悲伤,那么,另一人也会成为此人恨的对象。命题二十一是命题二十二的证明基础,命题二十二对命题二十一的内容进行了重述,使之具有了命题十三附释中所定义的爱和恨的受感致动的情状的那些特征。②

命题二十三③又返回了对二元组情境的考量,这一二元组情境

---

① 当然,我们完全有理由认为,某个第四人又可能使处在这个感性关系的第三人位置上的这个人本身受到快乐或悲伤的感荡,而这个第四人又完全可以是使引发此类转移的这个基本关系得以形成的三人中的那个第一方或第二方。

② 应该注意到的是,命题二十二在重述命题二十一的时候,却没有明确地再谈到受感致动的情状从一个人转移到另一个人是按同等强度的比例来进行的这一观念,这个观念适用于命题二十一所谈的二元组情境,但未必对命题二十二所分析的三元组情境有效,这可能是该观念未在这里得到重述的原因。

③ "Propositio 23. Qui id quod odio habet, tristitia affectum imaginatur, laetabitur; si contra idem laetitiâ affectum esse imaginetur, contristabitur, et uterque hic affectus major aut minor erit, prout ejus contrarius major aut minor est in eo, quod odio habet."/"命题二十三:想象着他所恨的东西悲伤地受感致动的人将感到快乐;如果相反,他若认为那东西快乐地受感致动,他就将感到悲伤。他所感觉的快乐或悲伤的受感致动的情状之强弱,正对应于他所恨的东西所感到的相反的受感致动的情状之强弱。"——译注

同命题二十一所考察的二元组情境构成了一种对称关系:这里的情况是,固定地引发一个人的受感致动的情状变化的事物不是被爱的对象,而是被恨的对象,也就是说是消极感情的对象;在这种情况中,可能被激发起来的快乐和悲伤这两种受感致动的情状,以及受感致动的情状的主体和他的受感致动的情状所固着的事物,相反地,此消彼长地变化着,而且遵循着同一种比例规则:当被恨的事物悲伤地受感致动的时候,恨此事物的主体则快乐地受感致动,若因该人想象他所恨的事物悲伤地受感致动,他快乐地受感致动的情状则更甚,反之亦然。这则命题的证明方式与命题二十一相同,它的证明也结合的是命题十一附释和由命题十九发展而来的命题二十的义理;此外,命题二十二的证明还加上了对命题十三的参考,据命题十三,心灵竭力抵消使身体——心灵正是身体的观念——动作力量减少的那些表述,为了做到这一点,心灵尽一切可能地唤起那些相反的表述;这个补充的参考在命题二十二证明中是这样被解释的:"如果他想象他所恨的某人感到快乐,则这个想象将阻碍他自己的努力,也就是说,恨(那个人)的人将会悲伤地受感致动(si quis eum quem odio habet laetitia affectum imaginatur, haec imaginatio ejusdem cona-tum coercebit, hoc est is qui odio habet tristitia afficietur)。"①换言

---

① 应该指出的是,在给出对命题十三的参考的时候,命题二十三证明明显从对事物的考量转入了对人的考量:与命题二十一构成了对称关系的命题二十三考察的是人在"恨某种东西(qui id quoi odio habet)"时的情况,但其证明中的这个段落则明确地提到"他所恨的某人(quis eum quem odio habet)"。正是通过这微妙的一字之差,斯宾诺莎以令人难以察觉的方式,从对事物的考量转入了对人的考量:他想要让人们明白的是,即便人不是和其他东西一样的事物,但毕竟仍旧是事物;因此,人也总是服从于事物的规律。

之,恨某人就意味着恨使那人快乐地受感致动的所有东西,同时爱使那人悲伤地受感致动的所有东西:通过把同命题十三相对称的命题十二的义理运用于命题二十一——该命题给出了命题二十三的反向陈述——的内容,我们反过来也会推知,爱某人就是爱使那人快乐地受感致动的所有东西,而同时恨使那人悲伤地受感致动的所有东西。

命题二十三所附的附释强调了上述被形式化地重构出来的受感致动的情状的两歧性:一个人所恨的东西本身越是悲伤地受感致动,该人就越是快乐地受感致动,对此人来说,"这种快乐很难牢固,且不可能不带某种内心的冲突(haec laetitia vix solida et absque ullo animi conjlictu esse potest)"。我们出于纯然否定性的理由而获得真快乐,这真的可能吗?这种快乐靠否定的贬抑精神来维持自身,它本身难道不也为这种贬抑精神所沾染吗?当你看到另一个悲伤的人而你又以你对此人有恨的感觉为由而感到快乐的时候,你本人也就被毁灭的逻辑指导着了,这种毁灭的逻辑不断积累起种种否定性的参照,但正如我们在解释"受感致动的诸情状"定义十五所附说明时,围绕不确信稳定化为确信的基础是什么这一问题所证明的那样,从否定性的毁灭逻辑中是不可能得出积极平衡的——难道不是这样吗?为了坐实这一疑虑,斯宾诺莎还预支了稍后将在命题二十七——受感致动的情状的模仿这一主题正是由命题二十七介绍的——中阐明和证明的一个论据:我们在想象"与我们相似的事物(res nobis similis)"——也就是和我们一样的人——以某种特定的方式受感致动时,不可能不以同一方向犹如感同身受般地经验这种受感致动的情状,相反,我们必定会通过某种自发的自居作用犹如感同身受般地经验他人的那种受感致动的情状,这种自发的自居作用,完全不涉理性推理,只是通过纯然的传染机制,便能使一个人受感致动的情状在保持它们的方向的条件下转移到另一个人身上:在这一情形中,我们只要看到有人悲伤,即便我们对他有恨的否定性感情,他的悲伤也会以某种特定方式反射到我们身上,以至于我们同样悲伤地受感致动。就命题二十三所探究的这种情形而言,我们从我们不爱的某人所遭受的恶中获得快乐,事实上,在此同时,我们必定是由快乐和悲伤同时作用而受感致动的,这是"心灵的混淆(fluctuatio animi)"——在命题十七介绍的这个概念的真正意义上所说的"心灵的混淆"①——的一个典型情况。同样的推理可用于被恨的人快乐地受感致动的情形,这必将不可避免地使恨此人的人感到悲伤。斯宾诺莎用这样一句话来简练地结束了附释:"在这里我们所讨论的只限于恨(hic ad solutn odium attendimus)。"这句话的意思是不是这样的呢——我们从我们所恨的某人遭受的恶上感到快乐必定伴随着悲伤,反之,他若感到快乐,我

---

① 斯宾诺莎勾勒的这种分析,区分出了快乐和悲伤这两种原因,它们在这种情况中是同一个人同时感受到的:感情的这种双向性的解释,不在于这两种感情的自然/性质——它们的自然/性质是不可能变换的——,而在于某种汇合(conjoncture),这种汇合使得这两种感情以反常状况的方式交叠在一起:快乐本身不可能是悲伤的,不可能存在快乐的悲伤,因为这本身是个自相矛盾的说法;但是,快乐和悲伤是可以同时叠加在同一个主体身上的,这两种感情从互不相关的不同来源被传递给这同一个主体:这个主体进而撕扯于这两种被动情状/激情的对峙之中,这两种被动情状/激情同时在这个主体身上释放自身,而该主体根本不可能控制它们之间的冲突,该主体只能像剧场中的观众那样看着它们,或者说,该主体只能充当献祭给它们的牺牲。

们就会感到悲伤,但这种悲伤里面也毕竟夹杂着令我们快慰的东西,因为看到快乐的人而又能不使自身反射其快乐是绝不可能的？文中给出的提示过于粗略,我们对此尚不能确定,这一点保持了其开放的悬而未决的状态。

与命题二十二相对称的命题二十四,沿着命题二十三所提及的这种二元组情境的线索,扩展出了对三元组情境的考量①:这种三元组情境是这样的,即,一人恨另一人,若该人又想象有一第三人使那另一人快乐或悲伤地受感致动,则那第三人对第一人而言就可能是可亲的或可憎的。也就是说,如果第一人想象那第三人使他本人所恨的人悲伤,或在第一人的想象中被他所恨的人单是想象第三人便能悲伤地受感致动,则那第三人对第一人而言就是可亲的;如果第一人想象那第三人使他本人所恨的人快乐地受感致动,或在第一人的想象中被他所恨的人单是想象第三人便能快乐地受感致动,则那第三人对第一人而言就是可憎的。所以,正如命题二十二所研究的情境一样,而且在推理的理由上也完全一样,②这种情境中有一种感情的转移,即,第一人所具有的感情经由第二人转到了第三人身上,也就是说,一人恨另一人,此第一人若想象某个第三人使第二人快乐地受感致动,或想象第二人单是想象第三人便能感

---

① "Propositio 24. Si aliquem imaginamur laetitia afficere rem, quam odio habemus, odio etiam erga eum afficiemur. Si contrà eundem imaginamur tristitiâ eandem rem afficere, amore erga ipsum afficiemur." / "命题二十四:如果我们想象某个人使我们所恨的事物快乐地受感致动,我们就对他有恨的受感致动的情状。如果相反我们想象他使那事物悲伤地受感致动,我们就对他有爱的受感致动的情状。"——译注

② 由于这一原因,命题二十四采用了完全与命题二十二一样的证明。

到快乐,这个第一人就会进而恨那第三人;反之,此第一人若想象某个第三人使他所恨的人悲伤地受感致动,或想象他所恨的人单是想象第三人便能感到悲伤,这第一人就会进而爱那第三人。

这些关系和感性传递在形式上的这种交互性突出了它们的自动化特征,因此,这些关系和感性传递在形式上的这种交互性以完全非人格化的方式发生:这些树立在爱或恨的基础上的二元组情境或三元组情境也都是人际关系基本"故事大纲"中的元素,是"故事大纲"被化简了的极简抽象框架,经验可以以不同的方式对它们进行着色,在它们中填入各种具体的内容,但却不会改变它们的功能运作的系统节奏,因为,这两种基本情境对应着一种完全不以人的意向为转移的结构性调节机制,人们——只要他们处在前面已经 a priori(先天地)被重构出来的那些不同情况中——甚至在对它们毫无知觉的情况下就已经成为这个系统的无意识的执行者。

现在让我们来专门看一下命题二十二附释和命题二十四附释在这些形式化关系的系统设定中连续地识别出来的那些受感致动的情状的特殊形式。命题二十二附释,通过对命题二十一的推理加以扩展(这一推理考察的是受感致动的情状的二元组关系的情况),首次介绍了"怜悯(commiseratio)"这一感情现象,"怜悯"是"由他者遭受的损害所引起的悲伤(tristitia orta ex alterius damno)"。①

---

① 在受感致动的情状的系统拓扑关系中,与"怜悯"的感情相对的感情,应该是"由他人享受的善好所引起的快乐(laetitia quae ex alterius bono oritur)"。但是,斯宾诺莎却说,"我不知道该怎样命名它(quo nomine appellanda sit nescio)"。

对这一感情——这样被界定的这种感情——的特征说明,似乎更加符合于命题二十七就受感致动的情状的模仿进行阐明给出的论述:因为,怜悯的这种定义单纯涉及我们自发地从他者所经验的痛苦中感到痛苦,而无涉于此前命题二十一所强调的限制条件,而据命题二十一,这个他者必须是我们"所爱的东西"。所以,"受感致动的诸情状定义"之定义十八所给出的怜悯定义,在参考命题二十二和命题二十四的附释的基础上,依旧强调说"怜悯是种悲伤,伴随着关于厄运的观念,那厄运是发生在想象中与我们相似的事物之上的"。这也就是说,只要我们向我们自己表述某个他者与我们相似,且我们也会有同它一样的麻烦,我们便能自居于此他者,并对它有怜悯的感情。与这个概念相应,"受感致动的诸情状定义"之定义十八①所附说明还介绍了同情(misericordia)这一主题,"同情(misericordia)"不是别的,就是怜悯本身,不过,"同情"是一种"习惯性趋向",而超越了具体的心理感性应变情状。②

---

① "18. Commiseratio est tristitia concomitante ideâ mali, quod alteri, quem nobis similem esse imaginamur, evenit. Vid. schol. pr. 22. et schol. pr. 27. hujus. Inter commiserationem et misericordiam nulla videtur esse differentia, nisi forte, quod commiseratio singularem affectum respiciat, misericordia autem ejus habitum."/"18. 怜悯是种悲伤,伴随着关于厄运的观念,那厄运是发生在想象中与我们相似的事物之上的,参见命题二十二附释及命题二十七附释。怜悯涉及具体的受感致动的情状,而同情是怜悯的习惯性趋向,除此之外二者并无不同。"——译注

② "受感致动的诸情状定义"之定义二十四又专门就其本身对"同情(misericordia)"的概念进行了界定,那时,"同情"这个概念是和定义二十三所

命题二十二附释辨析了两个新的感情形态:"嘉许(favor)"和"气愤(indignatio)",这两种感情形态是命题二十二所给出的三元组情况中产生的受感致动的情状。"嘉许"是"对于造福他者的人的爱(amor erga ilium qui alteri benefecit)","气愤"则是"对危害他者的人的恨(odium erga ilium qui alteri malefecit)"。和"怜悯"与"同情"的情况一样,在本部分后附的"受感致动的诸情状定义"之定义十九和定义二十那里也并未明确地讲对行善者或作恶者的爱或恨就一定取决于对受善事之助或遭恶行之损的人的爱或恨①;那两则定义在参考了命题二十二的同时,还参

专论的"嫉妒(invidia)"的概念相对举的。同时,"怜悯(commiseratio)"概念的某些方面又在命题二十七中被提及,并在该命题的绎理二和绎理三中得到了研究。《伦理学》"论奴役"部分命题五十解释说,"在以理性为指导而生活着的人那里,怜悯本身是病态和无用的"。["怜悯"是特殊的受感致动的情状,涉及现实情境中人因想象自身会遭受与他自己相似的事物所遭遇的厄运而产生的悲伤的感情;"同情"是"怜悯"的普遍化习惯,超越了具体情境中的特殊想象。但斯宾诺莎在定义二十四中又联系具体情境把"同情(misericordia)"定义为"同情是一种爱,就它以如下方式使人受感致动而言:人因他者的幸福而感到快乐,相反,因他者的不幸而感到痛苦"。与这一意义上的"同情"概念相对举的是"嫉妒(invidia)",定义二十三对"嫉妒"的定义是:"嫉妒是一种恨,就它以如下使人受感致动的方式而言:人对他者的好运感到痛苦,相反,对他者的厄运感到快乐。"——译注]

① "19. Favor est amor erga aliquem, qui alteri benefecit. 20. Indignatio est odium erga aliquem, qui alteri malefecit. Haec nomina ex communi usu aliud significare scio. Sed meum institutum non est verborum significationem sed rerum naturam explicare, easque ijs vocabulis indicare, quorum significatio, quam ex usu habent, a significatione, quâ eadem usurpare volo, non omninò abhorret, quod

考了命题二十七绎理一,在后者所考量的情况中,那事物(或人)显然"并不促动我们产生受感致动的情状(quem nullo affectu prosecuti sumus)"。

在"受感致动的诸情状定义"定义十九和定义二十后所附说明里,他作了这样一个评注,其意义范围要超出嘉许和气愤的受感致动的情状的特殊情况:"我知道,这些名称在通常用法中另有含义。但是,我的目的不是解释名称的含义,而是解释事物的自然/性质,用这些名称来表示这些事物,我应用这些名称的意义,与这些名称在日常用语中的意义,并不十分违反。我相信只要这样提示一次就够了。"名称是它们所标示的事物的标签,仅具有指称价值,为通常用法所约定俗成,但是通常用法并不可能从理性的角度赋予这些名称所标示的事物以充分的准确性:因而必须越过词语,甚至扭转它们的传统含义,返回到它们所指称的事物本身,就事物给出理性分析,而不必纠缠于语言通常用法所诱发的那些偏见。斯宾诺莎不无生硬地作这样的声明,实际上是在给他通过我们正解读的这组命题对形式化情境进行研究时所遵循的程序作辩护,在这些命题中,他所研究的这些形式化情境可能就它们自身被考量,而无须依赖于经验,也无须依赖于自发地解释这

---

semel monuisse sufficit. Caeterum horum affectuum causam vide in Coroll. 1. pr. 27. et schol. pr. 22. hujus."／"19. 嘉许是对于造福他者的人的爱。20. 气愤是对危害他者的人的恨。我知道,这些名称在通常用法中另有含义。但是,我的目的不是解释名称的含义,而是解释事物的自然/性质,用这些名称来表示这些事物,我应用这些名称的意义,与这些名称在日常用语中的意义,并不十分违反。我相信只要这样提示一次就够了。至于这些受感致动的情状的原因,见命题二十七绎理一与命题二十二附释。"——译注

些情境的词语,不过,在这些命题所附的附释中,这些情境又是联系着受感致动的情状的特殊示例、由名称而被辨识的,而且也表现出了斯宾诺莎所使用的术语系统必然造成的高度的不确定性:这些例子针对这些命题的证明而具有示例价值,而并未划定范围,也并不对证明有解释的价值。

最后,命题二十四的陈述本身在一般性地阐明了三元组情境之后,通过附释辨析了一个新的受感致动的情状——"嫉妒(invidia)"。"嫉妒",它"不是别的,而是恨,就它被考量为使人在他人的受损害中感到快乐而在他人的受益中感到悲伤的倾向而言(nihil aliud est quant ipsum odium quatenus id consideratur hominem ita disponere ut malo alterius gaudeat et contra ut ejusdem botto contristetur)"。"不是别的,而是"这一提法是斯宾诺莎的典型表达方式,很好地表现了离开词语含义而向词语所指的事物的真正自然/性质的返回,这种返回的目的在于理性地重构其意义,而忽略——至少是在开始时忽略——词语的用法和经验。就这一特殊情况而言,"嫉妒(invidia)"这个词在这里也被作了一反其常义的使用,这种用法不太考虑词语的精确性,而考虑的是事情的真相,这种考虑的基础是正确审视原因之于效果的关系。当"嫉妒"这个概念由"受感致动的诸情状定义"之定义二十三①再次界定

---

① "23. Invidia est odium quatenus hominem ita afficit, ut ex alterius felicitate contristetur, et contrà ut ex alterius malo gaudeat. Invidiae opponitur communiter misericordia, quae proin invitâ vocabuli significatione sic definiri potest. 24. Misericordia est amor, quatenus hominem ita afficit, ut ex bono alterius gaudeat, et contrà, ut ex alterius malo contristetur. Caeterum de invidiâ vide schol. pr.

的时候,它被与"同情(misericordia)"的概念相对举。而"受感致动的诸情状定义"之定义十八所附说明已经指出,"同情"是普遍化了的"怜悯(commiseratio)"形式。在定义二十三当中,斯宾诺莎补充说:"嫉妒通常与同情相对。"这样一来,我们就明白了这些概念都被置于命题二十二的脉络之中的原因:"怜悯""嘉许""气愤""嫉妒""同情"是人对"事物"(他者)所受祸福的一般性态度,所涉及的"事物"可以与态度主体有利害关切,也可以是"事物一般",也仅仅在后一种情况中,"事物一般"构成了"同情"和"嫉妒"的对象。①尽管"怜悯"和"嫉妒"像通常为人所接受的那样,被指明为一对对立的概念,但是这种对立也使我们看到,"同情"的定义是沿着"嫉妒""这个词的反面(invita vocabuli)"而得出的。据"受感致动的情状定义"之定义二十四,"同情"是"一种爱,就它以如下方式使人受感致动而言:人因他者的幸福而感到快乐,相反,因他者的不幸而感到痛苦":这个特征说明同

---

24. et schol. pr. 32. hujus. Atque hi affectus laetitiae et tristitiae sunt, quos idea rei externae comitatur tanquam causa per se vel per accidens."/"23. 嫉妒是一种恨,就它以如下使人受感致动的方式而言:人对他者的好运感到痛苦,相反,对他者的厄运感到快乐。嫉妒通常与同情相对,因此(尽管名称的意思可能不同),同情可被定义如下:24. 同情是一种爱,就它以如下方式使人受感致动而言:人因他者的幸福而感到快乐,相反,因他者的不幸而感到痛苦。关于嫉妒,见命题二十四附释及命题三十二附释。这些受感致动的情状都是伴随着以外部事物为原因(无论那外部事物本身是真正原因还是偶然原因)的观念的快乐和悲伤。"——译注

① 斯宾诺莎仅在命题二十七绎理三所附的附释中提到过"仁慈(benevolentia)"的概念一次,以命题二十二附释为参考。

"受感致动的诸情状定义"之定义十八所给出的"怜悯"定义虽不对立,但必定有所不同;定义二十四的特征说明,在嫉妒和同情之间建立了一种严格的对称关系。使自己对他者的幸福感到快乐或对之感到悲伤,使自己对他者遭受的伤害感到悲伤或对之感到快乐;这四种态度构成了某种抽象的几何图形的四个顶点,命题三十二附释将对它们进行重新描述,并解释说,这里说的这些态度是人的自然/人性的客观组成元素,人的自然/人性正是通过它们的两两对立关系而体现出了某种普遍状况——这一切是在个体的主观印象为这个系统填入具体内容之前就已经完成了的。①

因而,让斯宾诺莎感兴趣的是为混淆的受感致动的情状形态清理出它们的顺序或规则,所以他要以推理的方式对它们进行说明,这样才能揭示出它们所参与的总过程:这样,这些受感致动的情状形态就被归并为一定数量的基本形式,这些基本形式是受感致动机制构成的决定要素。"论受感致动的情状"部分接下来的命题将推导出真正的原因,为受感致动的情状的生产给出解释。《伦理学》"论受感致动的情状"部分的结尾所列"受感致动的诸情状定义"总表按照推理顺序将斯宾诺莎在命题后所附的那些构成了连续性的附释中论述的相关内容进行了汇总,使那些受感致动的情状得到了系统性的呈现,在某种程度上说,"受感致动的诸情状定义"总表构成了一种分类表,补足

---

① 在命题三十二附释中,为了使这些行为动作的自动化、无意识的自然/性质便于理解,斯宾诺莎将选择儿童为示例,因为,在儿童那里,想象机制是以其纯粹状态自动执行工作的。

而非取代了原理性的解释。这种分类引入了一些新的参考因素，但这些新参考因素的重要性毕竟只能被认为是相对次要的。在"受感致动的诸情状定义"之定义二十四所附说明的结尾，斯宾诺莎介绍了一个区别原理，其范围显然涉及对受感致动的诸情状的整体分类，该区别原理如下：归根到底，受感致动的诸情状可分为两类，一类是"伴随着以外部事物为原因（无论那外部事物本身是真正原因还是偶然原因）的观念的快乐和悲伤"的受感致动的情状，另一类快乐或悲伤则是"伴随着以内部事物为其原因的观念的受感致动的情状"。前者是受外部事物制约的各种爱和恨，让我们这么来说吧，就这些外部事物是人而言，它们是指向他人的受感致动的情状（affects altruistes）；而第二类范畴是快乐、悲伤或欲望的纯粹的受感致动的情状，引发这类受感致动的情状的对象正是受感致动的情状的主体自身，它们是受感致动的情状主体那里依他自身而被促动起来的个人受感致动的情状。这一类受感致动的情状虽然看上去涉及的是在自己与自己关系之中的个体，但是也还以某种特定方式牵涉着对他者的考量，因为，指向自我的受感致动的情状所直接指向的"自我"印象，恰恰是借由他者才得以被建构起来的：因此，完全有理由认为，被外部原因促动起来并发展的受感致动的情状与被内部原因促动起来并发展的受感致动的诸情状之间虽有差别，但实质上，这两类受感致动的情状都贯穿着同一个人际关系发展的过程，也就是说它们之间的差别并不会对感性经济系统造成实质性的改变。命题二十一到命题二十四这部分所研究的受感致动的情状形态，典型地属于依他人而动的受感致动的情状的范畴。在检视接下来的命题的内容时，我们将会看到另一些受感致动的情状,它们相反则是个人由其自身引发的受感致动的情状,比如"骄傲(superbia)"这个将在命题二十六中被引入的概念。

2. 指向他人的感情和指向自我的感情(命题二十五和命题二十六及其附释,受感致动的诸情状定义之定义二十一和定义二十二、定义二十五和定义二十六、定义二十八和定义二十九)

命题十九到命题二十四这部分所分析的心灵机制的工作显然完全是自动化的。这些命题已经表明快乐和悲伤的感情状态都是纯粹的受感致动的反应,是对经过想象"信道"再阐释的种种外部刺激的瞬时回应。此外,这些命题还解释了,在某些特定条件具足的情况下,快乐和悲伤的受感致动的情状是怎样在心灵中发生交汇的。这些心灵状态变动的发生不涉及任何意图性意向,它们在绝大多数情况下甚至不为意识察觉,至少不直接地为意识察觉。命题二十五和命题二十六将一些新的受感致动模式纳入了考量,这些新图式不再可能被归并入心灵的那些静力学状态了,因为,就由这些新模式推出的心灵变动状态而言,心灵在这些变动状态中受外部事件(尤其受与他人的现在现前有关的那些外部事件)影响,在此影响之下,动态地借助想象就这些外部事件作出表述,并因而同样动态地作出回应的动作,这一动态的想象表述及回应动作或是肯定的或是否定的。由于这一原因,命题二十五和命题二十六——就像命题十二和命题十三已经做过的那样——使它们的陈述内容同 conatus（努力）的冲动相联系，在这里，正是 conatus（努力）的冲动在心灵中以肯定的形式出现或以否定的形式出现从而引发了种种接受或拒绝的态度。这两则命题所研究的心灵变动状态与前面所研究的那些心灵变动状态一样，都是客观地作为纯粹反射现象被决定的，因此，也根本无须从意图性选择的原因来说明这些心灵变动状态。不过，命题二十五和命题二十六所谈的这种冲动除了让心灵能随机地产生快乐和悲伤的受感致动的情状之外，也确乎在具体情境中会将心灵导向对外部现实性的自发性评估，当然，在这里心灵自发地评估的外部现实性是心灵对于外部现实性的想象。心灵在这些情境中的自发性评估使心灵趋向于做出这种或那种类型的动作。命题二十八和命题二十九将证明 conatus（努力）的冲动会使得生命旨趣中某些特定的重要选择占据优势地位，但心灵的这种选择只具有非反思的感性冲动的形式，因而仅表现出将人的行为引向积极或消极方向的偏好或排斥的态度。受感致动的情状的对象固着程序的全部理论效果和实践效果皆源于此。我们届时将会明白，我们究竟以何种方式在受感致动的情状的对象固着程序所产生的种种效果的作用之下通过想象就我们自身、我们的周遭的事物和他人形成了种种自发的表述，而我们的 conatus（努力）的冲动（它在自身的表现过程中有不同的强度）又是以何种方式被接入这场表述的游戏之中的，我们同时还会明白，我们的行为动作原来是在我们无须刻意留心的情况下、在我们也不必后天地（a fortiori）就这方面得出一致性裁断的情况下被纳入某种特定方向的。正是由于这一原因，心灵在其受感致动的情状表现为对象性固着的那些情境中所作出的冲动性评价绝不能被视为"意图"。这些冲动性评价不是源自意识的深思熟虑,它们的意义完全是被 conatus (努力)在想象性表述中的接入所控制的,因而不以意志为转移,甚至不以理智为转移。

命题二十五①和命题二十六②的陈述相互对称,就像命题二十一和命题二十三或命题二十二和命题二十四的陈述相互对称一样。命题二十五和命题二十六的陈述使用了下面这些选择项,进而构成了新的组合:自己/他人、所爱的事物/所恨的事物、快乐地受感致动/悲伤地受感致动、肯定/否定。根据有关这些自发性评价所组成的这个系统的基本陈述,"我们会努力(conamur)"去"肯定(affirmare)"我们想象为使我们或我们所爱的事物快乐地受感致动的所有东西,"我们所爱的事物(事物或对象)"在这里和已经在命题二十一中被研究过的情况一样,只可能是他人、另外的人,也就是说,只可能是"与我们相似的事

---

① "Propositio 25. Id omne de nobis, et de re amatâ affirmare conamur, quod nos vel rem amatam laetitiâ afficere imaginamur, et contra id omne negare, quod nos vel rem amatam tristitia afficere imaginamur."/"命题二十五:对于我们自己与我们所爱的事物,我们会努力去肯定我们想象中能使我们与我们所爱的事物快乐地受感致动的所有东西。反之,我们也会努力否定我们想象中能使我们或我们所爱的事物悲伤地受感致动的所有东西。"——译注

② "Propositio 26. Id omne de re quam odio habemus affirmare conamur, quod ipsam tristitiâ afficere imaginamur, et id contrà negare, quod ipsam laetitiâ afficere imaginamur."/"命题二十六:对于我们所恨的事物,我们会努力去肯定我们想象中能使那类事物悲伤地受感致动的所有东西,反之,会努力去否定我们想象中能使那类事物快乐地受感致动的所有东西。"——译注

物(res nobis similis)";相反,对于被我们想象为既使我们又使我们所爱的人悲伤地受感致动的一切东西,我们就天然倾向于对之加以"否定(negare)"。另一方面,若涉及的不是爱某人而是恨某人的情况,我们就相反天然倾向于"肯定"那使之悲伤地受感致动的东西,或相反,天然倾向于"否定"那使之快乐地受感致动的东西。

与前面几则命题对心灵状态的描述类似,命题二十五和命题二十六所论的这些心灵变动状态虽具有一定的对应关系,但并不是完全对应的。对于我们所想象的能使我们和我们所爱的人产生快乐的受感致动的情状的东西,我们在心理上会有肯定的态度,相反,对于我们所想象的能使我们和我们所爱的人产生悲伤的受感致动的情状的东西,我们则会有否定的态度,在这种情况中,我们既为自己计也为我们所爱的人计而有了这两种态度,或者你也可以说,正如命题二十一已经解释过的那样,正是由于我们总是感我们所爱的人之所感所以便形成了这两种态度。反之,至于我们所恨的人,我们总是会对我们在想象中被表述为使那人产生快乐的受感致动的情状的东西有否定的态度,而对我们想象为使那人产生悲伤地受感致动的情状的东西有积极的态度,显而易见,在这种情境中,我们不再有共感式的判断,也就是说,在这种情境中,我们在我们和与我们有恨的感情关系的人之间建立了系统的反向关系,并进而把我们的感情反应与我们所想象这类人的可能会产生的感情反应分离了开来。当我们爱某人并想象他快乐地受感致动的时候,转移机制使我们也快乐地受感致动,这种快乐在我们身上的致动作用使这种快乐犹如真实地是我们自己的快乐。而当我们恨某人并想象他快乐地受感致动的时候,转移机制会自动地让我们感到悲伤,又由于我们喜我们所恨之所苦,苦我们所恨之所喜的这一反向机制,我们是不会同我们所恨的人共情的,因此,我们就会对我们想象中我们所恨的人的快乐既钦羡又否定。①

"肯定"和"否定"是命题二十五和命题二十六赖以组织它们的陈述的两个概念。我们需要对这两个概念进行评述。"肯定"和"否定"是分别与"接受"和"拒斥"有关的两种心灵状态或态度,"接受"和"拒斥"的相关原理已经在我们解释过的命题十二和命题十三中得到了阐明。命题二十五和命题二十六的证明在运用这个原理的同时还利用了命题二十一和命题二十三所阐明的义理对"肯定"和"否定"这两种心灵状态或态度进行了解释。从基本原理可知,心灵自然地倾向于争取与它的思想力量的增长的方向一致的一切事物,并自然地倾向于避免或规避与它的思想力量的增长的方向相逆的一切事物。由于心灵的思想力量扩展而感到快乐,这一经验就是爱,换言之,心灵的思想

---

① 我们与他人——并且就这样一种极特殊的情况而言,即这个他人为我们所恨,但又快乐地受感致动——唯一能分享的感情,就是他的快乐,这是命题二十三附释所说明过的:因为,根据命题二十七所阐明的受感致动的情状的模仿原理,每个人的感情必定通过模仿机制同等地反射在其他每个人那里,而这种反射完全又是自动地发生的。从这一观点来看,就算我们自发地对使我们所恨的人快乐地受感致动的某物形成了消极态度,但也不要忘了,与此同时,我们必定还以另一种方式自发地受此同一事物同样的共情感荡,我们因而必定也受驱动对此物有肯定的评价。这就是典型的受感致动的分裂情状的情况,据命题十七所描述过的那种机制,这种分裂乃是感情混淆的一个来源。

力量的扩展必然以完全肯定的方式参与到了这种经验之中：相应地，我们所爱的人（我们对他的爱是自动发生的）的快乐也令我们快乐，或者说我们能共享其乐，无论他的快乐是我们想象的还是真实的，①我们进而还会把我们所爱的人的这种肯定性评价转移到使他快乐地受感致动的事物上。反之，由于心灵的思想力量受限制而感到悲伤，这一经验就是恨，心灵的思想力量受限制只可能造成不快，我们只要恨某人，在转移机制作用之下，凡是令我们所恨的这人快乐地受感致动的事物都会令我们悲伤，于是，我们不得不想象种种表述以排斥对于令我们所恨的这人快乐的受感致动的事物的表述，从而使情况得到改善。同理，我们爱某人，便会同化我们的 conatus（努力）趋向和他的 conatus（努力）趋向，两者一损俱损，我们于是便会悲我们所爱之人之所悲；我们恨某人，他所遭受的厄运会令我们感到快乐，这种快乐某种程度上是我们竭力规避开这种否定情境以免使我们自己的 conatus（努力）受此限制之虞造成的。②这些心理态度虽然还只是纯理论性的，也就是说，它们虽然还没有引发效果上的行为，但毕竟已经预示了一些方向，但心灵变动状态是行为模式的范型，所以，现实的动作活动一旦被激发起来，就会在效果上顺着心灵变动状态的方向去行动：这里所说的被激发起的"现实的动作活动"是介于心灵变动状态（由命题二十一到命题二十

---

① 正如命题二十五证明在参考"论心灵"命题十七绎理时所回顾的那样，这个过程全部是在想象法则的指导之下进行的。

② 但是，不要忘了，这种规避悲伤的方式本身的底色仍然是悲伤，在斯宾诺莎看来，对否定的否定不会给予出肯定性的平衡。

四所描述)和被动情状/激情的实践(将由命题二十八和命题二十九进行分析)之间的中间性的动作活动。

"论受感致动的情状"命题五十附释指出"任何事物都可能偶然地构成希望或恐惧的原因(res quaecunque potest esse per accidens spei aut metus causa)",这则附释对命题二十五的内容作了如下利用:"由此[命题二十五]可推出,我们在自然/性质上是以这样的方式被构成的,即,我们总是易于相信我们所希望的事物,而相反很难相信我们所恐惧的事物,在这些情况中,我们或多或少总是不会对它们有恰如其分的感受(hujus sequitur nos naturel ita esse constitutos ut ea quae speramus facile, quae autem timemus difficile creda-mus, et ut de iis plus minusque justo sentiamus)。"实际上,根据第三部分命题十八附释二,以及"受感致动的诸情状定义"之定义十二和定义十三,希望和恐惧不过就是固定在对于不确信的事物的表述上的快乐和悲伤:当我们在对于不确信事物的表述上固定了快乐的感情时,我们便处在希望之中,进而显而易见的是,我们此时必定对这些事物自然地倾向于形成肯定的态度,也就是说,在心理上趋向于它们,全部的原因就在于,对于它们的表述在我们这里能唤起较大的快乐;①相反,当我们将悲伤固定在对不确信的事物的表述上时,我们就倾向于对这些事物有否定的态度,因为,我们对于它们的表述极大地造成了我们的不快。这些受感

---

① "论奴役"命题四十九证明正是在这一点上参考了"论受感致动的情状"命题二十五,进而指出,"我们容易相信我们听到的他人称道我们之善(id boni quod de nobis praedicari audimus facile credimus)",而相反,我们是极难承认那些被我们坚信为对我们的诋毁的理由的。

致动机制因而不断使我们备受煎熬地困惑于这些事物的客观现实性,因为"我们要么把它们看得过高,要么看得过低(plus minusque justo sentimus)",进而总是对它们估计过高或估计不足。所以,斯宾诺莎在命题五十附释中直接补充道,"到处惑乱人心的迷信就是由此产生的(ex his ortae sunt superstitiones quibus homines ubique conflictantur)"。某事物(或某人)使我们适意,我们便也努力地尽可能思念此事物(或此人),我们的心灵中也会有冲动使我们对这事物(或这人)生出肯定的态度,反之,某事物(或某人)使我们不快,我们就努力地尽可能不去想此事物(或此人),我们的心灵中也会有冲动使我们对这事物(或这人)生出否定的态度,之所以会这样,就是因为我们对于这两类事物(人)的表述偶然地同我们维持我们自身存在的力量形成了联系,而且对于它们(他们)的表述使维持我们自身存在的力量的表达发生了强度不等的变动。因此,这两类事物(人)的可信度自然会影响维持我们自身存在的力量的表达强度,而且,我们的 conatus(努力)的冲动也自然地会在我们内心激发起对那两类事物(人)的自发性确信或误信,我们对于它们的自发性确信或误信不是那些事物(人)的自然/性质造成的,而是我们的个人生活史造成的,正是我们的个人生活史让我们宁愿相信它们(他们)就是我们所相信的那样。

"论受感致动的情状"部分命题五十附释在参考命题二十五所阐明的这个论点的时候,对情况作了简化处理,因为那则附释只解释了这样一种简单的情况,即,凡是令我们快乐或悲伤地受感致动的事物(或人),我们便易于对这类事物(或人)形成过誉的评价或贬低的偏见,但却没有说明我们将会对令我们所爱或所恨的事物(或人)快乐或悲伤地受感致动的事物(或人)有怎样的态度反应。这也就是说,命题五十附释的说明显然参考的是命题十二和命题十三所分析的要素式情境,在这些情境中,肯定和否定的反射性可以这样来识别,即,这两个方向的反射性使我们自动地趋向于助长维持我们存在的力量和我们动作的力量的事物,也使我们自动地排斥减弱此种力量的事物。但是,我们必定还记得,命题二十五的陈述既表明了我们对使我们快乐地受感致动的事物有好感,也对使我们所爱的事物(或人)快乐地受感致动的事物有好感,并将我们的这两种好感放在同一层面等量齐观。在这种情况中(我们对这一情况已经进行过评述),我们感同身受地与我们所爱的事物(或人)有相同的判断,而涉及我们所恨的事物(或人)时,我们就不会有这样的共情判断。

命题二十六除了上承前则命题的证明之外,还带有一则附释,这则附释对若干新的具体受感致动的情状进行了描述。附释首先对我们和我们所爱的事物(或人)之间的同化原则与我们同我们所恨的事物(人)之间的这种分离原则进行了再次肯定:"由此可见,对一个人来说,很容易对他自己和他所爱的事物看得过高,相反,对他所恨的事物往往看得过低(his videmus facile contingere ut homo de se deque re amata plus justo et contra de re quant odit minus justo sentiat)。"①我们是为了我们自己而爱某物还是为了我们所爱的他人而爱该物并无区别:这是因为,我

---

① "看得过高或看得过低(plus minusque justo)"的提法又见于命题五十附释。

们在为了我们所爱的他人进行判断时,那个他人犹如我们自己,同样地,我们在为了我们自己而判断时,我们自己又犹如我们所爱着的那个他人。所以,显而易见,"论受感致动的情状"部分有关个人受感致动的情状的主题是通过这样一种观点来介绍的,在这种观点看来,自爱是对他人之爱的替代,人同他自己的关系替代了人与人的关系也不会使此种关系的结构系统发生实质上的改变。在这样一些受感致动的情状的构成中,个人自身替代了他人,就好像他本身就是另一个人似的。斯宾诺莎的思路相当典型的特征就在于此,即,对指向自我的受感致动的情状的推导是被置于对指向他者的受感致动的情状的推导之后的,前者是后者的延续。在指向自我的受感致动的情状中具有优先性的"自我"同一性,与在指向他者的受感致动的情状中占主导地位的他者同一性同样地都是被想象工作机制建构出来的东西。在我们爱的事物不是别的而是我们自己的情况中,感性的对象固着机制并无任何实质性改变地继续起着作用。①

当我们只涉及同我们自身的关系时,我们总是倾向于过度乐观,与此事实相对应的具体受感致动的情状就是"骄傲(superbia)",它即"人对他自己看得过高(homo de se plus justo sentit)"并从中获得快乐。根据"受感致动的诸情状之定义"的定

---

① 个人指向其自我的受感致动的情状,在形式上毕竟还是有别于指向他者的受感致动的情状的,二者区别在于,在指向他者的受感致动的情状中,肯定性的感觉形态和否定性的感觉形态之间不再具有严格的对称性,肯定性的感觉形态和否定性的感觉形态各自对应的情境是完全分离的。

210　义二十八①,"骄傲"是"人出于对自己的爱而将自己看得过高"。

---

① "28. Superbia est de se prae amore sui plus justo sentire. Differt igitur Superbia ab Existimatione, quod haec ad objectum externum, superbia autem ad ipsum hominem, de se plus justo sentientem, referatur. Caeterum ut existimatio amoris, sic superbia Philautiae effectus vel proprietas est, quae propterea etiam definiri potest, quod sit amor sui sive acquiescentia in se ipso, quatenus hominem ita afficit, ut de se plus justo sentiat (vide schol. pr. 26. hujus). Huic affectui non datur contrarius. Nam nemo de se prae sui odio minus justo sentit; imo nemo de se minus justo sentit, quatenus imaginatur se hoc vel illud non posse. Nam quicquid homo imaginatur se non posse, id necessariò imaginatur, et hac imaginatione ita disponitur, ut id agere reverâ non possit, quod se non posse imaginatur. Quamdiu enim imaginatur se hoc vel illud non posse, tamdiu ad agendum est determinatus, et consequenter tamdiu impossibile est ei, ut id agat. Verum enim vero si ad illa attendamus, quae à solâ opinione pendent, concipere poterimus fieri posse, ut homo de se minus justo sentiat. Fieri enim potest, ut aliquis, dum tristis imbecillitatem contemplatur suam, imaginetur se ab omnibus contemni, idque dum reliqui nihil minus cogitant, quam ipsum contemnere. Potest praeterea homo de se minus justo sentire, si aliquid de se in praesenti neget cum relatione ad futurum tempus, cujus est incertus; ut quod neget se nihil certi posse concipere, nihilque nisi prava velturpia posse cupere vel agere etc. Possumus deinde dicere aliquem de se minus justo sentire, cum videmus ipsum ex nimio pudoris metu ea non audere, quae alij ipsi aequales audent. Hunc igitur affectum possumus superbiae opponere (quem abjectionem vocabo). Nam ut ex acquiescentia in se ipso superbia, sic ex humilitate abjectio oritur."/"28. 骄傲是人出于对自己的爱而将自己看得过高。因此,骄傲与溢美的区别,就在于溢美与外部对象相关,而骄傲则与将他自己看得过高的那人本身有关。况且,正如溢美是爱的一种结果或性状,骄傲也是自爱的结果或性状。因此,骄傲这种受感致动的情状也能被定义为'会

此则定义所附的说明使用了"自爱"一词,该词对应的是亚里士多德《伦理学》中所使用的希腊词"philautia(自爱)"。这则定义的说明指出"自爱"类似于"自我满足",都是人对自己的满意。"受感致动的诸情状定义"定义二十五就是关于"自我满足(acquiescentia in se ipso)"的,该定义说这种受感致动的情状是"人在对他自己本身和他自己动作力量所作的考量中得到的快乐",并且与"受感致动的诸情状之定义"的定义二十六所界定的"羞惭(humilitas)"构成相反的一对受感致动的情状,"羞惭"是"人在

对使人将自己看得过高的自我满足或自爱'(见命题二十六附释)。这种受感致动的情状并没有反面。因为不会有人会出于恨自己的理由而将自己看得过低。人确乎不会因为想象他自己不能做这件事或那件事就将自己看得过低。因为人每当想象他所办不到的事情的时候,他就只是这样想。对他所办不到的事情的这种想象的确信进而使他真的办不到他在想象中确信的他所办不到的事情。因为,人在想象他不能办到这事情或那事情的时候,他没有做那事的决定,于是也就不可能做成那事。但若我们专门注意一下人考虑别人对他的看法的情况,我们就可以设想人确实可能将自己看得过低。因为人会在思索自己的软弱而感到悲伤时想象被所有其他人轻视,虽则所有其他人心中并没有半点轻视他的意思。还有,人若在当下的时间里对他自己在他所不确定的未来时间里的个人情况予以否定,比如他否定自己能在将来可以实现确定的结果,再比如他认为自己所渴求的或做的都将是错的和丢脸的,人就会将自己看得过低。另外,当我们看到一个人对耻辱太过恐惧,而不敢做其他与他同样的人敢做的事时,我们也会说此人将自己看得过低。所以,我们可以提出一个与骄傲相对的受感致动的情状,我称之为沮丧。因为自我满足造成骄傲,所以,沮丧生自羞惭。因此我们这样来定义沮丧。"——译注

他的无能或他的软弱所作的考量中得到的悲伤"。①

命题二十六附释说,"骄傲""类似于谵妄(species delirii)",其效果犹如"人睁着眼睛做梦(homo oculis apertis somniat)",因为,他想象着"他纯由想象便凭自己能力得到了所有的东西(omnia illa posse quae sola imaginatione assequitur)";这些东西结果又被他"认作是现实的,并为之而兴奋(veluti realia contemplatur iisque exultât)",至少"只要他尚不能想象出足以打消这些事物的存有和决定他自身动作力量的东西(quamdiu ea imaginari non potest quae horum existentiam secludunt et ipsius agendi potentiam déterminant)",这种谵妄就会继续下去。人由于对自己的爱而执迷于过高地估计自己,只要这样,他就不可能想象打消他在这种谵妄中觉得自己已经获得的一切的东西,也不可能想象决定他动作力量的东西,他只会想象使附着在这种非理性的倾向上的那份

---

① "25. Acquiescentia in se ipso est laetitia orta ex eo, quod homo se ipsum suamque agendi potentiam contemplatur. 26. Humilitas est tristitia orta ex eo, quod homo suam impotentiam sive imbecillitatem contemplatur. Acquiescentia in se ipso humilitati opponitur, quatenus per eandem intelligimus laetitiam, quae ex eo oritur, quod nostram agendi potentiam contemplamur, sed quatenus per ipsam etiam intelligimus laetitiam concomitante ideâ alicujus facti, quod nos ex mentis libero decreto fecisse credimus, tum poenitentiae opponitur…"/"25. 自我满足是人在对他自己本身和他自己动作力量所作的考量中得到的快乐。26. 羞惭是人在对他的无能或他的软弱所作的考量中得到的悲伤。自我满足与羞惭相对,因为我们认为自足是肇因于我们思索自身的行动力量。但由于我们把自我满足理解为一种快乐,伴随着我们相信自己是出于心灵的自由裁断而做出的功绩之观念,所以自我满足也与懊悔相对……"——译注

快乐无限制地扩展的一切东西。陷于这种受感致动的情状中的这人完全发着谵妄,并且失去了对事物的全部现实感。

"受感致动的诸情状定义"定义二十八所附说明指出,"这种受感致动的情状并没有反面"。实际上,执迷于对自己的爱的人就处在满足的状态之中,这种满足基本上是排除了悲伤的:他必然地倾向于"将自己看得过高",他只想看到这种感情的不断加强,而规避抑制这种感情的一切东西;所以,他只能受驱动去对切身的东西作出过度的判断而非不足的判断,否则他也就会"将自己看得过低"了。仅当人将他自己同他人而非他自身联系起来的时候,才有可能发生他将他自己看得过低的情况。如果说人可以像爱另一人那样爱他自己的话,我们却不能说他可以把对另一人的恨转移到他自己的身上。这是由于命题二十五和命题二十六谈及的那些感情现象的情况中所体现的分离机制的作用所致。换言之,人同他自己的关系自发地带着某种经久不变的自信的烙印,没有什么能使这种冲动发生颠倒。

既然如此,那么我们为什么常常蔑视自身并痛苦地体验自身的不足呢,比如说,我们往往有"受感致动的诸情状定义"定义二十六所描述的那种"羞惭(humilitas)"的感觉呢?在定义二十八所附的说明中,斯宾诺莎对几种可能发生的情况进行了辨析。第一种情况,人想象地表述他因自身动作力量的受限而必然不能办成某事;但是,在这种情况中,人自然而然地立即会不再期待办成此事,从而使自己解脱出来。因为人在作此想时,他也会想这事完全超出了他的能力而把这事考量为确然不能办到的,与此同时,他就不再对这事有感情上的反应,既不会为之感到快乐,也不会为之感到悲伤,也就是说,这事超出他的能力范围太甚,以至于他感觉不到他对办此事不能胜任这一事实从他那里剥夺了什么东西，因为，人只有在向他自己表述偶然办不成某事而非真的不能办成某事的时候，才会有那种被剥夺感。① 因此，在这第一种情况中，人不会产生任何受挫感，他也不会因而产生"将自己看得过低"的感觉，或者说，他也不会产生质疑他自己的能力的感觉。"但若我们专门注意一下人考虑别人对他的看法的情况"，我们就会看到人会在这一类情况下产生受挫感，因为，"别人对他的看法"不会使人想象必然或不可能的事情，而是使他想象他没把握和偶然的事情。所以，在此类情况下，"人确实可能将自己看得过低。因为人会在思索自己的软弱而感到悲伤时想象被所有其他人轻视，虽则所有其他人心中并没有半点轻视他的意思"。在此情况中，正是他人凝视的镜像——或更确切地说，他代他人形成的对他自己的注视——使他"将自己看得过低"从而陷于沮丧之中。人将他自己看得过低还有另一种可能的情况：由于对于未来的事物的想象性表述所带有的不确定性，人还可能因而对未来抱有沮丧的悬想，预想未来发生最坏的情形；这种思想——和前一种思想一样令人沮丧——也会使该人同自己的关系带上悲伤的色彩。最后，"耻辱（pudor）"②也会使人将自己看得过低。对"耻辱"过于恐惧，或者说，害怕"丢丑"，这使人"不敢做其他与

---

① 比方说，我们身无双翼不会飞，这一不可能性在正常的情况下不会在我们身上引发哪怕最轻微的遗憾的感情。

② "受感致动的情状定义"定义三十一分析了这种感情，说"耻辱"是"是种悲伤，我们想象他人会责备我们的行为，伴随此观念便会有这种悲伤（tristitia concomitante ideâ alicujus actionis, quam alios vituperare imaginamur）"。

他同样的人敢做的事",此时,这个怯懦者——其怯懦乃是由于他害怕截至期限无法完成任务之故——会在想象中将自己的行为同他人的行为作比照,进而倾向于自责自己的某种缺欠或个人弱点,从而引发我们可以用另一种名称称之为真实的自卑情结的感觉。

  人在前面提到的这几类情况中在其内心对他自己的自信感都发生了改变。这一情形对应着某种新感情的发展,"受感致动的诸情状定义"的定义二十九把这一新感情识别为"沮丧(abjectio)"。①

---

① "29. Abjectio est de se prae tristitia minus justo sentire. Solemus tamen saepe superbiae humilitatem opponere, sed tum magis ad utriusque effectus, quam naturam attendimus. Solemus namque illum superbumvocare, qui nimis gloriatur (vide schol. pr. 30. hujus), qui non nisi virtutes suas, et aliorum non nisi vitia narrat, qui omnibus praeferri vult, et qui denique eâ gravitate et ornatu incedit, quo solent alij, qui longe supra ipsum sunt. Contra illum humilem vocamus, qui saepius erubescit, qui sua vitia fatetur et aliorum virtutes narrat, qui omnibus cedit, et qui denique submisso capite ambulat, et se ornare negligit. Caeterum hi affectus, nempe humilitas et abjectio rarissimi sunt. Nam natura humana in se considerata contra eosdem quantum potest nititur (vide pr. 15. 54. hujus); et ideo qui maxime creduntur abjecti et humiles esse, plerumque maxime ambitiosi et invidi sunt." / "29. 沮丧是人出于悲伤而将自己看得过低。我们通常将羞惭与骄傲相对,但那样一来,我们只是考虑两个受感致动的情状的效果,而非它们的性质。因为,我们常常用'骄傲'一词来说这样的人,他感到光荣而太过高兴(见命题三十附释),只会夸耀自己的德性/能力、直陈他人的欠缺,想要被置于众人之上,又作出有如地位高出他许多的人那般的打扮和举止。反之,我们还常常用'羞惭'一词来说这样的人,他经常会发窘脸红,承认自己的欠缺、诉说别人的德性/能力,屈于众人之下,走路垂头丧气,对自己的外表漠不关心。'羞惭'和

正如此则定义的陈述指出的那样,"沮丧"①是与"骄傲"相平行的一种受感致动的情状。但是,我们在前面已经看到,"骄傲"这一受感致动的情状没有反面。"沮丧"与"骄傲"因而不是以完全对反的方式相互对应的。"骄傲是人出于对自己的爱而将自己看得过高",而"沮丧是人出于悲伤而将自己看得过低"。人对自己的爱是骄傲的原因,而沮丧的理由则是某种模糊的悲伤,这种悲伤是一种极为特殊的和——如果可以这么说的话——病理性的状态,由这种状态而来的种种受感致动的情状是与"论受感致动的情状"命题四和命题五所给出的原则相矛盾的,据命题四和命题五,所有事物的自然/性质都不包含自我否定的观念。"受感致动的情状定义"的定义二十九所附说明特别指出,"沮丧"与其说与"羞惭"密切相关,不如说与"骄傲"密切相关,因此,"沮丧"并不是"骄傲"的反面,正如疾病并不构成健康的反面一样,疾病只是对健康不在现前的指示。这则定义的说明进而强调了这样一个事实,即"沮丧""羞惭"之类的感情是"极其罕见(rarissimi sunt)"的:因为人的自然/性质实际上就其常态而言,总是受本能的乐观所驱动的,而本能的乐观总是消除悲观的理由,尽量以一切可能的手段消除悲观的理由,这也是命题十三所说明过的②:除非有外

'沮丧'这些受感致动的情状极其罕见。因为就人的自然/性质本身而论,人总是尽量要摆脱这些受感致动的情状(见命题十三和命题五十四)。所以被认为最沮丧、最羞惭的人往往也是最冀人青眼、最善妒的人。"——译注

① 我们也完全可以用更为现代的语言称这种感情为"抑郁消沉"。

② "受感致动的诸情状定义"的定义二十九还参考了"论受感致动的情状"命题五十四,据此命题陈述,"心灵只努力想象肯定它自身的动作力量的东西",而自然地倾向于规避考量使它自身无力的东西。

部原因的干预,这种本能的乐观是不可避免的。

我们上面列出的所有这些感性具体形态,或是皆为自爱形式的自我主张或自我确信,或是作为对这种个人自我迷恋(这是每个人都内禀的倾向)的破裂的病理性指示的羞惭或沮丧的感情,总之,这些感性具体形态全部对应的是自我中心的感情。不过,这些感情虽然具有人指向他自身的感情的外观,但内里却是人际间关系性的感情,这些感性具体形态也同样可被视为由他人所激发起来的感情。也正是由于这一原因,这些受感致动的情状必定可同等地体现在指向他人的感情之中,命题二十六附释的结尾指出,这些感情作为指向他人的感情而出现时即为"溢美(existimatio)"和"贬抑(despectus)",这两种感情也在"受感致动的诸情状定义"的定义二十一和定义二十二中得到专门界说①:"溢美"即"出于爱而将他人看得过高","贬抑"则相反即"出于恨而将他人看得过低",我们贬抑我们所爱的人(至少是由于使他为我们所爱的原因而贬抑他),以及我们看重我们所恨的人(至少是

---

① "21. Existimatio est de aliquo prae amore plus justo sentire. 22. Despectus est de aliquo prae odio minus justo sentire. Est itaque Existimatio amoris et despectus odij effectus sive proprietas, atque adeo potest existimatio etiam definiri, quod sit amor, quatenus hominem ita afficit, ut de re amata plus justo sentiat, et contrà despectus, quod sit odium, quatenus hominem ita afficit, ut de eo, quem odio habet, minus justo sentiat. Vid. de his schol. pr. 26. hujus."/ "21. 溢美是出于爱而将他人看得过高。22. 贬抑是出于恨而将他人看得过低。溢美因而是爱的一种结果或性状,贬抑因而是恨的结果或性状。所以溢美也可以被定义为'使人将所爱的事物看得过高的爱',贬抑也可以被定义为'使人将所恨的事物看得过低的恨'。见命题二十六附释。"——译注

出于使他为我们所恨的原因而看重他），这两种情况未作定义的考虑，尽管我们出于完全不同的理由对同一个人同时感到爱和恨、对他同时既看重又贬抑是可能的。应该指出的是，在指向他人的感情的情况中，受感致动的情状的肯定形式与否定形式间存在着完满的对称和相互性，而人指向他自身感情所对应的情况则非是。

3. 受感致动的情状的模仿（命题二十七及其附释、绎理一、绎理二、绎理三，以及绎理三附释、受感致动的诸情状定义之定义三十三和定义三十五）

对前面几则命题的研究已经表明，指向他人展开工作的受感致动机制不仅意味着我们的某些特殊感情是针对他人的，而且，更为一般地意味着在我们全部受感致动的情状的形成过程中，都有对他人的考量的介入——毕竟，我们的全部的受感致动的情状都是可以转移的，也就是说，都可从一个人转移到另一个人，比方说，从我们转移到另一个人，也可从另一个人转移到我们。简言之，在共同的感性生活中，存在着受感致动的情状的持久循环流通，人人共同参与到这些受感致动的情状之中，而要清理出这些交换过程中哪些感情是归属哪个人的并不总是可能的事情。但显然，这些混淆的运动毕竟是服从于某种规律的，"论受感致动的情状"命题二十七及其绎理说明的就是这一规律的原则①:这就是感性的模仿机制,在全部感性生活中遍布着这一机制的工作,这就使感性生活倾向于呈现出一种广义的交往形式,每个人的受感致动的情状因而在这一交往形式中从来都是可被转移到——借认知或暗示而被转移到——别人身上的,同时这一形式也使众多的感性共同体得以形成。②

命题二十七③阐明的论点考量的是"我们想象与我们相似的事物——我们此前对它是没有感情的——受某种感情促动的情况(res nobis similis quam nullo affectu prosecuti sumus)"。这种情况与前面研究过的那些情况不同,前面那些情况中涉及的他人,都是我们将爱或恨附于他身上的人,而这里的情况强调了我们同这样一些他人的关系,我们与这些他人并无感情上的牵涉。有意思的是,我们看到,斯宾诺莎在介绍这种情况时,选择了过去式来说明这种无牵涉性,这就使他提出了一个或许可以被重述为如下形式的问题:我们与过去我们不会对他们有任何感情冲动的人,

---

① 这个规律在有关受感致动机制的学说的阐述中起关键作用:故此,"论受感致动的情状"部分此后的多个命题都以命题二十七为参考(命题二十九、命题三十、命题三十一、命题三十二、命题四十、命题四十一、命题四十七以及命题四十九附释和命题五十二附释)。

② 这确乎是一种共情学说,"共情"一词曾经在命题十五附释中在其旧有含义上被使用过;虽然这里斯宾诺莎没有再使用这个词,但实际上此则命题已经给出了一种共情学说,与约50年后休谟所提出的理论有高度的类似性。

③ "Propositio 27. Ex eo quod rem nobis similem et quam nullo affectu prosecuti sumus aliquo affectu affici imaginamur, eo ipso simili affectu afficimur."/"命题二十七:在我们想象与我们相似的事物——我们此前对它是没有感情的——受某种感情促动的情况下,我们也会受此同一种感情的促动。"——译注

也就是说，与我们在过去没有任何理由去想象爱他们或恨他们的人是否总是保持着中性的感情关系呢？即便我们对这些人的表述不带有悲伤和快乐，我们毕竟对一个事实是敏感的，即——用已经在命题二十三附释中使用过的一个提法来说——他们是"与我们相似的事物（res nobis similes）"①：他们是与我们相似的人，同样地容易因快乐和悲伤而受感致动，完全同我们一样地能够爱和恨。这种相似性不仅是形式上的和观念上的；它还激发起来了一种感情反应过程，这一感情反应过程使我们部分地感到了被我们辨认为同与我们相似的此人所体验到的受感致动的情状，即便我们与此人完全不共有快乐或悲伤的观念。"在我们想象与我们相似的事物……受某种感情促动的情况下，我们也会受此同一种感情的促动"，其中"在……情况下，我们也会受此同一种……"的提法，强调了这种感性反应的自发性特征，该反应是无意识地发生的、是以完全非反思的方式发生的。

这种反应的自动化特征原因在于这里分析的情形纯粹是想象机制的工作效果。这一点由命题二十七证明作出了阐述。该证明再次利用了"论心灵"命题十六和命题十七的内容：外部物体

---

① 这个"事物"就是人，这一点在"论受感致动的情状"命题二十七证明中说得很明白，在那里，提法变成了"与我们相似的某人（aliquis nobis similis）"：它是"某个人"，也就是说，是由于与我们类似而属于相当特殊种属的某个事物。但是，我们虽在这一过程中，认出他是我们的同类从而对他有一定的认同，但这并不足以使他在我们看来毕竟只具有"某个事物"的地位这一事实有所改变。本命题所研究的这一情况所表明的一个事实也对此作出了确证，这个事实即，我们同这个人并无任何特殊的感性关系，他对我们而言乃是纯然事物，仅在我们可识别它"与我们类似"的程度上的纯然事物。

刺激身体使之应变致动,身体上的这些应变致动的状态既包含身体本身的存有,又包含刺激身体的外部物体的存有,在乃是身体的观念的心灵中也会有与这些应变致动的状态相对应的观念,心灵正是通过这些观念对外部物体作出表述的。在我们对与我们身体相似的另一身体进行表述的时候,我们的身体也会反射那另一身体受外部事物促动所产生的应变致动的状态,此时,我们对我们身体上所反射的这种应变致动的状态的观念不仅包括促动那另一身体的外部事物的存有,还包括由那外部事物造成的那另一身体上的应变致动的状态的存有。在这种情况中,事物印象的纯粹转移作用在我们不知不觉间使我们对另一身体的应变致动的状态产生犹如亲历般的共感:"当我们想象某个与我们相似的人受某种促动而产生受感致动的情状时,这一想象就会表现出我们身体上同那人的那些应变致动的状态相似的应变致动的状态(si aliquem nobis similem aliquo affectu affectum imaginamur, haec imaginatio affectionem nostri corporis huic affectui similem exprimet)。"这是一种"想象性自居"的工作程序。就算某人与我们没有任何感情联系,但只要此人是与我们相似的,也就是说,只要他是与我们一样的人,我们对此人的想象性自居就会使我们在我们心灵中感到我们所想象的此人心灵中所形成的受感致动的情状,并在我们身上感到我们所想象的此人身上的应变致动的状态。在我们想象此人的感觉(快乐或悲伤的感觉)时,想象机制也会使我们有快乐或悲伤的感觉,之所以如此,唯一的原因是,我们的想象工作机制在使我们对此人及其受感致动的情状作出表述时,我们在这种表述中根本无法分辨哪些感受是他的、哪些感受又是我们的。

"论奴役"命题五十附释将指出,人的这种同化机制若不再起作用了,人就会败坏,甚至"完全有理由说他是非人的,因为他似乎已不复像一个人了(is recte inhumanus appellatm, nam homini dissimilis esse videtur)"。① 这个说明很重要,因为它表明,人们虽不必具体地相互认识,也就是说,这人和那人之间虽没有具体环境中的交往,但却有一种倾向上的普遍认同机制,借此机制,人们由于归属于一个共同的种属——即人类——而能彼此认可并团结起来:所以与我们相似的事物是与我们一样的人,因为他和我们同样是人,或至少我们是这样认为的。但切莫忘记,这种识别及其相关的对种属的归属感完全出于想象机制,这些想象机制通过单纯的联系和转移进行着工作,而无须有对事物的自然/性质的理性认识介入其中,这些事物不过是完全靠着这些联系和转移的某种相似性联系被结成一类的。这种同化的边界因而是高度变动性的:这就是斯宾诺莎在"论奴役"命题六十八参考"论受感致动的情状"命题二十七时所暗示的东西,在那里,斯宾诺莎对最初的个人及其堕落的圣经故事进行了再阐释,最初的人吃了善恶知识树的果实而发生堕落,因为他"想象动物也是同他相似的,随即开始模仿动物的受感致动的情状(postquam bruta sibi similia esse credidit, statim eorum affectus imitari incepit)",于是逐渐丧失了人

---

① 格布哈特编辑的《伦理学》版本中还给出了这个段落的荷兰文版本,这个段落的荷兰文版中还有一句话:"of aile menschelijkheit uitgetrokennen te hebben(或者说他已丧失了所有人性)",这个提法强调了这种认同的普遍性质,人借这种普遍性质将别的人认为同他自己相似,因为与他自己一样,这个别人属于人类。

的真正自由这一实际禀赋的全部权利。这说明,对人性范例——这种范例不可避免地是抽象的模型——的参照,并不足以防止感情出现偏差,经验的考量和惯例的积习会直接引发种种类比,这些类比是极难控制的,它们会使感知逐渐发生偏差,甚至最终会使所有东西都混同起来,而无法对相似的和不相似的东西之间的区别作出明确的界定。① 感性生活的自发发展必定会给这种传播的感染过程画上唯一可使之中断的休止符:如果想象机制将他人的存有向我们表述得令我们厌恶的话,我们实际上就会将他人的感情同我们的感情分离开来,并认为他的感情和我们的感情依据反向规则而变化,这一点是命题二十三已经证明过了的。②

　　命题二十七所附的附释的全部论述都是围绕一个主题展开

---

① "受感致动的诸情状定义"之定义十八专门谈的是"怜悯(commiseratio)",这个定义解释说,这种情感关乎某个"我们想象与我们相似的(que nous imaginons semblable à nous)"人。这个表述清楚地显示了,人们相互认可为相似的人是完全出于想象的。

② 然而,切莫忘记,命题二十三附释也还以预示的方式涉及了命题二十七才会对其原理进行说明的受感致动的情状的模仿。命题二十三附释是这样暗示的:我们因我们所憎恶的某人体验悲伤而感到快乐,我们也无法完全规避自居机制,这种自居机制使我们也因那可憎的人的痛苦而有共情的痛苦。这种快乐和这种悲伤——它们皆是我们想要的,也同时撕扯着我们——来自不同的机制,这来自两种不同机制的受感致动的情状交叠在一起,而又由于它们的对立性,它们还竭力相互抵消,这些受感致动的情状这样存有于心灵之中,以至于使心灵陷入典型的混淆状态。在这里研究的情况中,我们之所以能见我们所不喜欢的人悲伤而感到快乐,主导性的东西是我们借共情而分有的此人的悲伤,所以才能使他的悲伤同这种快乐构成关系,使他的悲伤同这种快乐形成反差,让两种感情构成了某种反差的和不和谐的对照。

的,这个主题即"受感致动的情状的模仿机制(imitatio affectuum)"。这种模仿机制是一种纯机械性的过程,斯宾诺莎以幼儿的动作举止为例对它进行了示例性的说明:命题三十二附释还将更进一步地对幼儿行为举止作出说明,在那里,斯宾诺莎明确指出,幼儿总是系统地随着他们看到的一切东西的动作而模仿着做出相应的动作,随他们所看到的他人的哭笑而哭笑。① 对他人的受感致动的情状加以模仿因而也就意味着,在该主体不形成有意识的计划的情况下,该主体自动地感到自身被他人的那些受感致动的情状(或毋宁说想象地归于他人的那些受感致动的情状)的促动。我们无须思索种种他人的具体存有,也无须与他人真的有关系,就能在间接的感性联系的作用之下分享任何他人的感情,因为这种间接的感性联系是完全机械地形成的,个体并不是因真实地认识了他们各自"是其所是"的力量——即他们各自的conatus(努力)——的客观决定因素而参与到这类感性活动之中的,相反,是想象让他们卷入了这种感性活动。用命题二十六附释中的一个提法来讲,陷入受感应变致动的状态的传导转移机制之中的人们是在"睁着眼睛做梦"。

---

① "看到其他任何人做任何事情,他们都立即要去加以模仿,看到他们想象中认为使他人感到快乐的任何东西,他们都要去追求(quicquid vident alios facere id imitari statim cupiunt et omnia sibi cupiunt quitus alios delectari imaginantur)。"在这个批判性描述中,有一个重要的词,即"立即(statim)",这个词强调出了模仿反应的绝对自动特征,在幼儿没有任何意识的情况下,自动化的模仿反应就会引导幼儿在自己身上形成对他人受感致动的情状的反射。我们曾在某处已经对这种情况作出过评论:幼儿,按照斯宾诺莎的设想,是成人的某种显影剂;儿童展示了他身上的自发动作举止的秘密机制。

作为对感性模仿机制一般过程的阐述的旁注,命题二十七附释识别了两种特殊的受感致动的情状,这两种特殊的受感致动的情状对此机制的工作方式给出了具体的示例。两种受感致动的情状的第一种是"怜悯(commiseratio)",这种受感致动的情状曾在命题二十二附释中被分析过,①"受感致动的诸情状定义"之定义十八也是对该受感致动的情状的专门定义,该定义同时参考了命题二十二和命题二十七附释:怜悯,如我们前面已经解释过的,"是种悲伤,伴随着关于厄运的观念,那厄运是发生在想象中与我们相似的事物之上的"。某人虽与我们没有直接的感情关系,但我们只要想象他与我们相似,我们就足以本能地分有他的困苦②:这一现象是同受感致动的情状的模仿机制有关的。

---

① 这种情况确证了一点,即,直到命题二十七才能看到的受感致动的情状的模仿原理,为自命题二十一开始所研究的那些感性组配方式——这些组配方式都与人与人关系有关的受感致动的情状的形成有关——作出了澄清:感性模仿原理支配着绝大多数人际间受感致动的情状丛结的形成。

② 我们可以想起来,根据命题二十一附释所说,这种乃是一种悲伤的受感致动的情状似乎有着肯定性的对立面。斯宾诺莎就此指出,"但由他人享受的善好所引起的快乐,我不知道该怎样命名它(quo autem nomine appellanda sit laetitia quae ex alterim bono oritur nescio)"。必须要知道,当我们面对我们想象与我们相似的某个他人的时候,我们虽同该人没有任何其他感情联系,但我们更易于分有他的痛苦而不是他的快乐,我们通常是漠视他的快乐的。这种选择性共情偏好痛苦而规避快乐,对快乐的分享,仅限于这样的特殊情况,即,那人是我们所爱着的人,此外,对他的爱不能是出于同情的爱。全部这一分析的主要义理可表述如下:与人们普遍持有的偏见所理解的刚好相反,怜悯并不是爱的一种形式,这种感情的形成涉及完全不同的机制,这一机制就是受感致动的情状的自动化模仿的机制。

221　　命题二十七附释识别的另一种受感致动的情状是"仿效(aemulatio)",这种受感致动的情状超出了简单的快乐或悲伤的感性状态,而将受感致动的情状的模仿机制原理发挥到促使人作出行动的一种受感致动的情状,也就是说,做某事的冲动是这种受感致动的情状的决定机制,因而这种受感致动的情状可归为欲望一类。在我们容易与他人发生共情的时候,我们也会欲望去做由那些感情激发出的行动。我们不仅会把他人的快乐和悲伤当成我们自己的快乐和悲伤,而且由于这些感情冲动推动个体以这个或那个方向去动作,我们也总是倾向于按照他人的行为举止去行为举止。这就造成了"仿效",或者说,"仿效""不是别的,就是由于我们想象与我们相似的他人对某个事物有所欲望之故而在我们心里产生的同样的欲望(nihil aliud est quam alicujus rei cupiditas quae in nobis ingeneratur ex eo, quod alios nobis similes eandetn cupiditatem haberè imaginamur)"。附释中的这一提法同"受感致动的诸情状定义"之定义三十三基本相同。①

---

① "33. Aemulatio est alicujus rei cupiditas, quae nobis ingeneratur ex eo, quod alios eandem cupiditatem habere imaginamur. Qui fugit, quia alios fugere, vel timet, quia alios timere videt, vel etiam ille, qui ex eo, quod aliquem manum suam combussisse videt, manum ad se contrahit, corpusque ciet tanquam ipsius manus comburetur, eum imitari quidem alterius affectum, sed non eidem aemulari dicemus; non quia aliam aemulationis aliam imitationis novimus causam, sed quia usu factum est, ut illum tantum vocemus aemulum, qui id quod honestum, utile vel jucundum esse judicamus, imitatur. Caeterum de aemulationis causâ vide pr. 27. hujus cum ejus schol. Cur autem huic affectui plerumque juncta sit invidia, de eo vide pr. 32. hujus cum ejusdem schol."/"33. 仿效是由于我们想象与我们

在"受感致动的诸情状定义"之定义三十三中,仿效概念的陈述后还附有一则说明,该说明对这种心理态度中取决于仿效本身的东西和取决于单纯自动化模仿机制的东西之间的区别作了介绍:我们看到他人逃跑时也逃跑,我们见他人处于险境时也分有他人的恐惧,从而对他人遭受的痛苦有共情反应,这种反应以全然自动化的方式自居性地复制某些特定的姿态或感情,而并不关注这些姿态或感情本身,因而不会考量去验证它们的有效性或价值;这些自发反应的纯重复性的性质显然不可能与力争上游的仿效等量齐观,仿效的前提要件在于,这种感情对被仿效的态度的质抱有特别的兴趣,我们之所以力争上游地去仿效某种态度,是因为我们已经对那被仿效的态度的内容作出了评估,那被仿效的态度是被"我们断定为荣耀的、有用的、令人快乐的"。换言之,撇开对他人的动作举止的纯机械性复制而就仿效本身来看,这种受感致动的情状似乎涉及判断和意识,因为只有判断和意识才能使在值得被仿效的动作与感情和不值得被仿效的动作与感情之间进行划分成为可能。但是,从斯宾诺莎的观点来看,词语方面的

相似的他人对某个事物有所欲望之故而在我们心里产生的同样的欲望.当某个人看到其他人逃跑他也因而逃跑,或者他因为看到其他人畏怯而感到畏怯,或者因为看到别人烧着手而赶紧缩手,他自己也跟着缩手,就好像他自己被烫着了一样,此时,我们说此人在模仿其他人的受感致动的情状,但不会说他在仿效其他人的受感致动的情状——这不是由于我们知道仿效是出于某个原因而模仿是出于另一个原因,而是由于我们用仿效一词的时候,是只说那人模仿的是我们断定为荣耀的、有用的、令人快乐的受感致动的情状。至于仿效的原因,请见命题二十七及其附释。而至于为何嫉妒常与这种受感致动的情状结合在一起,请见命题三十二及其附释。"——译注

讨论只能非自然地突显问题的次要方面而忽略了问题的关键。"目的不是解释名称的含义,而是解释事物的自然/性质"这一"受感致动的诸情状定义"之定义二十所附说明陈述过的规则在这里得到了充分运用:如有必要,只有解释事物的自然/性质才能考索出词语的含义,从而使往往被词语掩盖的东西表现出来。斯宾诺莎在这里就是这么做的,乃至于他系统地反其常义来使用"仿效(aemulatio)"一词,他想以此方式表明,仿效和受感致动的情状的机械模仿并无实质区别,前者是后者的衍生:仿效所涉及的行为评价总是不确当的评价,因为仿效所涉及的这种行为评价来自经验和惯例,被口耳相传的约定俗成的定规所限定,这种评价遮蔽了被仿效的现象的真实含义,因此,仿效归根到底仍旧是一种非理性的冲动,这种冲动以对于想象性目的的表述替换了被仿效的现象的真实原因,而人对那现象的真实原因毫无所知。"受感致动的诸情状定义"定义三十三所附说明的最后为此给出了一个证据,即,"仿效"往往会转变为"嫉妒(invidia)"①,人自认为有充分理由去追求他人之所好,但人认为的这些理由未必就是真正使他决定参与到这种竞逐之中的真实原因,只有在他给出的歪曲性的托词背后才可能找到他参与竞逐的致动因。对竞相仿效的竞逐行为的分析很好地展示了斯宾诺莎在《伦理学》这部分就受感致动机制所作的说明的祛神秘化性质。

---

① "嫉妒"这种受感致动的情状已经在命题二十四附释中介绍过,"受感致动的诸情状定义"定义二十三专门对嫉妒进行了界定。命题三十二附释将说明仿效是怎么转变为嫉妒的。

命题二十七还附有三则绎理,它们是对特定的某些特殊后果的展开。① 就像命题二十二把命题二十一所论述的二元关系扩展为三元关系一样,绎理一②也把命题二十七陈述的二元关系扩展为三元关系并得出其主要论点。据命题二十七的陈述,我们倾向于分有同与我们相似的"事物"的快乐和悲伤,即便我们同此"事物"从未有过任何特殊的感情关系,命题二十七绎理一对此陈述作出扩展,解释说,我们想象与我们相似的这人因另一人而快乐或悲伤地受感致动,我们对那另一人虽从未有过感情关系,我们也会立即地受驱动把快乐或悲伤同关于这个第三人的观念联系起来,也就是说,我们也会立即倾向于对这个第三人有爱或恨的感情。初看上去,这则绎理提出的观点和命题二十二所陈述的观点很难区别开来,③本则绎理仅有一处细微的差别,这个差别就是:我们甚至不必爱某人,也可以将这类爱的感情转移给我们想

---

① 这三则绎理连续相继,提示出了命题二十七论述内容的丰富性。

② "Corollarium 1. Si aliquem imaginamur laetitia afficere rem nobis similem, et quem nullo affectu prosecuti sumus, amore erga eundem afficiemur. Si contra eundem imaginamur eandem tristitia afficere, odio contra erga ipsum afficiemur."/"命题二十七绎理一:如果我们想象我们此前对它没有感情的某事物使与我们相似的事物快乐地受感致动,我们也会感到对那事物的爱。如果相反,我们想象该事物使这里所说的与我们相似的事物悲伤地受感致动,我们就会感到对那事物的恨。"——译注

③ 其概念在命题二十二附释中被介绍的"嘉许(favor)"和"气愤(indignatio)"的受感致动的情状,在由"受感致动的诸情状定义"的定义十九和定义二十作专门研究时,这则定义的说明还参考了命题二十七绎理一。原因即在于此。

象使该人快乐地受感致动的另一人,我们甚至不必爱某人,也可以自动地恨我们想象使该人悲伤地受感致动的另一人;只要我认为这个如此这般受感致动的人——我们在感情上是对他漠然的——与我们相似,便足以造成这种情况。所以,受感致动的情状的流通循环(这一流通循环不再受特殊限制性条件的制约)于是进入了泛化的建制之中:借助纯粹的联系和转移的机制,任何人都可能被驱动着——如果环境允许的话——爱任何人或任何事物。命题三十二证明将本着这一精神以如下措辞来表述命题二十七及其绎理一的内容:"我们想象某人从某事物得到快乐,仅由于这一事实,我们就能爱那事物并欲望着从它那里得到快乐(ex eo solo quod aliquem re aliqua gaudere imaginamur rem illam amabimus eaque gaudere cupiemus)。"这一陈述又进一步表明,人的受感致动机制不仅会将对某人的感情转移为对另一人的感情,而且还会将对某人的感情转移为对另一事物的感情,进而突出强调了感性运动在倾向上的不受限制的性质,通过这种感性运动,感情能够完全像流行性疾病那样由此及彼地传播开来。所以显而易见,受感致动的情状的对象固定——无论对象是人还是物——完全是由自然的共同顺序,也就是说,是由偶然和相遇的随机性造成的。

绎理二的义理对怜悯这一受感致动的情状的某些特殊方面进行了阐述,怜悯的概念是本则命题的附释所阐述的。据绎理二,"我们所怜悯的事物的不幸虽令我们痛苦地受感致动,但这一事实不会造成我们对那事物的恨(rem cujus nos miseret odio habere non possumus, ex eo quod ipsius miseria nos tristitiâ afficiat)"。据绎理三,"在我们能力范围内,我们会努力使我们所怜悯的事物脱离不幸(rem cujus nos miseret a miseria quantum possumus liberare conabimur)"。两个陈述中的第一个界说了自动伴随着怜悯的心灵状态,也就是对我们同情其遭遇的人心怀善意的倾向,这种倾向 a priori(先天地)排除了对此人的所有否定性的态度①;实际上,我们虽把悲伤附着于关于此人的观念,但我们联系的不是此人本人,而是此人遭受的不幸,我们在心理上是把此人同这些不幸分离开来的:我们所恨的正是这些不幸而非这个人,我们是不可能因为此人所遭受的不幸也使我们产生不幸感而恨这个人的。绎理三指出了这种分离的实际效果是什么:间接地愿望我们所怜悯的人获得幸福,为此我们将尽可能做一切能实际消除其悲伤的原因的事情,因为这种悲伤也是我们的悲伤;所以,我们欲望着使他摆脱不幸的同时,是在竭力地凭借共情冲动来对自己行善,这种共情冲动初看上去无关利害,但实则并非如此:怜悯中的善意的种种方面实际上充斥着该种感情所特有的、把善意行动和悲伤的实质联系在一起的两歧性。正是由于这一原因,"论奴役"命题五十指出,"在以理性为指导而生活着的人那里,怜悯本身是病态和无用的(commiseratio in homine qui ex ductu ratione vivit per se mala et inutilis est)":怜悯就其本身而言是坏的和无益的,因为它是一种悲伤,由此可以得出的有益的后果是,善之为善在于它们

---

① 我们在命题二十七附释的评注中已经看到怜悯不是爱:但据这则绎理二,怜悯毕竟有某种事先消除——至少是消极地消除——恨意的心理倾向。故此,即便恨意被激发起来,这种恨意也只能由另外的、完全独立的原因来解释:在这种情况发生的时候,我们因于对立的受感致动的情状,撕扯于它们之间,进而陷于"心灵的混淆(fluctuatio animi)"的状态之中。

应该是在认识上被决定的,应具有作为对情境理性考察结果的确定性,而非由单纯感性模仿机制所造成的受感致动的情状所决定,这种感性模仿机制本身是无法断定实际的善和恶是什么的。

命题二十七绎理三本身还附有一附释,这则附释澄清了一个新的感情形态:"仁慈(benevolentia)",该附释是对命题二十二附释中围绕怜悯、嘉许、气愤的推导所作分析的扩展。"仁慈"是"做善事的冲动(appetitus benefaciendi)",就这种冲动仅由这一纯粹事实引发而言,此事实即,我们对一事物(人)感到怜悯,我们就会想要对它(他)行善:所以,在这种仁慈中,我们无须发现我们对这里涉及的此物(人)有特殊的爱的感情,我们只需要将该人联系于受感致动的情状的模仿机制就足够了,这种机制甚至在我们意识不到的情况下就促发我们去分有该人的快乐和悲伤。所以,"仁慈"这个名词可指称的所有感情所共有的东西"不是别的,而是来自怜悯的欲望(nihil aliud est quant cupiditas ex commiseratione orta)",或者用"受感致动的诸情状定义"定义三十五①所使用的措辞来说,是"想要为我们怜悯的人做善事的欲望"。这种盲目的欲望自动地产生于简单的模仿机制,它显然同向他人行善的理性意图是毫无关系的,正如斯宾诺莎将在"论奴役"中说明的那样,向他人行善的理性意图基于完全不同的原理。

---

① "35. Benevolentia est cupiditas benefaciendi ei, cujus nos miseret. Vide schol. pr. 39. hujus."/"35. 仁慈是想要为我们怜悯的人做善事的欲望。见命题三十九。"——译注

4. 他人注视之下的动作(命题二十八,命题二十九及其附释,命题三十及其附释,受感致动的诸情状定义之定义三十和定义三十一、定义四十三和定义四十四)

自命题二十一以来被研究的感性运动都呈现为纯心理动作,这些心理动作使心灵的思想力量的变化(即心灵思想力量的增长与减少)对应于事实上乃是对作为另外的他人的某个外在事物的表述,或者说,这些心理动作驱使心灵的思想力量以善意的眼光或恶意的眼光、从肯定视角或否定视角去考量这些外部事物或他人。对这些心灵态度的研究,使得测定我们在同他人的关系中在何种条件下会倾向于快乐或悲伤、会易于去爱或恨、会受驱动而有善意或恶意成为可能。所有这些[心理动作]似乎都是在我们心灵中发生的,也都同受感致动的情状和观念的某些特定组配方式的形成有关,这些特定组配方式的形成——正如前面的分析所表明的那样——取决于联系和转移的机制,并在模仿的基础上从想象法则所支配的某种心理素材(想象法则支配着此种心理素材的配置)发展而来。命题二十八、命题二十九和命题三十研究的则是这些心理倾向体现在实际行为效果之中的"心理的行动宣泄"条件,这些条件不仅驱使我们思想,而且驱使我们做出某些特定的事情。这些行为,就像它们被定位于其中并是其延伸的心理态度一样,可以分为方向相对的两大范畴:一类行为倾向于"努力地做成(conamur ut fiat，命题二十八）"某些特定的事情，这些事情是"我们竭力要使之成为现实的（agere conabimur，命题二十九）"，另一类相反的行为则是"我们努力地避免或消灭（amovere vel destruere conamur，命题二十八）"某些特定的事情，或"我们反感去做（agere aversabimur，命题二十九）"某些特定的事情。我们看到了"肯定（affirmare）"和"否定（negare）"的选择在这里同其在命题二十五和命题二十六那里一样得到了强调，但在这里，这个选择被扩展到了引发实际做出的动作的行为图式的考量。这样一来，受感致动的情状理论在解释了我们的心理倾向和冲动是如何在我们同他人的关系语境中被构织而成的之后，还解释了我们通过这些心理倾向和冲动是如何应对具体刺激而作出反应的，我们同他人形成的接触就会产生这些刺激，正是这些应激关系构成了使我们卷入——不仅在思想上卷入，而且也是具体地卷入——事关接受和排斥这个基本选择的场合之中。

命题二十八①解释说，我们之所以会卷入事关接受和排斥这个基本选择的场合之中，首先取决于一种感性倾向，此倾向的准则似乎来自我们同自己的最本己的关系。这种感性倾向驱使我们去尽可能地做成那些在我们看来与快乐同向的事情，因而是增加我们的"是我们之所是"的力量的事情；而相反尽可能地避

---

① "Propositio 28. Id omne quod ad laetitiam conducere imaginamur, conamur ut fiat; quod vero eidem repugnare, sive ad tristitiam conducere imaginamur, amovere vel destruere conamur."/"命题二十八：我们努力地做成我们想象着有助于增加快乐的一切事情；相反我们努力地避免或消灭我们想象为与快乐相反或有助于增加悲伤的一切事情。"——译注

免与悲伤同向的,因而是减少这种力量的一切事情。但命题二十九①又解释说,这种内在规则立即由对他人的考量发生了偏转,这个他人的态度介入了这种内在规则之中:这样一来,我们将不仅被驱动着去做使我们自己快乐的事情,而且也竭力去做使他人快乐的事情,并相反受驱动不仅避免做对我们而言乃是——真实的或想象的——悲伤的原因的事情,而且避免做我们认为他人以否定性方式看待的事情。而且,据命题三十②,当我们做了我们认为给予他人快乐的事,最终我们自己会从中感到快乐,我们会对之感到满足,使我们快乐和满足的不仅是我们所做的事,而且还有做了这事的我们自己;相反,我们若做了我们认为让他人感到悲伤的事,我们就会不满,使我们不满的不仅是我

---

① "Propositio 29. Nos id omne etiam agere conabimur, quod homines (NB. intellige hic ut et in sequentibus homines, quos nullo affectu prosecuti sumus) cum laetitia aspicere imaginamur, et contrà id agere aversabimur, quod homines aversari imaginamur."/"命题二十九:我们也还将竭力地努力使我们想象着人们(此处以及以下,我把'人们'理解为不使我们受感致动的人们)将以快乐的眼光看待的一切事情成为现实,反之,我们反感去做我们想象人们以厌恶的眼光去看待的一切事情。"——译注

② "Propositio 30. Si quis aliquid egit quod reliquos laetitiâ afficere imaginatur, is laetitiâ concomitante ideâ sui tanquam causa afficietur, sive se ipsum cum laetitia contemplabitur. Si contrà aliquid egit, quod reliquos tristitia afficere imaginatur, se ipsum cum tristitiâ contra contemplabitur."/"命题三十:如果人曾做了他想象会使他人快乐地受感致动的某事,那么他也将快乐地受感致动,并伴随有他本人乃是此快乐的原因的观念;也就是说,他将以快乐的眼光看待他自己。反之,如果人曾做了他想象会使他人悲伤地受感致动的某事,他也将以悲伤的眼光看待他自己。"——译注

们所做的事，而且还有做了这事的我们自己。我们在这里看到这是一个循环过程，其心理的行动宣泄的契机乃是这些命题里反复出现的"动作起来（agere）"这一动词所构成的高峰体验，以及如下一些内化的心理态度的现前：我们的行动给予我们——就我们的这些行动是在他人的注视下实现的，至少是我们在想象中将它们表述得是在他人的注视下实现的而言——的快乐或痛苦的感情。

　　这就等于说，受感致动的情状的模仿机制（其原理已经在命题二十七中得到了说明）在纠缠着我们的全部思想——只要这些思想自发地循着想象强加给它们的顺序——的同时，既纠缠着我们所形成的表述，也纠缠着我们的大部分行为。我们在实际上并在心理中都是既为自己也为别人做出我们的行动的，即便在命题二十九所附旁注文本所说的那种情况中，即在人们乃是"不使我们受感致动的人们（quos nullo affectu prosequuti sumus）"的情况中，也是如此，这就使我们处在了命题二十七所分析过的那种情境之中：执念般贯穿于我们的日常生活中的我们对于他人的表述不是任何对于特殊他人的表述，也就是说，在日常生活中，我们头脑中对他人的表述是完全中立化的心理印象，这种心理印象乃是由想象工作机制所生产的关于他人以及他人感受的一般观念：在命题二十九陈述所使用的种属词"人们（homins）"就表明了这种关于他人以及他人感受的一般观念的抽象的"相"的性质，命题二十九附释也使用了"人们"一词，在那里，该词也表示"匿名的众人（vulgo）"，或者说所有人或任何人；就此而言，"人们"就是"他人

(alii)"①，或者我们也可以说，就是"人类"。

命题二十八首先解释了当我们受驱动而做某事时发生了什么："我们努力地做成我们想象着有助于增加快乐的一切事情；相反我们努力地避免或消灭我们想象为与快乐相反或有助于增加痛苦的一切事情。"动词"conari（努力、着手、从事）"的使用，用法与命题十二和命题十三以及命题二十五和命题二十六的用法相同，都强调了以这样一些导向为其特征的冲动，这些导向像驱动力一样迫使我们去遵循，或者迫使我们自动地采纳它们，而不会对它们有所意识，更不要说对它们进行推理或有意识地选择了。在这些我们甚至对之毫无察觉的驱动的暗中驱迫之下，我们倾向于去尽可能地做一些事情而不去做另一些事情，我们之所以会有这种偏好选择，全是由于前一种事情据信给予我们快乐而后一种事情会给予我们悲伤。

此则命题的证明与命题十二和命题十三——该则证明正是这两则命题的扩展——的证明一样，都参考的是"论心灵"命题十七，"论心灵"命题十七证明了心灵在什么条件下被导向把某些特定事物考量为现在现前的或实际存有的而相反在什么条件下被导向把某些特定事物考量为应予从这种现在现前或存有中

---

① "受感致动的诸情状定义"之定义三十称，"光荣是种快乐，我们想象他人会赞赏我们的行动，伴随此观念便会有这种快乐（gloria est laetitia concomitante idea aiicujus nostrae actionis quant alios laudare imaginamur）"。这里所说的"他人"既是全部的人，也是任何人。

230　排除出去的。"论心灵"第一部分已经证明过①,所有的心灵倾向都联系着身体的应变致动的状态,二者之间有着系统的对应,据此,由对这种或那种事物的表述所暗中驱迫的种种感性倾向(这些事物在心理上造成了趋附或排斥的感情)必定有其在身体方面的对应情状:这些倾向因而会通过行为模式而显现为行动,正是这些行为模式同时地将这些行动导向为趋附的行为或排斥的行为。我们的行动,作为以身体方式做出的物理动作,同我们的思想,即作为观念和受感致动的情状的组合的我们的思想,有着这种符合一致的关系,只有这样,我们才可能适应既是身体的也是心灵的这些特定的倾向,为了表现这种符合一致,斯宾诺莎在命题二十八证明中使用了一个提法,即"我们总是绝对地努力追求它(absolute conamur)",这个提法的意思是说,我们在身体和心灵中都努力追求它,或者说我们无论在身体上还是心灵中都"对它有冲动并要求它(appetimus et intendimus)",这里,身体和心灵完全是同一种运动,这一身体和心灵的同一运动使我们的冲动和实际行动转变为单一的活动,而在冲动和实际行动之间是根本没有丝毫区分的余地的。必须要知道的是,当我们谈心理的行动宣泄的时候——就像我们前面所做的那样——,我们不是在暗示这样一种观念,即,行动是有某种延迟地跟随着思想的,仿佛它们中的一个可以脱离开另一个而活动

---

① "论受感致动的情状"部分命题二十八因而也参考了"论心灵"部分命题七绎理和命题十一绎理。

似的①：心理倾向模式和身体动作模式（二者是同一种运动，只是为了分析方便起见而被分开来谈）从一开始就受特定方向导向，而这些方向则是由想象所创造的表述对不可遏制的 conatus（努力）冲动的接入所派定的。凡是使人的"是其所是"的力量、思想的和动作的力量沿着增长的方向得以发展的一切东西，都是人竭力去获得的，同时这也意味着，凡是使这种力量沿着减少的方向发展的一切东西，都是人竭力规避的②；就我们的行为同受感致动机制发展所伴随的心理冲动相一致而言，这就是我们行为所遵循的普遍法则。

在后面的论述中，此命题二十八将多次被参考。③ 该则命题的内容实际上对斯宾诺莎所循的那种伦理学视角而言是十分关键的，这种伦理学视角客观地看待人的行为，直接溯及它们的根

---

① 如果人可以在无行动的情况下思想，并且是先于行动地思想的话，经意识选择的和经同意的行动模式——或至少是意图性行动模式——就会占上风了。但是，既然心灵是实际存有的身体的观念，这也就是说思想和感觉也都不可避免地是自动地在特定动作模式中被塑成的。

② 规避或消灭的否定性行为遵循的必然性和实现或助成的肯定性行为所遵循的必然性是同一种必然性：这种必然性驱迫我们以一切手段实现 conatus（努力）的展开，而反对可能对其有所妨害的一切东西。因此之故，命题二十八证明的第二部分延续了证明第一部分的同一种逻辑。

③ 在"论受感致动的情状"部分，此命题在命题二十九证明中，在命题三十一绎理中，在命题三十二证明、命题三十五证明、命题三十八证明、命题三十九证明及附释中，在命题五十附释、命题五十一附释和命题五十五附释中均被提及；在"论奴役"部分，此则命题被命题十九证明和命题三十七附释参考；在"论自由"部分，被命题十九证明提及。

源,按照它们循自然决定机制而发生那样看待它们,而那种自然决定机制是绝不可能同事物的顺序有丝毫断裂的,否则人的行为就成了据行动主体意志被做出的,不由原因而是由行动主体任意设定的目的所决定的了。做与应该能造成快乐的东西同向的一切事情,而尽量规避与对于可能的不快的表述相联系的一切事情,此乃是我们的基本实践关切的根本原则:正是我们的这些基本的实践关切,使我们将事物考量为好的和坏的、有用的和无用的,进而将事物考量为应予追求的和应予排斥的,正如"论自由"命题十九证明中所说,对所有人而言"追求愁苦(contristari cuperet)"都是说不通的,人自发地追求同这些生命旨趣的基本逻辑相悖的目标因而也都是说不通的。所以,命题三十八证明解释说,人都有趋附使他快乐的东西的普遍倾向,每个人也都"尽量努力保持(quantum potest conservare conatur)"这种快乐。①当规避麻烦的时候,运用这同一法则,一切手段都将是好的:故此,据命题三十九附释的提法,人甚至"宁受较小灾害,以避免将来的大灾害(disponitur ad malum quod futurum judicat minore vitandum)",或如命题五十附释所表明的那样,我们甚至依赖于"预兆(omina)","努力利用这些预兆作为获得我们所希望的东西或排除足以成为障碍或恐惧的原因的东西的手段(tanquam media ad ea quae speramus adhibere vel tanquam obstacula aut metus causas amovere conamur)"。所有这些行为的典型特征都可参考命题二十八提出

---

① "论奴役"命题三十七附释二解释道,由于同一原理,每个人都"努力保持他所爱的东西而消灭他所恨的东西(id quod amat conservare et id quod odio habet destruere conatur)"。

的这一论点,也就是说,这个论点涉及我们的感性生活和实践生活的所有形式。

命题二十八论述的法则适用于所有情况:人的"是其所是"的和动作的力量无论面对着何种刺激,无论产生着广义或狭义的任何变化,人的心灵倾向以及伴随着这些倾向的身体动作都是同时地根据这些刺激而被共同地样式化的。我们可以说这个法则在归根到底的意义上决定着我们的所有行为。但这是说它是决定着我们的所有行为的唯一的法则吗?当我们读到命题二十九的时候我们会给自己提出这个问题——据命题二十九,"我们也还将竭力地努力使我们想象着人们将以快乐的眼光看待的一切事情成为现实,反之,我们反感去做我们想象人们以厌恶的眼光去看待的一切事情"。我们在这个命题的陈述中看到动词 conari(努力)是将来时态,而命题二十八陈述中该词则是现在时态的:这种时态变化由一个连词"也还(etiam)"得到了合理说明,该连词使我们可以将这两个命题理解为同一个序列的前后相继的两个阶段:"我们努力(conamur)……",我们也还"将努力(conabimur)……"。这样一来,命题二十九论述的新法则构成了命题二十八所论法则的补充:这两个法则谈的不是分开的行为,而是同一些行为在理性分析之下的不同层次。

这意味着我们的行为不仅仅完全是出于我们个人的考虑的:除了我们自己的个人考虑之外,他人的眼光——或毋宁说我们想象的归之于他人的眼光——也介入了这些行为的决定;投射出这种眼光的他人实际上不是具体的人,不是真的某个人;这个他人作为象征所体现的位置乃是"人们(homines)"的位置,"人们"这个概念并不对应被决定了的客观内容,而仅表述着一种思想方式。我们在接受这种他人的眼光的指导的时候,我们并未出离我们自身,因为我们所指涉的这个他人的形象是一种虚构,我们在我们自己心灵中创造出来的这个他人形象是一个纯粹的幻想:我们想象的这个他人,关于他的观念顽固地纠缠着我们的这个他人,只是我们自己的某种模仿性投射,它就像影子那样跟随着我们,或者作为幽灵般的印象出现在我们面前,但不具有自主性的存有。①

命题二十九正是在命题二十七所提出的受感致动的情状的模仿机制理论的基础上陈述了使该理论发挥出实践效果的法则:我们在行为的自动机制作用下动作的同时,心灵中也再现了某些被我们归于他人名下的致动倾向,这些行为自动机制因而使我们不仅出于我们自己的快乐的缘故,而且"也还(etiam)"出于据信可令他人快乐的缘故(至少是在我们看来是这样的,因为这个他人是我们的想象)而冲动地投入行动之中:这种快乐——或这种悲伤——在想象机制中使我们想起他人印象,我们在这些他人印

---

① 在某些特定环境中,我们——仍旧是想象性地——把对他人的这种笼统表述认定为某一个特殊的人在我们这里留下的印象。此即命题三十三证明所论的情况,而那里也对命题二十九的内容进行了参考:"如果某事物(人)与我们相似,我们就会努力使他优先于其他事物而快乐地受感致动(si res nobis sit similis, ipsam prae reliquis laetitia afficere conabimur)。"这一承认的程序创造了一种区别对待的效果:它拣选出来某个个别的人,理由仅仅是我们认为该人的模样与我们相似。这种偏好的态度虽然使我们心灵中指涉的他人的形象不再是在感性上中立的形象,但这一形象所凭借的表述与笼统被考量的人的观念——也就是"人们"的观念——是同样抽象的。

象上感到的不是别的,只能感受到这些他人印象同我们是直接相关的,单是对于它们的表述就足以促动我们的"是我们所是"的和动作的力量,从而使这种力量向着增加或减少的方向运动。这就产生了这样一种不可避免的后果,即,我们倾向于爱和恨这些他人(这些他人的现实性仅在于我们有关于这些他人的观念)所爱和所恨的事物。我们进而将我们的快乐和悲伤的心灵倾向固定在这样一些事物上,这些事物之所以被我们考量为可欲的和不可欲的,所依据的是一些"共同的印版",我们正是借由这些共同的印版而不仅从我们自己出发去爱和厌憎那些特定的事物的,而且仿佛是所有的人在我们的位置上都会这样地爱和厌憎那些事物,并进而能趋附它们或规避它们:"我们想象人们爱或恨一事物,由此我们也将随之爱或恨那事物(ex eo quod imaginamur homines aliquid arnare vel odio habere nos idem amabimus vel odio habebimus)",结果"凡我们想象为被人们爱或喜悦的一切事,我们都将努力地去做它(id omne quod homines amare sive cum laetitia aspicere imaginamur conabimur agere)"。所以我们的行动要使我们满意,我们须得认为它们"此外(etiam)"还要给他人带去快乐,相反,我们的活动令我们不满,是由于我们认为它们可能被他人不悦地考量。我们看到,这种强迫性的同他人保持一致使我们务必做到"令人喜悦(ut hominibus placeamus)"——这是命题二十九附释的提法——,并且它对我们影响更甚的地方在于,它完全是未经理性推理的,远未使我们的动作举止消除其根本的个人性特质,而是相反,这种强迫性的同他人保持一致只是对我们动作举止的这种个人性特质的确证,它并不真的使我们出离我们自身而使我们的活动服从于客观尺度,而客观尺度的真正标准只能在我们之外找到。

与他在前面命题中所做的一样,斯宾诺莎在命题二十九主要推论——主要推论所涉范围是总范围——的旁注部分,即在附释中,提出了受感致动的情状的几个特殊形态:"冀人青眼的欲望(ambitio)"(这一受感致动的情状的特殊形态也被列为"受感致动的诸情状定义"之定义四十四)、"通人情(humanitas)"(这一受感致动的情状的特殊形态也被列为"受感致动的诸情状定义"之定义四十三),以及"赞赏(laus)"和"责备(vituperium)",这两种受感致动的情状的形态曾在"论神"部分的附录中提到过。

"冀人青眼的欲望(ambitio)"①是同这样一种固有倾向相对

---

① 在古典拉丁语中,ambitio 一词指"争取选票",候选人为了某个职位或爵位而争取的时候就会这么做,为的是说服他人来支持他获得这个职位或爵位。该词的现代形式"ambition"从字面转译了原词 ambitio,但较之刚提到的意思,已经在含义上有了略微的改变:现代词 ambition 表现的是对优越位置带来的好处的要求,因而表现了对他人的领先,而不再包含努力通过说服而使他人承认他有胜任价值的含义。尽管在受感致动的情状的这种分类归纳中,斯宾诺莎系统地以重实轻名的方式使用那些词语,我们最好还是保留 ambitio 一词的原始含义:所以我们在这里决定将该词译作"冀人青眼的欲望"或"取悦于他人的欲望",后一个提法可以在"论奴役"附录第二十五个条目中找到"取悦于他人的欲望(cupiditas hominibus placendi)"的原词对应,在那一节中,斯宾诺莎依据是"出于理性而被决定(ex ratione determinatur)"还是"其根源可在受感致动的情状中找到(ex affectu oriatur)"而将这种欲望区分为两种形式;在"论受感致动的情状"部分所讨论的正是这种欲望的第二种形式。

应的受感致动的情状,这种在我们之中的固有倾向促使我们凭借我们的行动令他人喜悦,也促使我们从我们对所认为的他人的这种喜悦(我们乃是这种喜悦的对象)的想象性表述中获得喜悦:因而这种"冀人青眼的欲望"也是我们从他人的眼光出发——就像我们不断地站在他那里来看我们自己那样——而自爱的受感致动的情状。这种欲望更甚至体现为"我们满心急切地取悦于任何人,以至于我们不顾自己或他人的安危地做某些特定的事或拒不做某些特定的事(adeo impense vulgo placere conamur ut cum nostro aut alterius damno quaedam agamus vel omittamus)":这样一来就暴露了这种类型的动作举止的荒谬性,它势必引发心灵的混乱,因为在这种动作举止中我们总是倾向于在行善或做对我们好的事的借口之下对我们自己作恶。通过这些条件,我们就理解了"受感致动诸情状定义"之定义四十四①所说的东西了,该则定义说,这种欲望应该被视为"对光荣的

---

① "44. Ambitio est immodica gloriae cupiditas. Ambitio est cupiditas quâ omnes affectus (per pr. 27. et 31. hujus) foventur et corroborantur; et ideo hic affectus vix superari potest. Nam quamdiu homo aliquâ cupiditate tenetur, hac simul necessariò tenetur. Optimus quisque, inquit, Cicero maxime gloria ducitur. Philosophi etiam in libris, qui de contemnenda gloria scribunt, nomen suum inscribunt etc."/"44. 冀人青眼的欲望是对于光荣无节制的欲望。冀人青眼的欲望是种会煽动起所有受感致动的情状并对它们进行加强的欲望(根据命题二十七及命题三十一);所以这种受感致动的情状很难被控制。因为只要人被这样那样的欲望所捕获,就会被它所捕获。正如西塞罗所说:'我们中越是卓越的人,就越受光荣的引诱。'即使哲学家在每本书中都写道要蔑视冀人青眼的欲望,却也都还在每本书上冠以自己的名字。"——译注

237 无节制的欲望"①。受感致动的诸情状定义之定义四十四所附说明指出,这种取悦他人的顽固念头本身就难以遏抑,而且还是"煽动起所有受感致动的情状并对它们进行加强的欲望":由这

---

① 据"受感致动诸情状之定义"定义三十,"光荣(gloria)"本身"是种快乐,我们想象他人会赞赏我们的行动,伴随此观念便会有这种快乐"。光荣,像所有普通的受感致动的情状一样,一方面是以想象为基础的,而另一方面,据"论奴役"部分附录第二十五条目所提出的差别,"光荣"还是"纯粹根源于某受感致动的情状,而并不在理性中有其根源的……取悦于人的欲望(cupiditas hominibus placendi ... ex affectu orta ... and not ex ratione determinata)"的形式,就此两方面而言,"光荣"自发地倾向于过度过分:它因而自然不免于受到"冀人青眼(ambitio)的欲望"的危害,"光荣"和"冀人青眼"之间仅有非常细微的区别。然而,在"论自由"部分命题十附释中,斯宾诺莎将会解释说,"光荣"如果对把它引导到"冀人青眼的欲望"一边的种种过度加以克服,还是有正当用途的:"当某个人汲汲于追求获取光荣的手段的时候,必须让他知道光荣的正当用途是什么样的(si quis se nimis gloriam sectari, de ejus recto usu cogitet)!"

本着这一精神,受感致动的诸情状定义此则定义所附说明以援引西塞罗的话作为结束,他的话指出,"我们中越是卓越的人(optimus quisque)"就越是受到光荣的吸引:就算是否定这种吸引的哲学家,也不免于被光荣吸引而在著作上署上自己的名字,毕竟仍想——就算他对此毫无知觉——受人恭维。针对"哲学家(philosophi)"的这个颇具挖苦意味的反讽,很难用在斯宾诺莎身上,当他写下这些话的时候,他的《神学政治论》已于 1607 年匿名发表。在"论奴役"附录第二十五条目中,斯宾诺莎解释说,按照理性指导而生活的人不会在乎"别人钦佩以自己名字标榜的学派(reliquos in admirationem traducere ut disciplina ex ipso habeat vocabulum)"。但无论如何,斯宾诺莎都不能将他的名字从人们那里抹去,人们一直特别重视他,尤其是因为他从不刻意地汲求人们对他的赞赏。

种心灵倾向所造成的影响因而是遍布我们全部的感性生活的,这种生活永远都打着这一心灵倾向的烙印。这则说明继续解释道,"这种受感致动的情状很难被控制",因为它在我们身上造成的影响是扩展性的:它还作用于我们其他的感情,并且作用于我们很多的心灵冲动及它们所转译的身体的冲动,因为"只要人被这样那样的欲望所捕获,就会被它所捕获"。所以,这种欲望在特定场合会具有不同的具体形式,更甚的是,它还如影随形地同我们所有的感情表现齐头并进地发展。在命题五十六附释开头,这种受感致动的情状被同"贪食(luxuria)""酗酒(ebrietas)""淫欲(libido)""贪婪(avarice)"列为同一水平,以表明这些受感致动的情状"只是爱或欲望的种种具体名称,凡此种种的受感致动的情状所具有的性质皆来自它们各自指向的对象(non nisi amoris vel cupiditatis notiones sunt quae hujus utriusque affectus naturam explicant per objecta ad quae referuntur)",冀人青眼的欲望的对象乃是人渴望脱颖而出的欲望,而这种欲望就其自然/性质而言总是倾向于非分、过于自我看重。

然而,如果我们设法对它加以控制,这种欲望就完全有望被改造成"通人情(humanitas)"①,后者本身是"谦恭(modestia)"的

---

① "humanitas"一词从根本上是指对人性一般的种种品质的表现。它因而在对他者——只要他者是与我们相似的事物,也就是说,是人类——仁爱这一更为具体的含义上意味着"人性"。这类仁爱的感情通过有原则的亲善来表现,而其原则就体现在良好的礼仪规则之中。

一种形式,这由"受感致动的诸情状定义"之定义四十三①作出了说明。这种倾向本身对应着"只做令人们(他人)喜悦的事,而克制不做不令他们喜悦的事情的欲望"。"论奴役"命题三十七附释一解释说,"仁爱地(humaniter)"去行动,乃是不受无节制的感情冲动的左右而在理性指导之下生活的人的品质;这样的人"仁爱而慈善地行动,而且在心灵上最大限度地同他自己相一致(benigne agit et sibi mente maxime constat)"。这种有律有节体现在这样一些受感致动的情状中,它们起着亲和他人的作用:它们因而可以在解放过程中扮演积极的角色。但就它们是受感致动的情状而言,它们毕竟服从于支配着全部感性生活展开的一般法则,尤其服从于模仿原则——而这一原则正是取悦他人和冀人青眼的欲望的基础:由于这一原因,如"受感致动的诸情状定义"之定义四十八所附说明所说,"谦恭"乃是"冀人青眼的欲望的一种(modestia species est ambitionis)",这一点也是"受感致动的诸情状定义"之定义四十三的陈述所明确指出过的。换位性的感情虽然能够在"论自由"第一部分所论述的受感致动的情状之矫正的意义上助成某种心灵的平和,然而,"通人情"和"遵规守礼"毕竟同样地植根于受感致动机制的土壤之中,故此,它们也是服从于想象机制的:它们也因而必定未免于两歧性的特征,这使它们总是倾向于退化并回归到它们自其而来的取悦于人的欲望和冀人青眼的欲望。

命题二十九附释最后,在模仿性受感致动的情状的同一个范

---

① "43. Humanitas seu modestia est cupiditas ea faciendi, quae hominibus placent, et omittendi, quae displicent."/"43. 通人情或谦恭是只做令人们(他人)喜悦的事,而克制去做不令他们喜悦的事的欲望。"——译注

畴下,说明了"赞赏(laus)"和"责备(vituperium)","赞赏"乃是"想象他人努力取悦我们而做出的那些行为带给我们的快乐(laetitia qua alterius actionem qua nos conatus est delectari imaginamur)"①,而"责备"则相反是"这样一种悲伤,它表现着我们在面对他人的行为时所感到的厌恶(tristitia qua contra ejusdem actionem aversamur)"。这些受感致动的情状通过模仿机制的作用使由前面那些受感致动的情状所启动的运动得到加倍:我们努力通过我们的行为取悦他人,从我们的眼光来看,这些行为会使他人快乐因而受他人的赞赏,我们从我们想象中的他人的这种快乐里获得满足,与此同时,我们也还想象他人也努力取悦我们,我们也把我们的赞赏给予他们,并因此而感到快乐:而在镜子关系中的这组相互映射的受感致动的情状中,我们终究不知道它们与快乐和悲伤有怎样的关系,尽管这些感情在实质上是由快乐和悲伤构成的。②

---

① "努力取悦我们(nos conatus est delectari)"这个提法听上去侧重点落在他人的行为的意向性特征上,但这个提法必须要这样来理解:这种特征只能归因于我们的想象。

② "论受感致动的情状"结尾处的命题五十三绎理解释说,心灵在对自身进行审视时所感到的快乐"会被煽得更旺,只要(体验着这一快乐的)人想象他愈加受他人赞赏的话(magis magisque fovetur quo magis homo se ab aliis laudari imaginatur)"。这个论点是这样被证明的:"实际上,他越是想象他愈加受他人赞赏,他想象他人因他而受感致动的快乐就越大,而且这一想象是有对他本人的观念相伴随的;所以,他本人也会以更大的快乐而受感致动并伴随着对他自己的观念。"这些受感致动的情状,因而通过相互转换,最终无非是它们所呈现的表象的映射,无非是影子或幻影的影子;这些意象相互映射,并借此使自身受到不断的滋养,这就构成了它们的真实的客观实质。

在"论神"部分附录的结尾,赞赏和责备这两种心灵态度被和善与恶、有序和无序、热与冷、美与丑相提并论,它们都是"想象中的样式(modi tantummodo imaginandi)",完全都是相对的,本身不能"指明任何事物的自然/性质,仅能指示想象机制的构成(nec ullius rei naturam sed tantum imaginationis constitutionem indicare)"。[①]我们在这两种受感致动的情状中在意他人所作所为而从中获得了快乐或悲伤,而由这两种受感致动的情状激励着的那些种种冲动不表现任何客观的东西,也没有任何理性的价值。

命题三十是这组专论模仿性的动作举止的命题的收束,总结我们的行为给我们自己造成的感情——这些行为在被做出之后,我们仿佛是以他人的眼睛来看待它们似的:由于这些模仿性的动作举止是直接以它们的结果为固定导向的,所以,它们受客观评价就是必需的,或者至少有必要让我们自己去确认它们是否引发了满意或不满意的间接感性反应。斯宾诺莎对这个论点作了如下阐述:"如果人曾做了他想象会使他人快乐地受感致动的某事,那么他也将快乐地受感致动,并伴随有他本人乃是此快乐的原因的观念;也就是说,他将以快乐的眼光看待他自己。反之,如果人曾做了他想象会使他人悲伤地受感致动的某事,他也将以悲伤的眼光看待他自己。"促生了这些受感致动的情状的机制与命题二十九所描述的那种机制是相同的,都与我们做出的、其意义无法最终明确落定的行为有关:我们想象他人现在现前,于是便开启了一种视角,我们又通过这种视角想象那想象中现在现前的他人

[①] 有关赞赏和责备的分析在"论奴役"部分命题三十七后半节的开端还会再次被提及,在那里,对它们的分析是与社会权利基础的问题相关的。

会因我们而受感致动，也正是在这一视角之中，我们就我们的行为、就做出这些行为的我们自己所体验到的种种受感致动的情状才得以显现，我们在这些受感致动的情状中所获得的快乐或悲伤，与我们猜想的（系统地对应于我们的那些行为的）他人的快乐或悲伤成正比关系。这就是说，命题二十七证明过的原理（即受感致动的情状的模仿机制的原理）也在这里起作用，而本则命题三十的证明也是以此原理为基础的。

此命题三十在证明中还参考了"论心灵"命题十九和命题二十三，这两条命题证明了心灵自发地由它就身体的应变致动的状态所形成的观念上升到对自身的意识所需要的那些条件：心灵对自身的这种观念，由于取决于心灵依据身体事件在心灵中所形成的观念去感知这些身体事件的方式，所以，绝不具有客观知识的价值——因为对身体应变致动的状态的观念本身就混淆地指示着身体的存有和使身体致动的另外的物体的存有，心灵的这种对其自身的观念当然是不充分的观念。故此，（身体的）这些应变致动的状态以及我们自发地具有的这些混淆的观念在这里共同地决定着我们的动作、以这样或那样的方向指导着我们的行动，我们对其原因毫无所知，我们的行动更不可能是出于自愿决断的自觉判断的，而是仍然处在传动性的冲动之下，我们只是对这种冲动的偶然效果有所审视才对它有了察觉，但毕竟还是无法知道它的真正原因。此外，我们之所以对这些受感致动的情状有意识，是由于在受感致动的情状的模仿机制作用下我们先行想象地认为他人对这类受感致动的情状有表述，我们随即才借由这些表述而识别了我们这里所产生的这类受感致动的情状。我们之所以为自己感到喜悦,①是由于我们对我们的行为所具有的表述感到喜悦,而我们之所以对我们的这些行为有愉悦的表述,则是由于我们相信他人先行(对我们的行为)形成了表述,他们借他们的这种表述而感到了喜悦——这样一来,我们才会因"意识到自己的快乐(laetitia cum conscientia sui)"而受感致动,但即使这样,在这个过程中,这种反射性的意识从来不会把握任何确切客观的、能确定地被确证的内容:这也适用于相反的情况,即我们由于猜想别人对我们不满便也会对自己感到不满的情况。在感性模仿机制之上,又叠加上了错误意识的机制,而且正如在"论心灵"部分分析过的那样,错误意识的这些机制又由于我们事实行为的条件而得到了加倍——因为,我们做出的那些行为仿佛被某种受感致动的情状的光晕包围着,以至于我们无法捉摸这些行为的真实含义。

命题三十附释对这一分析进行扩展进而识别出了感性的两个具体形态:"光荣(gloria)"和"耻辱(pundor)",斯宾诺莎解释说切不可将"光荣"混淆于"自我满足(acquiescentia in se ipso)"、将"耻辱"混淆于"懊悔(poenitentia)"。"光荣"和"耻辱",就它们分别代表与对于外部原因的表述相联系的快乐与悲伤且那外部原因乃是想象的他人对我们行为的判断而言,这两种受感致动的情状都是"爱和恨的形式(atnoris et odii species)"。然则在这两种情况中爱和恨的对象是什么呢?对象当然不是我们自己,至少并非

---

① "我们对自己感到满意(nosmet cum laetitia contemplamur)",见命题三十四证明。

直接地是我们自己，而是他人，是我们将我们的快乐和悲伤投射在他们身上的他人。但这些感情（同时还有这里涉及的他人）都是同我们切身相关的，正是这一点造成了这两种感情的两歧性的特征：故此，它们在被固定于对外部原因考量的同时，还被固定于对内部原因的考量，也就是说，我们先想象他人会有这些受感致动的情状，再通过感性模仿机制，我们对我们自己也产生了这些受感致动的情状；所以我们自己也就成了这爱或恨的对象了。如果对自己的爱或对自己的恨强大得足以取代对他人判断的表述，对自己的爱就会通过"自我满足（acquiescentia in se ipso）"来表现自身，而对自己的恨就会通过"懊悔（poenitentia）"来表现自身，"光荣"不同于"自我满足"，"耻辱"不同于"懊悔"，是由于对象落脚点不同，"自我满足"和"懊悔"的感情涉及我们自身，而"光荣"和"耻辱"则执着于他人的看法。

　　这些区别上的微妙差异涉及根本性的伦理学问题。光荣和耻辱如其字面义所示那样是有异化作用的，因为它们使我们对我们自身的考量服从于对他人的外在表述，而这些表述是借种种迹象而形成的，这些迹象又不过是（我们的）虚假意识的迹象而已：因此之故，这些感情往往令我们行为颠倒、沦为荒谬，因为，按照这些感情的倾向行事，"虚荣的人很容易自视光荣并想象人人都赞赏他，尽管实际上他为所有人厌弃（facile fieri potest ut gloriosus superbus sit et se omnibus gratum esse imaginetur quando omnibus molestus est）"；所以为我们的利益计，我们最好还是避免"以光荣自负（gloriari）"，这是命题三十五证明和命题三十一附释等处出现的一个提法，在我们在这两处看到这个提法之前，还会看到它都是跟着自我贬损的，因为这两种感情在自然/性质上都是荒谬的。但是，使我们的视角变换为他人的视角，又在我们这里采用了固着于内部原因考量的快乐或悲伤的形式的这些受感致动的情状，细审之下，并不是那么简单的事情：懊悔，是一种悲伤，正如斯宾诺莎后来将在"论奴役"中解释的那样，几乎毫无益处①；但是，自我满足，虽然在很大程度上是基于想象性表述而发展出来的一种受感致动的情状，但毕竟可以在感性生活的理性化过程中产生助益的作用。②

---

① 有关这一点，请特别参看"论奴役"命题五十附释。

② 关于这一点，请特别参看"论奴役"命题五十二："自我满足可以从理性而来，唯有源自理性的自我满足才是能被找到的最高的自我满足（acquiescentia in se ipso ex ratione oriri potest et ea sola acquiescentia quae ex ratione oritur summa est quae potest dari）。""论自由"命题十附释正是在这个意义上谈论与良好的生活规则相联系的"至高的心灵满足（summa animi acquiescentia）"的。在"论自由"的第二部分（这一部分谈的是心灵解放的最终形式，这些解放形式对应于心灵"不与身体相联系[sine relatione ad]"地过着的生活）当中，还会重提"满足（acquiescentia）"这个主题，那时，"满足"是从绝对的方面被考量的，被思考为与"神的理智之爱（amor intellectualis Dei）"相联系的至高满足：在这一情况下，它是一种完全非人格化的感情，有别于它的准备阶段的"自我满足"。我们还记得在研究命题二十六附释时曾评论过"受感致动的诸情状定义"之定义二十五，而这个定义谈的就是"自我满足"的主题，该定义就指出，"自我满足"为自己给予的对象是："自爱（philautia）"。

5. 受感致动的情状模仿机制的讨回效果:为自己和为他人的欲望与被欲望、爱与被爱、恨与被恨(命题三十一及其绎理和附释,命题三十二及其附释,命题三十三和命题三十四)

现在开始研究的这组命题总结了受感致动的情状的模仿机制的最后一批后果,在受感致动的情状的模仿机制的作用下,我们的感情和我们的行为在深层都是由我们对我们猜想中他人具有的受感致动的情状的考量而被塑型的,猜想中的他人的受感致动的情状反作用于我们,参与到了我们的受感致动的情状的构成之中。① 在命题三十一中,斯宾诺莎解释说,我们认为他人渴望

---

① 我们将这组命题归入专论感性模仿机制的阐述之中,这么做与"《伦理学》体系框架"中所给出的这部分的划分稍有出入,这个"框架"请参看《解放之途:斯宾诺莎〈伦理学〉第五部分导读》的附录(PUF, 1994, p. 220)。实际上,斯宾诺莎在其著作的这一节里所给出的分析十分复杂,这种复杂性反映了被动情状/激情生活的谜一样的性质,这种性质是与一个事实联系着的,即,这种生活的运行服从于想象的机制,同时还牵涉着对他人的幻想性考量,这种复杂性就使得原来为便于理解起见而将这组命题独立地视为受感致动的情状的发展的一组命题这一划分方式显得有些牵强了。感性的人际间反作用的恐怖逻辑在这里生产出了它最为倒错的效果。对《伦理学》这一节的每个读者来说,都是在这些多重组合配置和感性情境组成的网络中追溯其展开路径的,同时也随时对这一节的理性内容进行着理解上的调整,对之作形式化的分类虽是可能的,但在这分类之中,却绝不可能明白地展示一种真正的演进。这个论断适用于"论受感致动的情状"的整个文本,直到命题五十七,

着我们本人所爱的事物或相反渴望着我们所厌恶的事物或厌恶我们所爱好的事物这一事实对我们有着直接的影响,并且在我们本人的感情发展中扮演着生命旨趣的角色:所以,本则命题的绎理指出,我们爱或欲望着我们所爱或欲望着的东西,仿佛别人也该爱或欲望它似的;当别人不是这样的时候,我们的欲望和爱的感情就会发生扰动。于是就有了这种情况,除非对同一事物,别人的态度和我们的态度截然相反,否则当一事物被别人追求时,我们也会追求该事物。命题三十二于是便构拟了这样一个特殊情况,在这种特殊情况中,按照受感致动的情状的模仿机制原理来说是易于被多人同时追求的某一事物(因为事实是,一人欲望或喜爱该事物,便足以引起他人欲望和喜爱它),却具有一种专使某一人去追求而排除了其他人的追求的性质①:故此,我们在追求这样一种东西的同时,我们还要竭尽所能地让他人

最后的划分才会在斯宾诺莎本人所循的推理全部展现后完全显豁出来。这里采用的叙述方式仅具有临时价值,待到对这些全部陈述的内容得到了更深入的阐明之后,这里的叙述方式在《斯宾诺莎〈伦理学〉导读》中也就没有它的位置了。

① 举一例来说明这种情况,就好比说有一男子打算和一女子结婚,就必须要求该女子从别的求婚人的对象名单中被除名:根据斯宾诺莎传记作家们的说法,斯宾诺莎本人青年时亲身体验过这种情况,那是他还在凡·登·艾登学校做寄宿生的时候。更为一般地说,某人申请只需一人值守的职位的情况也是一例。但是,斯宾诺莎在这里也延续了他的一贯做法,小心翼翼地避免在他的论点陈述中带入对具体情境的指涉,他使论点陈述保持为那些具体情境的形式纲要,至于用具体细节填补这些纲要,则是他留给他的读者的任务。

第三章 受感致动机制在人际间的表现形态和受感致动的情状的模仿(命题二十一到命题三十四) 321

远离或放弃此事物;我们受感致动的情状的这种导向——这种导向显然是同命题三十一所谈的那种导向相反的,据命题三十一所说,我们欲望着别人和我们一起爱我们所欲望的和所爱的东西——也是我们感性生活中的一个强大的扰乱因素。命题三十三和命题三十四又再次将注意力放回到使我们同实际上是某个人的某个事物相关联的关系上,我们爱着这个人,而且是不以别人可能对他具有的感情的考量为转移地爱着他。这两个命题研究了我们对此人的这种爱的回报效果,在这种效果中,我们将此人建构为与我们的受感致动的情状绑定的对象,与此同时,我们还认为此人是以我们为对象的受感致动的情状的可能的主体:这样一来,可以这么说,我们若对任何一个人固定了感情,我们就会在想象中将这些感情转移给这个他人,而我们举止动作使我们俨然就是这个他人似的,在这种转移的情况中,我们是出于对我们自身的好处而这样动作举止的,并且正如命题三十四所解释的那样,这种转移会在我们这里生成或增强一些特殊的受感致动的情状。我们以某些他人为中介而同人们形成种种感性联系,这些联系是有多种感性组配方式的,前面对这些组配方式已经进行过思考,而正如这种思考所示,我们本人可以在想象中站在这些他人的位置上,进而我们将我们本人置于我们自己感情发展中的第三方的位置上,斯宾诺莎在这些命题所附的附释中再次论及了我们感性生活中的一些感性现象,如"冀人青眼的欲望(ambitio)""同情(misericordia)""嫉妒(invidia)""光荣(gloria)"等此前已经清楚地分析过的感情,他在这里说明了(它们的)新的方面。

命题三十一①解释了当我们想象某个第三人对我们所爱的人有快乐或悲伤的感情的时候，也就是说，当此第三人被我们认为爱或恨我们所爱的事物时，究竟会产生怎样的情形。这种三元组组配方式与在命题二十二、命题二十七绎理一那里分析过的那种组配方式形成了对称关系，那两处地方构拟了这样一种情况，即，我们把我们所爱的某个人表述为他本人因某个第三人而快乐或悲伤地受感致动，也就是说，我们相信我们在爱着这个人的同时，这个人欲望着、爱着或恨着那个第三人。斯宾诺莎总结这一关系特征所采用的方式沿用了他一贯的程序，这一程序旨在呈现组合的模型，以便使受感致动机制服从于形式研究，这样的程序也使他把种种具体情境（经验中常见的那些具体情境）化简为抽象的纲要，从而把那些具体情境以不同的侧重所贯彻的普遍法则揭示出来。

命题三十一所分析的关系和命题二十二分析过的关系在本质上何以相似呢？命题二十二已经证明，我们想象我们所爱的人爱着另一人，我们便会自发地倾向于将我们固定在我们所爱者身上的那些受感致动的情状转移给那个第三人，所以，我们会根据我们欲望着、爱着或恨着的对象对这个第三人的爱恨（我们认为我们的对象对那第三人有这样的爱或恨出于我们的猜想），而去

---

① "Propositio 31. Si aliquem imaginamur amare vel cupere, vel odio habere aliquid, quod ipsi amamus, cupimus vel odimus, eô ipso rem constantius amabimus etc. Si autem id, quod amamus, aversari, vel contrà, tum animi fluctuationem patiemur."／"命题三十一：如果我们想象某人爱着、欲望着或恨着我们爱着、欲望着或恨着的某个东西，此一事实便会使我们更为坚定地爱、欲望或恨那事物。但如果我们认为他厌恶我们爱着的那个东西——或刚好相反（即爱我们所厌）——，那么我们的感情就会发生混淆。"——译注

同样地欲望、爱或恨他。而命题三十一现在相应地要证明,我们所爱的某个人也被另一个人欲望着、爱着或恨着,我们所爱的这个人使那另外的一人快乐或悲伤地受感致动(至少我们是这么认为的)这一情形将会对我们的受感致动的情状产生影响;这将使我们(通过某种反射运动)把第三人和第二人之间的积极或消极的受感致动关系按照我们对这种关系的想象转移到我们这里,我们可以观察到,一开始这种关系完全是外在于我们的,但我们将会立即把它内化于我们自身,以我们的名义参与到这两个他人之间的关系之中:其他人之间具有的这种关系因而间接地反作用于我们自己的感情的形成,条件是,我们此前已经在感性方面与其他人中某一方形成了联系。通过经历这种循环,受感致动的情状的流通不断地以想象性联系为基础,借助转移以及转移的转移而进行得越来越复杂。

正如命题三十一证明所说明的那样,这个命题所研究的这一组配是曾在命题二十七中构拟过的那种组配方式的扩展,根据命题二十七,我们想象有别的人欲望或喜欢着某一事物,或想象有别的人恨某一事物。就此一主题,命题二十七解释过,在这种情况下,我们自动地有了我们想象别人具有的那些感情,我们于是在他们的位置上去感受,就仿佛与他们共感似的。在命题二十七所考虑的这种情况中,这种模仿反应是自动发生的,即便我们倾向于与之共情的那个人在感性上原先同我们没有任何关系。但命题三十一现在要考察的是,"假设独立于此一事实(sine hoc)",即撇开单靠想象有第三人爱一个同我们没有感情关系的人,我们就会因而去爱那个原先与我们并无感情关系的人这一事实不论,当第三人爱(或恨或欲望)我们爱着的人的时候,会发生什么。我们若爱着一个人,当我们想象一个和我们没有感情关系的第三者对我们所爱的那人有某种感情的时候,我们所表述的这个第三者对我们所爱的人的那种感情会对我们就我们所爱的人具有的感情产生什么影响呢?

命题三十一对这一情况中的两种可能性进行了区分。第一种情况是,我们本人对我们所爱的事物的感情与我们想象的第三者对那事物的感情同向,也就是说,都是有助于力量增长的快乐。在这种情况中,我们的感情和那个第三者的感情,将会相互确证,进而"我们会更为坚定地爱(那事物/人)(constantius amabimus)",这就是说,我们的感情将被我们的这样一种想法所肯定,这种想法使我们猜想他人与我们都爱着那个事物(人):这就好比,通过某种力量的机械组合作用,别人所经验的受感致动的情状被加到我们的受感致动的情状上,从而以此方式加强了我们的受感致动的情状的强度。另一种情况是,我们对一事物的感情与我们在想象中认为他人对此事物的感情是不一致的,我们对那事物的感情所对应的方向是力量的增长(也就是快乐),而他人对那事物的感情对应的方向则是力量的减少(也就是悲伤):于是,我和他人对此事物的感情分别对应的力量不能相加,而是相互克损,两方的受感致动的情状就会出现 fluctuatio animi(心灵的混淆)的模式,这一模式在命题十七附释中已经介绍过了;这也就是说,我们将在心灵中撕扯于两种对立方向的倾向之间,一方面,我们出于我们个人的理由而倾向于继续爱那个事物(人),但另一方面,一个简单的理由使我们又倾向于恨那个事物(人),这个简单的理由就是我们认为那事物(人)是他人所恨的,或至少是被他人轻视的;于是在两种相反的受感致动机制的工作效果的偶然叠加作用下,"我们将既爱又恨那同一个东西(eodem ergo tempore hoc idem amabimus et aversabimur)"。在这两种可能的情况(即我们个人感情得到肯定,或相反我们的个人感情被削弱的两种情况)中,都有我们的感情和别人的感情之间的交互作用,后者对我们的感情要么是以肯定的方向要么是以否定的方向作用于我们的感情。

实际上,只要我们爱某事物(人),我们就总是把对于这个外部事物(人)的表述同快乐的感情相联系,而快乐的感情又总是符合于我们的"是我们之所是"的力量的扩张的,既然快乐与我们的conatus(努力)冲动的冲量方向一致,我们就会竭力地维持这深深满足着我们的快乐,因此,当我们爱某事物(人)的时候,我们还想要别人也具有这种爱,也就是说,也想让他人或别的与我们相似的人从他们那方面出发爱那事物(人):至少,我们会在想象中认为别人也爱那物,这样我们就使我们自己的感情得到了肯定;但是,如果我们有相反的想象,我们对那个事物(人)的感情会发生变动、会以某种方式变得不稳定,我们就会陷入一种快乐—悲伤的两可状态,这种状态可能比悲伤本身更令人痛苦。相反,只要我们恨某事物(人),我们就总是把对那事物(人)的表述同悲伤的感情相联系,因此,我们若看到别人爱我们所恨的那个事物(人),我们便会陷入困扰,搞不清我们自己究竟是该继续恨那事物(人),还是应该去爱那事物(人),此刻我们在悲伤和快乐之间左右为难,被这种冲突撕扯。

命题三十一绎理阐明的正是这一观念,据此观念,"由此可以推出,每个人总是尽量努力使他人爱其所爱,恨其所恨(hujus sequitur unumquemque quantum potest conari ut unusquisque id quod ipse amat amet et quod ipse odit, odio etiam habeat)",这正是本则

命题所阐明的论点的一个后果。"总是尽量努力地（quantum potest conari）"这个提法在命题十二和命题十三陈述中已经出现,该提法指示着不可抑制的冲动的必然性,这种冲动是先于任何经过推理的意识决定的,而且其根源正是 conatus（努力）的运动,conatus（努力）给这种冲动赋予了能量。我们因而被驱动着竭尽全力地按照我们为我们自己所体验的受感致动的情状的模式去想象另外的人的受感致动的情状,将我们的感情投射到我们的外面,以便使它们趋向于成为普遍规范,在我们看来,每个人都应该遵从这种规范。斯宾诺莎在这里所阐述的论点是命题二十七中有关受感致动的情状的模仿理论的扩展,这里的扩展以相反方向的陈述形式在某种意义上复述了那一理论的内容,为的是对这种模仿现象中追回性的受感致动的情状作出强调:正如命题二十七及其附释所说明的那样,我们能感受到别人体验到的受感致动的情状——至少我们是这样想象这些受感致动的情状的,而且同时,我们也不可遏抑地倾向于想象他人体验着与我们相同的受感致动的情状,我们以某种方式确信他人能具有与我们相同的受感致动的情状,就仿佛他们能在我们的位置上体验那些受感致动的情状似的。模仿的循环因而在回到起点时完成了闭合:我们在自然/性质上都倾向于模仿他人的受感致动的情状,且在心灵中俨然以为别人应该同样模仿我们的受感致动的情状,这样在同一时间我们才都能感受着同一些感情;否则,一方或另一方所体验的感情就会受到干扰(这种干扰无论如何都会必然发生),就会产生扰乱效果,构成 fluctutio animi（心灵的混淆）的发生因素。

这样来看,我们最个人的感情都深深地打着对他人考量的烙印,我们在想象中同他人共有着我们的感情:如果在我们的想象中他人与我们不共有感情,甚或只具有与我们相背反的感情,那么我们的感情的性质就会发生改变,同时我们赋予它们的价值就会蒙上不确定性。命题三十一绎理结尾引用诗人的诗句说的就是这个道理:"对我们这些求爱者来说,内心既要有渴望,同样还要有不安的恐惧/在别人允许之下才去爱,实在乏味(Speremus pariter, pariter metuamus amantes et Ferreus est si quis, quod sinit alter, amat)。"①我们若想象某个第三者争夺我们所爱的事物(人),我们对那事物(人)的爱的感情就会更为迫切。别人要夺走我们所贪慕的那个美好的事物(人)该怎么办?这种想象中的竞争在使我们内心中唤起某种焦虑的同时却也还使我们充满快乐。因为,除了我们之外,还有别人也喜爱那事物(人)。这种焦虑还会使被欲望的那事物(人)更为可欲。那事物(人)对我们造成的快乐,也对别人造成快乐(或至少我们在想象中认为如此),我们在那事物(人)上面感到的快乐虽会因此而得到加强,但我们终究也会发现此时我们对此事物的爱也会让我们产生 fluctuatio animi(心灵的混淆)的感觉。任何爱者都会在他的幻想中想见爱的竞争,这种想象性的爱的竞争实际上预示了将由命题三十二考察的一种特殊情况,即,同我们的快乐绑定的事物有着只能被一人独占的性质。

---

① 《伦理学》的文本中没有明指这位诗人是谁,也没说明诗句出处。实际上此诗人是斯宾诺莎所推崇的奥维德。斯宾诺莎本人常年研习奥维德的诗作。在这个地方,斯宾诺莎凭记忆,信手拈来这句诗,但颠倒了原诗的句子顺序。原诗是"在别人允许之下才去爱,实在乏味/对我们这些求爱者来说,内心既要有渴望,同样还要有不安的恐惧(Ferreus est si quis quod sinit alter amat / Speremus pariter, pariter metuamus amantes)",见奥维德《恋歌》卷二第十九首。

"论奴役"部分命题三十七(该命题涉及的两项研究勾勒出了一种有关社会法则的理论)在其证明二中对"论受感致动的情状"部分的这则命题三十一及其绎理作了参考。"论奴役"部分的这个命题解释说,"对每个追求能力/德性的人来说(unusquisque qui sectatur virtutem)",他为了他自己追求善好,也会为他人追求善好,因而会力求他人也追求他所追求的善好,而且人越是认识神或者说越是认识作为整体的万物的自然/性质,他的这种欲望就越是坚定。整个感性生活在展开过程中所伴随的模仿现象固有的双向性特征在使人们紧密地联系在一起的同时,又制造了使他们总是相互对立的条件。① 斯宾诺莎还将指明,社会并非是神迹般的共同理性裁断的产物,相反,一切社会形态都是基于人的被动情状/激情而形成的,这种决定机制才是所有社会的真正基础,若无这种决定机制,人的共同体的任何具体形态都不可能形成和持久维持。受感致动的情状的模仿,以及人们之间的感情的想象性投射引发的无限连锁反应过程,虽然都是由冲动而来,因而在

---

① 斯宾诺莎在"论自由"部分命题四附释中重涉"论受感致动的情状"部分命题三十一绎理中所提出的这个论点,他解释说,同一种模仿的倾向,在不靠理性指导而生活的人那里,呈现为乃是被动情状/激情的"冀人青眼的欲望(ambitio)"形式,这就会产生大量的冲突,而相反,在生活在理性指导之下的人那里,则呈现为"以理性推理为依据的对他人的关怀(pietas/虔敬)"的形式,这才是共同体生活的和谐所必需的。(同一种模仿倾向)的这种可兑换性说明了这样一个普遍论点,即,"人被说成有时主动有时被动,正是由于这同一种冲动之故(unum eundemque esse appetitum per quem homo tam agere quam pati dicitur)"。感性是全部地、无差别地给定的,人与人之间相合或不相合,这两种条件不可能互相分离。

一开始都是非理性的,或者说,在一开始都是接入了想象性表述的 conatus(努力)冲动,但毕竟,这个过程在后来是可以逐步理性化的:实际上,通向社会和平的必由之路无他,就是这一理性化过程。"论自由"部分在解放学说的语境中处理了社会性问题的命题二十也援引了"论受感致动的情状"部分这则命题三十一,在那里,斯宾诺莎指出,"对神的爱"代表了我们在我们的自然/性质中所能达到的对想象工作机制的控制极致,而且,"我们想象越多的人从对神的爱中获得快乐",我们"对神的爱就会越加炽烈"(eo magisfoveri debet quo plures homines eodem gaudere imaginamur)。因此我们会看到,我们竭力让他人与我们共感的冲动永远贯穿于我们的想象能力之中,但这并不意味着这种冲动必然地或永远地不受任何理性控制,相反,理性只要理解了这种冲动的产生机制,就会在一定范围内将这种冲动制造冲突的那些方面消除掉。

但是,就"论受感致动的情状"部分对受感致动机制所作的分析而言,还未将受模仿机制支配的受感致动的情状理性化的可能性问题提上议程,这部分的分析相反着重强调的是同 fluctuatio animi(心灵的混淆)现象相关的模仿机制的不稳定方面。本着这一精神,命题三十一附释作为该命题绎理中所阐明的论点的说明,又对曾经被阐述过的一个具体的受感致动的情状作了解释,这个受感致动的情状就是"冀人青眼的欲望(ambitio)",命题二十九附释专门介绍过这种欲望,"受感致动的诸情状定义"之定义四十四还专门对它进行了定义。现在,命题三十一附释又指出,在某种意义上说"冀人青眼的欲望"总是使人的心灵陷于被动状态。实际上,每个个人都是在(想象的)他人的注视下、在对他人的考量中经验着他自己的感情的,每个人都不可避免地在自己的想象中认为他人与自己共感,想象性地觉得他人也在感受着他的感受,并以此确证他本人的那些感情。举例来说,爱慕是非常个人化的经验,但这种经验毕竟是应以某潜在的共同体样式来体验的,而且爱慕是期待他人的赞同的:爱慕者并不满足于从他自己这方面考量而感受自己的这种感情,他还会把他自己放在一个第三者的位置上去设想他若是那第三者也必定会如此地爱慕那个对象;他之所以要以这种方式表述他自身,就是要更好地肯定他的个人感情的价值,若无此担保,他的这种个人感情就会改变,或者说他对他的感情的可靠性就会有削弱之虞。这种想象的逻辑规则在我们毫无知觉的情况下左右着我们,由这一想象的逻辑规则会生成一种普遍现象,即"我们总是看到,每个人生性总是想让他人按照他的观念生活(videmus unumquemque ex natura appetere ut reliqui ex ipsius ingenio vivant)"①,每个人自己经验某些感情,就想要全世界的人都同时像他一样珍视这些感情。

我们立即会看到这样一种倾向造成的种种后果,我们甚至可以用暴虐来概括这一倾向所具有的维度:每个人都在自己内心中发展出了这样一种幻想,即,他人都应该绝对地以他的那种方式去感受和生活、按照他看待事物的方式去看待事物,可是,每个人

---

① 斯宾诺莎行文中常见的"ex suo ingenio"或"ipsius ingenio"的提法不好翻译。这个提法表达了一种总是想要把一切事物纳入自己的观点之中而"其他人(reliqui)"也须共有的欲望,这种欲望是日久成习的、深植于我们每个人之中的。很多译者用了一个令人费解的译法,将之译作"依据某人自己的性情(complexion)",这个译法是难称人意的,我们在这里弃之不用,而另作他译,采用了更为自由且无疑义的、更接近斯宾诺莎想要表达的观念的译法,将之译作"顺着他的观点"或"按照他自己的观念"。

各自的视点和兴趣是按照自然的共同顺序形成的,也就是说是际遇偶然地形成的,所以必然各不相同也不可能直接地达成相互一致,故此,这种模仿倾向,一方面通过极强的纽带在感性上使人们相互紧密联系,另一方面同时制造出无数冲突的条件:"如果人人都欲望着同样如此做,那么人人都同样会互相阻碍,并且如果人人都欲望着要被所有其他的人所称赞、所爱悦,那么所有的人都会陷于互相仇恨(dum omnes pariter appetunt, pariter sibi impedimento, et dum omnes ab omnibus laudari seu arnari volunt, odio invicem sunt)。"内心里对因循的追求——这构成了全部感性生活的基本结构——,即便在幻想的层面似乎是倾向于达成普遍一致的,可实际上却引发了被动情状/激情性的对抗,这种对抗很可能造成一切人反对一切人的局面。这一义理还将在"论奴役"部分附录第十九个条目中再次出现,那里将解释说"只承认心灵自由之外别的原因的所有的爱都容易转变成恨,除非——但这更为糟糕——这爱其实是谵妄的一种,这种爱与其说被和谐所鼓励,不如说被不和所煽动(omnis amor qui aliam causam praeter animi libertatem agnoscit facile in odium transit, nisi, quodpejus est, species delirii sit, atque tum magis discordia quam concordia fovetur)"。①

---

① 然而,应该注意的是,这种清醒的反思固然强调了模仿的倾向构成了人的受感致动机制的基础,而且具有冲突的维度,但同时毕竟承认这些倾向也是形成契约的因素,因此也构成了人类集体形成的基础;由于这一原因,人们有着模仿的倾向,若对这些倾向加以调控就能达成相互一致,这就是政治的条件,若无这种模仿的倾向,任何共同的生活都将成为不可能,个体间哪怕最小的沟通形式都不可能结成:这一义理将在"论奴役"部分命题三十七当中被勾勒出来,而斯宾诺莎后来在其《政治论》中还将重涉这一义理。

命题三十二①显然就是着眼于冲突来对一个新的感情现象进行分析。命题三十一所探究的是一种很普遍的情形,在这种情形中,我们爱某人,但却既不明白这种爱的性质的就里,也不明白与这种爱绑定的那个人的性质;在这种情况中,我们表面上相当慷慨,倾向于让别人也具有我们的这种感情,而实际从利益攸关的角度来看,我们这么做是为了为我们自己强化这些感情的表现。但当我们看到"某个人从某种仅能为一人占有的事物中获得快乐"的时候会发生什么呢? 此时,我们具有的自发性的"仁爱"将会变成独占性的占有的意愿:就像命题二十七绎理一所证明的那样,当我们看到他人从一事物中获得快乐,我们在观念上就会倾向于像那个他人一样去从那事物中获得快乐。但如果那事物不能为两人同享,"我们就会努力使那人不能占有那事物"。我们想象别人会与我们欲望同一些事物,正是由于这一原因,我们又会在主观上竭力不让别人实际占有这些事物:我们想要让别人有我们的快乐,我们也想有别人的快乐,这一事实却导致我们乐意看到别人陷于悲伤之中。②

命题三十二所附的附释又对曾经分析过的"嫉妒(invidia)"这一受感致动的情状进行了更为深入的解释。命题二十四附释曾谈

---

① "Propositio 32. Si aliquem re aliquâ, quâ unus solus potiri potest, gaudere imaginamur, conabimur efficere, ne ille illâ re potiatur."/"命题三十二:如果我们想象某个人从某种仅能为一人占有的东西中获得快乐,那么我们就会努力使那人不能占有那个东西。"——译注

② 命题三十二参考了命题二十八:这意味着,最初的纯愿望与向行动的转变是不可分离的:针对仅能由一人享有的事物,我们会竭尽所能地去占有它,把它从别人那里夺走。

到过这种受感致动的情状,"受感致动的诸情状定义"之定义二十三专门对它作出了定义。命题三十二附释说:"由此可见,人的自然/性质大抵如此(cum hominum natura plerumque ita comparatum est)",即,如果说人们完全在模仿的自动机制基础上对他人遭受的厄运而感到悲伤(这是人的怜悯行为的根源)的话,人们同样倾向于对他们见到的使他人快乐的好的事物感到悲伤,如果人们在主观上向自己表述他人会要求独占此物而他们本人被剥夺此物的话;出于本能,人们迫切地尽可能去消灭这种悲伤的原因,他们将受驱动去占有他人的所得物,以便可以使自己也享受该事物,而且人们向自己表述他们所嫉妒的他人从那占有物中获得的快乐越大,人们就越是会去占有他人的那占有物。这里有某种强迫性冲动的作用,这种作用与任何出于意识的决断无关,这种嫉妒他人的冲动,看到别人快乐便会产生嫉妒的这种冲动,和我们也本能地倾向于在看到别人遭受痛苦时怜悯别人的冲动是同一种冲动,或至少有着同样的根源:在这两种情况中起作用的是同一个本能的模仿机制。"我们又看出,人的自然/性质中的同一性状,这种性状既使人生出彼此相互怜悯的同情心,又使人生出嫉妒和冀人青眼的欲望(videmus deinde ex eadem naturae humanae proprietate ex qua sequitur homines esse misericordes sequi etiam eosdem esse invidos et ambitiosos)。"①

---

① 嫉妒和同情在"受感致动的诸情状定义"之定义二十三所附说明中是被放在一起的。用命题二十七附释里的一个平行对举来说,"嫉妒"相对于"同情",犹如"仿效(aemulatio)"相对于"怜悯(commiseratio)":专门定义人在本能上仿效冲动的"受感致动的诸情状定义"之定义三十三,正是在这个意义上对命题三十二进行参考的。

因此，斯宾诺莎在命题五十五附释参考命题三十二的这则附释时这样说："人都是生性嫉妒的，或者说，人从他们的较量者的虚弱中获得满足，而相反又总是因较量者的能力/德性而感到悲伤（homines natura invidos esse, sive ob suorum aequalium imbecillitatem gaudere et contra propter eorundem virtutem contristari）"：因为，人的本性内禀着模仿的倾向，这种倾向规定了人的受感致动机制，模仿冲动的逻辑（这种逻辑是无须推理的）推动人们总是把他人视为"较量者（aequales）"，人们在受感致动的交互性的关系中同时互为"较量者"，从而要在他人与我的体验之间进行不断的比较；所以，同样依据这种逻辑，当我快乐时，我不仅是单单为自己感到快乐，而且还从我与我所猜测他人也具有的那些感情的比较中获得快乐——我是不可能完全无涉于那些他人的。命题五十五附释还解释说，嫉妒别人的这种倾向还会因教育而得到进一步加强，结果是"人们由于这一原因而互相伤害（homines hac de causa sibi invicem molesti sunt）"：嫉妒虽则最初是由爱所促动起来的，但在它的地平线上存在的则是恨。①

为了更清楚地证明这种态度是自发的和非理性的，命题三十

---

① "论奴役"部分命题三十四的证明参考了"论受感致动的情状"部分的命题三十二和命题五十五附释，命题三十四本身分析了这种爱—恨关系在两个人——彼得和保罗，"他们相互背反（invicem contrarii）"——之间展开时所呈现的具体形式。但是，只有在他们在想象中都置身于对等的地位的情况下，他们才可能相互背反，这种对等性是他们在心灵上相对抗所必不可少的条件，他们的心灵上的对抗自然也体现着受感致动机制的模仿原则，根据该原则，他们每一个人都在感受自己的受感致动的情状的同时，还在自己这里感受另一方的受感致动的情状。

二附释最后阐述了一个例子,在斯宾诺莎看来,这个例子有着特别的价值:还是那个有关儿童的例子,这个例子在某种意义上乃是一个实验模型,用来示例想象在感性发展中所扮演的主导角色。儿童①生来就模仿别人的行为:他们看到别人笑就笑,看到别人哭就哭,并无任何个人原因,因为他们所受的驱动纯然来自强迫性的模仿机制;看到别人手里拿的东西,他们就渴求抓住那东西,普遍而言,"他们为自己欲望着他们所想象的使别人快乐的一切东西(omnia sibi cupiunt quibus alios delectari imaginantur)"。儿童在模仿冲动下表现出的那些受感致动的情状是这样一些心灵观念形式,它们不牵涉任何别的心理联系,而只纯然

---

① 在斯宾诺莎看来,儿童是成人的他者,因为,儿童必须消失,也就是说,必须死去——在该词的真正意义上说的"死去"——,只有这样,成人(也就是,完成形态的人)才能在理性的指导之下去作为成人生活。但是在命题三十二这则附释中,斯宾诺莎却请我们"仔细审视一下我们生活的最初岁月(ad priores nostrae aetatis annos attendere)",童年绝非是一种自治状态,人性在那里没有任何地位。斯宾诺莎在这个段落从发生学意义上的发展的角度丝毫不带留恋之情地回顾了我们人人都曾经有过的已经过去了的童年。当斯宾诺莎让我们不要忘记我们在作为人而存在之前是孩子的时候,我们想起了笛卡尔。在《伦理学》的这个段落里,斯宾诺莎似乎是在对儿童时期的那个他自己作了匆匆一瞥的回忆,他之所以这么做虽全然是出于实验精神,在表面上是客观的,但文字中透露出,斯宾诺莎当时未尝没有那么一丝嘲讽的痛苦感情。"思考我们可能还是个孩子是多么痛苦啊!"这里显然流露出了这层意思。正如我们能够看到的那样,这位哲学家虽然在理论中执着于他完全以超然的眼光分析的现实性,但他的理论活动方式仍然有想象性的幻想掺入进来:但是重要的是,这些幻想被压缩到了最低限度,它们所具有的分量毕竟没有压倒证明的严格性。

直接地表述着身体上留下的事物印象。儿童的身体总是对外部影响产生着应变，极为敏感地回应着外部影响而"不断地保持平衡（continuo veluti in aequilibrio）"——要知道，这是一种不稳定的平衡——，这些外部影响也在儿童身体上打下了不可磨灭的印迹，这个过程的全部都是由模仿机制所控制的。这个例证展示了模仿机制的纯粹工作形态，不受任何来自它本身之外的、可能会与它发生复杂组合的其他因素的干扰。斯宾诺莎通过这个例子让我们诉诸我们自己的经验，成年人的大多数受感致动的情状丛结无论有着怎样微妙的表现形式，都是模仿冲动的产物，儿童期的那些元素性情绪就是我们大多数受感致动的情状丛结的基本大纲。

感性模仿机制的理论至此已被阐明，现在可以对该理论的义理作一总结：我们会站在他人的角度去爱他人所爱的事物；而且我们也想象他人也会爱我们所爱的事物；我们因这种看待事物的方式而势必同他人发生争执，或至少嫉妒他们占有了好处，这些好处据信是人人可欲但毕竟又不能同时属于他人与我的任何一方的。这表明，受感致动的情状的模仿机制使人倾向于将自己的欲望、快乐和悲伤等受感致动的情状转移给他人，也就是说，先使人把他自己的感情转让性地投射给他人，然后又使人在他人那里讨回那些感情。这种讨回效果在命题三十三①和命题

---

① "Propositio 33. Cum rem nobis similem amamus, conamur quantum possumus efficere, ut nos contra amet." /"命题三十三：我们若爱着某个与我们相似的事物，我们会努力地使这个事物也反过来爱我们。"——译注

三十四①中得到了特别的强调。而如果说命题三十一和命题三十二探讨的感情模式与命题二十二和命题二十四所研究的那种三元组情境相似的话，那么命题三十三和命题三十四则探讨的是命题二十一和命题二十三探讨过的那种二元组的情境。我们的快乐的感情若同某个我们认定"与我们相似的事物"绑定，我们就会总是想象这个事物（人）也应该像我们认可它（他）一样认可我们，应该把我们对他的感情回报给我们，或者如常言所说，应对我们"以爱报爱"：在这样想象的过程中，我们微妙地在爱另一人的同时爱我们自己，我们的这种感情兼有爱人与自爱的特征，我们在这种感情中很看重自己，因为在我们对那个人的爱的背后，是我们并不自知的对我们自己的爱。在这种情况中，我们所爱的不是"人们（homines）"这一统称所指示的那样仅仅是他者的一个抽象形象，而是一个具体的、个别的人。我们的快乐一度偶然地与此人绑定，他因而在我们看来与众不同，我们不仅会倾向于把某种特殊的好处给予他（我们甚至可以说是把某种特殊的好处"借"给"他），而且还期待他能在相等程度上把这类特殊的好处给予我们。在相互引为相似者的人们之间就这样奠立了感情"贸易（commerce）"的基础，其规则可以大致表述如下：我把我的爱给你，同时我还要求你不仅要接受它，而且要将它还给我；我给予你的爱越多，我从你那里期待回报给我的爱就越多，因为，我的 co-

---

① "Propositio 34. Quo majori affectu rem amatam erga nos affectam esse imaginamur, eò magis gloriabimur."／"命题三十四：我们想象我们爱着的事物被我们打动所产生的受感致动的情状越强烈，我们就越感到光荣。"——译注

natus(努力)冲动使我追求快乐,这也是我爱你的根本原因,只有从等值的爱的回报中,我才能提升我在对你的爱中获得快乐的感觉,这样才能满足我的 conatus(努力)的冲动。从命题三十五开始,斯宾诺莎将会考察转爱成恨的现象,在这类现象中,受模仿机制控制的种种受感致动的情状具体地呈现为人际冲突的形式,从而最终造成一切人反对一切人的局面,这一点已经由有关嫉妒的分析给出的例证所表明。人们经由想象进行着"感情贸易",而正是支配着"感情贸易"的讨回原则让人们总是因爱生恨。

  命题三十三证明首先参考了命题十二,并将后者的内容阐释如下:"我们若爱一事物,我们就会去努力——尽可能地努力——想象它胜于其他事物(rem quem amamus prae reliquis quantum possumus imaginari conamur)。"这里的强调重点被放在优先性关系形成的条件上,这一关系使得某人在我们看来与众不同、显得特殊,并被断定为是值得被我们爱的。我们在把这个人放在特殊的位置上并将他当作特殊的人去爱的同时,我们也更一般地认为他是与我们相似的人,而只要是与我们相似的他人,都会被无差别地被我们表述为"人们(hommes)",命题二十九已证明,与我们相似的他人的快乐(或至少是我们认为的他们的快乐)会使我们快乐,我们在天性中倾向于为我们自己考虑的幸福感也会因之而被煽得更旺,因此,我们也总是会努力地令与我们相似的他人快乐。故此,如果我们在他人中特别选中了一个人,并将我们的快乐同我们对于他的表述绑定,我们就会倾向于期待他在我们对他的爱中获得快乐,并且期待着他也会把我们同另外的其他人区别对待并爱着我们。由此可见,人们都认为别人是他们的相似者,这种人与人之间的普遍关系是一个基础,个体正是在这个基础上对某些个体另眼相待并通过想象形成他们之间爱的关联的特殊关系的:这样一来,人在欲望着让所有他人看重的同时,还有被特定的人另眼相看并从中获得光荣感的欲望,那些特定的人是他所爱的,也是他希望他们反过来爱他的。这两种欲望倾向归根到底是同源的,它们会沿着使人的感情加剧的方向造成种种效果。我们还要记住的是,所有这一切都是未经理性推理的:在这两种欲望倾向中起作用的都是那些不可遏制的冲动,这些冲动在我们毫不知情的情况下以它们所决定的方向裹挟着我们。

命题三十四对爱者与被爱者双方之间优先性情境中的追回性所造成的后果作出了解释。如果我们爱一个人,如果我们想象他对我们也回报以爱,我们本人快乐的感情——这是我们对他的爱在我们这里所造成的快乐的感情——在某种程度上会由于我们想象地认为他所具有的快乐的感情而扩大:而我们看到他越因我们对他的爱而感到快乐,我们就越是对自己感到满意,并越是能快乐地考量我们自己,我们内心自发追求"光荣(gloriabimur)"①的欲望就越是得到满足,就好像是我们为了得到他回报给我们以青睐,我们才特别青睐他似的。我们想象我们所爱的这个人能把我们对他的爱偿还给我们,在这么做的时候,我们实际上在他身上爱的是我们自己,是在从他那里追回我们贷给他的债务。正是从这种着眼于追回的视角出发——正如命题四十九将会证明的那样——如下这一事实才能得到合理化,这个事实

261

---

① 命题三是附释已经对"光荣"作过特征说明,"受感致动的诸情状定义"之定义三十又再次对该概念作了界说。

即，相较于另外的人，我们之所以倾向于将我们的爱固定在这些人身上，将更强的快乐的感情同我们对于他们的表述绑定在一起，是因为我们已自动地将这种感情与对于这些人据信将会回馈给我们的回报性感情的表述联系了起来，我们相信他们给出的回报性感情是令我们非常满足的；不过，我们只能通过与我们相似的事物（也就是他人）来满足这种将获得回报的幻觉，因为较之于任何种类的事物，我们更倾向于优先地爱与我们相似的他人；至于酗酒者在感情上更珍视他的那瓶酒，则是因为酗酒者把与他的"是其所是"的内禀的内在力量的扩展相应的受感致动的情状绑定在那瓶酒上，他虽然不可能从那瓶酒那里期待作为回报的爱（除非他已经因醉酒而陷入了对他的健康来说已经非常危险的想象的谵妄），但却在他的这种选择之中得到了补偿性的快乐。

  与命题二十一到命题三十已经做过的一样，本节所分析的所有这些命题也揭示了使人们紧密结合或使人们相互疏远的感情在自然／性质上的整体关联性的原理：人们之所以相互团结或相互疏远，就是由于他们中的每个人在这种原理的作用下都把他们各自的受感致动的情状当作了可分享和可交换的东西，在这个分享和交换的过程中，这些受感致动的情状在被每个人各自体验的同时，也被他们中的其他人（直接参与到了这些受感致动的情状的形成之中的其他人）所考量和审视。这一解释使我们能够在这些命题之间建立更紧密的联系并对它们的陈述作多种组合，但是此解释同时也使我们看到了自由流通于人际关系表面的这些受感致动的情状互动中潜藏着冲突的危险，正是这种冲突使感性生活成了不同旨趣（就这些旨趣自发地为人们所具有而言）间对抗的领域：如果我爱一个人，而别的其他人不爱他，我对此人的爱就会变得不稳定,这将使我陷入同我自己的冲突,并且由于那些其他人使我同我自身的感情相分离的缘故,我还陷入同那些其他人之间的冲突;如果我爱的某人或某物注定是一种排他性依恋的对象,而同时我又倾向于让其他别人像我这样欲望他(它),我就会在竭力让其他人不能得到他(它)的同时,既爱着他们又恨着他们,爱着他们,是因为他们同我本人一样爱那人(物)——这是与我最深层的一种倾向相符合的——,恨着他们,是因为他们爱着的这人(物)本应是我所独占的;如果我爱着我已从众人中拣选出来的某个人,我自然地倾向于让他对我回报以爱,而如果没有发生收到回馈的效果,我们不免埋怨他不对我报偿以爱,是在以拒绝回报我对他的爱的方式轻视我,但就算如此,我还会执意继续爱着他。以上任何一种情况都充满了 fluctuatio animi(心灵的混淆)的风险,"心灵的混淆"使我病态地同我自身相对立,与此同时,还打开了在倾向上使我们同他人相对立的冲突的视角,这些视角使我们同他人一样地爱或恨着同一些事物,或毋宁说,使我们同他人一样地爱着并同时恨着同一些事物,进而使我们不免为他人所爱恨。接下来的命题显然就是对这些视角的详细论述。

第四章

感性冲突
（命题三十五到命题四十七）

Les conflits affectifs (propositions 35 à 47)

在接下来这组命题中,斯宾诺莎并未中断证明推理的线索,而是着手逐个对一定数量的特殊倾向和情境进行分析,正是这些倾向和情境使受感致动的情状的模仿机制能借以制造出它在具体生活中的种种效果的,而想象在具体生活中应答着他者的各种要求并把这些要求重新阐释给我们,故此,具体生活中涉及的心理蒙太奇要复杂得多;对这些情况的分析使我们有机会对我们心灵建制中那些新的特殊特点作出识别。所有这些情况都内含于前面确立起来的那个一般体系,都是根据具体环境对那个一般体系的样式化运用。这些具体的显现形式都有这样一种共同之点,即,它们所表现的感性工作过程都突出了倾向于冲突的不稳定效果:最初由受感致动的基本情状开始,主体将它们与事物和人绑定,继而又逐渐地将它们移置到新的目标,为的是将这些受感致动的情状带回它们的出发点,也就是说,带回受感致动的情状的这个主体本身那里,主体的视角始终是在这些"情结"的展开过程中处于优势地位的,这个过程就构成了受感致动的情状的循环流通,随着流通过程的展开,对抗的欲念在其中被不断地挑起,这些对抗的欲念势必造成身陷于这些想象的联系编织成的网络之中的人们之间的对立,而且同时还使人们同他们自己相对立,因为这些对抗的欲念不断地使人们的心灵建制撕扯于快乐和痛苦、爱与恨的两极之间,虽然他们的这些感情的方向性是专一的,也是不会被搞错的,但实际上他们的这些感情的表现方式却其乱如麻,不可能被梳理清楚。这些分析为专论人的状况的"论奴役"部分作好了准备:在《伦理学》的这第四部分,斯宾诺莎将要解释人——只要人任自身受到受感致动的情状的自发性的拨弄——就算并非确定是悲惨的,至少在自然/性质上难免有被奴役的风险,因为,这样一些内在冲突和外在冲突的前景是无限期地一直开放着的。受感致动的情状的运作按照它的规则制造出表现形式看似不规则的这些冲突结果,要理解这些冲突是以何种方式植根于感性运作之中的,没有别的办法,只能顺着斯宾诺莎在这里建议的这一分析线索去加以把握,而不必枉然地想尽办法给以纯然无序——对必然的理性而言是纯然无序——为唯一法则的这个领域赋予某种秩序。

1. 爱何以会转化为恨(命题三十五及其附释、命题三十六以及其绎理和附释、命题三十七和命题三十八,受感致动的诸情状定义之定义三十二)

命题三十五考察了我们"所爱的事物(res amatam)"在想象中被表述为与某个第三人结成了相同的甚至更紧密的爱的联系的情况①,在这种情况中,由于我们在想象中面对着我们所爱的事物

---

① 斯宾诺莎使用"友爱的联系(vinculum amicitiae)"这个提法,是为了将所有形式的积极的人际受感致动的情状的关系——所有这类关系里涉及的人可以是任何人——纳入命题三十五陈述的范围之中。就此而言,"友爱(amicitia)"广义地是联系着对另一人的(想象性)表述的快乐:友爱因而是斯宾诺莎已经定义的"爱(amor)"的一种特殊形式。

同第三人结成的这种爱的联系,这个第三人会使我们自己离开我们对那事物的爱。① 这一情境相当复杂,因为它同时牵涉着好几种效果相互叠加并发生冲突的感性机制。一方面,只要我们想象我们被我们所爱的人爱着,我们就会因这一表述而感到高兴,这一表述在使我们获得了冀人青眼的欲望(这一欲望涉及的他人是普遍的他人)的同时,还使我们获得了被区别对待的欲望(这一欲望涉及的他人是特殊的某人):这一点已经由命题三十四作出了说明;故此,当我们认为我们处在这一情境中的时候,我们由于命题二十八所说明的那种倾向的缘故必定要努力地使这一情境长久保持,并加强它的积极方面,我们尤其对它的这些积极方面感到高兴:这也就是说,我们会倾向于想象我们所爱的这个人在尽可能大的强度上受到感情联系的束缚。另一方面,正如命题三十一所解释的那样,在我们爱某人的时候,别人若也共有对该人的爱,我们对此人的爱就会因别人提供的这种爱的担保而得到加强;别人能同我们一样同时地体验这种爱,我们将我们的表述投射在这些别的人的身上,并借此使我们自己的这种感性冲动得到合法化;相反,如果我们爱着的某个人不被别人所爱,我们自己的感情的价值就会降低。但是,在已经考察过了的一个前提下,渴

---

① "Propositio 35. Si quis imaginatur rem amatam eodem vel arctiore vinculo amicitiae, quo ipse eâdem solus potiebatur, alium sibi jungere, odio erga ipsam rem amatam afficietur, et illi alteri invidebit."/"命题三十五:假如有人想象着他所爱的事物与另一个人结有相同或更亲密的友爱的联系,胜过他此前独自与他所结的友爱的联系,那么他将恨他所爱的对象,并且嫉妒那另一个人。"——译注

望别人共有我们的感情的这种冲动因对特殊的联系的表述而受到了抑制——这种对特殊的联系的表述是把我们所爱的事物同别的人联系起来的,而它同别的人的这种联系又总是危及我们,使我们不能专享我们意图从我们同此被爱物的亲身关系中获得的好处:我们本来料想斯宾诺莎将在这里参考命题三十二,这个命题特别适合于对这样一种情况作出说明;但是,他却仅限于引用命题十一附释,据此附释,当我们的思想的或动作的力量倾向于"受阻(coerceri)"的时候,我们就会自动地被促动着发作起悲伤;而这种悲伤的受感致动的情状——它是我们的 conatus(努力)之展现的受阻的一种表现——本身若联系着某个外部事物的表述,就如命题十三附释所证明的那样转变成恨;但是在这种复杂的情况中,这种悲伤的受感致动的情状所关联的外部原因不是别的,恰恰是我们所爱的这个人,是我们所爱的这个事物,以至于我们对他(它)同时抱着既爱又恨的态度。此外,还有一个结果,即,我们也倾向于恨第三个人,因为我们想象被爱的那事物趋附于他,以至于同我们的利害相悖,我们于是将会看到我们处在命题二十三和命题二十四所描述的那种情况之中:我们向我们自己表述着那可能属于第三者的快乐,这就愈发使我们悲伤。让我们对这一情况作一总结:对某个特定的人的表述使我们很快乐,因为我们爱他;但同时这一表述也使我们悲伤,因为我们想象,他并非如我们所愿那样只对我们对他的爱回报以爱,相反他被某个第三人所吸引,而这个第三者据信同我们所爱的这个人共享快乐,这对我们而言构成了补充性的悲伤的原因。这种情节总是经常吸引文学的注意,我们也看到这一情节中的主角被置于何其复杂的纠葛之中,这种纠葛几乎是不可能理清的。

命题三十五附释说明了特别适用于这一特殊情境的几种受感致动的情状：它们是"猜忌(zelotypia)"①和"嫉妒(invidia)"。"猜忌"是一种悲伤，伴随着我们对于我们所爱的人的表述；"嫉妒"也是一种悲伤，但伴随的是我们对于第三者的表述，我们认为这个第三者乃是我们所爱的人的快乐的来源，因为该第三人对我们所爱的人的爱使后者快乐。奥赛罗对苔丝狄梦娜的猜忌和他对卡西奥的嫉妒就是这样的，这两种感情在他的头脑之中自然地发生，这纯然事关想象。产生嫉妒，即我认为别人享有了从我这里剥夺的快乐进而由此使我产生悲伤；产生猜忌即我由这样一种表述而产生悲伤，在这种表述中，我不再享有——由于某个别人的缘故——某种事物，而我在个人方面感到此事物本就注定是我所专享的，尤其是当这物是人的时候，我尤其在这种表述中感到我从该物那里期待的爱的回报被褫夺了。这两种感情有极为微妙的区别，但不管怎么说，两种感情总是相伴展现于在命题三十五所分析的复杂情境之中，这种复杂的情境是典型的 fluctuatio animi(心灵的混淆)的情况，并有着这类心灵状态所特有的病态维度：处在这类心灵状态中的人确乎只能丧失理智。

爱由此有了很好的机会确定地转变为恨，由爱转变出的恨

---

① 斯宾诺莎在这里保留了一个很罕见的词 zelotypia，此词直接源于希腊语，他这么做也许是为了强调这种受感致动的情状的奇怪而可怕的性质。拉丁词汇的确不够丰富，没有合适的词来表现这种特殊的感情，拉丁语词汇较笼统地以 sollicitudo(苦恼)来指称这种特殊的感情，但没法表明这种感情的区别性特性。

是更大的恨。我们应该了解这种转变的含义:就算这种转变使快乐变为悲伤,快乐和悲伤这两种感性冲动仍旧是截然区分的,它们的自然/性质是确定不能兼容的。爱是与对于某外部事物的表述相联系的快乐,没有任何东西能改变就其本身而论的快乐(的性质);如果快乐所联系的表述所涉的那个外部事物同时地同悲伤的受感致动的情状相联系(这是经常可能发生的),这两种倾向便犹如角斗场中的角斗士那样在心灵中对抗,心灵就会被两种倾向的冲突所撕扯;由于这种难以解决的疑难,心灵陷于深深的苦恼(真正意义的苦恼)之中:所以,正是悲伤最终占据了上风,而并非是快乐本身转变成了悲伤,这种转变就定义而言是不可能的。感性的双向特征——这一特征不可避免地同 fluctuatio animi(心灵的混淆)的现象相联系——源于心灵中由不同程序激发的诸多相反的感情的串通:这些有各自程序的受感致动的情状纠缠并组合在一起,它们的原因却总是各自独立的。

斯宾诺莎在命题三十五接下来的部分对这些感情作了简明的经济分析和能量分析,这些感情同时地被那样激发起来,相互加强,并且由于它们所对应的感性投注的密集化而极为炽烈,一有可能便会开始爆燃。我们越是爱他,我们对我们猜忌的那人的思想就越使我们悲伤;我们认为某人与被爱的事物有优先关系,我们便对他产生嫉妒,而如果我们在对该人的这种观念之外,还出于别的理由恨该人,我们就会更加悲伤,关于一个快乐的可憎者的表述是特别令人厌恶的。

谈论这种人(快乐的可憎者)的时候,斯宾诺莎使用了阳性代词"ille, is",他使用"他"这个代词作为一种指示,以此说明被爱

第四章　感性冲突（命题三十五到命题四十七）　351

的事物是有着另一性别的人，我们之所以对她产生猜忌，是因为我们对她的爱倾向于独占，并且是在互惠的预期视角下展开的，这就是男女之间的爱的交易所特有的情况。斯宾诺莎在谈论"我们对一个女人的爱（amor erga faeminam）"的时候带着某种几近于厌恶的蔑视，我们猜测，他在这里的这种想法无非是他本人的想象使然，也就是说，是他本人的并非快乐而是悲伤的想象使然。在读命题三十五的结尾部分时，我们震惊于斯宾诺莎用来描述三角恋情那些特殊方面的语气之粗暴，而三角恋的关系势必使涉事者处在不可忍受的心理错乱的状态之中：在读这段文字时，我们不禁会认为他在这里的想法在他内心中唤起了一种愤怒，而他却没法控制这种愤怒，这一切可能与极为私人的经验和记忆有关。在他眼中，所有女人都是可能的娼妓，总是倾向于"卖淫给别人（sese alteri prostituere）"：他就是这么说女人的，表达之粗鲁在他同时代作家中极为反常，①他以这种方式证明女人痴迷于她们的随机伴侣的泄殖器官，对这种器官的表述纠缠着疯狂地向女人们求爱的这个人的想象，②以至于他根本无法忘怀女人们必定已被这类肮脏的东西占有过。

----

① 笛卡尔《论灵魂的激情》实际上几乎是无视生殖性的性行为的——这可能是由于被认为太过于令读者震惊——，但是斯宾诺莎有关感性的研究却毫不避讳地直面了问题的这个方面。

② 在这里我们可以想一想斯万和他联系着对奥黛特的观念的那些幻想。命题三十六甚至更加普鲁斯特，该命题谈论的是与性有关的受感致动的情状的时间性维度，这种时间性维度总是摇摆于失去的时间的视角和寻找回来的时间的视角之间。

命题三十六①更具体地谈论了当我们对另一人产生性欲时不能自拔的受感致动的情状的自然/性质。在这一情形中，我们可以说我们"爱着"那个人。但究竟是什么使我们痴迷于她呢？当然，不是她的实际所是，而是我们凭借想象就她所形成的观念，这种想象观念的形成乃是我们把对于她的表述或对于她的片面表述同我们当初接触她——或接触与她相似的某个人②——时的情形相联系的结果；我们不由自主地反复回忆这些情形，并使有关它们的回忆永久化，就仿佛曾经发生过的事情必须无限期地丝毫不差地复现自身似的。这种顽念般的重复冲动使陷于这种类型的爱之中的人对某个偶然事件③——这偶然事件的情形曾经发生并永久被记忆，且同快乐的受感致动的情状相联系——的永恒复归进行表述：他所欲望的，并非是快乐的感情所联系着的表述所涉的那个人本身，而是曾经"一度（semel）"偶然地发生过的某事情的永恒化，这事情在他头脑中挥之不去，他不能自禁地渴望再次"享受（potiri）"这事情。

---

① "Propositio 36. Qui rei, quae semel delectatus est, recordatur, cupit eâdem ijsdem potiri circumstantijs, ac cum primum ipsa delectatus est."/"命题三十六：回忆曾一度令他欢愉的某个事物的人，总是欲望着在如他当初享受那物的相同情形下占有那事物。"——译注

② 我们从笛卡尔的通信得知，他因青年时期的经历而特别痴迷于"斜目而视的女子"，也就是说痴迷于轻度斜视的女子，这种痴迷也就是由于这一原因所致。

③ 这种事件的偶然性质在命题三十六证明中被明确指出，该证明参考了命题十五，据命题十五，任何事物都能够由于偶然原因而成为可爱的或可恨的。

我们可以想见的是,这种期待总是——即便并非全部也是在大多数情况下——落空的。命题三十六绎理就是如此来理解的:这个绎理揭示了这种感性处境下的毁灭性感情,这些感情始于对最初快乐(先前曾一度被满足过的快乐)的考量,而这种快乐的同等的再产生却是不可能的,这便不可避免地导致悲伤。心灵通过想象的中介和感性记忆的中介永远地执着的那个神话般的事件的发生"情形"中若有任何一个情形缺失,都会让人感到不快,于是就会发生这种悲伤。事实上,如果说这种重复的狂热仪式中有一个细节是缺失的,这个细节就是联系着快乐的感情的表述所涉的那事物本身,这事物就其自身而言似乎是可疑的,爱者好像已经与那被爱者无缘——要么因为它(她)已经被毁灭,要么则是因为它(她)遥不可及。于是"爱者被悲伤所吞没(amans contristabitur)"。这可能确乎是我们人世间所有种种爱情的命运,这些人世间爱情注定失败,男女间情爱关系的发生方式无不印证了这一点。

由此便可以在绎理陈述后跟随着的附释中引入对新的受感致动的情状的特性说明,这个新受感致动的情状即"渴望(desiderium)",或"与我们所爱的事物不在现前相关的悲伤(tristitia quatenus absentiam ejus quod amamus respicit)"。这一受感致动的情状还被列为"受感致动的诸情状定义"的第三十二则定义,该则定义给出了更为详细的描述①:这种受感致动的情状被称为"对享

---

① "32. Desiderium est cupiditas sive appetitus re aliquâ potiundi, quae ejusdem rei memoria fovetur, et simul aliarum rerum memoria, quae ejusdem rei appetendae existentiam secludunt, coercetur. Cum alicujus rei recordamur, ut jam

受某一事物的欲望或冲动,这种欲望或冲动因对该物的记忆而被煽动起来,但同时又受对其他事物的记忆的抑制,因为那些其他事物排除所欲的事物的存有"。该则定义还附有一个篇幅较长的说明,这则说明并无特别的阅读难度,它侧重于解释这种受感致动的情状发作时伴随着的一种无缘感①,在我们"清醒过来时(dum vigilamus)"我们尤其易于产生这种无缘感,因为此时我们会

saepe diximus, eo ipso disponimur ad eandem eodem affectu contemplandum, ac si res praesens adesset, sed haec dispositio seu conatus dum vigilamus, plerumque cohibetur ab imaginibus rerum, quae existentiam ejus, cujus recordamur, secludunt. Quando itaque rei meminimus, quae nos aliquo laetitiae genere afficit, eo ipso conamur eandem cum eodem laetitiae affectu, ut praesentem contemplari, qui quidem conatus statim cohibetur memoriâ rerum, quae illius existentiam secludunt. Quare desiderium reverâ tristitia est, quae laetitiae opponitur illi, quae ex absentiâ rei quam odimus oritur. De quâ vide schol. pr. 47. hujus. Sed quia nomen desiderium Cupiditatem respicere videtur ideo hunc affectum ad cupiditatis affectus refero."/"32. 渴望是对享受某一事物的欲望或冲动,这种欲望或冲动因对该物的记忆而被煽动起来,但同时又受对其他事物的记忆的抑制,因为那些其他事物排除所欲的事物的存有。当我们回忆一个事物(正如先前常说的),我们就因而会感到那事物犹在现前一般的感情。但当我们清醒过来时,这种趋向或努力,通常又受到其他会排除那被忆起的事物的存有的事物印象的抑制。所以当我们记得一个事物使我们感到同样的喜悦,我们就因而会努力当那事物有如现在现前,并感受同样的喜悦,当然,这份努力随即会受限于排除那事物的东西的记忆。因此,渴望其实是一种悲伤,与所恨之物不存有所造成的喜悦(见命题四十七附释)刚好相反。但因为'渴望'一词看来与欲望有关,所以我们才把这种感情归在欲望之下。"——译注

① 斯宾诺莎用拉丁语动词 cohibere 来形容这种感情。

不由自主地思及所有情形,而所有这些情形又往往会妨害我们顽念般地将我们的欲望和冲动附着其上的那个事件的丝毫不差的重现。这样被激发起来的悲伤以对快乐的扣除为内容:这种情境刚好同命题四十七附释中所谈的情况构成对称,斯宾诺莎将在命题四十七附释中对一种特别特殊的快乐作出特征说明,这种快乐是由对悲伤的扣除而产生的,我们奇迹般地幸免于痛苦或险境的故事所带来的快感就是这种快乐的例证。

最后,命题三十七和命题三十八再次从经济和能量的视角对转爱成恨的循环进行了考察,而此前,命题三十五附释也曾作过这样的考察,①只是着眼点稍有不同。在这种循环的转变情境中形成了种种感情,现在的问题是测定这一循环的转变情境在多大程度上影响着这些感情的发展,进而通过这一测定来测量这些感情的强度。为了进行这种测量,这两则命题进行了追溯,由在前已考察的诸条件下形成的受感致动的情状丛结直溯至这些情状丛结由以构成的受感致动的基本情状(即欲望、快乐和悲伤);这两则命题由此考察了一些条件,由这些条件而造成的性状也都为爱与恨的种种次生受感致动的情状所共有。我们的希冀若与快乐或悲伤联系将会发展到什么程度,与爱或恨相联系又会发展到什么程度?当某些情形使这些受感致动的情状组合

---

① "论受感致动的情状"部分反复多次(比如,在命题十二和命题十三、命题二十一和命题二十三、命题三十三和命题三十四中)谈到过对受感致动的情状的强度作这种测量的可能性,而这种受感致动的情状的强度测量还将成为"论奴役"部分的中心性议题之一。

在一起并使它们相互较量,这些受感致动的情状会发展到何种规模?

命题三十七①是一个普遍命题,其涵盖范围超过了此前几个命题所考察的特殊感性情境的范围,该命题一上来就解释说,欲望——也就是说按某特定方向动作的冲动——的强弱,由构成该欲望之基本推动力的快乐或悲伤的强弱决定。②悲伤不仅抑制着conatus(努力)的冲动,而且远超这种局部改变的是,悲伤在其自身之内还包含着对conatus(努力)冲动的总体消灭的危险,由于这一原因,悲伤是令人不能忍受的:在人竭力保持"是其所是"的倾向的驱动之下(这种倾向归根到底决定着人的一切表现),我们的心灵建制必定要作出反应,展现出"消除悲伤(tristitiam amovere)"的特殊欲望,以便躲避这种威胁,而这种悲伤越是在深层困扰人,就越是对人的"是其所是"的构成造成威胁,人的这种欲望的反应也就越是强烈。同一种分析也适用于快乐:快乐不对conatus(努力)冲动造成妨害,相反,快乐加强这种冲动,并且满足这样的条件,即,我们的心灵建制倾向于"保存(consrvare)"有利于其自身

---

① "Propositio 37. Cupiditas quae prae laetitiâ vel tristitia praeque odio vel amore oritur, est eo major, quo affectus major est."/"命题三十七:由悲伤或快乐、恨或爱所推动的欲望成正比地因该种受感致动的情状越大而越大。"——译注

② "prae tristitia vel laetitia oritur"这个提法体现了有关推动力的观念,这个短语在字面上就是"由悲伤或快乐所推动"的意思。严格地说,这种推动力并非它所联系着的受感致动的情状——在这里即欲望——的实际致动因,相反,它可以推动任何其他从一开始便同它偶然联系起来的受感致动的情状。

发展的这种心态,故此,此一愿望同这快乐(这种快乐最初是偶然获得的)成正比。在我们快乐的时候,快乐越大,我们就越是愿意持留在这种状态中;在我们悲伤的时候,悲伤越大,我们就越是希冀摆脱悲伤。所有这些一切都是直接从以 conatus(努力)为基础的受感致动的基本情状(即欲望、快乐和悲伤)的定义方式中推导出来的。命题三十七的这个相当普遍的义理将会由"论奴役"部分的命题十五证明、命题三十七(证明二)和命题四十四来证明,这些命题都参考了这里的命题三十七。

但是就斯宾诺莎目前对感性的分析而言,特别让他感兴趣的是这一过程的别的方面:即与此过程在爱与恨这些"次生性的"受感致动的情状中的扩展的那个方面,而我们曾经谈到过,我们一旦偶然地将快乐和悲伤固定在某些对象之上,就会生成这些"次生性的"受感致动的情状;"论受感致动的情状"命题三十八、命题三十九、命题四十三和命题四十四也正是在这个方向上对命题三十七的义理进行拓展的。对象固定构成了爱与恨这两种次生性受感致动的情状,进而由它们又可生出更为复杂的感性形态,但是,无论对象固定的发生情况如何,爱与恨这两种次生性受感致动的情状仍旧是快乐和悲伤的形式,所以归根到底也还是服从于支配着这两种受感致动的基本情状的规则的。故此,前面的推理对源自爱与恨的欲望而言也是有效的:爱与恨既构成了推动欲望的推动力,则爱与恨的感情越强,这些欲望也就越强。爱唤起了"保持(conservare)"它所对应的快乐的感性状态的欲望,而且该欲望同最初趋附于这种状态的旨趣的强度成正比。相反,恨唤起了消除或"消灭(amovere)"构成恨之实质的悲伤的欲望,陷于这种状态中的人的心灵受到悲伤的困扰越大,这种欲望也就越大。

命题三十八将这个普遍原则运用于自命题三十五以来一直被考察的一种特殊情境,这种特殊情境就是转爱成恨的情境,之所以会如此,是因为同一个"对象",虽则先前与快乐相关,并引发了正向的趋附,但后来又成了悲伤的原因,以相反的方向激发出来了对它本身的恨的感情,这种感情发展到"某个程度,以至于他的爱完全消逝(ita ut amorplane aboleatur)"。① 就这种情况而言,命题三十八解释说,替代了爱的恨由于先有这种爱在前而势必扩大自身,这种恨要比被附着在此前无差别的某对象上的恨更大;而且,这种恨的强度同因它而消失的爱的强度成正比。实际上,发现自身处于此类情境下的心灵总是被 fluctuatio animi(心灵的混淆)撕扯,这种混淆在心灵中挑唆起诸多不能兼容的刺激,使心灵左右为难,这些不能兼容的刺激相互作用和反作用,借此相互之间传递并叠加着能量,所以它们之间的这种不可兼容性恰恰使它们不断地得到加强。爱某人,从一个方面来说,实际上就是对将联系着这种感情的快乐状态无限期地保持下去的希冀;爱某人也是对被爱的人物的现在现前的追求,他的现在现前才可以使爱者获得快乐;而且,爱某人还意味着,爱者为了在爱的等量交换中

---

① "Propositio 38. Si quis rem amatam odio habere inceperit, ita ut amor plane aboleatur, eandem majore odio ex pari causâ prosequetur quam si ipsam nunquam amasset, et eo majori quo amor antea major fuerat."/"命题三十八:人若开始恨他爱的对象到某个程度,以致他的爱完全消逝,他将——以同一个事物为原因——比未曾爱那事物时更恨那事物,而先前的爱越强烈,这种恨也就越强烈。"——译注

从被爱者那里得到他预期应得的爱的满足而给予被爱者以欢乐：爱某人意味着希冀被爱者回馈以爱。某种恨的感情若与"所有这些努力（hi conatus）"同时联系于相同的对象，"所有这些努力"就会受到抑制，这一情形是极为糟糕的：悲伤——构成了这种恨的实质的悲伤——的强度会更大。

　　转爱成恨的这种循环就此完成，这一循环的展开过程是在时间性维度中进行的，绝大多数这类事件充斥于感性生活之中：这些受感致动的情状的生产发生于现在现前，但之所以如此发生，乃是由于它们的生产必定在某种程度上包含了对过去和未来的事物的想象。我虽曾经爱过这个人，但现在"开始恨他（odio habere incipio）"，我的这种恨不仅使我不再从此人身上获得快乐，而且这种恨还由于对过去那些快乐的悔恨而更加强烈。即便我此时此刻对爱有巅峰体验，但谁能保证这种爱不是注定要失落的呢？一旦爱失落之后，我将陷入比与我目前的感性情境相联系的那些愿景无望兑现所造成的沮丧要大得多的消沉状态之中。这些受感致动的情状都是在当下被逐个体验的即刻经验，而丝毫不操心于有关过去事物和未来事物的考量——这仅仅只是表面上的情形：想象将这些受感致动的情状组装成为复杂的受感致动的情状丛结的蒙太奇，而这些受感致动的情状也正是由于想象而势必受到这种时间投射作用的影响，这种时间投射使得这些受感致动的情状从它们内部开始产生不稳定的效果，进而使它们之间的冲突变得更加尖锐。

275

2. 拒你所欲和欲你所拒（命题三十九及其附释，命题四十及其附释和绎理一与绎理二及绎理二附释，命题四十一及其附释，命题四十一绎理及其附释，命题四十二、命题四十三和命题四十四及其附释，受感致动的诸情状定义之定义三十四、定义三十六、定义三十七、定义三十八、定义三十九和定义四十二）

这组命题研究了一些新形式的感性组合，这些组合极为微妙复杂，它们产生的效果使受制于来自对立方向上的压力的心灵没法使自身获得明确的方向，从而总是处在自我冲突的状态之中。这些组合（绝大多数人际关系也是借由这些组合而被组织起来的）的基础是爱与恨这两种次生性的受感致动的情状，而且这些组合对爱与恨所固定的对象有特别的考量：爱某人或恨某人分别还对应着什么类型的行为呢？这种活动或活动意愿是同我们所爱或所恨的人的存有相挂钩的吗？就截至目前的考察而言，要回答这些问题看上去是相当不容易的，因为这些问题所涉及的行为服从于迂回曲折的规则，也正是这些规则使得人们生活在永远的模棱两可状态之中。"人被置于不愿要求自己所愿的事物，又意图着自己所不愿的事物的这样一种情境之中（homo ita disponitur ut id quod vult nolit vel id quod non vult velit）"，命题三十九附释中的这个提法——在其上下文中，这个提法是为了说明"怯懦（timor）"这种特殊的受感致动的情状而被提出的——是对所有带着构成性模棱两可标志的这些行为模式的概括。

　　为了为随后的分析提供起点,命题三十九①总结了一个普遍原理,以说明与心灵不知所措相关的心灵的混淆和心灵的困扰状态。这个原则如下:当你恨某个人的时候,你就会倾向于愿望做一切可能伤害他的事情;相反,当你爱某个人的时候,你反之就会愿望做一切对他好的事情。这个原理的必然性直接得自命题十二、命题十三和命题二十八所证明过的论点:心灵自然地努力想象着在它看来具有对它自身的力量扩展有意义的一切事情;心灵的力量一旦受抑制,它就努力想象能促成消灭它所认定的造成这一抑制的原因的一切事物;爱,意味着在心灵上处于快乐状态,这种快乐联系着对某个外部事物的考量,尽管这种联系是偶然的,该外部事物也应被视为这种积极心态的直接致动因;因此顺理成章的是,为了保持这种状态,我们——根据前面介绍受感致动的情状的模仿机制的理论大纲时所描述的那些条件——实际上出于造福自己的目的而愿意造福于我们所爱的事物或所爱的人。当我们不是爱而是恨某人的时候,同一种理由则以相反的方向发挥作用:为了抵御同某外部事物相联系着的悲伤,我们会作出一切努力去消除悲伤的这个"原因",也就是说,我们将

---

①　"Propositio 39. Quae efficiunt, ut motus et quietis ratio, quam corporis humani partes ad invicem habent, conservetur, bona sunt, et ea contrà mala, quae efficiunt ut corporis humani partes aliam ad invicem motus et quietis habeant rationem."/"命题三十九:恨别人的人,会努力危害他所恨的人,除非他害怕因此生出对自己更大的危害;反之,爱别人的人也会根据相同的方式而造福所爱之人。"——译注

尽可能地做使这个原因消失的事情；换言之，我们必定愿望着使我们认定其为悲伤的原因的这个事物或这个人遭受一切可能的伤害。

所有这一切看上去很简单，也很明白。但我们必须更进一步地细加审察，因为，在受感致动的情状丛结形成的条件下，事情的简单和明白仅仅是表面现象。首先，应该注意到，斯宾诺莎对这些基础性的行为原则（即我们愿望着造福我们所爱的人，而愿望着损害我们所恨的人）作陈述的时候，以颠倒的顺序来提这两种态度，因为这两种态度完全对称，所以在形式上是可以这么做的：斯宾诺莎首先考虑的不是我们因爱某人而感到快乐的情况，相反，他从我们恨着某人的情况开始，他对这种情况进行探讨并作出了证明，正如我们看到的那样，他的证明的参考基础是命题十三和命题二十八；而对我们爱着某人的这一相反情况，他在证明时仅限于说：可以同样根据得自于命题十三和命题二十八的义理进行同样的证明，只不过方向完全相反罢了。因而，就他本人的着眼点而言，他旨在对我们恨某人而倾向于竭力损害该人的这一情况作出强调。而命题三十九陈述里又对这一情况给出了一个限制性的条件："除非他害怕会因此生出对自己更大的危害（nisi ex eo majus sibi malum oriri timeat）"，而这一细节才是命题三十九阐明的论点的关键所在。

我们恨某人，而且我们一定会竭尽全力地试图消除造成悲伤的原因，出于这一理由我们愿望着去伤害我们恨的那个人——而这一事实实际是在力量对比的范围内发生的，这种力量对比出于想象性的评价（某受感致动的情状同我们对于引发我们恨的感情的事物的表述之间的联系亦是出于想象性评价），也以种种受感致动的情状的运动合力而成的方向为导向。如果我们在不超出我们自己的视角的情况下，我们尽管希望某人遭受损害，但我们同时还有这样一种表述，即，该人所处的位置使我们若对他作出伤害反而会带给我们更大的伤害，或者更一般地说，如果我们想象我们竭力给此人造成的伤害——即便不考虑他会发起报复性的行动——本身对我们而言是更大的悲伤的原因，那么，促使我们去攻击他的冲动就会自动地受到克制："如果恨某人的人恐惧于更大的悲伤，或者说（这其实是一回事）恐惧于有更大的危害落到自己的头上，并且相信只要不对他所恨的人进行他处心积虑的危害行为就能避免那更大的悲伤或更大的危害，则这人就会愿望着避免动手加害（a malo inferendo abstinere cupiet）。"在这里再次运用了命题二十八的义理，即，我们倾向于从我们自己的视角出发做与快乐同向的事情，而尽可能避免做与悲伤同向的事情：如果我们想象我们对我们所恨的人施加伤害势必对我们造成较之于实施此一加害所消除的悲伤更大的悲伤，那么，我们试图实施加害的倾向同时就会受相反的感性冲动的克制，从而使我们不去实施加害，进而规避进一步受这一情境后果的困扰；而且，正如命题三十七已经说明过的那样，如果我们有这样一种表述，即，我们所面对的这个人本身有能力施加给我们的伤害比我们能对他施加的伤害更大，那么这种克制的冲动就会更强大。"不愿要求自己所愿的事物，又意图着自己所不愿的事物"这个表述在这里呈现出了它的全部意义：面对我们所恨的人，我们自然想要伤害他，但是我们同时又不希望对他这样做，所以我们便不知道我们能再对他做什么了。实际上，之所以如此，正是因为我们根本不"愿意"再对他作出任何行动：此时的我们不是别的，恰是相互冲突的

278

感性冲动压力的主体,它们借着它们的必然性充斥于我们心中并使我们同自己发生冲突。而这就是我们的感性生活在绝大多数情况下的展开方式,这种感性生活具有的驱动形式是我们无法掌控的,我们甚至连其驱动形式的意义都无法理解:在这里,占支配地位的是纯粹的被动情状/激情的逻辑。①

命题三十九附释一开始就介绍了两个极其重要的概念,这两个概念将在"论奴役"部分扮演中心性的角色:它们就是"善(bonum)"的概念和"恶(malum)"的概念。这两个概念指涉两种评价原则,由于是自发形成的,这两种原则紧密地贴合于它们无法与之相分离的感性运动:善与恶本身并不存在,②我们在想象机制的挑动之下会将快乐或悲伤的感情系于特定事物,从而也就在那些特定事物上有了我们的利益,只是根据这些利益才有了善恶。善是据信可以"满足渴望(desiderio satisfecere)"的事,恶相反就是不能满足渴望的事,这些评价取决于联系和转移的机制,我们正是通过这种机制根据我们的视角或我们的观念来看待事物的,因

---

① 这个证明专门谈的是我们恨某人的情况,初看之下,我们并未意识到我们完全可以将这个证明用于相反的情况,即我们爱着某人的情况,但把此一证明运用于我们爱某人的情况在形式上是可能的:造福于我们所爱的人可以增加我们的快乐这一冲动,在特定的条件下,也会受到我们对由此势必给我们带来的有害后果的恐惧的抑制。这样一来,在这种情况中,我们倾向于造福某人的同时又不愿这么做,于是我们便不知道我们再能对他做什么了。

② 这一思想在"论神"部分附录的最后部分就已经提出过,而且在"论奴役"序言中还会以充分证明了的形式得到重申。

此,每个人都是"根据他的受感致动的情状(ex suo affecta)"①作出判断的,不可能禁得起客观考察,而只有客观考察才能以确定性使这种判断脱离个人特殊视角而获得价值。正是以此为契机,这里重提了命题九附释结尾所提出的那个极具挑衅性的论点,此论点认为"我们并不是因为判定一物是好的,然后我们才去欲求它,反之,乃是因为我们欲求一物,我们才说它是好的(nos nihil cupere quia id bonum judicamus sed contra id bonum vocamus quod cupimus)"。在这种情况中,冲动先于评价,并决定着评价的取向。在这里斯宾诺莎对这个论点作了简要陈述,但在论述上比在命题九附释中所做的要更为深入:斯宾诺莎透露出来的意思是善和恶只是名字而已,这些名字背后的现实的内容既由它们所指示,又被它们所掩盖,这些名字是以混淆的方式并且是以颠倒了由因推果这一现实关系的方式来指示那些内容的。这些评价也会在何为更好何为更坏、何为最好何为最坏之间作出区分,但是这些评价表面上的这种细致性并不能掩盖它们所依据的标准的不可靠性,其标准的不可靠性使它们难免于基于想象的一切表述及表述之联系所固有的那种不确定性。对一个人而言是至善的事情,比如说守财奴眼中的一大笔钱,在别人看来可能没有任何益处,只要后者的特殊冲动使他自己一心努力地追求别的善,但这别的善也无非是他本人所见之善而已,故此,"也就像这样,每一个人总是依据他的受感致动的情状来判断一物的善或不善,有用或无用(sic unusquisque ex suo affectu rem aliquam bonam aut

---

① 我们也可以将这句话译为"根据他的当时的心情(selon son humeur du moment)"。

malam, utilem aut inutilem judicat)"。每个人当然认为他自己想要什么,但这种确定性只具有主观价值,而且必定受每个人不同具体情况中的随机情形和遭际的制约。

命题三十九附释在作出这个一般评论的时候,联系欲你所拒和拒你所欲的现象(这两种现象使就其所有方面被考量的感性生活发生着波动)引入了一个新的受感致动的情状的形态:"怯懦(timor)",这个概念又被专门列为"受感致动的诸情状定义"之定义三十九。① 这种怯懦是恐惧(metus)的一种形式,"恐惧"的概念已经在命题十八附释二中作过介绍并在"受感致动的诸情状定义"之定义十三中作了再解释:我们还记得,恐惧是一种"不稳定的悲伤(inconstans tristitia)",也就是说是我们在直觉上联系着我们对不能确定的事物的表述的隐隐的担忧。怯懦背后是命题三十九以命题二十八所述论点为参考作出的陈述已经概括描述的那种态度:怯懦使人忍小害而避大祸——这里的小害和大祸乃是出于此人的评价——,我们还可以说,怯懦使人接受较小的恶,以便将悲伤的原因限制在尽可能低的限度。我们同他人的关系是在受想象性评价制约的不断变化的力量对比的环境中建立起来的,就此而言,我们可以认为,因为我们对落在我们身上的种种后果心存恐惧,这种怯懦在我们整个的感性生活之中不断地使我们不去做我们愿意做的种种特定的事情,怯懦为我们的感性生活强加了某种管控,但这并不是说它能使我们自己控制我们的感情,

---

① "39. Timor est cupiditas majus, quod metuimus malum, minore vitandi. Vid. schol. pr. 39 . hujus."/"39. 怯懦是种通过承受较小的恶来规避较大的恶的欲望。参看命题三十九附释。"——译注

第四章　感性冲突(命题三十五到命题四十七)

因为我们服从于怯懦只能使我们变得更加被动。我们为了避免陷于"耻辱(pudor)"的不利境地而强加给自己的"害羞(verecundia)"①起初完全取决于感性的动机,但在后来我们也可以为之给出一种合乎理性的形式。我们若不知道在两种可能的恶之间如何作权衡,在我们看来它们似乎都是真正的恶,我们便陷入"恐慌(consternatio)"之中。所有这些动作举止的特征都集中体现了我们的感情及其对应的心灵状态被自然地裹挟其中的这种不确定性。

在这样界定了基础之后,命题四十考察了一个特殊的感性的情境:在这一情境中,我们若想象被某个人所恨,我们就会开始恨这个人,我们之所以会对此人怀恨,只是因为我们对他对我们的恨感到悲伤,且不知他究竟为什么恨我们。② 这一复杂情况的解释基础是命题三十九所给出的推理,在这一复杂情况中,我们还

---

① 感性生活中的这一个别现象在"受感致动的诸情状定义"之定义三十一所附说明中得到了总结。这则说明指出,使"害羞(verecundia)"同"耻辱(pudor)"相联系的东西,也使二者相分离:害羞是对陷入耻辱的惧怕。[在该则说明中,是斯宾诺莎说"害羞是畏惧或害怕耻辱的感情,这种感情可以阻止人不去犯某些卑鄙的行为。一般人总是将无耻与害羞相对立,其实无耻并不是一种感情,在适当的地方,我将要指出这点",但是,《伦理学》中并没有任何地方论及"无耻"这一受感致动的情状。——译注]

② "Propositio 40. Quae ad hominum communem Societatem conducunt, sive quae efficiunt, ut homines concorditer vivant, utilia sunt, et illa contra mala, quae discordiam in Civitatem inducunt."/"命题四十:想象自己被人所恨并相信自己没有理由招致那人的恨的人会反过来恨那个人。"——译注

是倾向于欲望我们之所拒和拒绝着我们之所欲。

这一行为服从于命题二十七所界定的感性的交换规则,据此规则,我们进行着受感致动的情状的对等交换。你恨我,我则因你恨我而恨你:看上去这完全符合逻辑,但是,纯粹的想象若在这里起主导作用,情形就不是这样了;我认为那人对我怀恨并因而对他抱有的恨不是别的,只是与想象性表述相联系的一种悲伤,也就是说,引起这种悲伤的对象是我认为那人对我们的一种感情,即我们所想象的那人对我们的恨。在这一情况中,所有的事情都取决于以感性的模仿机制为基础的联系和转移。我相信他人恨着我,同时我还相信在我这方面没有任何理由可以合理解释他对我的这种感情:想到这种不公,我便充满悲伤,复又将这种悲伤同对于那个他人的表述联系起来,我相信此人是这一不公的原因,遂也开始怀恨此人。随后我们通过对命题四十三和命题四十五的研究会看到,这一取向("论奴役"部分命题三十四还会再论及这一取向)所造成的毁灭性后果乃是绝大多数人际冲突的原因。

受感致动倾向的这种本能性的连锁反应怎样导致了"欲你所拒"和"拒你所欲"呢?我们通过命题四十附释就能对此有所理解:该则附释接续着命题三十九及其附释所谈的那些情境来解释这种"恨的回流(reciprocatio odii)"的情境。如果(这种情形极少发生)一个人向自己表述别人恨他,且认为这种恨可以被他想象地归因于自己的某种欠缺或失误所解释,那么,对非常令他痛苦的这种负面受感致动的情状的实据的承认会使他悲伤,而此种悲伤呈现的形式便是"耻辱(pudor)"。斯宾诺莎不无讽刺地补充说"这是很少发生的(raro contingit)";实际上,正如命题二十五所证明的那样,我们几乎从来不会愿意看到我们自己为乌云笼罩,我们总是尽力而为以避免这种情况发生。所以,无论在何种情况下,相信自己为别人所恨的人都在自己隐秘的内心深处被对随时可能身陷耻辱的恐惧所困扰,因而也就是说被隐秘的"怯懦(timor)"所折磨,这种隐秘的"怯懦"使他的感性运动同不确定性联系了起来并进而使这些感性运动变得波动不定。

命题四十附释还思考了有关"恨的回流"现象的另一种解释。恨某人意味着愿望着去伤害该人;想象自己被别人所恨意味着想象自己会受别人的迫害;由这种表述所生出的悲伤因而就具有"恐惧(metus)"的形式。我们害怕他人的侵凌性意向会给我们带来有害的后果,并对我们可能受到的迫害作出预计,于是我们也预想——从我们的视角出发预想了——由这种害怕的感情而激发起来的、他人应受的以牙还牙的报复,我们遂以防卫的姿态随时准备对可能加害我们的人造成最大伤害。① 作为结果,我们在随时抵御可能的伤害以自我保存的过程中,也会使我们被悲伤所攫取,这种悲伤在心理上摧毁我们,使我们进攻性地做出侵凌性的动作举止,而我们每个人都打心底里知道这些动作举止的后果

---

① 故此,根据"论奴役"命题三十四证明——此则证明正是建立在"论受感致动的情状"命题四十附释的基础上的——,只要彼得认为保罗对他怀有恨意就会反过来恨保罗,"这是很容易发生的(facile flet)"。在想象性的联系和转移基础上,这种感性反应如此容易发生,以至于会变得更为危险:它在深层使人的心灵建制波动不定,使人陷入无意识的运动之中,与此同时,完全使得共同生存成为不可能。在这里,斯宾诺莎看上去是同霍布斯接近的,霍布斯就自然状态——在这种状态中人们相互恐惧——给出的分析适用于这类人际关系。

是极为有害的。但我们毕竟还是受驱动去愿望着我们所拒绝的事并拒绝着我们所愿望的事。

命题四十绎理一作为对前面的解释的某种扩展考察了使我们心灵建制更加动荡不定的情况：如果我们想象我们乃是我们所爱的人的怀恨对象，则此时我们必将极端痛苦，就像命题三十五和命题三十八解释使我们转爱成恨的那些条件时指出过的那样。命题三十三已经证明过，我们若爱某人，就期待他回报以爱；如果这种期待落空，并且如果他"给予"我们的、我们想象中从他那里领受的不是我们所期待的爱而是恨，就会出现比冷漠还要糟糕的情况，我们自己必将对啃噬我们的幻灭感情作出反应。既在我们最私密的感情中受到如此伤害，我们于是就仿佛处在反方向的狂风吹打之中似的，对同一个人既爱又恨；这是一种典型的 fluctuatio animi（心灵的混淆）的情况，让我们想到了命题三十五已经分析过的那种情形。

命题四十绎理二对更为经常发生的情境进行了思考，与前一情境相比，这一情境更经常发生，但痛苦较小，在这一情境中，我们想象我们受到了来自别人的恨意的困扰，并且此外，该人在感性上与我们再无其他关系。我们于是会自动地恨此人：这种情况首先意味着，正如命题二十六所指出的那样，我们在这里是受驱动完全以想象对使我们悲伤地受感致动的这人进行表述的；而又如命题三十九所示，这种情况还意味着，我们将在行动上倾向于图谋对此人施以真实的伤害，并且，该人——在我们的想象中——因恨我们并实质地对我们抱有侵凌性态度而会对我们作出何种伤害，我们就会以牙还牙地让他受同等的伤害。这一推理让我们想到了命题四十附释第二部分所展开的那种推理：这里的推理也依据的是防卫性应激致动中的"恐惧(metus)",它使我们免于我们可能遭受的、未然的——因而是有着或然性危险的形式的——伤害。这种恐惧——就它实际地激起了加害作为恐惧对象的人的愿望而言——遂即刻转变为"恼怒(ira)",而"恼怒"本身就是激发起我们对我们恨着的人施加伤害的冲动。我们若仅仅是由于觉得自己被某人恨着而恨他,这种恨本身还会伴随着回击的观念,于是这种恨就会呈现出"报复(vindicta)"的形式,这一点由命题四十绎理二所附的附释进行了解释。① "受感致动的诸情状定义"之定义三十六②和定义三十七③分别对"恼怒"和"报复"这两种受感致动的情状的形态作了特征说明,虽不是将它们解作"冲动(conatus)",而是解作"欲望(cupiditas)",但这并不会改变它们的趋向:我们无论是否对我们所恨的人持有进攻或自卫

---

① "论奴役"命题三十七附释二解释说,因自身遭受不公而受损害去施行报复的这种冲动,与保有我们所爱之物而消灭我们所恨之物的冲动一样,皆属于每个人的自然权利(droit naturel)。但这则附释二还补充说,这些受感致动的情状的自发性反应会使我们陷入纷繁难解的、使共同生活成为不可能的种种冲突之中。

② "36. Ira est cupiditas, quâ ex odio incitamur ad illum quem odimus, male afficiendum. Vide pr. 39. hujus."/"36. 恼怒是种欲望,会刺激我们出于恨意而去危害所恨的人。参看命题三十九。"——译注

③ "37. Vindicta est cupiditas, quâ ex reciproco odio incitamur ad malum inferendum ei, qui nobis pari affectu damnum intulit. Vid. 2. Coroll. pr. 40. cum ejusdem schol."/"37. 报复是种欲望,会使我们出于相互的恨而想要危害曾经出于同样的恨而伤害过我们的人。见命题四十绎理二及命题四十绎理二附释。"——译注

的态度,完全无关紧要,因为,在所有情况下,我们的应激致动的情状都会以同样的方式来进行,都会迫使我们以同样的方式进行动作。

命题三十九和命题四十提到这些感性交换都是在恨的基础上发生的。我们对他者的想象关系若具爱的形式情况又是怎样的呢?命题四十一说,情况完全一样。① 这则命题的陈述与命题四十的陈述完全对称,而证明的结构也完全相同。我们想象一个人爱着我们,但我们实在看不出来他这么做图的是什么:命题十五绎理已经证明过,某人迷恋某事物,而他这么做的时候,他的这种感情却没有"致动因(causa efficiens)",而命题十六证明过,单是借相似性的联系就足以激发起这种感情。这里的情况和命题四十所考虑的情况刚好相反,在那种情况中,我们从我们的观点出发,相反认为我们自己受到了没来由的恨的困扰。就像我们的幻想驱动我们以恨报恨一样,我们的幻想也会使我们以爱报爱,即便这种爱——我们是承认这一点的——是无目标的。很明白的是,这个情况和前一情况一样,在这里我们仍是欲望着我们所拒绝的事情并拒绝着我们所欲望的事情;换言之,我们仍旧是爱我们所不爱的事物并且不爱我们爱的事物。因为,我们觉得该去爱那人,却也没有任何爱的理由,我们对他的这种爱——如果我们稍加细审的话——是种做作出来的感情,完全基于模仿。可是,

---

① "Propositio 41. Si quis aliquem ipsum amare imaginatur, nec se ullam ad id causam dedisse credit eundem contrà amabit." /"命题四十一:想象自己被人所爱并相信自己没有理由招致那人的爱的人会反过来爱那个人。"——译注

既然只消将快乐或悲伤的感情同有关某物或某人的表述联系起来便足以偶然地生成爱或恨,我们的所有依恋的感情——它们也都取决于想象性的联系和转移——在实质上不都是相同的吗?

命题四十一附释重提了命题四十所阐明的那些论点,只是颠倒了它们的内容。如果我们对别人对我们的爱作了思考,结果认为这种爱并非完全是无目标的,而这种目标很可能是属我个人自身的,那么,由于我们并非是不值得这爱的,所以我们就会因"光荣(gloria)"——这是与"耻辱(pudor)"呈对称关系的受感致动的情状——而感到满足。在命题四十附释中,斯宾诺莎曾语带讽刺地评论说,人罕能认识到他应得的恶是有实据的;在命题四十一附释中,则是相反的情况,人总倾向于认为自己有正当理由值得别人爱,尽管这爱是他不曾预期的——这种情况"确实经常发生(frequentius contingit)"。无论何种情况,令我们热衷的"爱的回流(reciprocus amor)"都可这样来充分解释,即,我们预料着他人以善意待我们,此时我们的感情可以给我们带来好处,并且,在对这些有益的回报的"希望(spes)"中,相应地还有对我们相反所猜想的恨着我们的人可能施加给我们伤害的"恐惧(metus)"的"预想",相较之下,我们当然倾向于将快乐同对爱着我们的人——至少我们相信他是爱着我们的——的表述联系起来:这足以使我们爱这人。从另一方面说,根据命题三十九,对爱我们的人报以爱,意味着我们总是想要造福于他,以作为对我们预料从他们那里得到的好处的交换:这种"与人为善的努力(conatus benefaciendi)"被称为"感谢(gratia)"或"谢忱(gratitudo)";这些概念也被列为"受感致动的诸情状定义"之定义三十四,在那里,"感谢"或"谢忱"被界定为"一种对爱的欲望或热望,在此欲望或热望中,我们努力造福那些曾经出于同样的爱而造福我们的人（cupiditas seu amoris studium quo ei benefacere conamur qui in nos pari amoris affectu benjicium contulit）"。这种感情因而无非是一种自私：我们对一些人施以我们的惠爱，不是由于爱这些人本身，而是因为我们爱他们可以使我们从同他们结成的这种关系中预期我们所料想的好处。这种惠爱他人的心态正好和命题四十附释二所介绍的"报复（vindicta）"概念构成对称。在命题四十一附释的结尾，斯宾诺莎以如下评论结束了该附释的阐述："因此显见，相比于酬恩答谢，人们更以报复为急务（adeo apparet homines longeparatiores esse ad vindictam quant ad referendum beneftcium）"：实际上，我们总是极为经常地认为别人对我们造成的伤害必定总被低估，而别人能给我们的好处都是正常。人心怀报复和心怀谢忱，完全是由于同一些心理机制，以至于心怀报复和心怀谢忱实质上皆出于武断，而心态倒向任何一方，其性质并无差别。

命题四十一绎理进一步探讨了与命题四十的扩展演绎所涉及的那些情境相对称的情境，尤其是与命题四十绎理一所谈情境相对称的情境。当我们认为我们被我们所恨的人爱着的时候，会发生什么事情呢？这一情况在形式上同我们想象我们所爱的人恨我们的情况刚好相反。但这一情境所产生的效果是一样的：这种效果就是 fluctuatio animi（心灵的混淆），我们仍旧恨那人，但同时又倾向于去爱他，之所以如此唯因我们相信他爱着我们，此一相信足以在我们这里激发起爱的回流运动。如果这种感性冲突发展以消极感情占上风为收束，也就是说，最终恨压倒了爱，那么——命题四十一绎理所附的附释解释说——我们即便认为那人爱我们，我们还是会恨那人，我们此时就表现纯粹的"残忍

(crudelitas)", "受感致动的诸情状定义"之定义三十八对该概念作再界定的时候,称"残忍"与"冷酷(saevitia)"是相同的。

"受感致动的诸情状定义"的第三十八则定义①初看上去相当奇怪:它解释说,"残忍或冷酷是驱动人想去加害我们所爱的事物或我们所怜悯的事物的一种欲望"②。这就等于说该定义不再将"残忍"或"冷酷"放在命题四十一附释之绎理所说的那种类型的二元组情境中,而是放在三元组情境中来进行介绍了,在这种三元组情况中,我们爱着一个人,或至少是对他有同情③;我们看到这个人被某个第三人粗暴对待而受痛苦,这种对待在我们看来显然是不公的:我们显然会认为这个第三人被他对那人具有的残忍或冷酷的感情所支配,因为我们觉得从我们角度出发应被善待的那人所遭受的这种恨是没有道理的。就像以前所探讨的那些

---

① "38. Crudelitas seu saevitia est cupiditas, quâ aliquis concitatur ad malum inferendum ei, quem amamus vel cujus nos miseret. Crudelitati opponitur clementia, quae passio non est, sed animi potentia, quâ homo iram et vindictam moderatur."/"38. 残忍或冷酷是驱动人想去加害我们所爱的事物或我们所怜悯的事物的一种欲望。残酷相对于宽仁,宽仁不是被动情状/激情,而是心灵的力量,这种心灵的力量使人能控制恼怒和报复。"——译注

② 此处的文字众家解释纷纭,主要争议在于对文字的理解。一种理解从"二元组"情境译读,认为这里被驱动去施行加害的主体是"我们(nos)",梅耶尔和卞许即持此说。还有一种理解从"三元组"情境去译读,认为施行加害的主体是"某人或任何一人(aliquid)",格布哈特和艾克曼即持此说。显然,马舍雷在这里赞成后一种理解。——译注

③ 我们还记得,如"受感致动的诸情状定义"之定义二十四所说,"同情"是一种爱的形式。

情况一样,这种情况也是一种不经意识推理的冲动,取决于不受控制的心灵自动化机制。

"受感致动的诸情状定义"的第三十八则定义后附一则说明,指出同残忍和冷酷这些排斥性的感情相对立的是"宽仁(clementia)"的感情:这种受感致动的情状的基本特性在于,即便你倾向于伤害一个人,你也会放弃这么做,因为你意识到了已被你控制住的这种举动的不合适的性状。这种感情,与"论受感致动的情状"部分命题五十九所谈的"仁爱(generositas)"的感情相近,而不是"一种被动情状/激情(passio non est)",斯宾诺莎说,因为"宽仁"表现为这样一种举动,借此举动,愤怒或报复这类的被动情状/激情"被控制住了(moderatur)"。这则说明已透露出,前面考察的所有的那些感情,包括感谢和谢忱这类积极的冲动在内,都是被动情状/激情,它们与作为这些积极冲动的镜像的消极冲动,都属我们爱我们所不爱的事物而不爱我们所爱事物的情况。

命题四十二是对命题四十一所勾勒出的剧情大纲的丰富,考察了由以想象为基础的感性关系所维系的人们之间相互施以恩惠的过程运行不畅的时候发生的情况。① 我爱一个人,或至少我有一种想要被他另眼相待的欲望:这必使我殷勤施惠于他,并期待他回报我以恩惠,他若不如此,我便以为他对我有所亏欠。而

---

① "Propositio 42. Qui alicui amore aut spe gloriae motus beneficium tulit, contristabitur, si viderit beneficium ingrato animo accipi."/"命题四十二:造福别人的人——无论是否出于爱或期待得到光荣而为——一旦见到那人毫不感激他的善行,都会感到悲伤。"——译注

如果我发现未得此回报，我们不可能不对我们所施恩惠被"毫无感激（animo ingrato）"地接受而感到失落。命题四十二证明强调了伴随着这个过程的心理机制的纯然想象性自然/性质：这个过程完全是在涉事者们的头脑中进行的，而没有可以衡量他们对等交换的实际内容的任何客观标准。"论奴役"部分的结尾集中谈何为自由人的生活，在此背景下，斯宾诺莎在《伦理学》此一部分的命题七十中将解释说，比较明智的做法是尽量远离这种感性交易的恶性循环，感性交易的基本原理可见"论受感致动的情状"命题三十三；实际上，这种交易只能使那些认为应该相互感恩的人们相互奴役；故此，斯宾诺莎建议打算过自由人的生活的人避免受"无知者"想要"施予"他们的恩惠。

实际上，人若是任自己陷入这种想象性的互惠游戏之中，此人就不免被卷入这样一种运动之中，这种运动不止，它引发的幻想就越多，而幻想越多这一运动就越是进行下去。命题四十三首先考察了这样一种情况，即，我若极为反感一人，我就会认为这种恨的感情必是相互的，并认为我所恨的人也会反过来恨我。① 接下来会发生什么呢？"产生一种新恨（novum odium oritur）。"但是如果我意识到（当然，我们之所以倾向于有如此意识，也完全是基于想象的）我所恨的这个人爱着我，我就如命题四十一所解释的那样倾向于也去爱他，因为被人所爱（即便仅仅因为被人所爱满足的是我被另眼看待的欲望）能使我快乐，而这快乐又联系着

---

① "Propositio 43. Odium reciproco odio augetur, et amore contrà deleri potest."／"命题四十三：恨被回报的恨所增强，相反，会被爱消灭。"——译注

对那人的表述,此时,在我看来,那人乃是这快乐的致动因,这就必会使我倾向于去爱那人。形成 fluctuatio animi（心灵的混淆）的有利条件也就此具足：在我这里,恨和爱将会互相对抗,就像它们确乎有着自主性的力量似的；这些力量作用中最终必有最强一方占据上风。命题三十七所谈的受感致动的情状的强度衡量原理可以全部在此适用。与对转爱成恨的条件进行了说明的分析（从命题三十五到命题三十八）恰成对称的是,如果在我内心中爱强于恨,那么我对那人的态度就会发生一百八十度的大转弯,恨就会让位于爱。

"欲你所拒并拒你所欲"的程式也适用于这里,这个程式是《伦理学》这一部分全部的关键。在面对这样一类情境时,我会发现,我的那些感情对我而言即刻当下不可遏抑,使我将我的 conatus（努力）的全部冲动投入其中,而且这些感情也受制于种种变化,在某些情况下,它们因这些变化而可能完全转变为它们的对立面：我们又怎能有信心保持心灵状态的真挚性和稳定性呢,既然一旦情况允许,心灵状态便会全然发生变化？与爱随时能被恨压倒完全一样,恨也随时会被爱战胜,我们恐怕只能说,"爱"和"恨"这两个词不过就是词罢了,没有任何可确指的客观内容。这种不确定性自然会引起聚讼纷纭的阐释。一方面,我们可以认为,感情的这种无常性基于感性模仿机制的原理,这种无常性注定将人锁闭在无法打破的爱恨循环之中,从而构成了他们的奴役和相互冲突的根源：也就是在这个意义上,"论受感致动的情状"命题四十九附释才对命题四十三的内容进行了扩展。但是,从另一方面来说,我们也可以认为,如果利用截然对立的感情的这种可转换性,可以获得某种机会,以摆脱这类冲突的可能,因为,恨可以被爱所战胜,虽然最坏的情况是这种战胜并不总会出现:正是在这个意义上,"论奴役"命题四十六认为,依据理性指导生活的人为了打破这种宿命而尽可能地努力用爱"取代"恨。

命题四十四①最终对这种出人意料的转恨成爱的诸多后果进行了考察:虽然看上去很奇特,但在这种情况下产生的爱由于是对恨的取代,所以必定会更为强烈。这个过程与命题三十八所研究的过程恰成对称:与恨取代了爱的情况一样,当爱取代了恨之后,这种新的感情较之于自然形成的感情要强烈。故此,斯宾诺莎在这里以简化的方式把已用来证明反方向的感情运动的证明重新阐述了一遍。爱因与恨斗争而变得炽烈,而在战胜了恨之后,这种爱还会造成一种特殊的快乐,这种快乐在这种爱本身所形成的基础上不断地加强这种爱:这样一来就启动了一个新的过程——爱滋生爱的过程:"论奴役"部分命题四十六——我们前面已经提到过这个命题——正是在这个意义上着眼于打破难以打破的爱恨循环而对"论受感致动的情状"部分的这则命题四十四加以利用的。

命题四十四所附的附释尤其有趣。在这个段落,斯宾诺莎排除了对该命题所提出的论点的误读。既然爱必须同反方向的感

---

① "Propositio 44. Odium, quod amore plane vincitur in amorem transit, et amor propterea major est, quam si odium non praecessisset." / "命题四十四:被爱彻底征服的恨会转变成爱,而爱也因此会比未曾有恨时更强。"——译注

情斗争，并肯定因此而更为炽烈，人便不免会形成某种计算，为了给更好地爱某人作准备，明智的做法是先尽可能地恨那人：先去恨那人，甚至是尽可能地恨那人，恨到一定程度就会同那人形成爱的关联。斯宾诺莎说，这种推理是不通的，就像说为了更好地享受健康的快乐，人先须得病，病愈使人增加器官运行良好的快乐是不通的一样。实际上，健康不是对病患的克服：即便克服病患确乎引发某种特殊的快乐，这种快乐与身体健康状态正常引发的满足也是两码事。同理，爱不是被调服了的恨，不是某种返回其对立面的辩证法奇迹。在斯宾诺莎思想逻辑之中，正如"论受感致动的情状"命题四和命题五特别体现出来的那样，否定之否定并不形成某种积极的平衡，相反，否定之否定的过程同构成了它的推动力而促动着该过程的否定性相始终，否定性会一直让这个过程持续到它的结束。克服悲伤而造成的快乐或许是更强的，但它们毕竟无非是悲伤的快乐，或快乐的悲伤，或者说，毕竟是被动情状/激情——凡是陷入这些被动情状/激情中的人，在它们的影响所左右之下，他的自然/性质就会发生异化，或者说总是随偶然情形而发生着异化。

斯宾诺莎返回到命题六已经介绍过的 conatus 这一概念来展开这一分析。每个事物都有努力地使自己保持在它自己的"是其所是"之中的原生冲动，这种冲动按照它自身的涌动而发作着，并非为每个事物所能控遏。这种冲动先于意愿的一切计算、一切思虑，即便在这种冲动发作时，意愿的计算和思虑为之附加上了所谓合理的动机。无论是在逻辑层面还是在存有层面来说，这一冲动趋势不可能在自身内包含着使冲动运动发生逆转或受到抑制的原因，冲动运动发生这种变更的原因只能来自该冲动的外部；

所以，只有外部作用力所造成的压力才能包含或毁灭这种趋势。这个论点是斯宾诺莎思想体系中的核心，为了得出该论题更为清晰的意涵，他在命题四十四的这则附释中进行了归谬推理。我们可试想，有一人，他为了创造同另一人更强的爱的联系，先要冷酷无情地对他终想去爱着的那人产生恨意，以便能随后对他产生更强的依恋。若是如此，会发生什么情况呢？由于想象恨愈烈爱就愈烈，他便会对他意欲更爱的那人越来越恨，乃至于"恨越来越强烈(ut odium magis magisque augeatur)"而使这个过程无法控制，因为这个过程在展开的过程中唤起的幻想使恨愈加滋生。同理，为了更好地恢复健康，而先自己作践身体的人也是被这样一种疯狂的理由驱使着的，他使自己陷入永久的疾病状态，病越重，在其想象中就越预示或许诺着越大的未来的快乐，这一切都是再荒谬不过的了，因为它们丧失了所有真正积极的内容。这显然是不通的，而且，即便某个人真的做出了这种非自然的、真正意义上自杀性的行为，就此极端情况而言，该人之所为只可能是在某些影响下偶然地做出的，绝不可能出于他自己的自然/性质，正是这些偶然的外在影响使他不再欲他之所欲并拒他之所拒的。

3. 厌憎和迷恋（命题四十五、命题四十六、命题四十七及其附释，"受感致动的诸情状定义"之定义五和定义十一）

以上几则命题没有直接参考命题十六所介绍的相似性原理，根据这一原理，想象一旦把某一受感致动的情状同对于某个对象的表述联系起来，就能自动地将这种对象固定转移到其他对象上，只要想象认为这些对象之间具有某种特定的相似性的话。在《伦理学》接下来的部分未再被引述过的命题四十五和命题四十六就是对这个原理的应用，这两则命题强调了人际间感性联系的一些极端方面，人人都是潜在的冲突制造者，他们倾向于将这种个人对个人的冲突扩展到群体生活——就其作为一个整体而论的群体生活——之中，而这种扩展就是通过模仿机制的暗示作用来实现的。

命题四十五①陈述用"与他自己相似的事物（res sibi similis）"这个强调的提法突出了对相似性原则的参考，这个提法先是出现在命题二十三附释，后再又出现在命题三十三之中。一人爱着的某事物，此事物也被他视作是同他自己相似的事物（此事物就是另一人），此人还发现或想象某个第三人——该第三人也被他视作是同自己相似的——恨着那"事物"：他于是将本能地直接由于对被爱的事物的某种认同而开始恨这个第三人。这是一切联系关系的工作机制，个体间正是借助纯粹受感致动的情状的游戏规则，互为感情对象，并由近及远渐次将他们的感情互相传递开来，进而结成了种种联合的。通过这种方式，我们被驱动着将一人对另一人所抱的恨意"还报"给他，尽管我们在想象中认为他对那另一人所抱的恨意仅仅是间接地与我们相关的，也就是说，我们自己对那个身为此种否定性冲动的最初受害人的另一人有爱意而

---

① "Propositio 45. Si quis aliquem sibi similem odio in rem sibi similem, quam amat, affectum esse imaginatur, eum odio habebit."／"命题四十五：人若想象与他自己相似的某个人恨一个也与他自己相似、却是自己所爱的事物，他就会恨那人。"——译注

第四章　感性冲突(命题三十五到命题四十七)

间接地同这种恨发生了关系,当我们想到这一点,我们就在我们身上产生了这种否定性冲动的全部后果。因此我们是可能通过某中间人而去恨的,无疑也是可能通过某个中间人而去爱的。①我们朋友的朋友就是我们的朋友,我们朋友的敌人就是我们的敌人;这就是说,我们倾向于通过非理性的连带性反射而爱或恨与我们无关的人,这种非理性的连带性反射,使我们出离我们自身而纠缠于同我们个人毫无关系的内容,对这类内容产生厌憎或迷恋。

　　这则命题的证明所强调的事实是,感情从一个人向另一个人的传递的发生过程是纯然心理的,这种传递完全取决于受感致动的情状的连锁反应,而在任何时候都不会涉及对该连锁反应的外部的客观决定。我们想象我们所爱的人被另一人所恨,我们遂向自己表述我们所爱的这人必定自动以其人之道还于其人地将同一种感情施之于那另一人,也就是说也开始恨那恨着他的人;他的这种恨的感情——此种感情是我们向我们自己所表述的——是在悲伤的基础上形成的;故此,我们必定表述我们所爱的人的悲伤,这只可能使我们本人也感到悲伤;而我们的悲伤——悲伤着我们所爱的人的悲伤——又联系着对于据信恨着我们所爱的

---

①　为了说明受感致动的连带性(solidarité affective)系统,命题四十五侧重于谈论否定性冲动在其中占支配地位的情境。但是,命题三十一已经证明过,我们必定会愿望他人与我们同爱,即便这种爱的感情所固定的对象被表述为必须是为我所独占独享的,我们也会有这种愿望,故此,这种感情必定会激发 fluctuatio animi(心灵的混淆)的工作机制,毕竟,fluctuatio animi(心灵的混淆)构成了所有这些受感致动的情状丛结的维限。

人的那另一个人（而且我们也相信我们所爱的人也会恨这另一人）的表述：由于这一原因，我们的悲伤——联系着这种表述的我们的悲伤——所具有的恨的形式，必定指向那另一人，他对此种恨的情境负有最终责任。所有这一切的发生，根本不牵涉我们的思维，完全是非意愿的和非理智的感性刺激所致，仅由暗示作用所致。

在研究这种感性传递及直觉连带性效果的表现形式时，命题四十六甚至走得更远。① 该命题以命题十六所证明的模仿原理为基础解释说，受感致动的情状丛结不仅属于个体，而且也集中表现在由个体组成的群体之中，这些群体可以是"阶级（classes）"②，也可以是"民族（nationes）"。这些与"共同名称"联系在一起的概念当然都是一些抽象，它们的理性本质被化简成了"想象的样式（modi imaginandi）"：以这些概念为基础的集体空间的表述完全

---

① "Propositio 46. Si quis ab aliquo ejusdem classis sive nationis à sua diversae, laetitia vel tristitia affectus fuerit, concomitante ejus ideâ sub nomine universali classis vel nationis tanquam causâ, is non tantum illum, sed omnes ejusdem classis vel nationis amabit vel odio habebit."/"命题四十六：如果一个人受任何一个属于与他不同的阶级或民族的人促动而快乐或悲伤地受感致动，且此快乐或悲伤伴随着作为此种感情的原因的、隶属于阶级或民族的共同名称之下的那人的观念，那么，他将不仅爱或恨那人而已，还将爱或恨那人所属的整个阶级或民族。"——译注

② 当然，拉丁词 classis——还有 natio 一词——在整部《伦理学》中仅此一见，这两个词在这里不应被完全对应地按照现代语言中的"阶级"和"民族"来理解；"classis"一词在这个语境中只指古罗马社会的阶层划分。

是幻觉的。这样一来,在这样一种表述的暗示作用下,我们就会同时倾向于把快乐或悲伤的感情、爱或恨的感情固定在这样一些对象上,这些对象的观念是在这类幻觉基础上被构造出来的。我们既对阶级或民族的观念产生快乐或悲伤的感情,遂开始爱或恨那阶级或民族的全部,爱或恨那阶级或民族的整体,同时还倾向于具体地爱它们下属的每一个成员,或至少是爱或恨我们在个体层面上辨认为属于它们的成员:我们从具体的一个个人抽象地概括出群体,并且相信,这些人代表了那些群体、出身于那些群体,从我们的视角出发,我们相信,这些人是绝对地关联为一体的,于是,我们还把最初固定于对这些群体的想象性表述的种种感情加给那些具体的人。① 我们可以很容易地想见这种受感致动的情状的自动传播给社会生活带来的后果,以及它必定会造成的种种对抗。不爱黑人、不爱老人、不爱穷人、不爱德国人等所有这些态度归根到底是由模仿性冲动造成的,其基础是不受控制的受感致动的情状的联系,这些联系本身又被接入了"黑人""老人""穷人""德国人"等想象性的刻板印象。

尽管命题四十七②陈述极为宽泛,但这则命题可以同前面几

---

① 对共同体之间关系的幻灭的认识,认为共同体与共同体相互被有关对方的想象性表述所纠缠,这当然是拜斯宾诺莎亲身经历(尤其是在阿姆斯特丹犹太人定居点["格图〈ghetto〉"]渡过的青年时期的经历)所赐。

② "Propositio 47. Laetitia, quae ex eo oritur, quod scilicet rem quam odimus destrui aut alio modo affici imaginamur, non oritur absque ulla animi tristitiâ."/"命题四十七:由我们想象着我们所恨的对象被消灭或受损害而引起的快乐,并非无某种悲伤的感情相伴随。"——译注

则命题联系起来,因为,命题四十七和前面几则命题一样,谈论的情况都是抑制性受感致动的情状,这种情况使我们倾向于对人和人的群体产生恶念,或者说产生加害人和人的群体的念头。命题三十九解释过,如果我们被针对某人的恨的感情所刺激,我们就会去对他"实施加害(et malum inferre)",只要我们不担心这么做造成的后果的话。在许多情况(这些情况是极为常见的)中,我们实际上克制自己不去加害我们所恨的人,因为若做出加害的行为,我们自己也不免于遭受这行为带来的有害后果,即便如此,也没有任何东西能防止我们不去继续意图实施这种加害行为:我们的感性生活的本质部分正是以这种反刍的样式,在纯心理剧的舞台上展开自身的。命题二十六实际上已经证明,针对我们所恨的人,我们自动地倾向于"肯定(affirmare)"我们所认为的能使他悲伤地受感致动的一切东西。又据命题二十三,我们若想象我们所恨的人以那种方式悲伤地受感致动,这种想象不会不使我们感到满意。所以,我们本能地满足于观想我们所厌憎的人或人群身上发生令其不快的事情;而且,我们的快乐与我们乐见的固定着我们恨的感情的对象所遭受的痛苦成正比,这就可能致使我们总是考虑不使该对象保持其存有的那些条件,即便该对象已被消灭或摧毁:这件事情,从该对象的角度来说对他是最悲伤的事情,却同时会令我们极为满足。这种快乐的自然/性质究竟是什么呢?命题二十三附释已经初步回答过这个问题,该附释解释说,这种满足(这是一种实质上不确定的满足),就其本质掺杂着悲伤而言,不可能没有"内在的冲突(sine conflictu animi)"。命题二十三附释的这个论点在命题二十七中得到了展开说明,而现在命题四十七又重拾了这一论点。看到一个人处于悲伤之中,无论这人是谁，我们都会认为他们是"与我们相似的某种事物（res nobis similis）"，都会将他们视作另外的人———一般而论的人———，我们于是会本能地共有他的悲伤：仅是观看悲伤，便足以引起悲伤，悲伤会被自动地传递给悲伤的目击者。这样一来，条件具足便足以激发启动 fluctuatio animi（心灵的混淆）的工作机制：实际上，当我们发现我们处于这一情境的时候，我们既倾向于从发生在我们具体恨着的那人身上的伤害中获得快感，但同时也倾向于从与我们模样相同的某物———与我们相似的人———所遭受的不幸中感到悲伤，因为我们普遍地认同于与我们相似的人，并且由此想象他所遭受的伤害也可能发生在我们身上。所以，当恨———恨实质上是一种悲伤———在我们这里助成了快乐的感情的时候，这些直接与悲伤的感情携手相伴的快乐的感情不可能不在构成性上是模棱两可的。

命题四十七附释———该附释参考了"论心灵"部分命题十七绎理———所强调的事实是，受感致动的情状丛结的构成（其构成普遍地服从于想象工作机制的规则）在更大程度上让记忆的工作发挥其功效。当我开始观想我所厌憎的某个人的时候，我的头脑中会发生什么呢？只要这种表述是纯心理的，该表述在所涉及的那人不在现前的情况下也能形成，从而呈现为回忆的形式：这就是如字面所说的，我回忆这种表述，乃至于，这种表述可以使我将某种悲伤的感情固定在它上面。但是，想象所拥有的权能如此之大，以至于可以使这种记忆具有现实的力度：按照回忆的样式对某物作出观想———或毋宁说就它形成出再现性的思想———，虽说此物不在现前，我也可以将它表述得仿佛现在现前，进而联系着这种表述的受感致动的情状，以及同这些受感致动的情状相联系的身体的应变致动的状态,都会被再度唤醒。这种记忆越是生动,它所唤起的感情就越是强烈,这种记忆在想象中把你过去对这些感情的经历重新带回,在回忆中再次实际重新被经历的情境就像是真实情境的重现。① 有某事物,其观念便足以使我悲伤,我于是将快乐同对这样一些事物的表述联系起来,这些事物可以使那事物悲伤地受感致动——但即便如此,我的悲伤,斯宾诺莎解释说,只是受到了"限制(cercetur)",而不可能被压灭或取消。每有思及该事物(人)的理由,对它(他)的观想便会被激活,而我原本想象我所恨的该事物(人)悲伤地受感致动的那类表述所联系的我的快乐的感情就会随即消逝。内心的这些间隔反复使我不断地在快乐和悲伤之间转换,而无法定于两者间的任何一种感情。所以悖论地是,我的快乐似乎源于我的悲伤,而这种悲伤本身又源于我的快乐,如此反复,永无休止。感性生活如在转磨中被反复推碾,以至于其混乱和不确定性达到了令人困扰不堪的程度。

在命题四十七的结尾处,斯宾诺莎给这种思考补充了一个例子,这个例子涉及相当独特的受感致动的情状丛结,这种受感致动的情状丛结与专论"渴望(desiderium)"的定义三十二所谈的受感致动的情状丛结恰成对称。当我从我对我遭受过或本来很可能遭受的困厄的表述中获得满足时,就会形成这种受感致动的情状丛结,我之所以从中获得满足,是由于我正在回想这些困厄,而非真实地经历它们,这要么是因为我们已经脱困,要么是因为这

---

① 这一机制与命题三十六所描述的欢乐和爱的相关机制构成了对称关系。

些困厄并未真实降临到我们身上,再要么是因为我经历这些困厄已经是很久以前的事,以至于同有关它们的记忆相联系的悲伤已经逐渐褪色。我们可以称之为"老战士情结",因为老战士总是乐于按照其想象以幻觉方式所固定的样子去回忆过去的艰难困苦。人在历险之后再使自己害怕,在某种意义上说,为的是更好地从那种恐惧——已经过去的那种恐惧——的理据已被排除这一事实中获得快感。由这种奇怪的感性心态通过其内在的模棱两可性工作机制而滋生出来的这些获释和自由的感情,是极不确定、极为模糊、极为不稳定的,这些感情为命题四十七所说明的那种普遍规则提供了典型的示例:它们正是悲伤的快乐或快乐的悲伤的典型案例。

对这些分析还补充了"嘲讽(irrisio)"的情况,"嘲讽"的概念又见于"受感致动的诸情状定义"之定义十一—①。这种感情是一种特别混乱和含混的快乐,因为它所代表的事实是,人可以给自己表述蔑视他所厌憎的人的正当理由,这么做为厌憎的感情提

---

① "11. Irrisio est laetitia orta ex eo quod aliquid, quod contemnimus in re, quam odimus, inesse imaginamur. Quatenus rem, quam odimus, contemnimus eatenus de eadem existentiam negamus (vide schol. pr. 52. hujus) et eatenus (per pr. 20. hujus) laetamur. Sed quoniam supponimus hominem id quod irridet, odio tamen habere, sequitur hanc laetitiam solidam non esse. Vide schol. pr. 47. hujus."/"11. 嘲讽是种快乐,肇因于我们想象在所恨的事物中有某种令我们轻蔑的东西。若被我们所恨的一事物也令我们轻蔑,我们便对其存有采取否定的立场(据命题五十二)且从中感到快乐(据命题二十)。但我们既然假定人还是会恨令他轻蔑的事物,由此可以推出,这种快乐是脆弱的。参看命题四十七附释。"——译注

供了合理化的某种表象并确证了这种厌憎的价值。以"论受感致动的情状"命题五十二附释为参考的"受感致动的诸情状定义"之定义五研究的就是"轻蔑(contemptus)"的感情①:它所表现的事实是,我们之所以对某事物(人)有印象,是由于它(他)的现在现前完全使我们倾向于想象那"不在它(他)之中的东西(ea quae in ipsa re non sunt)",也就是说,使我们倾向于想象它(他)所匮乏的东西,而不是使我们倾向于想象"在它(他)之中的东西",也就是说不是使我们倾向于想象构成了它(他)的能力/德性或它(他)的力量的那些质。"受感致动的诸情状定义"之定义十一所附说明指出,若被针对某物的这种感情所感荡,"我们便对其存有采取否定的立场(de eadem existentiam negamus)",以间接地确证同该物相反的和消灭它的东西的现实性:这种感情若被调转来指向我们所恨的某物——我们对该物的恨,实质上是悲伤——,则对我们所恨之物的消灭的想象会在我们内心中激起欣然的感情,我们遂在某种恶意的快乐、充满悲伤的病态满足中获得愉悦:"由此可以推出,这种快乐是脆弱的(sequitur hanc laetitiam solidam non esse)",也就是说,这种快乐是

---

① "5. Contemptus est rei alicujus imaginatio, quae mentem adeo parum tangit, ut ipsa mens ex rei praesentia magis moveatur ad ea imaginandum, quae in ipsa re non sunt, quam quae in ipsa sunt. Vide schol. pr. 52. hujus."/"5. 轻蔑是对某种事物的这样一种想象,此类事物在想象中几乎不对心灵产生作用,乃至于此类事物的现在现前只会让心灵宁可思想不在此类事物之中的东西,而多过思想在此类事物之中的东西。参看命题五十二。"——译注

不确定的。①

我们的整个感性生活中充满这些不受控制的厌憎的感情：它们或是基于想象的连带性，或是基于非理性的偏见，或是基于导致对存有予以否拒的原则性诉求，无论是哪一种，这类感情都属于心灵的混乱状态和心灵的混淆，我们在这种心态之中倾向于伤害他人，同时也造成了我们自己的痛苦。

---

① 在"论受感致动的情状"部分的前言中，斯宾诺莎就指出过这种感性定式，这种定式往往体现在道德家们身上，他们对人的自然/性质整体而非个别的人抱有这类态度，他们难免"慨叹、嘲讽、轻蔑（fient, rident, contemnunt）"人的自然/性质，这是因为他们认为"这种自然/性质是令人恐怖的（detestantur）"。《政治论》（第一章第一节）重申了这一提法，这一提法同样适用于"哲学家（Philosophi）"：他们错误地拒绝如其所是地看待人的自然/性质。

第五章
感性生活中的偶性和变动
（命题四十八到命题五十七）

Accidents et variations de la vie affective

(propositions 48 à 57)

命题二十一到命题三十四为一组,证明了普遍制约着人际感性关系的模仿原理,继而,命题三十五到命题四十七为一组,具体说明了由此心理定式而产生的各种形式的冲突情境,命题四十八到命题五十七则又为一组,在这一组里,斯宾诺莎最终对全部感性生活所共有的特点进行了说明,尽管初看上去并不明显,但全部的感性生活实际上都服从于一种潜在的合理性,其特定的普遍规则还是有迹可循的。这是一个返回去对爱与恨、希望与恐惧、惊讶与轻蔑、自我满足和虚弱感这样的感性具体形态作一检讨的机会,对它们重作检讨,为的是指明,这些感情——就它们或多或少吸引了心灵的趋向并保持着心灵的专注而言——"占据"心灵的同时如何又朝着与心灵疏远和疏离的方向发展,而这些感情的这样的形成和发展是在何种幅度上变动着的,它们的不确定性的程度又是怎样的。在这一组命题中,斯宾诺莎试图回答这样一个问题:受感致动的情状丛结何以会如此地从其内部困扰、纠缠着心灵,以至于心灵将它所能调动的绝大部分能量全部投入这些受感致动的情状丛结之中?

1. 固着(命题四十八、命题四十九及附释)

命题四十八和命题四十九考察的是这样一些情况,即,次生性受感致动的情状(如爱与恨)的强度据这些受感致动的情状想象性地联系着的"原因"的类型不同而不同,说这些受感致动的情状是"想象性地联系着"不同类型的原因,意思是说,快乐和悲伤的感情是偶然性地被固定在对象之上的,这些次生性的感情把快乐和悲伤这两种受感致动的基本情状"封装"了起来。这些对象可以是很简单的对象,也就是说,它们的现实性只需符合于这样一种单个的个别事物的存有,对于该事物的表述足以激发起爱与恨的冲动,激发起来的这种冲动随即便携带着最大的强度指向这一单个的目标,这些对象的自然/性质也可以与那种特殊具体存有——非此即彼的具体存有——不同,而是杂取种种物的相关表述而合成一个,这种对象便会将感性运动引入一个更广阔的领域,在这个领域中,感性的展现形式将不再执着于某一事物的表述,相反,这类感性的展现形式将会被它们所联系着的种种旨趣的某种割据均势——因而这些旨趣是相对化了的——所冲淡。这种推理预示了"论奴役"和"论自由"部分将要阐明的某些内容,在做完这一推理之后,斯宾诺莎随后简要展示感性生活的动态发展,感性生活的展开,从最大强度逐渐过渡为最弱强度,两极之间分布着诸多中间程度的受感致动的情状,这些受感致动的情状只要同外部原因的相关表述联系起来(如爱和恨就是这种情况)就会对心灵产生作用,因此,斯宾诺莎对感性生活展开的系统的这种展示也使我们衡量不同受感致动的情状对心灵所施加的影响的不同大小成为了可能。这种衡量的工作显然具有伦理学意义:它可建立起对受感致动的情状强弱的测定条件以及它们在心灵内部经济中的重要性的测定条件,进而指明一条途径,沿此途径,可对这些强度变化所开放的可能性加以利用,进而为受感致动的情状的自发活动引入某种控制手段。

命题四十八考察了针对某单个的人①的爱或恨"被消灭(destruuntur)"或"被减弱(diminuuntur)"的条件：②要做到这一点，这个人就必须不再被表述成他本身乃是我们的快乐或悲伤——或者说给我们对他抱有的这种爱和这种恨给定内容的受感致动的两种基本情状——的唯一"原因"。这些快乐和悲伤的感情若被与另外的原因联系起来，即，这一另外的原因若代替了对于那个

---

① 为了对该人是现实地具体存有着的个人这一事实进行强调，在"论受感致动的情状"部分，斯宾诺莎——他在"论受感致动的情状"部分仅限于对人际间感性生活中的主要角色进行特征说明——用"某人(aliquis)"或"每个人"这样的普遍称谓来作为具体存有的人的专名。"彼得(Petrus)"这个模糊的形象，与"某个人"或"某个个体(homo)"这样的提法所指称的匿名统称差不多同样是不指代具体人的统称，《伦理学》中还有几处在提到"彼得"时，还同时提到同样神秘的"保罗"：如"论心灵"命题十七附释和命题四十四，"论奴役"命题三十四等处。彼得和保罗是透过想象的滤镜而被看到的具体的个人的存有，这种想象的滤镜将他们构成为"自由的事物(res liberae)"，其自然/性质被领会为——必定是以抽象的方式被领会为——仿佛独立于全部自然顺序似的。以专名而被统称——或者说被象征化——的这些个体所具有的内在一致性完全是虚幻的。

② "Propositio 48. Amor et odium ex. gr. erga Petrum destruitur, si tristitia, quam hoc, et laetitia, quam ille involvit, ideae alterius causae jungatur, et eatenus uterque laxatur, quatenus imaginamur Petrum non solum fuisse alterutrius causam."／"命题四十八：如果对一个人——比如说，对彼得——的恨所包含的悲伤或对他的爱所包含的快乐与某个另外的原因的观念联系起来，那么，对他的爱和恨就会被减弱；此外，只要我们认为彼得并非我们对他的爱和恨的唯一原因，我们对他的爱和恨则会被减弱。"——译注

人的表述,使这些感情固定在该人身上的强迫症般的联系就会断开,针对该人的爱或恨的感情就会被"完全(prorsus)"删除;如果这些感情,仍旧同对该人的表述联系在一起,同时还联系着对别的原因的表述,针对该人的爱或恨虽不会消失,但会被减弱,也就是说,"被部分地消除(ex parte sublati)"。命题四十八证明解释说,之所以会这样,是爱和恨这类受感致动的次生情状的自然/性质使然,这类受感致动的情状不是别的,是借由想象而联系着某外部原因的快乐或悲伤的感情;因而,按照自然的共同顺序已经形成了的这些联系,也就是说,借助偶然或随机相遇的作用而已经形成了的这些联系,同样地会在别的基础之上被打散,进而得到重构。这些受感致动的情状的组合——这些组合造成了我们所说的受感致动的情状丛结——在构成性层面是如此的脆弱多变!

  这个推理特别有意思的地方在于,它打开了一个变化区间,在其中,绝非仅有非此即彼的爱和恨的感情,相反,爱和恨在这个区间中是渐进演变着的,它们只是这种变化中的两个极端状态。"论自由"命题六和命题九正是在这个意义上采用了"论受感致动的情状"命题四十八的这个义理。"论自由"中这两则命题是被置于心灵矫正程序的相关论述的语境之中的,心灵的矫正程序取决于让想象力臻于完善,也就是说,依赖于并伴随着心灵生活始终的想象力本身,心灵启动解放进程,须先就自身对想象性表述的参照进行净化,随后心灵的解放过程才能直接地通过心灵的纯理智机能去工作。根据"论自由"命题六,心灵不能确当地把握事物,而是表述着事物的不充分的观念,这就使这些事物的现实性蒙上了不确定性,心灵只有依据理智的程序才能被引导向对事物必然性的理解，才能摆正事物在整个自然顺序中应有的位置，而只有摆正了事物在整个自然顺序中应有的位置，同对于这些事物的表述相联系的受感致动的情状才不再对心灵造成具有异化作用的影响："心灵就会愈少被动地受这些受感致动的情状促动（minus erga ipsas afficitur）"；这就是说，心灵以某种方式同这些受感致动的情状拉开了距离，逐渐不再被这些东西所促动；换言之，这些东西纯粹现在现前便不免使心灵直接受影响的那种情况逐渐消失，心灵越来越不在这种情况中考量这些事物。根据"论自由"命题九，心灵运用它的想象把它的感性旨趣固定在对事物的考量上，这些事物若不再是一个个孤立的事物——就像心灵在随机性、同事物的偶然相遇中按照自然的共同顺序为它自己所呈现的那些事物那样——，而是心灵借由更广泛的现实性所呈现的事物，那么，即便心灵尚不能太深刻地在理智上认识必然性，它也会越来越广泛地呈现事物，越来越把对种种事物的表述在复杂的总体系统中联系起来，并且在此同时，越来越摆脱这些受感致动的情状的困扰；这些受感致动的作用力就会减弱，逐渐地停止以外部作用力、独立于心灵本身的自然/性质的方式对心灵发挥作用。用斯宾诺莎在命题六附释中的一个提法来说，在这种情况下，"我们更清晰且更生动地"进行着"想象"（distinctius et magis vivide imaginamur），而不再是"简单地（simpliciter）"进行想象，也就是说，不再是愚蠢地进行着想象，我们将会停止对具体的事物作唯一的表述，仿佛这些唯一的表述有着一种实体现实性并完全是自足的似的，这样的表述由于其幻觉特征只能使我们变得盲视。一旦从与对具体特定事物的表述相联系的受感致动的情状中摆脱出来，心灵随即会沿着强化其思想和构造观念的力量的方向养成主动的态度：想象不再完全脱离它们系统环境地对特定具体事物作唯一表述，相反，想象将会把这些事物放回它们所属的普遍顺序内的位置上，以此方式来表述它们，也就是说，想象不再固执于考量这个或那个事物，而是在表现的层面指向对作为整体的自然的考量——倘若想象做到了这一点，它也就达到了最高程度的完满化①，在这一情况下，事物便呈现为自然整体中的种种被决定的效果或"部分（partes）"，它们不能分割，除非被人为地分开。在相反的方向上，心灵则会把这样的重要性固着在某些特定的受感致动的情状丛结上，这些受感致动的情状丛结以最大程度占据心灵，完全吸引心灵的注意力，而使心灵无法投入别的兴趣，之所以会这样，是因为，心灵将这些受感致动的情状的组织方式固着于某些人为地从其环境中割裂出来的对象，心灵孤立地对待这些对象，完全是武断的，仿佛它们真的在其自身之中具有价值且本身就构成了一个完整的世界似的。②

由此，我们便可以理解斯宾诺莎所说受感致动的情状的大小或强弱意味着什么了：其大小和强弱所衡量的乃是受感致动的情状施加于心灵的"作用力"的大小和强弱，这种"作用力"也就是一种起异化作用的外部压力，心灵被动地服从于这种外部压力就

---

① 这种完满化对应的就是"对神的爱（amor erga Deum）"的态度，此一态度代表了以 ars imaginandi（想象的技艺）发展为基础的最佳矫治效果，这一矫治程序是"论自由"前二十个命题所论述的主题。

② 被动情状/激情的爱就是这样对待被爱的对象的，仿佛这对象是世上唯一的存在似的。

会因这种外来作用力的活动而丧失心灵自身本来的力量。① 心灵一旦屈服于这种作用力，就仿佛部分地丧失了它的自我，进而使自身专注于考量外在的事物，这一切只可能由想象造成；而我们知道，这种异化性作用力是受感致动的次生情状的特性，而受感致动的次生情状都源自爱与恨，而爱恨又是欲望的基本感情（即快乐和悲伤）依据某种视角——任何视角归根到底都必定可被证明具有不同程度的异化性——固着于对外部原因的表述所致。心灵的这种自我力量的丧失并非宿命，导致这种丧失的想象若被正确使用还是可以在相反的方向上使心灵重获它出于偶然而丧失掉的那部分力量的。

命题四十九因而解释说，进一步生出所有次生性感性形态的爱和恨，依据想象使之固着于"自由的事物（res libéra）"和"必然的事物（res necessaria）"的不同而有着不同的形式，这就是该命题陈述所说的"以同一个事物为原因（ex pari causa）"，想象该事物是"自由的"和想象该事物是"必然的"，会造成爱与恨的不同形式；②让我们这样来理解，这些受感致动的情状的致动因是彼得也好，是保罗也好，总是保持不变的同一个事物，但这个原因毕竟是可以由不同方式来解释的，想象可以将之解释为自由的原因，也

---

① 《伦理学》第四部分的标题从一开始就指明，人的奴役是由这些"受感致动的情状的作用力（affectuum vires）"活动所致的，那些作用力只可能是异化的，因为它们剥夺了心灵自身本来的力量。

② "Propositio 49. Amor et odium erga rem, quam liberam esse imaginamur, major ex pari causa uterque debet esse, quam erga necessariam."/"命题四十九：以同一个事物为原因的爱与恨，若想象那事物是自由的，则对那事物的爱与恨就会胜过对将那事物想象为必然时的爱与恨。"——译注

可以将之解释为必然的原因。在爱或恨的原因被认为是一个自由的事物这一情况中的感情，必定要"胜过(major)"在该原因相反被认为是一个必然的事物的情况中的感情。

这个论点（它还将在"论自由"谈论矫治程序的语境中的命题五证明中再次出现）是命题四十八的论点的运用。将某物思考为自由的——据"论神"定义七——意味着把具独立性的实体的身份赋予该物，而独立实体能够"由它本身而不凭借他物而被感知(per se absque aliis percipi)"：这就是说，将这物思考为自由的，就是将它等于神，或至少将它建构为一种绝对，它完全从它自身取得必然性，而不服从任何自身存有之外的必然性顺序。这样一来，固着于此类事物的受感致动的情状必定会达到最大强度，这是与它的对象被认为具有的力量成正比的，于是，在这些条件下，该对象便会激发出"从那一种受感致动的情状所能产生的最大的爱或恨(summo amore vel odio qui ex dato affectu oriri potest)"：这里所说的"那一种受感致动的情状"就是爱或恨的源头，是由爱或恨所"包含"着的、使爱或恨得以生成的快乐或悲伤的基本感情；快乐和悲伤这两种基本感情本是直接代表着conatus(努力)的表现程度的，如今偶然地同对于被相信是自由的事物的表述(如前定义)联系了起来，随即这两种基本感情被提高至异常炽烈的程度，而这一提高的过程与以基本受感致动的情状为中介的conatus(努力)所生成的要素并无关系；自此，这样的爱和恨便开始根据由想象转移而来的煽动而不自然地愈演愈烈，直至超出任何控制，在这一过程中，正是想象把神性实体的自然所特有的性质转移到了这类具体事物之上：即便该事物的现实性仅仅是样式现实性，也就是说，即便该物只是自然的一部分，它还是这样地被以全然非理性的方式神圣化了。相反,如果我们想象一物为"必然的",甚至无须诉诸理智的介入,我们就可以把对于这物的表述同对于其他的事物的表述联系起来,这完全是我们运用想象就足以做到的,在这种情况下,以这种表述为基础的爱与恨这两种次生感情就会"较小(minor erit)",也就是说,被归给该物的重要性就会减小,对应于内在地构成了这种重要性的受感致动的基本情状所分配的较低水平。

命题四十九所附的附释虽然很短,但却很有意思。它解释说,我们认为与我们相似的事物——也就是说,他人——总会被我们的想象向我们表述为"自由的",因为,我们对我们自己有自治性幻觉,而这自治性幻觉是我们自然地倾向于——甚至是在不知不觉间——形成的有关我们自己的表述,我们又会将这种自治性幻觉投射在他人的身上。因此,指向人的种种爱恨受感致动的情状必定是驱迫着我们的诸多受感致动的情状中强度最大的;这些指向人的爱恨比指向单纯事物的爱恨要强烈得多,我们不会认为单纯的事物是与我们相似的,我们更容易倾向于认为单纯事物是"必然的",因为我们不可能直接地将我们的独立性幻觉投射在它们之上,这类幻觉直接来自我们就我们自身同一性所形成的认识。我们对我们自己并对他人有这类受感致动的情状,换言之,我们是借由我们就我们自身形成的观念而对他人有了这类受感致动的情状,并且借由就他人形成的想象性表述而对我们自己有了这类受感致动的情状的——故此,正如命题五十一附释参考命题四十九附释时所肯定的那样,这类受感致动的情状"是最激烈的,因为人们都相信自己是自由的(vehementissimi sunt quia homines se liberos esse credunt)"。在人际关系领域中发展起来的爱恨交杂的种种被动情状/激情，让人们互相间视对方为自由的自由幻觉得以蔓延滋生，进而这些自由幻觉变得不可控制，爆发出蛮横的自然作用力，这些作用力越来越使心灵封闭在它的自治幻觉之中，也因而越来越使心灵发生异化。然而，这种异化——它是对某些必然原因作出的反应——既非宿命也非不可避免：只要用视彼物为必然的考量取代视彼物为自由的考量，就足以使这种异化消失，或至少使之减小，而对必然事物的表述就体现为视事物为极复杂的决定要素的集合，这样一来，我们本来倾向于趋附的那些执念般的趋向就会被削弱了。这表明了斯宾诺莎的一以贯之的关注（这一关注贯穿于整部《伦理学》之中），这个关注就是将同人之自然/性质相联系的东西相对化，斯宾诺莎本人从来都是拒绝把人的自然/性质同事物的自然相割裂的：视人为一种绝对，无异于把人看得"像是一个国中之国（tanquam imperium in imperio）"，好像人有着完全有别于其他事物的价值似的，这种认识注定使我们无视真正决定了人的存有的必然条件，同时也注定使我们在被动情状/激情中随波逐流，终致将自由的形式和奴役的形式混为一谈。

2. 预感（命题五十及其附释）

精神生活，在它通过受感致动的情状丛结的发展而使自身趋附于对种种外部原因的考量的范围内，其发生绝大多数都是可以这样来解释的：正如我们所看到的那样，"以同一个事物为原因（ex pari causa）"，我们面对这同一个事物，人人心中被唤起的兴趣强度却有不同，小可极小，大可至大。这些想象性评价，绝大多数

第五章　感性生活中的偶性和变动（命题四十八到命题五十七）

并非基于对它们所表述的事物之自然/性质的有效理解，而是基于偶然汇合的种种因素，这类评价因而是受制于某种时间性的投射运动的，这种时间性投射运动把对现在现前事情的爱恨考量向有关过去事情或未来事情的爱恨考量移置过去，从而把对现在现前事情的爱恨考量变形为希望或恐惧的感情①，这些变形的感情同样是一些执念，如若任由这些执念自发地涌出，它们就会支配着所有受感致动的次生情状的发展。②

故此，命题五十说，"任何事物都可能偶然地构成希望或恐惧的原因"。③ 面对同一个原因，心灵既可以被导向这个方向，也可能被导向那个方向，因为，想象向心灵给予不充分的观念而使心灵所形成的该观念之对象无论是与快乐感情相联系，还是与悲伤感情相联系，对此种联系起决定作用的条件都是偶然的。本命题的证明参考了命题十五，据后者，"任何事物都能出于偶然而成为快乐、悲伤或欲望的原因（res quaecunque potest esse per accidens causa laetitiae, tristitiae vel cupiditatis）"。一种受感致动的情状转瞬间就能被另一种受感致动的情状所取代，而且取而代之的另一种受感致动的情状仍旧以原先的受感致动的情状的所谓诱因为其

---

① 这两种受感致动的情状已经在命题十八附释二中作过定义：前面已经作过评述的"受感致动的诸情状定义"之定义十二和定义十三又重述了它们的概念。

② "因为只要对于某事物有所希望或恐惧，也必定对它有爱或恨，所以前面所说关于爱和恨的每一句话，都可以很容易地应用来讨论希望和恐惧"，命题五十附释结尾如是说。

③ "Propositio 50. Res quaecunque potest esse per accidens spei aut metus causa."这是命题五十的陈述。——译注

诱因。这种情况既适用受感致动的基本情状，受感致动的次生情状就更不用说了，受感致动的次生情状只可能加倍这些联系的虚假性质、武断性质——转瞬间发生的这种感情变动中没有任何逆转或颠倒的东西，感性的自发意识盲目地形成的那种信念的作用力也不会有任何减弱。

命题五十所带附释明确地对这种轻信（crédulité）进行了强调，指出"轻信"乃是人类的全部迷信的源头，迷信又使心灵不加区别地信任征象或"预兆（omina）"，想象作用以征象或"预兆"替代了对它们本来所标记或预示的对象的考量，心灵遂以毫无理由的方式把快乐的感情或悲伤的感情（这两类感情构成了对希望和恐惧的母题的解释）同征象或"预兆"联系起来。这样一来，我们就开始爱或恨这些征象本身，它们在我们看来代表了它们所标记的真实对象：我们将这些征象奉为圭臬，也就是说，我们要么拜倒在它们脚下，因为我们占有它们所指示的对象或可偶然地达成快乐，我们便视它们为达到这种快乐的手段，要么则力图规避它们，因为我们相反地将它们视为阻碍我们愿望实现的障碍。

与他已经在命题二十五那里所做的一样，斯宾诺莎在这里解释说，这些感情总是使我们"要么过高要么过低（plus minusque justo sentire）"地感受事物，就此而言，它们是无差别地联系着同一些事物的，但是，我们对吉兆和凶兆的态度毕竟有所不同：对吉兆的肯定态度是来自（人的）本能的，由于它们的肯定性价值，人更愿意相信吉兆，相反，我们不愿相信凶兆，但即便如此，凶兆的否定功能还是会使我们能够对我们所害怕（这种害怕可能是有道理的，也可能是毫无道理的）的某些有害事件的可能发生保持警惕、加强防范。快乐，就其联系着由想象所表述的外部原因而言，并不必然地导致反思,而由于悲伤总是牵涉着犹豫不定的种种效果,反而在较大程度上可能会形成反思。①

无论何种情况,全部这些预感都是异化的。它们说明了人的迷信是如何形成的,迷信的实质在于使爱恨及其盲目的爆发使对过去事物的考量和对未来事物的考量发生位置混淆,这也使迷信引发了希望或恐惧,而支配这一过程的条件只可能成为心灵撕扯的成因:希望和恐惧从来都是相互伴随的,心灵只要为两者中任何一个所攫取,都会不断地摇摆于两种感情之间,这一情况深刻地使感性生活不稳定化,让感性生活陷于不确定性和武断性之中,这种生活不可能从中获得使自身得以锚定的固定点。

3. 无常的喜怒哀乐(命题五十一及其附释,受感致动的诸情状定义之定义二十七、定义四十、定义四十一)

不确定性和反复无常性的这个主题构成了命题五十一的核心,该命题强调了感性生活构成性的差异性②:之所以如此,不仅是因为"不同的个人能受到同一对象不同方式的促动(diversi homines ab uno eodemque objecto diversi mode affici possunt)",而且

---

① 命题五十二附释结尾对"轻蔑(contemptus)"所作的分析将证实这一分析。详后。

② 这个关键论点将在"论奴役"部分命题三十三当中被重述,据此命题三十三,"人们在自然/性质上就可能不相合(homines natura discrepare possunt)",这是已在"论受感致动的情状"命题五十七中得到了阐明的观念。

还因为,"单个的个人本身也能在不同时间里受到同一对象不同方式的促动(unus idemque homo ab uno eodemque objecto potest diversis temporibus diversimode affici)"。① 因此,"以同一个事物为原因(ex pari causa)",不同的人们会产生差别极大的感情,而且,一个单个的个人"以同一个事物为原因(ex pari causa)"也能——至少是在连续的时间内——产生差别极大的感情。② 人的嗜欲因而从根本上说千奇百怪且不能被预测、分歧各异且变动无常,因为,使人的嗜欲得以形成的工作机制可以将任何一种受感致动的情状与关于任何一个对象的表述联系起来,这种工作机制是毫无必然性可言的——无论是从受感致动的情状方面来说,还是从对象方面来说,都没有任何必然性。口味和色彩:归根到底就只有这唯一的规则,这个规则在瞬间就决定了自发而不受控制地产生的感性冲动的方向,并时时使之发生方向的变化,全凭即刻当下的口味而定。

这一命题的证明把人的身体以何种方式受外部身体/物体促

---

① "Propositio 51. Diversi homines ab uno eodemque objecto diversimodè affici possunt, et unus idemque homo ab uno eodemque objecto potest diversis temporibus diversi mode affici."/"命题五十一:不同的个人能受到同一对象不同方式的促动,并且,单个的个人本身也能在不同时间里受到同一对象不同方式的促动。"——译注

② 在命题四十七附释中,斯宾诺莎阐述过心情间歇(intermittences du cœur)的论点,认为心情间歇与纯心理机制有关。这则附释就感情的这种多变性给出了尤为令人吃惊的例子,当涉及同一个对象的时候,这种感情的多变性更其令人吃惊,这同一个对象有时候引起厌恶的感情,有时候则会引起爱的感情。借用邦雅曼·贡斯当笔下一个人物形象,这种情况可被称为"阿道尔夫症候群"。

第五章　感性生活中的偶性和变动（命题四十八到命题五十七）

动纳入了考量：实际上，心灵运动是严格"完全对应地（ad amussim）"①同步于身体运动的，这两种运动必然是同向而动的，心灵运动反映着身体应变致动的所有变化。所以由于其复合性②，人的身体机器是极其敏感的：稍有冲力，就足以改变它的受感致动的经济，并改变它的受感致动过程，甚至使其过程发生完全的逆转。身体凡有应变致动的状态发生，心灵——身体的观念——便直接就身体的应变致动的状态形成观念，并且身体的种种应变致动的状态是怎样相继联结的，这些观念就怎样相继联结：所以，两种顺序中可以看到完全相同的变化结构。同一事物，比方说一道菜，可以让人快乐，也可以让人厌恶，这是因人而异的；让一个人早先感到快乐的东西，现在也可能会让他感到厌恶。

---

① 斯宾诺莎在"论自由"命题一中就用了这一提法。
② 这种复合性，已经在"论心灵"命题十三与命题十四之间插入的一组陈述中得到了证明和分析：斯宾诺莎在这里援引的是其中的公设三和被放置在引理三之后的公理一——据此公设三，"组成了人的身体的全部个别的东西，因而还有人的身体本身，都由外部的物体以数量极多的样式而致动（individua corpus humanum componentia et consequenter ipsum humanum corpus a corporibus extemis plurimis modis afficitur）"，又据引理三后的公理一，"一物体受其他物体的促动而致动的所有样式，既出于施动的那物体的自然/性质，同时也出于应变致动的此物体的自然/性质，所以，同一物体可以由许多在自然/性质上不同的物体所施加的促动而作不同的运动，反之，不同的物体可以由同一物体所施加的促动而作不同的运动（omnes modi, quibus corpus aliquod ab alio afficitur corpore, ex naturâ corporis affecti, et simul ex natura corporis afficientis sequuntur; ita ut unum idemque corpus diversimode moveatur pro diversitate naturae corporum moventium, et contra, ut diversa corpora ab uno et eodem corpore diversimode moveantur）"。

对人的身体构成和心灵构成之间的平衡同时起决定作用的关系极其精微,而人的这些变幻不定的感觉也就是由这种精微性所致:在两种顺序中同时变化——而且是以必然的方式被决定地变化着——的这些事件,无法克服地带着不确定性和含混性维度的烙印,这一维度使这些事件的表现变幻莫测,也使人无法将它们的表现一劳永逸地溯至某个单一的规则。

命题五十一附释因而对人的好恶及与好恶相关的确信的无理据性和无常性进行了强调:"由此可知,人们在判断和感情上都可能是多变的(homines tam judicio quant affectu variare posse)。"出于其自然倾向,"每个人都依据各自的受感致动的情状作判断(unusquisque ex suo affectu judicat)"①,而且或许还可以补充一点,即,每个人都是据其临时心情来作判断的,在不同时间,人完全可能有截然相反的受感致动的情状,这会使他看问题的角度完全不同。这就造成了这样一种后果——斯宾诺莎在附释接下来的部分解释说——,每个人总是联系他自己出于自身感情的临时经验来对他人作判断的。我认为某人"勇敢(intrepidus)",只是因

---

① 命题三十九附释已经提出过这个论点:"每一个人总是依据他的受感致动的情状来判断一物的善或不善,有用或无用,以及什么最优,什么最劣(unusquisque ex suo affectu judicat seu aesti-mat quid bonum, quid malum, quid melius, quid pejus, et quid denique optimum quidve pessimum sit)。"实际上,正如命题九附释已经说明过的那样,我们不是因为我们认为一物是好的而欲望它,而是因为,我们追随着我们受感致动的情状的自发冲动而认为我们要欲望某物才认为该物是好的。正如"论神"部分附录指出过以及"论奴役"前言还将指出的那样,没有自在的善,也没有自在的恶,善与恶皆是我们根据我们的临时利益而作的断定,这种断定必然是不确定和不稳定的,因而也必定是变幻不定的。

为在我看来,若我是他就难免畏缩不前;而如果我由己观人地看到那人做出了我所认为危险的行为——无论是行善还是为恶——,而且该人毫不顾念可能对他造成的不便,我就说他是"大胆的(audax)"。而相反,如果我看到另一人,被对这类行为的恐惧所攫取,畏缩不敢去做我并不惮于做的这些行为,我就认为他"胆小(pusillanimis)"。① 每个人都是按照自己的方式、随机临时地、根据自己的视角、依据他自己的心绪运动而作出判断的。②

---

① "大胆(audacia)"和"胆小(pusillanimitas)"是"受感致动的诸情状定义"之定义四十和定义四十一所研究的主题。这两则定义的核心是"与他自己同样的人(aequales)",也就是说,这两个定义涉及的是诸个体在力量对比中对自己加以衡量的情境,因而涉及的是个体的相互竞争的情境。"大胆"是个人做被他判断为他人没有能力做的事情的欲望;胆小(我们不禁会以更通俗的方式称之为畏缩怕事)是不能克服他人据信可毫无惧色地面对的困难的恐惧:在一种情况中,人试图通过他人眼中的他的自我形象而形成自我优越感;在第二种情况中,人通过比较而感到自卑,而人只能由此种确认而感到沮丧。

② "40. Audacia est cupiditas qua aliquis incitatur ad aliquid agendum cum periculo, quod ejus aequales subire metuunt. 41. Pusillanimitas dicitur de eo, cujus cupiditas coercetur timore periculi, quod ejus aequales subire audent. Est igitur pusillanimitas nihil aliud quam metus alicujus mali, quod plerique non solent metuere, quare ipsam ad cupiditatis affectus non refero. Eandem tamen hic explicare volui, quia quatenus ad cupiditatem attendimus affectui audaciae revera opponitur."/"40. 大胆是种欲望,会刺激人做那些与他自己同样的人不敢做的危险举动。41. 说一个人胆小,是说他的欲望被他对与他自己同样的人敢于面对的危险的畏惧所抑制。因此,胆小不是别的,就是对大部分人通常都不害怕的祸厄感到害怕。所以我不把胆小归为欲望的受感致动的情状之一。然而,我希望在此对胆小作个说明,因为当我们留心考察欲望,就会发现胆小正好与大胆相对。"——译注

因此，我们感情与判断的多变性和不可靠性，乃是我们心灵建制的永恒条件以及基于这些条件之上的心灵工作机制的结果。这些工作机制就是想象机制，"论心灵"已经对它们作出过分析，而斯宾诺莎在这则附释中也两次参考了"论心灵"部分①：借此，斯宾诺莎是要强调，我们的感情和判断的无常性和多变性皆是我们精神构成的自然后果，正如斯宾诺莎在"论受感致动的情状"前

---

① 本则附释文本的正文里总地参考了《伦理学》第二部分，此外，斯宾诺莎还在脚注中援引了"论心灵"命题十三附释（而非像阿普恩编辑版中所言此处脚注援引的是命题一绎理，"论心灵"命题一就没有这样一个绎理）*：在这则附释中，斯宾诺莎从他有关身心统一——他所说的身心统一同等地指观念及其对象或 ideato（观念对象）之间的必然对应的联系——的观点出发，给出了个体心灵——无论是人的心灵，还是非人的个体的心灵——之构成的不平等性的相关推理，这种不平等性严格地取决于心灵构成所对应的身体现象的复杂性程度。这种不平等性因而说明了人类个体的心理禀赋及其精神表现的多变现象的成因，"尽管人的心灵是神的理智的一部分（tametsi mens humana pars esset divini intellectus）"——"论受感致动的情状"这则命题十五附释注脚如是说；神的理智是无限的，在神的理智之中，所有类型的心灵构型都各自获得自己的一定份额。[* 第三部分的这则命题五十一附释正文中，"由此可知，人们在判断和感情上都可能是多变的（homines tam judicio quant affectu variare posse）"一句后有一脚注，均见于拉丁文本与荷兰文本，该脚注拉丁文作："Posse hoc fieri tametsi mens humana pars esset divini intellectus, ostendimus in schol. pr. 17. p. 2（尽管人类心灵是神的理智的一部分，仍会如此，正如我们在第二部分命题十七附释所证明的那样）。"但历来研究者中多数人认为第二部分命题十七附释与此处关系不大，因此主张斯宾诺莎此处可能指第二部分命题十一绎理或第二部分命题十三附释，或者同时指两者。马舍雷认为斯宾诺莎在这里指的是第二部分命题十三附释。——译注]

言部分所说明过的那样,对这些后果,不必嘲笑、愤慨或是轻蔑,也不必像道德家们经常做的那样,利用这种特殊性而对人的自然/性质和他的日常冲动表示讥刺,这种讥刺本身反倒是一种被动情状/激情。我们每一个人都在(想象的)这些工作机制的作用下形成种种感情和行为模式,这些感情和行为模式在我们看来虽充满了不确定性,但却必然地服从于对它们起决定作用的那些条件:正是这同一些原因,可以解释这些效果的多样性,这些效果依据着严格的程序序列,我们可以像观察任何一架机器那样,观察到这个严格程序序列的工作。

然而应该指出的是,在命题五十一附释的结尾部分,斯宾诺莎反复使用"常常(saepe)"一词,该词透露出他在陈述上引入了一种保留意涵,微妙地对本附释的分析作出了调整,这种保留态度暗示了这种无常性虽是必然却未必是注定的:"人的自然/性质与判断是变幻无常的,人常常只按照一种受感致动的情状来判断事物,而且,他相信会带来快乐和悲伤进而竭力加以追求或避免的事物常常是想象的(ex hac hominis natura et judicii inconstantia, ut et quod homo saepe ex solo qffectu de rebus judicat et quod res quas ad laetitiam vel tristitiam facere crédit quasque propterea ut fiant promovere vel amovere conatur saepe non nisi ima-ginariae sunt)。"在大多数时候是这样——这意味着,简单说来,感性的活动通常是受被动性指导的,但这并不意味着感性生活在一切情况中都绝对地服从于被动性:借此提示,斯宾诺莎是在为揭示受感致动的主动情状作准备,"论受感致动的情状"很快就会对这些受感致动的主动情状作出完整的说明。

在结束对我们的心灵建制在构成性上的无常性的分析时,斯宾诺莎解释说,这种构成性的无常性不仅与我们针对外部对象而形成的感情和判断有关,而且也与我们对我们自己形成的感情和判断有关:我们可以容易地理解个体常常成为他所感到的快乐和悲伤的原因,进而引入了这种细微的意涵调整;他说,"个体常常为这样一种快乐或悲伤所促动,这种快乐或悲伤伴随着作为原因的他自己的观念(facile concipimus hominem posse saepe in causa esse tam ut contristetur quam ut laetetur sive ut tant tristitia quam laetitia afficiatur concomitante idea sui tanquam causa)"。所以我们对任何事情——甚至对我们自己——都不是有确定把握的,至少在极为经常的情况中是这样的:"懊悔(poenitentia)"或"自我满足(acquiescentia in se ipso)"①的感情都是很短暂的印象,我们并不能对它们绝对置信,这些印象在很短时间内消失,我们对这些印象的盲目依附的原因在于我们的自由幻觉,在这两种印象中,我们出于本性而无知地以为我们是事情的原因,我们甚至在对这种无知毫不知情的情况下就被卷入这无知之中。可是,在这里,"常常"一词所带出的保留意涵造成了某些理论效果,在这些理论效果的作用下,这两种感情虽仍然带有构成性的不确定性的烙印,但却并不意味着它们不能以理性方式得到修复或在任何情况下都不能被整合到心灵的解放过程之中,也就是说,心灵的解放过程是可以从这两种感情的内部对它们进行改造的。②

---

① "论受感致动的情状"命题三十附释已经提到过"自我满足(acquiescentia in se ipso)"和"懊悔(poenitentia)"这两个概念,它们也由"受感致动的诸情状定义"之定义二十五和定义二十七所定义。前面已经评述过专论"自我满足"的定义二十五,指出它是与命题二十六附释引入的"自爱(philautia)"概念联系着的。

② 在评述命题三十附释的时候,我们已经作出过这一评论。见本书第318页注释②。

第五章 感性生活中的偶性和变动(命题四十八到命题五十七) 415

"受感致动的诸情状定义"之定义二十七①专门谈"懊悔(poenitentia)",这则定义在这方面暗示得相当明显。此定义的陈

---

① "27. Poenitentia est tristitia concomitante ideâ alicujus facti, quod nos ex libero mentis decreto fecisse credimus. Horum affectuum causas ostendimus in schol. pr. 51. hujus et pr. 53. 54. 55. hujus ejusque schol. De libero autem mentis decreto vide schol. pr. 35. p. 2. Sed hic praeterea notandum venit mirum non esse, quod omnes omnino actus, qui ex consuetudine pravi vocantur, sequatur tristitia, et illos, qui recti dicuntur, laetitia. Nam hoc ab educatione potissimum pendere facile ex suprà dictis intelligimus. Parentes nimirum illos exprobrando, liberosque propter eosdem saepe objurgando, hos contrà suadendo et laudando effecerunt, ut tristitiae commotiones illis, laetitiae vero his jungerentur. Quod ipsa etiam experientia comprobatur. Nam consuetudo et Religio non est omnibus eadem, sed contrà, quae apud alios sacra, apud alios profana, et quae apud hos honesta, apud alios turpia sunt. Prout igitur unusquisque educatus est, ita facti alicujus poenitet, vel eodem gloriatur."/"27. 懊悔是一种悲伤,伴随着我们相信自己曾出于心灵的自由裁断而做出了某种行动的观念。我们在命题五十一附释、命题五十三、命题五十四、命题五十五、命题五十五附释中,已经阐明了这些感情的原因。而有关心灵的自由裁断,见第二部分命题三十五附释。但我们在此也该注意,悲伤总是跟随在风俗习惯中被称为'错的事情'后面,而快乐总是跟随在被称为'对的事情'后面,这是不足为奇的。因为如上所述,我们很容易理解这一点主要有赖于教育养成。父母经常靠着痛骂犯错的子女来责备错误的行为,另一方面,又靠着建议与赞美对的行为来指导子女,使得悲伤的感情总是与某种行为联系起来,而快乐的感情则与其他行为联系起来。经验本身也证明了这一点。因为不是人人都共享同样的风俗习惯与信仰。相反,被某些人崇奉为神圣的,在其他人则贬斥为污秽;某些人认为荣耀的东西,在其他人则被当成丢脸。所以,根据每个人所受的教养,人对一桩行为可能感到懊悔,也可能感到光荣。"——译注

述是:"懊悔是一种悲伤,伴随着我们相信自己曾出于心灵的自由裁断而做出了某种行动的观念。"在这样一种情况中,我们之所以对我们自己形成悲伤的考量,是因为我们觉得要为某些行动负个人责任,这些行动被我们相信是我们自由地施行了的:此种相信绝大多数时候都是想象性的,也就是说,是由联系机制的作用激发起来的,而联系的机制是妨碍对相关事实的原因形成真知识的。这则定义所附的说明就是对这些想象性评价的虚假性和相对性的强调,它们的虚假性和相对性由环境造成,特别由文化背景造成,与特定宗教和特定民族特有的偏见相关的"风俗习惯(consuetuào)"是在文化背景中起唯一的支配作用的东西。因此,环境、风俗习惯、文化背景中的一切,基本上都事关教育:我们所深信的"对(rectum)"和"错(pravum)"之间的差异,都由我们的习惯塑成;习惯约定俗成地分别把这些"对"和"错"的表述同快乐和悲伤的感情联系起来,而快乐和悲伤的感情又会允许并鼓励个体去做一些事而禁止去做另一些事,潜移默化地说服个体相信这些取向是有理有据的。在胡萝卜加大棒的教育中,父母子女代代相传这些取向选择,因因成习:父母这样操纵子女的感情,向他们表明必须服从的通常行为规则,而这些行为规则在某种意义上说使他们成为永恒的儿童,在吸收了一定的行为模式之后,就会机械地——因而是被动地——把这些行为模式再生产下去。但是我们不该得出结论说,在斯宾诺莎看来,这样一种过程——它的条件就其规定性而言是相对的——本身就是彻头彻尾地坏的,也不能得出结论说,只需使人返回野蛮状态、做到使人摆脱父母的监护之类的事情就做到了人的解放:这样只能使他们的情况更糟糕,甚至比纯粹的儿童、受教育状况不佳的儿童的情况更糟糕,他们的行为将会完全听任偶然和随机相遇情形的摆布,进而彻底绝缘于管控和控制。在"论自由"部分前二十个命题中,斯宾诺莎将解释说想象的工作机制是可以得到良好运用的,将有益于行为的理性化,但不管怎么说,行为的理性化不可能魔术般地一蹴而就,同样也不可能靠心灵的自由决断而致,魔术和心灵的自由决断不会改善感性的机制,但这些机制即使"常常"在极为糟糕的条件下工作而制造出多变的受感致动的种种情状,也还是可以不断得到改进的。

4. 心灵的几种走锚情状①(命题五十二及其附释, 受感致动的诸情状定义之定义四、 定义五、定义十和定义四十二)

命题五十二②对比了两种心理态度。一方面是对这样一种对

---

① 马舍雷此处用词为复数名词"emballements",其动词形式是"emballer",原指马的"溜缰",引申为机器的超速运行。马舍雷在此命题的论述语境中,用该词指称几种心灵的特殊状态,在这些状态中,心灵总是表现为其正常工作状态的中断或偏离。因此,在这里姑且将"emballements"一词译为"心灵的几种走锚情状"。推理详见下文。——译注

② "Propositio 52. Objectum quod simul cum alijs antea vidimus, vel quod nihil habere imaginamur, nisi quod commune est pluribus non tam diu contemplabimur, ac illud quod aliquid singulare habere imaginamur."/"命题五十二:对这样一对象,即我们先前见到它联系着其他事物或我们想象着它仅仅拥有着为许多事物所共有的特征,我们不会对如我们想象着包含着某种独有的东西的对象持久关注。"——译注

象的心理态度,该对象是"我们先前见到它联系着其他事物",或者说,是想象使我们倾向于认为它"仅仅拥有着为许多事物所共有的特征"的:在这种情况中,我们所体验到的感情是平平无奇的或熟悉的;①另一方面则是对另一种对象的态度,"我们通过想象而将这种对象向我们自己表述为它包含着某种独有的东西":在这种情况中,我们所体验到的感情则是新异的和新颖的。随即斯宾诺莎说道:对前一种事物"我们不会……持久关注",也就是说,在纯然感性的层面,我们对第一种对象注意较少,而对第二种对象注意较多,后者相反会唤起并保持吸引我们的兴趣。这个论点是命题四十八和命题四十九已经阐发过的论点的扩展,当时那个论点同受感致动的情状强度的衡量问题有关:我们孤立地、离开一切上下文关系地考量的一对象,会比我们联系着他物的或被我们置于更大上下文关系之中的对象,对我们的想象造成更大的冲击,在更大的上下文关系中,一物的个别性总是隐没消失的。后一种类型的受感致动的情状的催眠作用力,以及由此而来的"匆忙致动"的效果因而被解释为——就像命题四十八和命题四十九所暗示的那样——这样一种运动方向,在这种运动中心灵只是被动承受,仿佛这里所说的这种受感致动的情状给心灵施加了外部的力量,而这外部的力量又剥夺了心灵自身本来的力量似的。

这个命题的证明同命题四十八和命题四十九所采用的证明路线不同,本命题的证明给前面两则命题的证明提供了某种补

---

① 一事物由于它与他物共有的特征而引发的这种感受,以其特有的方式为理智对共同概念的习得作好了准备。

第五章　感性生活中的偶性和变动(命题四十八到命题五十七)

充。这里的证明基于"论心灵"命题十八及其附释,后者曾详细阐明了回忆的工作机制:回忆的工作机制与想象的所有程序一样,都是通过联系进行工作的;正是由于这种方式,我们总是由某些对象思及别的对象,因为我们过去一度是将它们联系在一起进行表述的,这样一来,在某些现在现前的时刻里,我们总是自发地将这些对象关联于那些别的对象;所以,我们也总是对它们作一并考量,仿佛它们合成或融成了一个单独对象似的,在对此单独对象的考量中,它的每个组成成分所特有的特殊性便隐而不彰了。但是当我们就一对象本身来进行考量,而不把它联系于别的对象的时候,我们就完全专注于它,把注意力绝对地投注于它的现在现前之中,而不会诉诸对回忆的任何依赖:此时我们对该对象视如初见,它令我们惊讶的显著的在场抓住我们的注意力,并使我们已被钝化了的感觉暂时消失,而相反,我们习以为常的或被我们视为与另外事物有共同特征的对象之表述所伴随的感情则是庸常麻木的,我们甚至因再不会对这类对象给予任何关注而对之视若无睹。心灵若震惊于它之所见,"这就是说,当心灵在思索该对象时,并不从这番设想中推想到心灵中贮藏的别的任何东西,故此,此时心灵被决定着只思索该对象(dum illud objectum contemplatur nullum aliud in se habeat in cujus contemplationem ex contemplatione illius incidere potest; atque adeo illud solum contemplandum determinata est)"。我们可以想见的是,这种惊愕必定会使身陷其中的心灵进入某种程度的浑噩状态,故此,这种类型的思索自然会滑向过度。

　　这一倾向体现为几种具体的受感致动的情状的形态。命题五十二附释就是对时而耽溺时而飞逸的这些具体感性现象的说明。"惊讶(admiratio)"①即为其一,"受感致动的诸情状定义"之定义四②也重述了"惊讶"这一受感致动的情状的形态。"惊讶"

---

① 在这里我们考虑到这种心理态度的受感致动的中性特质,而将 admiratio 译为"惊讶"而非"钦羡",斯宾诺莎稍后便会对这种心理态度的受感致动的中性特质进行说明,斯宾诺莎将解释说,这种心理态度并非是基于欲望、快乐和悲伤等感性生活基本形式之上的真正感情。据"受感致动的诸情状定义"之定义四,心灵的"惊讶"仅仅是心灵的一种"distractio",即心灵的一种"悬起",是心灵在某种程度上同其自身拉开一段距离的运动,或对其自身的间离,这种"悬起"形成了心灵在感性生活正常过程中的"偏离"和"中断"。详见本书第 427 页注释②。

② "4. Admiratio est rei alicujus imaginatio, in quâ mens defixa propterea manet, quia haec singularis imaginatio nullam cum reliquis habet connexionem. Vid. pr. 52. hujus cum ejusdem scholio. In schol. pr. 18. p. 2. ostendimus quaenam sit causa, cur mens ex contemplatione unius rei statim in alterius rei cogitationem incidat, videlicet quia earum rerum imagines invicem concatenatae, et ita ordinatae sunt, ut alia aliam sequatur, quod quidem concipi nequit, quando rei imago nova est; sed mens in ejusdem rei contemplatione detinebitur, donec ab alijs causis ad alia cogitandum determinetur. Rei itaque novae imaginatio in se considerata ejusdem naturae est, ac reliquae, et hac de causa ego admirationem inter affectus non numero, nec causam video cur id facerem, quandoquidem haec mentis distractio ex nullâ aliâ causâ positivâ, quae mentem ab alijs distrahat, oritur, sed tantum ex eo, quod causa, cur mens ex unius rei contemplatione ad alia cogitandum determinatur, deficiet. Tres igitur (ut in schol. pr. 11. hujus monui) tantum affectus primitivos seu primarios agnosco; nempe laetitiae, tristitiae et cupiditatis, nec aliâ de causa verba de admiratione feci, quam quia usu factum est, ut quidam affectus, qui ex tribus primitivis derivantur, alijs nominibus indicari soleant, quando ad objecta quae admiramur referuntur…"/"4. 惊讶是对事物的

这种受感致动的情状是"对事物的想象性表述,就心灵为该物所独占而言,该事物被心灵想象地表述为一个别事物(rei singularis imaginatio quatenus sola in mente versatur)"①。换言之,"惊讶"是"对事物的想象性表述,该事物使心灵在想象中保持对它的凝注,因为,这种个别性的想象切断了同其他所有想象的联系"。②这种

想象性表述,该事物使心灵在想象中保持对它的凝注,因为,这种个别性的想象切断了同其他所有想象的联系。我们在第二部分命题十八附释中,已经阐明过心灵为什么会由思索一个事物随即转而想到其他事物的理由了——全都因为这些事物印象彼此相联系,而且有着连续出现的先后顺序。当然,新颖的事物印象就不能被这样设想。心灵反而会不断打量这个事物,直到受其他原因决定而想到其他事物。所以,将一事物视为新颖的想象性表述——就它自身而论——与其他的表述具有相同的自然/性质,也是由于这一原因,我并不认为惊讶是受感致动的情状中的一种。我也看不出有什么理由能把惊讶算作是一种受感致动的情状,因为,心灵之所以会产生这种中断状态,不是由于某种积极原因使心灵不再思及其他事物,而恰恰只是因为从心灵考量这一事物的一开始便没有原因使心灵受到决定去思及他物。所以,正如我在命题十一附释中所指出的,我仅承认三种受感致动的原始情状或三种受感致动的基本情状,即,快乐的受感致动的情状、悲伤的受感致动的情状,以及欲望的受感致动的情状。我这里提到惊讶,只是因为对某些人而言,惊讶通常可被用来表示由这三种受感致动的基本情状衍生出的感情,不过是对令我们惊讶的对象相关的这三种受感致动的情状冠以不同名称罢了……"——译注

① 这是在命题五十二附释一中给出的有关"惊讶"的定义。
② 这是"受感致动的诸情状定义"之定义四就"惊讶"给出的定义。

感情的变体之一是"恐慌(consternatio)"①,在想象中将一对象抽离其语境而作单独表述所产生的惊讶若引发了恐惧的感情,"恐慌"②的感情就会侵袭我们:在这种情况下,"对灾祸的考虑所引发的惊讶,攫取了由此惊讶而陷于麻痹状态中的个体,乃至于使他不再有足够的能量去思考可使他躲避这一灾祸的别的事物(mali admiratio hominem suspensum in sola sui contemplatione ita tenet ut de

---

① 这种感性复杂现象是"怯懦(timor)"和"惊讶(admiratio)"的组合,"恐慌"的感情在命题三十九附释的结尾中已有所提及。"受感致动的诸情状定义"之定义四十二就是对这种感情的专门定义:在此则定义所附说明中,斯宾诺莎特别指出,这种感性现象由于其组合方式的复杂性而在构成性上终究属于 fluctuatio animi(心灵的混淆)。

② "42. Consternatio dicitur de eo, cujus cupiditas malum vitandi coercetur admiratione mali quod timet. Est itaque consternatio pusillanimitatis species. Sed quia consternatio ex duplici timore etiam oritur, ideo commodius definiri potest, quod sit metus, qui hominem stupefactum aut fluctuantem ita continet, ut is malum amovere non possit. Dico stupefactum, quatenus ejus cupiditatem malum amovendi admiratione coerceri intelligimus. Fluctuantem autem dico, quatenus concipimus eandem cupiditatem coerceri timore alterius mali, quod ipsum aequè cruciat. Unde fit, ut quod ex duobus avertat, nesciat. Vid. schol. pr. 39. et schol. pr. 52. hujus. Caeterum de pusillanimitate et audacia vide schol. pr. 51. hujus."/"42. 说一个人恐慌,是说他想要避免祸厄的欲望受到了他对他所惧怕的这祸厄的惊讶的抑制。因此,恐慌是胆小的一种。但因为恐慌起因于双重怯懦,所以应被更合适地定义为'使人麻木或犹豫到无法回避祸厄的恐惧'。我把'麻木'理解为人想要规避祸厄的欲望因惊讶而受到的抑制,这令他不知道该回避哪一个。关于这些受感致动的情状请参看命题三十九附释以及命题五十二附释。至于胆小和大胆,请参看命题五十一附释。"——译注

aliis cogitare non valeat quibus illud malutn vitare posset)",这清楚地表明了惊讶造成的种种异化效果。惊讶若与对于某些积极的特质——如"洞察力(prudentia)"或"技能(industriel)"——的表述相联系,感到惊讶的我们就会认为,"体现着"这种洞察力或此熟巧的"这个个体远胜于我们(eo ipso hominem nobis longe antecellere)"①,在这种情况下,这种惊讶的感情就会具有"敬畏(veneratio)"的形式。② 相反,引起注意力持久集中的特质若是别人体现出的消极的特质——比如"恼怒(ira)"或"嫉妒(invidia)"——惊讶便呈现为"惊骇(horror)"。而从另一方面来说,这种惊讶若由这样

---

① 这样看来,斯宾诺莎这里提到的这种感情就其实质而言是一种含混的感情:别人身上的某些特定的特质令我们如此印象深刻,乃是由于我们发现我们是缺少此类特质的;在这种情况中,使我们持续关注的这特征的个别性,其前提是先要有在他人与我们之间的某种比较;这种比较之发生,只可能来自于主导着我们绝大多数感性生活的模仿原理的瞬时介入。所以说,我们所经验的这种惊讶至少是不纯粹的,是有其病理性机制的致动效果的。

② 在"论受感致动的情状"部分命题五十五绎理二之后的附释中,斯宾诺莎还会返回头再谈这个"敬畏"的概念。在那里,斯宾诺莎解释说,敬畏的感情仅出现在这样的情况中,即,我们承认某个事物或个体之所以令我们如此敬畏,是因为引发了此种倾向的那些"特质(virtutes)"是它或他所"独有(singulariter)"的。若这些"特质"被表述为我们自然/性质中所共有的特质,它们就不再成其为引发此类敬畏感情的原因了。我们若见与我们同样的别人拥有这些"特质",我们只能对他们产生嫉妒,因为我们觉得我们被以不公平的方式褫夺了这些"特质",我们之所以不可能对我们所敬畏的人感到嫉妒,就是因为我们认为他们在自然/性质上——至少是在自然/性质的某些方面——异于我们:我们不会与乔木竞高矮,也不会与雄狮竞勇猛,它们只能在我们心中唤起我们无法企及的、有其自身专属能力/德性的事物所应得的敬畏。

一些人所引发——他们的洞察力和技艺是我们所承认的，并且我们已对他们固定了爱的依恋——，惊讶则转变为"敬爱（devotio）"，而在"敬爱"①中，对他们的那种爱也更得到加强。②以此类推，我们还可以将惊讶感与我们所恨的事物或人、与我们感到希望的事物或人、与使我们获得信心的事物或人联系起来，在这些情况中，使我们受感致动的那些情状纷繁多样，远非平常词汇所能言说。③

---

① "10. Devotio est amor erga eum, quem admiramur. Admirationem ex rei novitate, ostendimus pr. 52. hujus. Si igitur id, quod admiramur, saepe imaginari contingit, idem admirari desinemus; atque adeo videmus devotionis affectum facile in simplicem amorem degenerare."/"10. 敬爱是我们对令我们感到惊讶的对象的爱。我们在命题五十二已经证明过，事物的新奇性引发惊讶。所以当我们常常想起令人感到惊讶的事物，我们就不再感到惊讶。而且可见敬爱这种受感致动的情状很容易就转变为单纯的爱。"——译注

② 根据"受感致动的诸情状定义"之定义十，敬爱是"我们对令我们感到惊讶的对象的爱"。由于想象常常更新我们对于初见而感到惊讶的事物的表述，所以引发惊讶的新奇感会变得模糊，在这种情况下，"敬爱"中的"惊讶"一旦模糊就会变为"单纯的爱（simplex amor）"，"敬爱"就不再具有新奇感引起的特殊专注所产生的锐度了。就其定义而言，"敬爱"的时间很短，并不比如胶似漆的蜜月期更长，蜜月期的浪潮会平缓地进入"单纯的爱"的漫长海滩。

③ 斯宾诺莎就此写道："由此可演绎出比我们平常用语所指还要多的受感致动的情状（plures affectas deducere poterimus quam qui receptis vocabulis indicari soient）。"在这里我们必须再次指出，日常语言太贫乏了，不足以道说微妙无穷的感性生活。斯宾诺莎得出了一个总的结论，"种种感情的那些名称都是由平常应用的语言习惯创造出来的，而不是基于对那些感情的确切知识（affectuum nomina inventa esse magis ex eorum vulgari usu quam ex eorundem accurata cognitione）"。因此，正如斯宾诺莎在"受感致动的诸情状定义"之定义二十一——有关"气愤（indignatio）"的定义——所附说明中强调的那样，我们必须首先追求对事物真实自然/性质的解释，而不要胶着于词语的含义。

"受感致动的诸情状定义"之定义四所附说明,与命题五十二证明一样都依赖于"论心灵"命题十八所阐明的有关回忆的理论,这个说明在重申惊讶的定义时指出人们把许多受感致动的情状都简化为惊讶的感情,同时强调了"惊讶"的牵强穿凿的性质。回忆的工作机制本来是自动地把我们对许多对象的表述联系在一起的,以至于即便这些对象本身是不在现前的,对这些对象的联系着的表述中的一个一旦现前,已经与之联系着的其他别的表述便也将随之牵一挂二地接踵而至,而正是由于这种回忆机制的暂时停顿,我们才会对某个东西产生新奇感;也正是由于这一原因,一旦回忆机制休眠,我们便会毫无例外地孤立地、就其本身地考量事物,事物不再给我们作任何提示,因而不会令我们思及别的任何东西①;这种联系的过程通常主导着我们心理建制的工作,当联系的过程出现了"中断(distractio)"的效果,前述情况就会发生,也就是说,"心灵[……]会不断打量这个事物,直到受其他原因决定而想到其他事物";新奇感与惊讶因回忆的暂停而产生,但回忆的暂停是偶然的:"心灵之所以会产生这种中断状态,不是由于某种积极原因使心灵不再思及其他事物,而恰恰只是因为从心灵考量这一事物的一开始便没有原因使心灵受到决定去思及他物",在这个意义上说,这种"中断"表现为某种"出神状态"或"迷失"。换言之,无论引发了我们对特定物的考量的那种惊讶反应

---

① 新奇的经验通常为儿童所保有,而斯宾诺莎在不久之前对儿童作出了这样一种考量,即,儿童都是心灵不健全的,对儿童来说,联系的工作机制还未能完善和确立起来。当我们被惊讶的感情所攫取的时候,我们仿佛被带回到了儿童状态之中。

多么强烈,心灵的思想力量都是一仍其旧而与之无关的。这种"感情"不表现任何与心灵活动同体的东西,它仅仅反映的是心灵正常机能中的偏差和故障,但这种偏差和故障必然是暂时的①:这种机能一旦恢复正常工作,"将一事物视为新颖的想象性表述——就它自身而论——与其他的表述具有相同的自然/性质"就是显而易见的。暂时起作用的心灵的断裂、内心的震惊麻痹实际上是异化的:当幻觉消失,附着在这种表述之上的非凡特性也就会永远消散,就好像什么都没有发生过似的。

由此斯宾诺莎得出了一个乍一看上去令人吃惊的结论:"我并不认为惊讶是受感致动的情状中的一种(ego admirationem inter affectus non numero)。"实际上,如果说心灵的力量并非以积极方式参与到了这种偶然故障之中的话,这就是说,这种偶然故障——如果没有其他感情与之联合的话——在感性上是中性的:换言之,它不能被还原为欲望、快乐或悲伤,这三种受感致动的情状乃是conatus(努力)的基本显现方式。现在正好对命题十一附释介绍过有关几种"原初的或基本的(primitivi seu primarii)"受感致动的情状的这个观点作一回顾。如果惊讶——惊讶不过只是我们心理建制的故障——在我们身上造成了某些感性的效果,这绝不是由于惊讶本身的缘故所致,因为惊讶在心灵的力量中没有实际的支撑基础,相反,之所以如此,只是因为惊讶同其他感情——比如爱和恨——联系了起来,而爱和恨之类的感情本身是

---

① "受感致动的诸情状定义"之定义十对"敬爱(devotio)"的分析对此进行了说明:这种由新奇的虚假经验而来的感情自然地注定要逐渐消退,并转变为构成它暂时的感性实质的东西——"单纯的爱(simplex amor)"。

源于感性的基本形式的。①

接下来斯宾诺莎转而论及"轻蔑(contemptus)"②,在他看来,

---

① 无疑,正是由于同一理由,斯宾诺莎在"论奴役"命题七十一附释中断言"不感恩不是一种受感致动的情状(ingratitudo affectus non est)"。这种心灵配置仅表现着这样的事实,即,心灵受某些特定的表述或主张的撩拨,这些表述或主张来自不道德的人或行止不端的女人,此时,心灵暂时拒不对它们的对象作出反应——无论是积极的反应还是消极的反应——,心灵对这些撩拨完满地保持着冷漠和不动心,心灵面对这些撩拨而发现了自身报之以蔑视的力量。而仅当"不感恩"同外在感情——比如恨、愤怒或嫉妒等感情——联合一起的时候才变成一种受感致动的情状。

② "contemptus"一词所指示的心理态度,相较于"admiratio(惊讶)"一词所指代的心理态度,在斯宾诺莎看来更称不上是一种受感致动的情状,至少从原理上讲更不像是一种受感致动的情状,故此,"contemptus"的译法因而也是一个难题:为了把这种心理态度所对应的感性停滞现象传达出来,我们或许,比如说吧,可以用"无感(impavidité)"来翻译该词所指代的心理态度,"无感"表现了这样一个事实,即,心灵考量一事物而丝毫不感惊讶,这与人被"惊讶(admiratio)"所攫取时所发生的情况是完全相反的。但是,斯宾诺莎在介绍这种态度并对之进行分析时,强调了一个事实,即,"无感"或"轻蔑"的心理态度以对它所适用的事物持消极看法为前提(而有关"惊讶"的分析却没有提到必须以相反的态度——肯定的或积极的看法——为前提)。这也就是说,不为某物或某人造成的印象所动的这种心理态度,伴随着对该物或该人的否定性判断,故此,"惊讶"的悬置——就此看来——不具有"轻视"一词所专指的心理态度的表象。而且,我们也发现,在"惊讶(admiratio)"和"轻蔑(comtemptus)"之间不可能保持一种严格的相反的互补性:因为,由对一物之存有的特定性质的否定所构成的"轻蔑"与其说是一种简单的"惊讶",不如说更与某种(否定性的)受感致动的情状相关联。正是为了对这种"错位(décalage)"予以强调,我们选择"惊讶"而不是"惊异"来翻译"admiratio"一词,虽然后一种译法看上去是颇为自然的。

"轻蔑"仅仅是一种消极的惊讶,其效果完全与惊讶的效果相反。根据"受感致动的诸情状定义"之定义五,"轻蔑"是"对某种事物的这样一种想象,此类事物在想象中几乎不对心灵产生作用,乃至于此类事物的现在现前只会让心灵宁可思想不在此类事物之中的东西,而多过思想在此类事物之中的东西"。一事物的现在现前不会在心灵上留下任何印象,心灵因而盲目地从该物游移开去,此时,心灵对该物的缺陷更加敏感,这些缺陷因而在该物这里被孤立地对待,这进而会造成对该物在别的方面所呈现的质的无视。

命题五十二附释对"蔑视"这种心灵配置由以形成的方式进行了说明。我们起初只是由于看别人将"惊讶"的旨趣投注于某事物,也就是说,只是在从俗的基础上基于固有的偏见而对该物有了惊讶、爱或恨的感情。而随后我们一旦有机会同该物有更多的接触,更切近地观察该物,"给予它更为审慎的考量(accuratiore contemplatione)",我们就会改变我们的看法:"我们受到强制而不得不否认那物有足以引起我们惊讶、爱或恐惧的任何原因(id omne de eadem negare cogamur quod causa admirationis, amoris, metus, etc., esse potest)",这就是说,从所有角度来看,我们都只能感到沮丧①,于是不再执着于它,或不再操心去考量它:该物的魅力一旦消散,我们虽在过去在该物现在现前的情况下对它的存在的积极显现保持敏感,但如今却从另一个角度来观照它,

---

① 根据斯宾诺莎所使用的"我们受到强制而不得不(cogamur)"这一精确术语来看,这意味着这种祛神秘化并非导源于某种理性反思的效果,而是在事实和形势的压力之下自发工作起来的。

把那些积极显现的直接方面悬置起来,代之以方向相反的另外的考量。与这种轻蔑相绑定的事物,若还是我们也恨着或怕着的,则此轻蔑就会变成"嘲讽(irrisio)"①;此外,当这种轻蔑集中于某人的愚蠢的时候,它便具有"鄙夷(dedignatio)"的形式,正与反方向上"敬畏(veneratio)"起自我们对"明智(prudentia)"的考量相同。故此,正如对"惊讶"的解释所示,惊讶指向的是我们希望或愿望着区别对待的、我们爱着的事物或人的,而相反,如果我们将某种轻蔑的感情同有关这些事物或这些人的考量联系在一起的话,我们就会为远非平常语汇所能名状的一些受感致动的情状所侵袭。

命题五十二附释长且复杂,最后专论"轻蔑"的分析又把"轻蔑"这种心理态度分析为反向的"惊讶","惊讶"和"轻蔑"都是由于中断了正常的感性活动而使心灵"常常"消极地应对来自自身受感致动的情状所施加的作用力的效果,借此附释——尤其是借有关"轻蔑"的分析——斯宾诺莎在某种程度上为理性接入感性的相关思想作出了铺垫,理性对感性的接入将在"论奴役"部分命题五十九和命题六十一得到尤为充分的展开说明。"轻蔑"当然不是理性的受感致动的情状,因为它总是联系着这样一种实际的情境,在此情境中,"我们受到强制而不得不(cogamur)"对被传统

---

① "受感致动的诸情状定义"之定义十一专论这一受感致动的情状。我们已经在对命题四十七及其附释作展开说明时评述过这个定义,命题四十七及其附释就是以此定义为基础的,见前文第389页。"嘲讽"是一种不好的快乐,故确是一种受感致动的情状,但却是一种特别不稳定的受感致动的情状。

地归之于一物的种种品质予以否认:但"轻蔑"也还为造成了这一拒不承认的理由的更深反思作出准备或提供契机,随即也会将调控的因素引入感性的自发活动之中。

这便使我们能够再一次检视斯宾诺莎在"惊讶(admiratio)"与"轻蔑(contemptus)"之间建立起来的关联,这种关联的理由是,它们虽是两种截然相反的态度,但是都非受感致动的情状。但我们对此关联再作细审,就会发现"惊讶"之非受感致动的情状与"轻蔑"之非受感致动的情状是有着不同的理由的。"惊讶"的种种表现很像某种陷入催眠状态的那些受感致动的情状,因为"惊讶"不牵涉心灵的思想力量的投注,而只需由心灵的思想力量的工作的中断——这种中断就方式而言必然是暂时的——就可以形成。而从"轻蔑"这方面来看,它之非一种受感致动的情状的理由,似乎有着完全不同的性质:"轻蔑"并非是"惊讶"非自然地迫使心灵表述性活动正常过程中断并进而使心灵突然地产生偏见的一种效果;恰恰相反,"轻蔑"是在扭转这一倾向,以"轻蔑"自身特有的方式为那些正常活动的恢复作准备,而那些正常活动一旦恢复,某些对象因被抽离出其上下文关系而受到过分强调甚而使其他别的事物被遗忘而蒙上的魅力就会消散。①

---

① 据"论奴役"部分命题七十一附释,"不感恩(ingratitudo)"即属此类情形,就"不感恩"而言,乃是自由的人面对娼妓向他发出的不道德的邀请而作出的回应:自由的人轻视这些邀请,也就是说,他不会对之作出任何考虑,并且,"不感恩"本身不被视为一种受感致动的情状。

5. 忧虑与偏好（命题五十三及其绎理，命题五十四，命题五十五及其绎理、附释及该附释之绎理和附释，受感致动的诸情状定义之定义二十五和定义二十六）

　　心灵不断地在多种方向上受偏见和无常的喜怒哀乐的困扰，它们总是让心灵顺着它自己即刻的情绪而同最为矛盾的种种原因结合在一起，但毕竟，心灵首先总是被同其自身相关的东西所占据，总是保持着对与自身力量扩展有关的东西的关切：心灵从未失去过这一根本旨趣，心灵的其他所有特殊旨趣都是服务于这一根本旨趣的。心灵总是有多变的投入，但毕竟持续地为这样一种固执的关切所激励：这种关切使心灵防止自身离开其自身，防止心灵同其自身的自发性冲动拉开距离，这一关切也促成了想象的种种工作机制，而这些想象的工作机制又是滋生这种盲目性的温床。"论受感致动的情状"命题五十三、命题五十四和命题五十五就是对自动激发（心灵的）这种自我返回运动的过程的分析，事后从善恶角度被阐明的评价判断是心灵的这种自我返回运动的基础，故此，这种自我返回的运动表现为种种偏好——对偏好所指方向之现实性的判断虽然是后验的，但偏好的意义基本上是事关心灵之存有或生命旨趣的。命题五十三和命题五十五从快乐和悲伤的角度说明这种关切：当心灵思考它的动作力量时，它会感到快乐，或者说它觉得它的动作力量是好的（命题五十三)①;相反,当心灵想象它的无力时,它会感到悲伤,或者说,它会觉得它的无力是坏的(命题五十五)②。命题五十四③解释了心灵因而会去想象——在思想和行动中想象——那与提升自己及自己的动作力量同向的东西;我们由此可推知,心灵必定也努力地规避——在思想和行动中规避——与阻遏着这同一种力量同向的东西,那种阻遏必定是会令心灵受压抑的。偏好态度的系统由此确立,而我们心灵建制种种感性倾向皆受——只要这些倾向是从心灵的自发冲动而来的——由种种偏好态度所组成的这个体系的节制。

命题五十三陈述的原话是:"心灵考量自己及自己动作的力量时,会感到快乐,而心灵越是这么做,就越能清楚地想象自己及自己的动作力量。"④我们这里谈论的这种快乐是在直陈式的现在

---

① "Propositio 53. Cum mens se ipsam suamque agendi potentiam contemplatur, laetatur, et eo magis, quo se suamque agendi potentiam distinctius imaginatur." / "命题五十三:心灵考量自己及自己动作的力量时,会感到快乐,而心灵越是这么做,就越能清楚地想象自己及自己的动作力量。"——译注

② "Propositio 55. Cum mens suam impotentiam imaginatur, eo ipso contristatur." / "命题五十五:心灵想象自己缺少力量时,会为此感到悲伤。"——译注

③ "Propositio 54. Mens ea tantum imaginari conatur, quae ipsius agendi potentiam ponunt." / "命题五十四:心灵只努力想象唯使它自身的动作力量得到确定的东西。"——译注

④ 心灵的"动作的力量(potentia agendi)"当然是它的思想力量,也就是说,是它生产观念的力量:这些观念对应着偶然的或必然的印象,当它们以连缀碎片的方式被构成的时候就属前一种情况,而并非以这种方式被构成的时候就属后一种情况——如观念在神的理智中产生的那种情况——,分别从被动性和主动性方面表现着心灵的力量,这是"论受感致动的情状"部分命题一和命题三已经解释过了的。

现前之中,因而是实际地在自我肯定的运动方向上所体验到的快乐,心灵即刻当下地受此自我肯定的运动的感荡并被驱动着:心灵不是在任何未来的方向上想象自己的快乐的,也不希望着自己在任何跨度的未来之中是快乐的,换言之,它的力量仅仅因处于此一情境之中而得到扩张。但这种情境本身纯然是心灵中的情境:心灵"考量(contemplatur)"并"想象(imaginatur)"着与它自身利害相关的东西,其所依赖的观念的序列总或多或少是不充分的,就像它考量或想象它之外的一切事物一样,它在作这样的"考量"和"想象"时总是昧于那些事物的原因的。它就自身利害所系而形成的这些想象性表述的自然/性质若变化,它的快乐就会变化:这些表述越是能使心灵对它自身形成"清楚"的观念——这里的"清楚"的意思是为心灵担保它自身的卓越性和特殊性——,心灵就越是满足,因为那样会使心灵对有关它自身的价值的考量感到满意,而正是它自身的价值才会使它感到提升。

命题五十三证明在一开始对这种经验引发的自我意识势必在自然/性质上受到的局限作出了强调。"若非通过心灵的身体的应变致动的状态和这些应变致动的状态的观念(nisi per affectiones sui corporis earumque ideas)",心灵又怎能考量自身呢?这也是"论心灵"命题十九和命题二十三所总结的论点的基本要点。① 这也就是说,心灵并没有对自己的直接认识:心灵只向自己

---

① "论心灵"部分:"人的心灵除非通过身体由以被促动起来的那些应变致动的状态的观念,否则就既不知道人的身体本身,也不知道人的身体存有着"(命题十九);"心灵除非感知身体的应变致动的状态的观念,否则不会对它自身有任何认识"(命题二十三)。

表述间接的东西,这种表述所依赖的观念都是在心灵自身中形成的,且都是同身体——心灵就是身体的观念——的情形和应变致动的状态相关的,身体的这些情形和应变致动的状态是按照自然的共同顺序而发生的,也就是说,是取决于该身体同外部种种身体/物体的随机相遇而发生的。因而,只有基于身体上发生的情况,且仅当心灵感知到身体上发生的情况时,心灵才能对这情况之所是形成特定的表述,而这特定表述又必然是想象性的表述。

命题五十三证明接下来这样写道:"所以,如果说心灵此时能够进行自我考量的话,原因即在于心灵被假定此时过渡到了更完满的状态,也就是说,心灵被假定此时是快乐地受感致动的(cum ergo fit ut mens se ipsam possit contemplari eo ipso ad majorent perfectionem transire hoc est laetitia affici supponitur)。"过渡到更完满状态会使心灵感到欣快,"论受感致动的情状"部分命题十一对此已作过证明。要想获得与自我评价相联系着的这种满足,心灵必须被"假定(supponitur)"是过渡到更大的完满之中的:对此我们可以作这样的理解,即,心灵本身只要假定它是这样的,便足以获致此种满足,而使它作出这种"假定"的基础则是它自发地就它的身体的应变致动的状态所形成的观念。心灵感到的快乐完全是真实的,但所有这些快乐坐落其上的基础、由心灵有关自己的认识所形成的基础,却是"假定"的,因而只可能是想象性的。要使这种想象性的"假定"确立起来并助成心灵对它的"确信",就必须由想象去识别心灵的动作的力量,并将心灵所能调动的全部注意力集中在这被识别出来的心灵的动作的力量之上,这样才能让心灵对此种"假定"的价值深信不疑,心灵因而将会以全部的兴趣执着于这一确信,因为这一确信使心灵感到自身力量增加的提振感,并因而给心灵带来快乐。

心灵注意力的这种集中使心灵把快乐的感情仅固着于这种集中之上,而心灵此时的快乐是它实际感到的,但据信造成这种快乐的原因却是虚假的,这样一来,问题的全部即在于搞清心灵注意力的这种集中是如何发生的。命题五十三绎理给出了这个问题的答案,该则绎理解释说,"个人想象自己越是被别人赞赏",这种快乐就"愈发地被鼓舞起来"(magis magisque fovetur quo magis homo se ab aliis laudari imaginatur)。可见,心灵注意力的这种集中是经由他人中介、经由据信是他人给予我的赞赏这一中介而形成的,在此情况中,我"是我之所是"的快乐意识便在我这里形成并得到了加强,而我"是我之所是"的快乐正是感性常规活动的基本要义。在"论受感致动的情状"部分命题二十九附释中,斯宾诺莎解释过,"赞赏(laus)"乃是"想象他人努力取悦我们而做出的那些行为带给我们的快乐(laetitia qua alterius actionem qua nos conatus est delectari imaginamur)"①:我们在乎他人,却并非因他们之所是而在乎他们,而是由于他们据信能带给我们满足而在乎他们。如命题五十三这则绎理的陈述中对命题二十七的参考所示,为感性工作机制提供基础的模仿原理(模仿原理正是由命题二十七介绍的)在这里发挥着全部作用:他人带给我们快乐,而我们也将回报他们以快乐,当然,我们借此期待他们复将这种快乐回报给我们;再有他人的赞赏对我的自我考量带给我自己的快乐加以确证,这进而使我自发地赋予这种自我考量的重要性变得神圣,

---

① 参看前文第312—313页。

于是,我们从他人那里感到的快乐也就越大了。换言之,我们通过他人的赞赏而形成了对我们自己的评价:这种镜像反射的游戏通过助成感性承认的经济系统而引发了相互承认,最终制造出有关所承认对象的现实性的幻觉,我们从对他人的考量——这种考量乃是我们想象性的表述——中获得的满足正是由这种幻觉激发起来的。

我们构想别人因对我们重视而激动,我们由此产生了种种感情,这些感情又发展为自我满足的感情,而这种自我满足的虚假特性也就这样被突出了出来。但是,命题五十一附释通过使用"常常(saepe)"一词而引入的那种语气上的微调,也适用于这里。命题五十八证明将介绍受感致动的主动情状的概念,受感致动的主动情状也是理性的受感致动的情状,心灵借助它们才能发挥出自身本己地具有的力量,从而主动地形成充分观念,并进而去如其必然所是地看待事物,而不再惑于想象工作机制造成的混淆,进而进入更高的意识形式,也正是在那里,命题五十八对命题五十三所阐述的论点作出了参照,并以如下方式重述了命题五十三的论点:"当心灵设想它自身及它的动作力量时,它会感到快乐(cum mens se ipsam suamque agendi potentiam concipit laetatur)。"原来用的动词"考量(contemplari)"被换成了动词"设想(concipere)",斯宾诺莎借此将他原有论点的内容扭转向了理性化和客观化的方向,使之开始告别"假定","假定"是由关于他者的考量所引出的,也就是说,"假定"在牵涉我们对他人的考量的同时,也牵涉他人对我们的——我们相信如此——考量:随着这种"告别"的出现,互相承认的循环也告打破,伴随着这一循环的幻觉同时也告消失。同理,"论自由"部分命题十五证明①在对"论受感致动的情状"部分命题五十三作参考的时候,也对其陈述作了调整,将"考量(cntemplari)"替换成了"清楚明白地理解(clare et distincte intelligere)",当然,"清楚明白地理解"也是另外一回事——"论自由"命题十五证明是这样说的:"清楚明白地理解自己及自己的受感致动的情状的人从这种理解中获得快乐(qui se suosque affectus clare et distincte intelligit laetatur)。"想象性的——实质上是模仿性的——自我意识虽然将真实的快乐的感情与无客观内容的虚景联系起来,但人陷入这种自我意识并非是不可挽救的:完全可能的是,在某些特定条件——它们当然并非是心灵自发工作时的那些条件——之下,快乐的感情会与充分观念的形成相联系并进而使自身获得发展,并且是渐进地发展,也正是这些充分观念将使心灵回到对事物及其所是的更为恰切的理解。《伦理学》第五部分就描述的是这个过程。

命题五十四对刚阐明的分析的实践后果作出了揭示:由于心灵考量它自身并考量使它得以舒展的它自己的动作的力量时,心灵是快乐的,所以,"心灵只努力想象唯使它自身的动作力量得到确定的东西"。"使……得到确定(ponere)"就是"使……得到肯定(affirmare)",后一措辞就被用于该则命题的证明之中:因此,由这些动词指示的心理态度不是受强制或经由否定而去占有的心

---

① "清楚明白地理解自己及自己的受感致动的情状的人会爱着神,而且他越是这么做,就越理解自己及自己的受感致动的情状。"(第五部分"论自由"命题十五)

理态度，而是独占式的心理态度。命题五十四证明唯一的参考就是"论受感致动的情状"命题七，这个命题七论述的正是 conatus（努力）的原理。conatus 是心灵真正的本质，因为 conatus 所代表的冲动乃是由心灵根底而来的，这种冲动推动着心灵不以任何外部考量为转移地把"它之所是和它之所能是（quod est et potest）"充分展开：此一 conatus（努力）是与心灵的自然/性质同体的，无此 conatus（努力），心灵便不能成其所是。所以，在它自身之中，没有任何东西是能让它在反方向上去追问"非它所是和非它所能是（quod non est neque potest）"的，具体来说，在它自身之中，没有任何东西是向它自己表述着贬抑它自身的事物的。所以说，这一不可遏抑的冲动——铭写在心灵本身的自然/性质之中的冲动——在归根到底的意义上指导着心灵的一切行动（包括想象在内的一切行动），只不过，这些行动后来会通过联系和转移的工作机制给这一冲动接入视随机相遇情形而定地形成的种种有关外部事物的表述（故此这些表述也总是散佚偏离的），这样一来，这些行动也就使这一冲动偏离了它自身构成性的和原初的路径了。自我的根本关切不可能从心灵中消失，斯宾诺莎将自我的根本关切重又带回到 conatus（努力）的原理之中，并由此原理出发来解释心灵的全部工作所指向的那些主要导向，指明了心灵在 conatus（努力）原理指导之下从其根本旨趣所系的视角出发展开其全部工作，心灵"唯独（tantum）"关切那对它的"是其所是"和它的所能是给予肯定的东西——斯宾诺莎这么做，就是想要表明，在心灵的这种急务（préoccupation）之中有某种完全自然的东西，它是先在于一切反思的，心灵不可能绕过这种东西，否则——正如"论受感致动的情状"命题四和命题五已经证明过的那样——心灵将陷入自我矛盾,甚至走上自我毁灭的道路,而这是不可思议的。"论奴役"部分围绕"能力/德性(virtus)"和"谋求自身利益(proprium utile)"两个概念所阐明的论点在这里得到了预先勾勒。

　　心灵自然倾向于想象与自身力量之增加同向的事物并由此感到快乐,另一方面也只得规避那让它观想到可能令它无力的事物,因为如命题五十五所解释的那样作此种观想不可避免地会让心灵感到悲伤。命题五十五证明直接构成命题五十四证明的延续。出于本能倾向于想象与自身动作力量之扩张同向的一切事物的心灵,同时也避免或规避想象与自身方向相反的、与自身动作力量之受限同向的事物。如果说心灵使自己作了这种考量,之所以如此,只能解释为有外在于心灵本身的自然/性质的原因干预进来所致,无非是说"心灵想象着肯定着自己的动作力量的那份努力受到了限制(dum mens aliquid imaginari conatur quod ipsius agendi potentiam ponit hic ejus conatus coercetur)"①——心灵可以在外在原因的干预下想象自身力量的受限并感到痛苦,而显然不

---

① 从心灵自身的conatus(努力)本身出发,心灵只考量肯定着自己动作力量的事物,而不去考量与此一努力所指导的心灵自身动作力量相逆的事物。但命题五十五谈的是心灵考量自身力量之缺乏并因而感到悲伤的情况。这种情况之所以发生,不是由于心灵由自身出发而对自身无力的考量,显然是先感到了由外部原因造成的抑制、限制和局限,并悲伤地受感致动,并进而考量到自身的无力。故此下文说,从心灵自身出发说心灵考量自己的无力是不通的。——译注

可能感到快乐。① 心灵之内的任何东西都不能使心灵自我贬抑；如果它感到自己受到了贬抑，它只能对此感到悲伤。

心灵承受了这样的悲伤的感情，并将这种感情与心灵自身之如是——或毋宁说心灵自身之不是，也就是说，反心灵的自然/性质的东西（正如我们已经看到的那样）——的观念相联系，并转而对这种悲伤的感情加以体验，这是如何可能的呢？命题五十五陈述后紧跟着一则绎理，这条绎理解释说，这种情况之所以会发生，理由正与命题五十三绎理所说心灵"假定"其动作力量增加——而非减小——而激发了心灵自我的欣快感的理由相对称："心灵想象自身被别人贬抑，这种悲伤就会愈为激烈（haec tristitia magis magisque fovetur si se ab aliis vituperari imaginatur）。"斯宾诺莎解释说，这两条绎理的证明方式相同：也就是说，使心灵快乐和悲伤的机制是同一个机制，心灵借这一机制受偶然的和非自然联结的条件制约而与他人的现在现前、与被想象的肯定判断和否定判断联系起来。

命题五十五的这条绎理后面跟着一个附释，此附释说明了两种感性形态，它们是在"受感致动的诸情状定义"之定义二十五和定义二十六中被界说的"羞惭（humilitas）"和"自我满足（acquies-

---

① 在"论奴役"命题五十三证明中，这个推理以更为集中的方式被呈现出来："若个体在考量自己时，察觉到自己的无力，这并不是因为他对自己的理解造成的，而是因为他动作力量受到了限制造成的（si homo dum se ipsum contemplatur aliquam suam impotentiam percipit id non ex eo est quod se intelligit sed ex eo quod ipsius agendi potentia coercetur）。""理解自身（se intelligere）"意味着认识自身的自然/性质，不可能意味着人在感到受抑制时可能做的那样对自身缺陷的感受。

centia in se ipso)"。① 我们考量我们自身时，若依据的是命题五十五所论的工作机制，我们则会感到悲伤而有"羞惭"的受感致动的情状，而若依据的是命题五十三所论的工作机制，我们则会感到快乐而有"自我满足"的受感致动的情状。命题五十五绎理之附释无意于详论这种受抑的感情的有害性质，这种感情表现的无非就是动作力量的受限，这对心灵而言完全是不可容忍的。而自我确信或自爱的特别之处又是怎样的呢——据"受感致动的诸情状定义"之定义二十五所言，自我确信或自爱（亦即自我满足）乃是"人在对他自己本身和他自己动作力量所作的考量中得到的快乐"②，

---

① 这两种感性现象还在命题二十六附释和专论"骄傲（superbia）"的"受感致动的诸情状定义"之定义二十八之中被附带提及过。参看前文第274—276页。

② 根据"受感致动的诸情状定义"之定义二十六所附说明，"自我满足""自我确信"或"自爱"的感情既与"羞惭（humilitas）"（这种感情表现的是我们自己的本性之欠缺所造成的悲伤）相对，又与"懊悔（poenitentia）"的感情（这种感情表现的是这样的事实，即，我们悲伤地审视我们的行为，就此行为，我们认为我们是自由地实施的，因而我们认为我们必定对之负完全责任）相对。这就是说，自我确信或自爱（自我满足）本身关联的事实是，我们对这样一些行为感到快乐，在我们看来，这些行为完全肇发于我们，我们因而希望这些行为能吸引别人对我们给予赞赏：在自我确信或自爱（自我满足）之中，我们因我们所作所为（我们相信我们的这种所作所为只由我们自己做出）带来的满足而欣喜。"受感致动的诸情状定义"之定义二十八所附说明虽将"骄傲"解释为"自爱的结果（philautiae effectus）"，但"骄傲"与"自我确信""自我满足"或"自爱"稍有不同。"论奴役"命题五十七附释（此附释在有关"自我确信""自我满足"或"自爱"的问题上参考了"论受感致动的情状"命题五十五附释）指出，"骄傲"这种自负的感情本身必然导致"嫉妒（invidia）"。

"论奴役"部分命题五十二附释还将就此解释说自我满足或自爱是"我们所能盼望的最佳事物（summum quod sperare possumus）"，但只要同自爱、自我确信或自我满足这种感情联系着的快乐是与"赞赏（laus）"不能分离的——"赞赏"就其实质而言是一种模仿性的感性态度，这种态度使我们对我们自身形成的观念之中蕴含着他人的判断——，并且只要它还与"希望（spes）"相联系，则自爱、自我确信或自我满足就会蒙上不确定性，并在趋势上构成冲突的来源。①

命题五十五（证明之绎理所附的）附释也是这样来进行解释的：每个人都希望别人赞赏他的行为、他的身体的品质或他心灵的能力，"由此可推知，正是由于这个原因，人在本性上是相互嫉妒的（hinc ergo etiam fit ut homines hac de causa sibi invicem molesti sint）"。② 在对自我张扬及其动作力量的无节制欲望的推动之下（自我张扬及其动作力量的扩张总是表现为与他者的比较和竞争），"每个人都会在考量被他断定为他自身之内所独有且为他人所无的自珍之物时获得最大的快乐（unusquisque ex contemplatione sui tune maxime gaudebit quando aliquid in se contemplatur quod de reliquis negat）"：我们之所以对被断定属于我们的优点如此欣

---

① 正是着眼于这种冲突，"论奴役"命题三十四证明才引述"论受感致动的情状"命题五十五附释说："只要诸个体受乃是被动情状/激情的受感致动的情状困扰，他们之间便会相互反对（quatenus homines affectibus qui passiones sunt conflictantur possunt invicem esse contrarii）"。

② 命题三十二附释已经就此问题顺带地作过了评述，参看前文第332页。

喜,乃是由于我们注意到它们是他人所不具备的缘故。相反,我们在看到他人的闪光点而且他们也为之感到自豪时必定感到悲伤,因为那些闪光之处被我们羞愧地视为我们自身所无。这里仍旧存在着一种以抑制他人为代价而竭力将我之所是和我之所为抬高的倾向,这种倾向只可能让无数的冲突恶化和激化:"由此可见,人的自然/天性就倾向于恨与嫉妒(apparet igitur homines natura proclives esse ad odium et invidiam)",因为推动所有人竭力自我"贡高"、不落人后的冲动不可避免地使一切人反对一切人。斯宾诺莎强调说,这种由自然天性而成的心态通过教育得到了加强,因为,父母主要利用这种荣誉感和嫉妒感来培养子女们的品质。

我们看到别人身上的一些品质,并惊讶于这些品质,以至于引起了我们对他们的尊重,也就是说,引起了我们的无利害的考量,这种考量不牵涉须臾不可分离地附着在与他人相竞争的欲望的悲伤的感情,也就是说,这种考量摆脱了嫉妒——"往往(non raro)"会有这种情况发生,然则怎么来解释这种情况呢?这种尊重,这种我们无保留地给予的尊重,与我们见他人身上的优点而在内心中以多少在我们看来也是毫无道理的方式产生的嫉妒之间"恐怕(scrupulus)"还是有区别的。为了解释两种感情的微妙差别,斯宾诺莎陈述了一条新经理:"人不会对别人的品质产生嫉妒,除非这个别人是与他位势相同者(nemo virtutem alicui nisi aequali invidet)。"

嫉妒(其概念在命题二十四附释中介绍过①,也在"受感致动的诸情状定义"之定义二十三得到了专门界定)因而是一种悲伤,

---

① 参看前文第260页。

其成因在于"个体的动作力量,也就是说他的conatus(努力),受到了限制(qua hominis agendi potentia seu conatus coercetur)"。①一事物(人)的conatus(努力)的运动力量,与同尺度内的另一事物(人)的conatus(努力)的运动力量相对抗,才会产生这种限制,因为只有同尺度的两物(人)才会形成等位势上的对抗。实际上,"一个人除了从他的自然/性质发出的事物外,既不努力做任何事,亦不欲求任何物(homo nihil agere conatur neque cupit nisi quod ex data sua natura sequi potest)"②,这就是说,人对不属其自然之物——或者说对与他毫无共同之处的东西——必定是漠然的:人

---

① 应当指出的是,在命题五十五第二条绎理的证明中,嫉妒被说成是"一种应变致动的状态(affectio)",而非是一种"受感致动的情状(affectus)"。这一措辞上的选择在整个"论受感致动的情状"部分的上下文中十分奇特,至少就该词是对心灵状态进行说明而言是殊为难解的。

② 为了确证这一陈述的真实性,斯宾诺莎对命题九附释作了参考,但那则附释并不是明确地提出这个论点的。实际上,对命题二十七所阐明的模仿原理进行参考,才能使我们理解这个论点,命题二十七解释了受感致动的情状在联系于"与我们相似的事物(res nobis similes)"的考量时是如何发展自身的。但是,conatus(努力)本身以及由之直接而来的感性的基本形式——这些感性基本形式并不固着于任何具体物——就它们自身而言是不受这一决定的作用的,这个决定要对它们起作用(即接入对"相似"的同类的考量)就需要想象机制的中介:在"你""我"之间的游戏中,每个人都是借助由他人反射出来的自己的镜像来辨认自身的,而要使支配着这个游戏的装置配置停当,就必须有一些必要条件,这些必要条件能使每个人确信他们共属于一个共同自然/性质。这些条件未必不是被偶然地、以幻觉的方式,因而也是以不确定和不稳定的方式被给予出来的:所以,只要稍有"犹疑(scrupulus)",嫉妒就会变为尊重,反之亦然。

不会对树木或火焰产生嫉妒,人嫉妒人,这条经理所附附释如是说,这一说法曾经也在命题五十二附释那里得到过评述。

尊重和嫉妒之间只有细如发丝的差别:这表明了,两种感性形态的两歧性,条件稍有变化,其中之一就会突变为另一个,这种突变取决于身份同一性认同机制是否起了作用。但是,这种两歧性从这两种受感致动的情状的发展方面打开了一个伦理学的角度,就此伦理学角度是可以开掘出其积极的方面的。我们在这里看到的这种模糊性,可以类比于"光荣(gloria)"①在其发展中所伴随的那种模糊性,"光荣"与"冀人青眼的欲望(ambitio)"之间也仅有某种难以察觉的微妙区分。然而,这并不意味着我们对两种受感致动的情状只取前一个而永远地拒绝后一个参与到前一个之中。相反,从着眼于感性的逐步趋于理性化的发展过程的角度来看,两种受感致动的情状之间的二元性是可资利用的,正如"论自由"命题十附释所说明的那样,我们可以倾向于好的一方进而使两方进入动态的平衡,并让不后于人的欲望保持在最大限度地发挥 conatus(努力)这一始源冲动所蕴含的潜能的方向之上。同理,即便尊重倏忽之间就能退化为嫉妒,这也并不意味着,尊重这种感情——鉴于它的构成性的脆弱性——不能在强化其积极方面的方向上得到培固,而它的那些积极方面恰恰是可以被整合进解放规划的整个经济系统之中的。同样的道理最终也适用于"自我满足(acquiescentia in se ipso)",虽然人人都有自己的自我满足的合法化标准,而且这种标准也很不稳定,虽然自我满足因此极不确定,而且还可能引发冲突,但是,正如"论奴役"命题五十二所

---

① 参看前文第308—311页和第316—317页。

说，自我满足也"可以起于理性，且唯有起于理性的自我满足，才是最高的满足（ex ratione oriri potest et ea sola acquiescentia quae ex ratione oritur summa est quae potest dari）"。经过这样的陶冶培养，"自我满足（acquiescentia in se ipso）"乃能转变为本真的满足，后者正是"论自由"后半部分要阐明的概念，据此概念：后一种感情已脱去了对人的身位化身份同一性的依赖——那种身位化的身份同一性是由模仿性的认同机制所强化而成的——将由于非个人身位化而使感性生活能够完全地理性化，而一旦感性生活完全理性化，解放也随即完满实现。

6. 关于偶性的感性行为的推导以及对受感致动的被动情状的一般定义（命题五十六，受感致动的诸情状定义之定义四十五、定义四十六、定义四十七、定义四十八，以及受感致动的情状的总定义）

自命题九以来被展开的这些分析使我们为感性生活勾勒出它的简要图样成为可能：我们于是可以在这些分析之间将一定数量的倾向和冲动的模式联结起来，尽管这些模式的具体过程当其表现为种种特殊效果的时候十分难解，但在一般的意义上说都服从于一定数量的元素性心理机制，这些心理机制在既无意志也无意识先行介入的情形下自动地进行着工作。这一简要的模式化对实现"论受感致动的情状"部分前言中勾勒的计划而言是至关重要的：这种简要的模式化的原因性解释让感性完整地显示出其自然的和必然的特征，从而揭示出一种根本性的秩序，尽管初看上去,在这种秩序的表层,我们所看到的仅仅是无序和任意的东西。但是,即使有了对感性的主要趋势的这种纲要性概括,我们也切不可忘记,即便受感致动的情状是在这样得到界定的基础上发展的,其发展也表现出多到无法计数的变化,这些变化使感性的表现方式犹如万花筒中的图像那样斑驳陆离:受感致动的情状的现实性,正是以这种万花筒中的多变图景的形式在经验中被直接给予出来的。"论受感致动的情状"命题五十六用一个单句陈述指明了这一多样性原则①,由此原则可推出所有这些受前述总的工作规则支配的偶性表现,无论它们是怎样地千变万化。

这个推导的原理非常简单;这一原理是这样解释的,即,快乐、悲伤或欲望等受感致动的基本情状,凡遇到被一般地考量的、凡遇到不被从其特有自然/性质方面出发考量的"事物",便不可避免地衍生出种种"心灵的混淆(fluctuatio animi)"的特殊效果,不可避免地具有这些特殊效果的这些受感致动的基本情状还进而形成了各种感性丛结,也就是说,形成了多种爱恨形态(关于这一过程的绝大多数推理在前面已经阐明),故此,感性生活中(每个个体的感性生活中)被固定的事物的种类有多少,这些感性丛结(或爱恨形态)的种类就会有多少;这些种类的多样性不可胜

---

① "Propositio 56. Laetitiae, tristitiae, cupiditatis, et consequenter uniuscujusque affectus, qui ex his componitur, ut animi fluctuationis, vel qui ab his derivatur, nempe amoris, odij, spei, metus etc. tot species dantur, quot sunt species objectorum, à quibus afficimur."/"命题五十六:促动我们的对象有多少种类,快乐、悲伤和欲望就有多少种类,因此由这些受感致动的情状所组合而成的受感致动的情状(例如心灵的混淆)或由这些受感致动的情状衍生的受感致动的情状(如爱、恨、希望、恐惧等)也就有许多种类。"——译注

计,因为,受感致动的基本情状能无差别地与一切事物相结合而不考虑它们的自然/性质,任何一个事物结合受感致动的基本情状都会造成感性丛结的形成①:"促动我们的对象有多少种类……(快乐、悲伤、欲望)就有多少种类(tôt species dantur quot sunt species objectorum a quibus afficimur)。"这就是说,如命题五十六附释开头所言,"受感致动的情状的种类是极多的(affectuum species perplurimae esse debent)"。

命题五十六证明一开始就对我们绝大多数自发的感性行为的(由被动性主导的)被动情状/激情性质进行了强调②:"快乐和悲伤——因而还有由它们组合而成的或自它们衍生而来的受感致动的情状——都是被动情状/激情(laetitia et tristitia et consequenter affectus qui ex his componuntur vel ex his derivantur passiones sunt)"。所以,虽然快乐和悲伤自命题十一附释以来被分别对待,但实际上它们都是"被动情状/激情(passiones)":快乐和悲伤实际上都对应的是我们心灵建制所承受的无序刺激,这些无

---

① 在命题五十六证明中,斯宾诺莎用"甲乙丙(ABC)"来指代这些对象。这些对象因而是被化简到它们的纯粹杂多性之中的东西,不涉及它们各自的特殊内容。

② 斯宾诺莎回过头点明了感性生活中的被动性(即在我们的"是我们之所是"的力量和动作力量受限的意义上所说的被动性)方面,进而为终结"论受感致动的情状"部分的最后一幕作好了准备:最后的启示性一幕由命题五十八和命题五十九组成,这两则命题专论受感致动的主动情状,在某些情况下,这些受感致动的主动情状将使感性获得解放,并沿着人的是其所是的力量和动作力量之有效扩展的方向使感性转而变为人的心灵建制的本真主动性的表现。

序刺激在心灵建制内部引发种种变化,这些变化又是可以由与一定现在现前的存有的事变相关联的心灵建制的一定的紧张性强弱程度来衡量的,在这一变化过程中,心灵完全是服从于想象的工作机制的,同时也是受想象工作机制所形成的不充分的观念支配的。由此观之,心灵获得的是好的感觉还是坏的感觉、是沿着其动作力量增加的方向还是减少的方向被驱动,都改变不了这些受感致动的情状的实质,因为,在所有这些情况中,心灵所经历的刺激都是由身体的应变致动的状态传递过来的,因而是这个身体同外部物体相遇所造成的应变致动的状态传递过来的,这一个身体所遭遇的这种相遇是依据自然的共同顺序实现的,故此,这个身体——以及与之同步的心灵——注定是被动的。"只要我们在进行着想象且仅在进行着想象,我们就必然是被动的(eatenus tantum necessario patimur quatenus imaginamur)。"故此,感性,只要它受想象的法则支配,就必定被使事物的自然/性质永久地不能为其所知的那种对事物的考量所吸收,那种考量仅仅通过身体的应变致动的状态的观念来进行表述,而永远不可能对身体的应变致动的状态同其观念之间的关联作出清楚的分辨,这一点是"论心灵"部分命题十七已经指出过了的。这样一来,快乐和悲伤便永远地此消彼长,全由它们偶然地联系着的这种或那种"原因"而定:快乐和悲伤如此这般地系于其上的这些对象,就它们自身而言,绝非这些受感致动的情状的真实原因;这些对象只是助成了这些受感致动的情状的形成,因为,正是想象对身体的应变致动的状态的表述偶然地把这些对象同这些受感致动的情状联系了起来,此后二者便再也不会分离:只要心灵被动地经历这种事态的序列,它就一直以必然的方式被这些表述所驱动,丝毫不能摆脱由这些表述所造成的压力;因此,快乐和悲伤被系于其上的事物——无论其本身的自然/性质为何——有多少种,就会引发多少种"心灵的混淆(fluctuatio animi)"的表现,同时也就会造成多少种必定与这些心灵的混淆的表现相对应的爱、恨、希望和恐惧,也就是说,就会造成多少种决定着每个人的日常行为的感性丛结,因此,这些事物恰以此种方式充当着"原因"而助成了感性生活的展开,感性生活这样被驱动而必然地表现出这样或那样的效果:但是在所有这些情况中,这些事物实际上都是偶性的"由头",心灵的动作完全取决于自然的共同顺序,而自然的共同顺序又完全受前后相继的偶然相遇的时间法则支配:这也就是说,在这里,"必然"就意味着"偶然","偶然"就意味着"必然"。

这一推理虽然主要是针对快乐和悲伤两种受感致动的基本情状所作的,但也适用于"欲望(cupiditas)"的一切形式,因为,欲望的定义正是:它乃是一种施行动作的冲动,其实质是由每个个体以保持在其各自最根本的"是其所是"之中为念的努力构成的,此外,这种施行动作的冲动也还依据具体情况、依据每个个体"出自他本身的任何被给予出的状态(ex data quacunque hominis constitutione)"而有各自特殊的导向,这是命题九附释及"受感致动的诸情状定义"之定义一阐明过了的。① 心灵,由于在不知自身将何所感的情况下已先行被决定,是被决定着施行自身动作的,而其动作依据的是使其随时发生这样或那样转向的随机情形,即便心灵施行动作的这些冲动是由其自身根底释放出的能量所推动的,它也无法控制这些冲动的转向。因此之故,完全由随机情形

---

① 参看前文第140—141页。

第五章 感性生活中的偶性和变动(命题四十八到命题五十七) 451

造成的感性的经验形式的多样性无涉于感性实质:即便这种多样性很重要,但它不会改变感性的基本工作机制,无论在何种特殊条件之下,感性的运行都保持着其基本的工作机制。

命题五十六附释以示例的方式对多种多样的感性形态中"尤其值得注意"的一些进行了列举,它们是"嗜吃(luxuria)"①"贪酒(ebrietas)"②"贪婪(avaritia)"③"淫欲(libido)"④和"冀人青眼的

---

① "45. Luxuria est immoderata convivandi cupiditas vel etiam amor." / "45. 嗜吃是对于进食超过限度的爱或欲望。"——译注

② "46. Ebrietas est immoderata potandi cupiditas et amor." / "46. 贪酒是对于饮酒超过限度的爱或欲望。"——译注

③ "47. Avaritia est immoderata divitiarum cupiditas et amor." / "47. 贪婪是对于财富超过限度的爱或欲望。"——译注

④ "48. Libido est etiam cupiditas, et amor in commiscendis corporibus. Sive haec coeundi cupiditas moderata sit sive minus Libido appellari solet. Porro hi quinque affectus (ut in schol. pr. 56. hujus monui) contrarios non habent. Nam modestia species est ambitionis, de quâ vide schol. pr. 29. hujus. Temperantiam deinde, sobrietatem, et castitatem mentis potentiam, non autem passionem indicare jam etiam monui. Et tametsi fieri potest, ut homo avarus, ambitiosus vel timidus à nimio cibo, potu et coitu abstineat, avaritia tamen, ambitio et timor luxuriae, ebrietati vel castitati non sunt contrarij. Nam avarus in cibum et potum alienum se ingurgitare plerumque desiderat. Ambitiosus autem, modo speret fore clam, in nulla re sibi temperabit, et si inter ebrios vivat et libidinosos, ideo quia ambitiosus est, proclivior erit ad eadem vitia. Timidus denique id quod non vult facit. Nam quamvis mortis vitandae causâ divitias in mare projiciat, manet tamen avarus; et si libidinosus tristis est, quod sibi morem gerere nequeat, non desinit propterea libidinosus esse. Et absolute hi affectus non tam actus ipsos convivandi, potandi etc. respiciunt, quam ipsum appetitum et amorem. Nihil igitur his affectibus opponi potest, praeter generositatem et animositatem, de quibus in sequentibus. Definitiones Zelotijpiae et reliquarum animi fluctuationum silentio transmitto, tam quia ex compositione affectuum, quos jam definivimus oriuntur, quam quia pleraeque vocabula non habent. Quod ostendit ad usum vitae sufficere, easdem in genere tantummodo nosse. Caeterum ex definitionibus affec|tuum, quos explicuimus liquet, eos omnes à cupiditate, laetitiâ vel tristitiâ oriri, seu potius nihil praeter hos tresesse, quorum unusquisque varijs nominibus appellari solet propter varias eorum relationes et denominationes extrinsecas. Si jam ad hos primitivos, et ad ea quae de naturâ mentis supra diximus attendere velimus, affectus, quatenus ad solam mentem referuntur…"/"48. 淫欲是对身体交媾超过限度的爱或欲望。无论对性交的欲望有无节制,通常都称为淫欲。而且,(正如我在命题五十六附释中所指出的)没有与这五种感情相对的感情。因为谦恭是冀人青眼的欲望的一种(见命题二十九附释),而我也已经指出'节制''清醒''贞洁'都表现心灵的力量,而非心灵的被动情状/激情。即使贪婪、冀人青眼或懦弱的人可能会拒绝过多饮酒、进食与性交,但贪婪、冀人青眼的欲望与懦弱和嗜吃、贪酒和淫欲仍非相对。因为贪婪的人通常会渴望咽下别人的食物、喝掉别人的酒水。而冀人青眼的人只要能盼望自己不会被发现,就不会对任何事物有所节制;这样的人若是终日生活在酒鬼与淫棍之间,那么由于与他极具冀人青眼的欲望的缘故,他就会更倾向养成这些陋习。最后,懦弱的人会做他不愿做的事。因为尽管他宁愿将财富投诸大海以求免于一死,他仍然贪婪如故。而即使一个好色的人会因无法放纵逸乐而悲伤,他也不改渔色之好。整个说来,这些受感致动的情状与饮食男女等行为的关系,不如这些受感致动的情状与偏好本身和爱的关系。因此,除了稍后会提到的'仁爱'和'心灵的品性强度'之外,没有什么与这些受感致动的情状相对。我避免谈论'猜忌'与别的心灵的混淆状态的定义,既是因为这些受感致动的情状是由我们所定义过的那些受感致动的情状组合而成,也是因为这些受感致动的情状大多没有定名。这表明,为了实用起见,只要对这些受感致动的情状有一般的认识

欲望(ambitio)"。①斯宾诺莎指出,这些感性形态"不外乎是爱或欲望的概念(non nisi amoris vel cupiditatis sunt notiones)",因而都是爱和欲望的特殊形式,分别对应着它们各自的对象并进而相互区别开来:嗜吃的对象是食物,贪酒的对象是酒精,贪婪的对象是财富,淫欲的对象是性快感,冀人青眼的对象是来自别人的(好的)看法。如果说,这些不同的受感致动的情状"不是别的,都是(nihil aliud)"爱或欲望在其偶然获得的内容之中形成的种种感性形态的话,我们还必须补充说明的是,在所有这些情况中,我们看到的都是"超过限度的爱或欲望(immoderatus amor vel cupiditas)":它们之所以特殊,正是由于它们各自具有独特的特征,这种独特的特征正在于它们自发地不受节制的这种过度性。因此,斯宾诺莎补充说,这些受感致动的情状没有反面的受感致动的情状:通常被用来与"嗜吃""贪酒"和"淫欲"对立的"节制(temperantia)""清醒(sobrietas)""贞洁(castitas)"等"并非是受感致动的情状或被动情状/激情(affectus seu passiones non sunt)":我们对

就足够了。况且,从我们已经解释过的受感致动的情状定义来看,就能清楚这些受感致动的情状都起于欲望、快乐和悲伤——或者说所有的受感致动的情状不是别的,都是这三者,只是大都由于彼此间的不同关系与外在称谓而分别被冠以不同的名称罢了。我们现在希望专注在这三个受感致动的基本情状以及先前所述的心灵的自然/性质上……"——译注

① 嗜吃、贪酒、淫欲是文本中新出现的感性形态,"受感致动的诸情状定义"之定义四十五、定义四十六和定义四十八分别对它们进行了界定。贪婪的特征在命题三十九附释中曾被提及,"受感致动的诸情状定义"之定义四十七对之进行界定。至于冀人青眼的欲望,这一感性形态是命题二十九附释中介绍过了的,"受感致动的诸情状定义"之定义四十四对其进行了分析。

这几句话应该作这样的理解,即,它们不是受感致动的情状之为被动情状/激情意义上的受感致动的情状,也就是说,它们不是身体的应变致动的状态直接传递到心灵并由心灵直接形成的观念——这些观念仅仅是想象的观念——这一意义上的受感致动的情状。这些心灵状态是"心灵用以约束那些受感致动的情状的力量"。①

在"受感致动的诸情状定义"之定义四十八所附说明中,斯宾诺莎又对他认为很重要的这个要点进行了解释:在那里,他使用的措辞变为"性交的欲望",以此来指代 libido,这种"性交的欲望"可以是正常发生的,也可以是过度发生的,但他倾向于用该词指称这种自然机能由于被毫无节制地使用而偏离了其常规过程的情形。② 正是出于这一考虑,在定义四十八说明里,斯宾诺莎又重提了"受感致动的诸情状定义"之定义四十三专论的"谦恭(modestia)",它是"通人情(humanitas)"的一种形式,是"只做令他人喜悦的事,而克制去做不令他们喜悦的事的欲望(ea faciendi quae hominibus placent et omittendi quae displicent)"。正如我们曾在评述命题二十九附释时有机会指明过的那样,我们在这里③处在过渡性感情的顺序之中,这些过渡性感情介于被动性和主动性之间,既可以倒向这边,也可以倒向另一边,这取决于它们是否服从理性的控制。所以,按照斯宾诺莎的推理,只要它们接受这种

---

① 斯宾诺莎在"论奴役"命题七十一附释中说明"不感恩不是一种受感致动的情状(ingratitudo affectus non est)",也是在这个意义上说的。
② 也正是鉴于此,我们在这里不用"性欲"而用"淫欲"翻译 libido 一词。
③ 参看前文第 308—312 页。

控制，它们就不再是被动承受的激情，不再是受感致动的被动情状了。

因此，这个分析的真正重要的方面是，所有这些感情虽然可通过它们联系着的外在对象而被识别，但实际上，就其根本而言，这些感情既不是由对象的现在现前或不在现前所决定的，也不是由占有或放弃占有此对象所决定的：在这里，行为（吃、喝、性交、积累财富、在人前炫耀）相对于意向而言是第二位的，也就是说，在这里，心灵的心态倾向是第一位的，心灵的心态倾向形成的是不充分观念还是充分观念，将决定行为的走向，行为正是从心灵的心态倾向中获得其伦理意义的，行为由此而有了主动和被动之分。行动宣泄条件本身是偶然的，因为它们取决于个体经历这些受感致动的情状时所处的具体环境，视环境是否利于使个体的爱好得到满足成为可能而定，故此，被爱好所困扰的个体是否是这些受感致动的情状的奴隶，其内在理由系于他自己的精神建制，全视他的心理建制是以想象性表述还是理性表述、是以不充分观念还是以充分观念形成而定，而无涉于他是占有了甲乙丙对象还是被剥夺了甲乙丙对象，这些对象只是从外部被给予了爱和欲望的偶然客体而已：一个贪婪的人，为免死求活起见将财富投诸海中，但根底里仍是一个贪婪的人；好色者之所以克制自己不去做他渴望做的那淫行，只是因为环境不允许，或者只是因为支配着他的贪婪的感情大于他的性交的欲望而已，也就是说，好色者只是暂时收敛，但仍不失被他对淫行的执念所支配，此时他的这种执念甚至比他的淫欲直接获得满足时还要令他感到饥渴。斯宾诺莎于是重又提到了"懦弱（timidus）"的情况，这一情况曾在命题五十一附释中提到过。懦弱是"怯懦（timor）"的一种形式，使人不能做出特定的行动:但却不能杀灭他的觊觎之心。① 实际上,唯有对爱好的原因有理性的把握,才能消除这些爱好的被动情状/激情方面,从而使之获得改造,相反,仅是克制而造成这些爱好在效果方面的限制,是不能真正克服这些爱好的。所以,我们往往在形式上可以观察到——从外部观察到——掩盖着残酷的彬彬有礼,残酷在这种礼貌的矫饰下暂时延宕了它们的满足;但是,让心灵顽固地趋附于对某些特定对象的表述的被动情状/激情性机制在那礼仪的矫饰之中是未受任何触动的,因此,心灵注定由此而陷入奴役之中。

命题五十六附释和"受感致动的诸情状定义"之定义四十八所附说明以相同的方式总结说:不必再深入感性生活的具体过程的细节之中,在所有的情况中,无论感性生活偶然地被接入的"由头"是什么,偶然地通过复杂的构型而形成的个别的感情组合方式是什么——这种组合是如此复杂,以至于难以梳理、不可名状——,都可以观察到相同的一些工作机制,这些工作机制正是

---

① 对此,还必须补充以命题五十一附释里阐明的那种思考:个体在特定环境中命令自己必须有所保留的情形,之所以被解释为个体的懦弱性格的体现,唯其是通过旁人眼光所见而呈现为懦弱的,这个旁人将自己的态度同这个个体的态度相比较,并从自己个人角度判定此个体的这种保留为懦弱。在外在性顺序中展开的这样的判断就其定义而言是模棱两可和不确定的:这种判断闭锁在同样的被动情状/激情的循环圈之中,不可避免地服从于种种想象的图式,全赖此判断偶然地联系着的角色关系而定。因此,个体克制自己不做特定的行为,是由于他的心灵力量所致,还是由于别的受感致动的情状(比如不愿耗费资财的欲望,或唯恐令他人不快而注意修饰礼仪的欲望等虚弱的表现)对他的影响所致,是不可能被确切地知道的。

前面已经被重构出来并得到了分析的:所以"只需对这些受感致动的情状有一般的认识就足够了(easdem in genere tan-tummodo noscere sufficit)"。也就是说,"应该给出一个总定义(generalem habere definitionem)",这个"总定义"可以将种种受感致动的情状归于欲望、快乐和悲伤等基本形式。斯宾诺莎要达成的目标既是要测定"受感致动的情状的作用力(affectuum vires)",又是要"使我们理解受感致动的情状与心灵的共同性状,俾使我们能测知心灵控制和限制受感致动的诸情状之力量的自然/性质和重要性(affectuum et mentis communes proprietates intelligere ut determinare possimus qualis et quanta sit mentis potentia in moderandis et coercendis affectibus)"。

故此,在将受感致动的情状的主要形态的定义汇集起来的"论受感致动的情状"部分的这个附录(定义表)后面,又给出了一个"总定义",对受感致动的(被动)情状共有的一般特性加以总结,这些一般特性适用于感性生活的所有特殊的发展形式,从而使我们可以不必逐个地对这些发展形式作穷尽式的个案分析。

这个总定义是这样陈述的:"可以被称为心灵的苦楚的受感致动的情状乃是一种混淆的观念,心灵借此混淆的观念对其身体或其身体的任一部分的较此前更大或更小的存有之力作出肯定,同时,这样地在心灵中给予出来的观念被决定着思考这个事物而非别的事物(affectus, qui animi pathema dicitur, est confusa idea qua mens majorem vel minorem sui corporis vel alicujus ejus partis existendi vim quam antea affirmât, et qua data ipsa mens ad hoc potius quam ad illud cogitandum determinatur)。"此总定义后附有详细说明,已在措辞上经过了仔细斟酌的总定义中的字句被重述和论证,以便将其意义的那些重要方面呈示出来从而杜绝任何偏差性的解释。斯宾诺莎在说明中为分析给予的高度慎重说明了此总定义的陈述的重要性,这个总定义集中了他对感性的解释要点,由此要点可以得出感性的种种一般特征;同时,总定义之后所附说明也再次表明了这一解释的难度,他的这一解释完全更新了有关激情的传统论点:构成了理解这一解释的障碍的,恰恰正是这种新颖性。

我们不要忘记,这则总定义涉及的是"可以被称为心灵的苦楚的受感致动的情状(affectus, qui animi pathema dicitur)",有关这一点,前文已经讨论过。① 这为感性划定了一个范围,在这个范围里受感致动的情状都表现为被动情状/激情,如果我们将这一分析放在命题五十六的上下文来看,就是很好理解的了,命题五十六正是从感性生活呈现为这类被动情状/激情形式的观察出发以期理解其成因的。这些皆为被动情状/激情的受感致动的情状实际上不是别的而都是在特定的偶然情境中、或在特定的条件下在心灵中形成的混淆的观念。"实际上,我们已经证明过心灵越是有不充分的或混淆的观念就越是被动(nam mentem eatenus tantum pati ostendimus quatenus ideas inadaequatas sive confusas habet)",在重提命题五十六证明在参考"论心灵"部分命题十七时提到过的这个论点时,斯宾诺莎在这里还参考了"论受感致动的情状"命题三,这则命题三的陈述是:"心灵的主动活动只起于充分观念;其被动活动仅取决于不充分观念(mentis actiones ex solis ideis adaequatis oriuntur; passiones autem a solis inadaequatis pen-

---

① 参看前文第 25—26 页。

dent)。"对此,我们应理解为:心灵当其主动之时,其主动是由于它形成了充分的观念,它本身乃是这些充分的观念的充分原因,此外再无任何其他理由;心灵当其被动之时,它也就是受困于皆为被动情状/激情的种种受感致动的情状,心灵之被动是由于它在自身内形成了不充分的观念,它自身不是这些不充分的观念的充分原因,此外再无其他任何理由。这一解释,如其应被正确地理解的那样,乃是原因性的解释:它不仅指出,当心灵受制于被动情状/激情之时,它会发现自己处于心灵混淆的状态之中;这一解释还指出,正是因为心灵处于这种状态之中,它才会受制于那些被动情状/激情。而这恰恰与我们自发地倾向于形成的那种想法在视点上是完全相反的:心灵之所以发生混乱,之所以屈服于同其自然/性质相异、淆乱其自然/性质的工作的状态,不是因为心灵经验着被动情状/激情所致;相反,恰恰是因为心灵错误地思想、远离了决定着其自身主动性的那些规则,心灵才使自己置身于被动情状/激情状态。所以,被动情状/激情——也就是我们称之为感情的东西——这种精神建制虽特有无限多样的变化,但终究不是别的而只是特定的思想方法、特定的构造概念的方法的结果,只是心灵对现实(无论现实有何种具体内容)的特定把握形式的结果;这种思想样式本身同生命的有限样式是不可分离的,生命的有限样式的明白的特性就是不充分性和混淆。这样一来,就须对这种方式是怎么形成的进行理解。

不过,在进入这一新的解释之前,还需要指出的是,在不充分的观念和被动情状/激情状态之间建立起来的这种原因性关系,在行文中似乎并不是完全严格固定的,似乎还有调整的余地,至于是否能够调整,则要看(二者间的原因性关系)是否增长得超过了某些强度阈限。实际上,"论受感致动的情状"部分命题三也仅限于断言激情/被动状态取决于或源于心灵中不充分观念的现前,而"总定义"所附的说明则是以如下方式重述这一论点的:"心灵越是有不充分的或混淆的观念就越是被动(mentent eatenus tantum pati quatenus ideas inadaequatas sive confusas habet)。""越是……越是……(eatenus…quatenus…)"这一述谓结构常见于《伦理学》之中,尤其多见于第三部分和第四部分①,这一句式结构在这里又由"只要(tantum)"一词所加强,严格地划定了强度范围。因而,仅当心灵为不充分的观念所占据的时候,心灵按照不充分的观念的多少比例,成正比地被驱动向被动性,并且成正比地被动承受:被动情状/激情状态(成比例地)取决于不充分的观念这一论点于是也打开了使这些被动情状/激情状态得到控制的可能性;被动情状/激情的状态因而是处在分成强度渐增的形式或水平序列之中的,被动情状/激情状态的不同的形式或水平之间有大小程度之分:这一切都是围绕受感致动的情状或被动情状/激情的"作用力(vires)"而进行的推算,命题五十六附释的结尾已提到过被这样推演的这种推算;我们知道,这种推算将构成《伦理学》第四部分的中心议题。在这里我们必定可以得出一个结论,即,被动性并非一种绝对状态,并非彻底永久地排除了其反面——主动性——的一种绝对状态;相反,被动性本身给出的是一些估量的结果,这些估量的结果总是相对的,而且这些估量结

---

① 参看"论受感致动的情状"部分命题一、命题五、命题九、命题四十八各处。"愈是……愈是……(eo magis… eo magis…)"的句式与此句式所表达的关系类型相同。

果的原则不是由被动性的效果给出的,而只是由被动性的原因单方面给出的,也就是说,是只由心灵中不充分的观念之占比大小给出的。

不充分的观念的产生是"论心灵"从命题十四开始的整体分析的主题。"论受感致动的情状"这里的"总定义"参考了"论心灵"命题十六绎理二,并利用了此一分析的结果。"我们对我们身体具有的一切观念,指示我们的身体的实际状态,多过指示外部物体的自然/性质(omnes corporum ideae quas habemus magis nostri corporis actualem constitutionem quant corporis externi naturam indicant)。"这句话就我们自发地对现实所形成的表述的混淆性质作出了说明:"总定义"后附的这则说明在这一点上,与命题五十六证明在参考"论心灵"部分命题十七时所作的说明完全是相同的。对促动着我们身体的物体和我们的被如此地受促动的身体同时进行表述的不充分观念,总是对两类观念——对外部物体的观念和对我们身体的观念——的不加区别的混淆观念;故此,这些不充分的观念"指示(indicant)"的是我们身体的即刻现前的状态,而并不使我们去认识促动着我们身体的外部物体的自然/性质;确言之,不充分的观念是通过首先与我们自己相关的主观印象的中介让我们去认识促动着我们身体的外部物体的自然/性质的:感知是一种内部状态,此内部状态的本质在于透过它所属的身体——或它所属的身体的某部分——的某些特定情状形成意识。什么是受感致动的情状? 据"论受感致动的情状"部分开篇已经给出的定义(定义三),受感致动的情状是与身体动作力量的增加和减少相对应的身体的应变致动的状态之观念:这一(动作力量的)变化与受感而动的此一身体的状况有关——在受外部物体之感而致动中,此一身体相对于外部物体或主动或被动。在这个意义上说,受感致动的情状乃是我们自发地就现实形成的某种感知:就它的形式是由观念构成而言①,此种观念所指示的首先乃是我们身体的即刻当下的状态,表现着身体同其此前状态在"存有的力度(vis existendi)"增强和减弱——它们分别标志着身体"实存力"的扩张和受限——方向上的变化。人的所有的受感致动的情状首先是与他自身相关的,并且,根据人的偶然情况所形成的事物的观念,就其牵涉着人的身体或身体的任一部分的现在现前的存有而言,表现的只是人的"是其所是"和动作的力量。这一分析所揭示的东西因而是受感致动的情状的主观特性,也就是说,与一切混淆的观念所做的事情一样,受感致动的情状指示或表现的是人先前状态之终止的一种状态,而且是先透过人身体的存有力度的变动的这个棱镜把外部现实包含进来,继而再对这个外部现实进行表述的:正是由于这一点,受感致动的情状才是一种混淆的观念。

受感致动的情状首先与人自身相关,继而才固定在外部事物上,这一事实即对应着受感致动的情状的主观性,不过,受感致动

---

① "观念构成了受感致动的情状的一种形式(idea quae affectus formant constituit)"这个提法很有意思,但也很难解释。这句话在强调了受感致动的情状有着观念的形式的同时,还暗示观念并非受感致动的情状的全部,受感致动的情状必定还有使形式能赋于其上的质料或内容。撇开构成其形式的观念不谈,为受感致动的情状给予出其质料的东西又是什么呢?是心灵对存有的力度的变化的瞬时反射。这种反射留下的观念尚未达到表述的阈值,必须要借助于另一观念的形成来使它锐化才能让它进入意识。受感致动的情状存在于微观心理层面,因而总已经是观念下面的观念。

的情状的这种主观性是一种特殊类型的主观性：我们差不多可以说，它是无主体的主观性；对此，应该作这样的理解，即，它无法被主体给予固定的支撑，它仅仅是顺着混杂变动的种种印象的方向一会儿流向那里一会儿又流向这里的流动主观性，这种主观性是无法控制、混杂变动的那些印象的连续相继。身体存有的力度的变动以及对这些变动的观念，刺激心灵作出受感致动的反应，被心灵以幻觉的方式所感知，这一切的发生并无（如果不是说事后的介入的话）意识的介入，更不要说有判断的介入了。正是本着这一精神，斯宾诺莎才指出："当我说'较此前更大或更小的存有力度'的时候，我的意思不是心灵比较了在身体的现在现前的状态与其此前的状态（cum dico, majorent vel minorem existendi vim quam antea, me non intelligere quod mens praesentem corporis constitutionem cum praeterita comparât）。"实际上，要作这种比较，心灵必须是能与身体拉开一定距离的，这样才能从外部对身体作考量，就好像心灵是另一个身体的心灵那样，而不复是"它自己的"身体的心灵，也就是说，不复是它观念着其现在现前之存有的这一个身体的心灵；但是，心灵之为身体的观念，是完全没有对它的对象的认识的，心灵的这种无知受心灵的存有的一切偶然随机情况（也就是心灵之存有所承受的一切变动）的摆布，无论这些随机情况或变动是在舒展或受限、增加或减少方向上的变动。受感致动的情状既不会使人知道他的身体由什么而被促动起来，也不会使人知道他自己身体本身的自然/性质，任何一种受感致动的情状都仅只让人知道乃是该受感致动的情状之对象的即刻而暂时的身体的应变致动的状态而已，任何一种受感致动的情状都仅限于记录身体的一种应变致动的状态，而且这种记录仅仅反映的是在身体的存有力度的增加或减少的方向上的身体的应变致动的状态而已。受感致动的情状反映的不是身体本身,而是身体忽而朝舒展方向应变致动忽而又朝受限方向应变致动的暂时即刻的相对状态。

357　　受感致动的情状之所以有幻觉特征,乃在于它是被动地受动的:受感致动的情状只是即刻暂时地反射着人的身体的即刻状态,此外再无其他。但它所具有的被动性是一种纯粹的被动性,与任何主动的因素都没有关系——我们能这么说吗?不能。因为斯宾诺莎解释说:"构成了受感致动的情状之形式的观念,肯定了身体上的某种事实,而这种事实较此前包含了更多或更少的现实性(idea quae affectus formant constitua, aliquid de corpore affirmat quod plus minusve realitatis revera involvit quam antea)。"这个句子中有两个词尤其重要。一个词是被译作"事实"的"revera",该词指出了自动点对点地逐一记录着并同步于身体存有力度的感性反应的客观性质;感性反应从身体变化的实时性中悖论性地获得了它的主观性质——这里所说的主观性质就是我们刚说过的无主体的主观性、完全被外部事件操纵着的主观性。同时,这句话还用了"affirmare(肯定)"这一动词,意在说明,构成了受感致动的情状之形式的观念,虽然被动地反射着其身体因与外部物体发生接触而被传递过来的状态,却毕竟也积极地并因而主动地表现着其身体的存有,即便此一表现在本质上是被扭曲的和混淆的,因为,这种肯定取决于受环境实际条件制约的外部偶然情况。撇开这种混淆不谈,受感致动的情状所反应的身体之存有毕竟是传递过来了种种变动的,而它提供给对应的受感致动的情状归根到底不是一种中性的、纯然消极的支撑:相反,受感致动的情状所反应的身体之存有是受感致动的情状所表现的某种主动性肯定的基座;甚至可以说,受感致动的情状借由自身经历的变化(这些变化在受感致动的情状这里可被把握为存有力度之较强或较弱、增加或减少)肯定了身体的存有,正是从这一角度去看,受感致动的情状才是表现性的。但是,受感致动的情状乃是混淆的观念,故此也必定发生混淆,它的这种混淆又因为受感致动的情状直接地介于主动性和被动性之间的位置而变得益发复杂。

受感致动的情状所蕴含的对身体存有之肯定,是心灵的本质:心灵展现在这种肯定的每一次显现之中。这些显现对应着身体的实际状态,必然呈现为身体存有力度在增加或减小的方向上的过渡形式,并且视身体的存有力度的变化而构成了动态的差分过程;或至少呈现为这种变化的感性反应:心灵同步地肯定着身体的存有,随着身体的存有和动作力量的波动而波动,并表现为与心灵自身这一方相同幅度的较大或较小的完满状态。心灵的感性生活完全是由忽而欣悦忽而悲伤相伴随的扩展运动或受阻运动所构成的,这里所说的欣悦和悲伤不是指最低限度地包含着心灵对自身的自然/性质以及它乃是其观念的对象的自然/性质的知识的判断,相反,这里说的欣悦和悲伤指的只是直接表现着即刻现前于心灵之中的种种状态变化的纯粹感情。心灵正是通过这些感情冲动对身体之存有作出肯定并展现心灵自身的本质的,而这种肯定和本质展现也总是在情境之中的肯定和本质展现。

身体的"动作的力量(potentia agendi)"或"存有的力度(vis existendi)"与心灵的"思想的力量(potentia cogitandi)"之间,因而是绝对地对应的,二者是没有任何间离和容余的可能性存在的。

没有不对应着身体状态变化的受感致动的情状，也不存在不由受感致动的情状表现的身体状态变化，这两方面，一则体现为动作力量的增加或减少，一则体现为思想力量的增加或减少，二者是完全等值的。受感致动的情状是心灵借以从大小方面对身体之存有进行肯定的心灵中的种种观念。① 感性因而是把实时变化（忽而朝这个方向忽而朝那个方向的实时变化）的维度授予人的心灵系统并使之永远波动的不稳定性：观念，就其为受感致动的情状赋予形式而言，总是被卷入永不停歇的重估活动之中的，这个重估活动使观念同步对应于身体的实际存有所必定形成的种种情状只从增加或减少的标准度表现着心灵特有的思想力量。所以，受感致动的情状不是别的，只是身体的应变致动的状态的观念②：这种观念标示或指示着身体状态，在此过程之中，凡是身体实际存有应变致动并表现为变动系数，都会被这种观念瞬间蕴含并肯定，而每个这样的瞬间皆有发生自身体的状态变化相对应。在这里我们发现了"论受感致动的情状"部分开头对受感致动的情状作定义时就已经得到阐述的一个概念："就受感致动的情状，我理解为身体的这样一些应变致动的状态，身体动作的力量借着这些应变致动的状态——同时还有这些应变致动的状态

---

① 在"论奴役"部分命题九证明中，斯宾诺莎因而这样来总结"受感致动的诸情状总定义"："受感致动的情状，就其指示着身体状况而言，乃是一种想象（affectas est imaginatio quatenus corporis constitutionem indicat）。"这个提法还见于"论自由"部分命题三十四证明。

② 这一思想还见于后面对这则"总定义"的重述之中，参看《伦理学》第四部分命题七和附释、命题八、命题九等处。

第五章　感性生活中的偶性和变动(命题四十八到命题五十七)

的观念——增长或减退,顺畅或受阻(per affectum intelligo qffectiones quibus ipsius corporis agendi potentia augetur vel minuitur, juvatur vel coercetur, et simul harum affectionum ideas)。"身体的应变致动的状态和心灵自动为它们赋予形式而成的观念之间,完全是同时的,一方增加或减少,另一方完全按同一评估标准而增加或减少,正是这种同时性构成了我们通常所说的感性的实质。我们可以说,感性仿佛一个记录仪,每个刺针不断地以或轻或重、或左或右的方式留下的细节都能被它极为灵敏地捕捉到,这台记录仪就是以这种方式记录着身体同另外物体随机相遇受到冲击而发生的动作力量的变化,并且同时记录着同步相应的心灵思想力量的变化。

　　作为一种心理现象,受感致动的情状是心灵的思想力量状态的尺度变化,并且,有所偏好地以积极方式对这些状态中的某一些进行标示,因为这些状态是与心灵思想力量的增长同向的,相反,又以消极的方式对另一些状态进行标示,因为这些状态是与心灵思想力量的减少同向的。可是这种有所偏好的估值确切而言表现的是什么呢？它所表现的绝对不是在意识中形成的有关原因的判断,它所表现的东西也不能以可衡量出有效或无效的客观标准来衡量。唯一的事实只是,这种观念本身以身体存有力度的特定状态——此种存有力度由此特定状态而沿着较大或较小的方向受感致动——为自身的对象:"这种观念及思想的实际力量的优越性,是以此对象的优越性为衡量的标准的(idearum praestantia et actualis cogitandi potentia ex objecti praestantia aestimatur)。"心灵的思想力量被其实际性所规定,并进而呈现为随形势而定的思想力量的种种显现,如果我们这样来理解心灵的思想力量,我们也就可以说,心灵的思想力量遵循的评估原则就是其对象的规律,心灵的思想力量以完全相同于其对象的方式(我们也可说,以完满地对其对象"保持敏感"的方式)服从着它的对象的规律。对象方面(也就是说身体方面)的任何力量增长,都会瞬间地被转译为该对象的观念方面(也就是说心灵方面)的同等的增长,处在这种关系中的这两个方面一增俱增,一减俱减。身体绝不可能在心灵受抑制的情况下使自身舒畅,心灵也绝不可能在身体受抑制的情况下使其自身舒畅,两者总是共同向着这个或那个方向活动着的。所以,感性表现的正是身心的不可割裂性:感性是心灵生活借以同身体生活最紧密地联系起来、交织在一起的方面,而在此一联系、交织中,心灵生活和身体生活是须臾不能被分割开来的。如果说心灵借由其受感致动的情状"肯定"着身体的实际存有,这话的意思无非是说,这一依附只具有这样一种唯一的形式:它除了身体的实际存有之外,再不肯定别的什么东西,也就是说,它不可能对与身体的这一实际存有无关的别的东西作出肯定。

"受感致动的情状的总定义"因此在说明心灵生活时将它还原到了规定着一种纯然"实际性"的那些条件:这种生活因而有着一种受感致动的情状之流的形式,这股受感致动的情状之流所依据的唯一标准就是驱动着它变大或变小的变化,身体的动作力量的变化因而也精确地由以得到衡量。从着眼于心灵和身体共有的这一动态过程的角度来看,全部感性实质上就是由欣快和痛苦——按照斯宾诺莎的说法来讲,"快乐(laetitia)"和"悲伤(tristitia)"——所组成的。为各种感情所扰,对心灵来说,首先意味着从一种状态过渡到另一种状态,就是说,承受着不间断的波动,这种不间断波动的种种现象自动地符合于同简单的来来回回的变大变小相联系的受限或舒畅的估量标准:心灵依据被感知的力量而有舒张感和阻抑感,也就是说有好的感觉和不好的感觉,这也意味着,其感觉的这种"好"与"不好"是绝不可能以二者毫不相关的绝对方式得到肯定的。《伦理学》稍后会探讨一个问题,即,使在快乐和悲伤之间不间断地波动的感性得到解放,使之永久地沿着舒张和增长的方向发展,进而使感性这种精神建制稳定化是否可能:要使之可能,就必须对心灵借助的手段作出测定,心灵依赖这种手段,将在既仍不失为身体的观念的同时,渐渐具有另外的主动性的形式,而不再点对点碎片式地肯定存有——这种肯定的方式恰恰是使心灵被限制为被动而非主动的规定条件。

对欢乐和痛苦的体验仅代表了感性的一个面相,而且可以说,代表了对感性的沉思面相。感性还包含另外的面相,更为直接地实践的——如果不那么严格地说,也可以说是主动的——面相。这另一面相在"受感致动的情状的总定义"的第二部分得到了说明,这个说明由极其简洁的评述构成:"我还要加上'这样地在心灵中给予出来的观念被决定着思考这个事物而非别的事物',除了要表现定义第一部分所说明的快乐和悲伤的自然/性质之外,还要表现欲望的自然/性质(addidi denique, et qua data ipsa mens ad hoc potius quam ad aliud cogitandum determinatur, ut praeter laetitiae et tristitiae naturam quam prima definitionis pars explicat cupiditatis etiam naturam exprimerem)。"感性在"标示"着身体的实际存有——在它的这种或那种状态之中被考量的身体的实际存有——的同时,还助成了种种行为冲动,这些行为冲动先于一切反射(réflexion)和偏好地、不以任何判断诉求(比如对别的东西的选择的观念）之干预为转移地首先表现为感情冲动。这些行为模式本身就是一些标示，这些标示通过先于所有意识活动所作抉择的选择开示出一些特定的方向，在心理上指定出某些行为——某些有愿望或有欲望的行为。感性的这种形式显然不是独立于前一种形式的：欲望似乎先于追求快乐的行为，对这种行为的努力施行似乎也先于痛苦，并进而会竭力规避痛苦——但这仅仅是一种表象而已。因为，即使心灵欲望这个或那个事物、使人偏爱这类或那类事物、为固定于这些事物的观念之形成而感欣然，它也不是在同身体的实际存有拉开距离的情况下做到这一点的，相反，在心灵这么做时，它一直是紧密地依着身体的实际存有的。

根据斯宾诺莎在"论受感致动的情状"部分命题十一附释中的提法，欲望、快乐和悲伤，乃是三个相互依存互补的形态，构成了三个受感致动的基本情状（affectus primarius）。在"受感致动的情状的总定义"这里，这三种基本形式被两两关联起来，之所以这么做，就是要说明，在心灵的全部感性生活中，无论心理现象有多复杂，总是永远且到处可见到这三种元素性的受感致动的情状，心灵正是借它们来对身体的实际存有作出肯定的，心灵的全部感性生活也是以之为基础来展开的。

这个复杂的推理——它阐明的所有公式都已经过了仔细的考察——得出了这样一个简明的义理：受感致动的情状，虽有极为复杂的形式，但可由感性基本工作机制来解释，这些工作机制对想象所提供的幻觉模式在不实质性地改变其自然/性质的情况下加以利用，进而使这些幻觉模式生出无穷变幻。

7. 个体感性体验的差异性(命题五十七及其附释)

对感性生活的偶性和多变性作出专论的阐述在结尾时给出了一个陈述,即,感性生活的全部虽有其总体性状,但这个总体性状还不免要经由感性生活所服从的基本工作机制的加工。这个陈述在如此被界定的基础之上强调了具体的感性情境的个别性,既然这些情境是被这个或那个个体在由该个体特有的自然/性质或本质所给定的特殊条件下所体验到的情境。这个论点是以如下方式得到陈述的:"一个个体的本质不相合于另一个个体的本质,在完全与此相同的程度上,任何一种受感致动的情状,在一个个体那里产生的促动与它在另一个个体那里产生的促动是不同的(Quicunque uniuscujusque individui affectus ab affectu alterius tantum discrepat, quantum essentia unius ab essentia alterius differt)。"①

从这一陈述中产生的总的观念是容易识别的:这个观念的实质是这样一个肯定,即,感情的一般形式一经被特征化、一经由其一般形式被推导为被决定的种类的感情(就像"论受感致动的情状"前面的那些命题构成的过程所做的那样),这些特征化了的、种类化的感情必定——从着眼于它们被体验的经验角度来看——由它们各自对情境的适应状况而进一步产生差分,因为情境决定着个体存有的样式的个别性,这种进一步的差分是这样的:每个受感致动的情状或感性丛结在感觉上总是因人而异的,因为,每个个体特有的视角受其各自存有或生活的位置规定,而

---

① 这是命题五十七的陈述。——译注

个体的存有或生活的位置的自然/性质又是不可互换的，且是绝不可能被通约为普遍条件的。感性的倾向的多样性因而可由（感情种类）特征和特殊情境的差异来解释，这差异给被动情状/激情的世界的现实中带来了感情的无尽微妙变化，也因而给这个世界确立了一种新的差分原则：这个原则似乎可以让它的显现方式多到无限。这当然是一种表象，这就是命题五十七所提出的本质性的义理：只要一个体的本质不同于另一个体的本质，且在同等条件下，一受感致动的情状在不同个体那里造成的感受是有比例上的不同的，这是可以准确测知的，而与此同时，受感致动的情状的生产规律——取决于被决定了的普遍条件——在本质上却不因此而发生改变。斯宾诺莎提出这个论点，其目的似乎是清楚的：他的目的就是要使受感致动的情状的经验多样性原理相对化，进而表明这个原理仅在由感性系统的理论分析所限定的上下文中才能被引入，运用个体的自然/性质使感性系统表现出种类各异的显现方式这一差异原理来把握感性整体系统是可能的，但绝不可能动摇感性的整体系统本身。

但是，命题五十七陈述并不能以这个普遍论点为由而被化简掉，那样见到的无非还是感性系统，得出的仍旧是这个系统的工作的共同规律。实际上，把具体个体的情境考虑进来而见到的不谐协是不能完全被关于受感致动的情状的共同规律的这个解释所掩盖的，相反，这个解释有助于突显这些不谐协，甚至是有助于说明它们的剧烈性。这一点尤其突出地表现在陈述措辞所用的动词"discrepare（不相合）"上，我们可以将该词译作"处在不相合的状态中"，进而使之有别于陈述中与之平行的另一动词"differ"，后者可以被译作"差异"。①

在"论奴役"命题三十三陈述中，斯宾诺莎还将再次使用动词"discrepare（不相合）"，此命题的陈述是"只要人们受乃是被动情状/激情的受感致动的情状的困扰，人们在自然/性质上就可能不相合，就此而言，同一个人就会变化不定并反复无常（homines naturel discrepare possunt quatenus affectibus qui passiones sunt conjlictantur, et eatenus etiam unus idemque homo varius est et inconstans）"。这则陈述利用了"论受感致动的情状"命题五十一和命题五十六，也是围绕着这样一个观念——这个观念在该命题的证明的开篇就被提了出来——而形成的，即，"受感致动的情状的自然/性质或本质，不能只借由我们的本质或自然/性质来解释，还必须借由外部原因的力量或自然/性质与我们自己的力量或自然/性质的比较来界定（affectuum natura seu essentia non potest per solam nostram essentiam seu naturam explicari, sed potentia hoc est natura causarum externarum cum nos-tra comparata dejiniri debet）"。换言之，受感致动的情状是在力量冲突的现实条件下发生的，这一力量冲突源于感受着此受感致动的情状的个体自身的力量与外部原因或对象（其中包含一种可能，即这种外部原因还可能是被决定着引发此一受感致动的情状的别的个体）的力量之间的较量：这样来说，虽然每个个体都有受"受感致动的情状作用力（af-

---

① 阿普恩的译本将"discrepare"和"differ"都译作"不同"，这样一来，也就将斯宾诺莎想表达的变动效果抹去了，尽管阿普恩在文中的其他地方也多次这么译是尚可接受的，但在这一点上这种译法殊为不妥。"不相合"就其字面来说就是意味着"让区别呈现出来"或"不谐协"。

fectuum vires)"作用而丧失自身力量的危险,但受这种作用力限制的量级是因人而异的,故此,感性就成了个体那里发生异化的潜在因素了。正是由于这一原因,个体,受作用于受感致动的情状的个体,不仅可能表现出个体间的"不相合(discrepare)",甚至也可以表现为每个个体同其自己的"差异"——只要他们的感性状态伴随着fluctuatio animi(心灵的混淆),进而他们是以变动和无常性的方式被驱动着的。

当"论奴役"部分命题三十四附释将"论受感致动的情状"部分命题三十一所考察的情节——两个个体,彼得和保罗,由于爱着同一个第三方而相互怀恨[①]——放在情境中进行说明时,在同一意义上使用了动词"discrepare(不相合)":经过对此一情况的考察,可以说,"恨的原因唯在此一事实,即,个体有自然/性质中的不相合,由此他们才不能谐协(odii causas ab hocsolo pendere quod homines natura discrepant et non ab eo in quo conveniunt)"。个体之所以不仅在他们之间"不谐协"或"不相合"而且各自同其自身"不谐协"或"不相合",完全可以毫无矛盾地由这一事实来说明,即,这种"不谐协"或"不相合"源自他们在本质上的区别所造成的差异:实际上,他们的本质因分布在光谱一样的连续统绪之中而呈现出差异,这种差异遂表现为他们在"自然/性质(natura)"上的不一致或不谐协,也就是说,表现为他们"各自断分"的"自然/性质",这就使卷入其中的个体相互反对,进而互为仇敌,而且与此同时也与他们自身为敌。在由这样一种推理所打开的视角中,我们会得出这样一个主张,即,"自然/性质上的不相合(natura dis-

---

① 参看前文第322页。

crepare)"和"自然/性质上的差异（natura différé）"是两个不能混用的提法,分别有着专门的意涵;"自然/性质上的不相合（natura discrepare）"从断分逻辑的角度出发指称个体间的对抗和危机情境,而"自然/性质上的差异（natura différé）"则描述了所有个体各自具有的自然/性质构成了一个连续性的统绪,使我们能将它们视为光谱般的渐进统绪中的相互区别的单位。

我们现在回过头再看命题五十七证明,并试着对上面所作评述是怎样照亮这则证明的作一理解。如斯宾诺莎所说,这则证明的第一方式可直接从"论心灵"部分在命题十三和命题十四之间插入的那部分阐述中、跟在引理（lemme）三之后的公理一推出,这个公理一是:"一物体受其他物体的促动而致动的所有样式,既出于施动的那物体的自然/性质,同时也出于应变致动的此物体的自然/性质,所以,同一物体可以由许多在自然/性质上不同的物体所施加的促动而作不同的运动,反之,不同的物体可以由同一物体所施加的促动而做不同的运动（omnes modi, quibus corpus aliquod ab alio afficitur corpore, ex naturâ corporis affecti, et simul ex natura corporis afficientis sequuntur; ita ut unum idemque corpus diversimode moveatur pro diversitate naturae corporum moventium, et contra, ut diversa corpora ab uno et eodem corpore diversimode moveantur）。"这个公理曾在命题五十一证明中也被使用过,命题五十一的陈述是:"不同的个人能受到同一对象不同方式的促动,并且,单个的个人本身也能在不同时间里受到同一对象不同方式的促动（diversi homines ab uno eodemque objecto diversimodè affici possunt, et unus idemque homo ab uno eodemque objecto potest diversis temporibus diversimode affici)",①那则证明的结论是,"以同一个事物为原因(ex pari causa)",会形成种种差异的感情,不仅是个人与个人在感受上有差异的感情,而且是在同一个人身上——至少是时间上有前后之分地——形成有差异的感情。我们心理状态的不稳定性因而可通过我们身体组织的复杂性来解释,我们的身体组织高度复杂,身体上再细微的差别都会造成心理反应的巨大差异,身体差异在心灵差异中的这种放大效果极为巨大,以至于从量级角度来看体量上的细微差别都会最终造成个体间的断分、不相合和不谐协,从而真实地造成个体间的冲突。自然存在物之间的关系之所以往往表现出强力性的关系形式,也是由细微的差异造成的结果,一点点客观差别就会造成极其严重的后果:对于一条鱼来说,只需比另一条鱼稍大一点、稍强一点,就能吃掉另一条鱼,也就是说,就能消灭另一条鱼,进而造成这另一条鱼的自然/性质的彻底变化,而这一自然/性质的彻底变化恰是由似乎不可能有什么后果的微小差别所造成的。我们在这里看到的正是量变转变(以酷烈的方式转变)为质变的实例。这样展开的证明将个体在质上的断分归结为个体在体量上的差异,因而是机械论式的证明。

但是,斯宾诺莎在提示性地表明这一(机械论的)证明方式的可能性之后,随即表示他将采用另一条证明方式——我们可以称之为动力学的证明方式——,这种证明方式可以"由三种受感致动的基本情状的定义(ex trium primitivorum affectuum defmitionibus)"来推导个体不谐协的现象:这三种受感致动的基本情状是

---

① 见前文第407页及以下。

快乐、悲伤、欲望,在把感性同外部事物绑定而形成我们所说的对象性关系构成机制纳入考虑之前,这三种受感致动的基本情状的特征表达构成了感性的三个基本指标。在这里,斯宾诺莎随后展开的推理揭示出,在感性的这三个基本指标中,有一个在归根到底的意义上比其他两个更为基本,这个指标因而构成了全部感性系统的基底层,因为,这个指标几乎构成了感性之源——在能量和动力意义上所说的"源"。这个基本指标就是"欲望或冲动(cupiditas sive appetitus)"。个体的自然/性质或本质虽由感性的这三种基本冲力开动起来,但根本源于conatus(努力)这种始源冲动的自然/性质或本质却最直接地由"欲望或冲动(cupiditas sive appetitus)"表现;而"快乐和悲伤都是就其因外部原因介入而增加或减小、受助或受限而言的欲望或冲动(laetitia et tristitia est ipsa cupiditas seu appetitus quatenus a causis extemis augetur vel minuitur, juvatur vel coercetur)"。① 既然如此,怎样来解释"任一个体的欲望,较之另一个体的欲望,都是有差异的(uniuscujusque indi-vidui cupiditas a cupiditate alterius discrepat)"呢? 欲望,每个个体的欲望,

---

① 如果说快乐和悲伤仍不失处在受感致动的基本情状的顺序之中的话,这是因为,受感致动的这两个基本情状都仍然对应的是内在状态,它们包含着这些能如是外显的内在状态,随着外部原因的介入,它们便能在不考虑这些使它们外显的外部原因的自然/性质的情况下如是外显出来:感性的这两个基本情状在作为纯粹精神效果的意义上完全是与它们的(外显)环境绝缘的,完全是自我包蕴的,因而只能从"是其所是"和动作的力量之增长或减少的角度被衡量;在这个意义上说,感性的这两个基本情状取决于这种力量的原初显现,这种力量的原初显现的效果即为欲望,而快乐和悲伤又是欲望的两种表现。

不是别的,就是每个个体各自独具的自然/性质的直接显现,每个个体如何欲望,就如何地肯定着它自身所独具的自然/性质,个体欲望之间的差异也构成了个体各具的自然/性质之间的区别,并因而造成了个体在感性和感情方面的差别。个体皆各自在它自身所内禀的能限促动之下尽量最大限度地去"是"它之所"能是",因此,诸个体虽可以因"同一个事物为原因((pari causa)"而受感致动,但它们依各自"是其所是"的欲望而表达出的快乐或悲伤的受感致动的情状却是不可能完全一样的,只可能是不一致的;换言之,个体在自然/性质上的区别,必定会使得个体对偶性事件和环境作用表现出不同的反应,从而表现出不同的喜怒悲欢。

有关受感致动的情状在的个体间的表现差异的这种解释是动力学解释,因为,这一解释把力量纳入了考量,故此,这一解释与从简单差异——在一个单独连续统绪中以渐进等级切分开的差异——角度出发的解释是不能相互取代的。要从力量这个角度对个体的状况进行说明,就须把个体当作单一的个别本质来介绍,这种单一的个别本质只有从其内在决定才能得到思考,而单一的个别本质的内在决定正是在其自身之内地(in se)决定着此一单一的个别存在者的自然/性质的东西,这种内在决定不以任何外在关系为转移,即便外在关系是使诸个体形成关联并分有着此关联中的序差,从而使单一的个别个体与另一个单一的个别个体能抽象地被衡量的东西。同理,每个个体的感情(欲望、快乐和悲伤)也呈现出本质上的不可通约性,因为这些感情是同每个个体本身的自然/性质(在其始源特质之特殊性中被考量的个体本身的自然/性质)相联系着的。

也正是在这个方面,命题五十七附释分析指出,任何一个个体的感情(也就是说任何一个个体的受感致动的情状反应)联系并表现着该个体的本质或自然/性质,此即个体感情的个别性。这则附释一方面把使人与动物相区别的始基性差异(在感情方面的始基性差异)纳入了考虑,另一方面,把(同类)个体的差异(比如人类中,嗜酒者的满足和哲学家的满足之间的差异)也纳入了考虑。在这两种情况中,能对感性禀赋作出解释的是什么呢?这两种情况在何种程度上可由同一个解释来说明呢?

在思考人和动物时,斯宾诺莎首先坚持一点,即,它们的存有同以感性的展开为前提:所以,斯宾诺莎作出如下肯定,"我们对心灵的本源有了认识之后,就不能怀疑动物有感性(bruta sentire nequaquam dubitare possumus postquam mentis novimus originem)":这一肯定让"动物是机器"的笛卡尔假说和他在人与动物之间建立的完全切分失去了全部可信性。尽管动物"可以说是无理性的(irrationalia dicuntur)",但毕竟还是有某种心灵状态的,动物的这种心灵状态同样反映着它们的身体构成,与人类个体在这方面的机能工作完全一样:因此,否认动物具有借由感性来表现它们的动作力量的能力是毫无道理的,因为动物(像所有事物一般一样,更特殊地讲,像所有有生命的事物一样)禀赋着某种 conatus(努力),因而禀赋着生命力量,这种 conatus(努力)、生命力量的精神显现就是种种受感致动的情状,而这些受感致动的情状从一开始就呈现为冲动或欲望、快乐和悲伤。①

既然人与动物共同地具有感性,人与动物的区别何在呢？区别无非在于它们的自然/性质或本质,此一区别之分野全在于人和动物在身心同步性组织方面的复杂性程度。由此来看,我们必定可以说"动物的受感致动的情状不同于人的受感致动的情状,正如它们的自然/性质不同于人的自然/性质一样(affectus animalium ab affectus hominum tantum differunt quantum eorum natura a natura humana differt)":我们应该注意的是,在这个提法当中,"正如……一样(tantum quantum)"把区别形式连在一起,这两种区别形式都是同样被用"不同(différer)"来表达其情况的,在这里,并无必要在动词"不同(différer)"之外再用上动词"不相合(discrepare)"来打破两种区别形式的对称。这意味着,当我们将类或种(比如人和动物,以及动物这个类之下的昆虫鱼禽等)纳入考量的时候,我们所面对的差异是从等级的角度上去理解的,也就是说,是相对地去理解的,这种相对性理解是在这样一种分析过程之后得出的,该分析过程借助抽象已经析出了特征和复杂性程度不等的组织单位并对之进行了序列化排列。故此,人和马虽同有生殖

---

① 在"论奴役"命题三十七附释一中,斯宾诺莎还会对此作出肯定说:"毕竟我不否认动物有感性(nec tamen nego bruta sentire)。"但他却不会得出结论认为,由于这一理由,人便应放弃依据人的利益而利用动物的法权(droit):相反,"动物在自然/性质上与我们是不相合的,它们的受感致动的情状与人的受感致动的情状也是不一致的(quandoquidem nobiscum natura non conveniunt, et eorum affectus ab tffectibtis humants sunt natura diversi)"。这里用到的是自然法权以之为基础的"差异逻辑",在此自然法权中,大鱼吃小鱼是得到鼓励的。

欲望，但由于此欲望与人所特有的构成和马所特有的构成相关之故而有完全不同的形式，同理，在不同的动物种属中，感性禀赋必定各依种属自然/性质之特性而各不相同。这里的一切都取决于比例，因此之故，"différé(不同)"足够敷用以解释这里呈现于感性实存平面上的这类差别(体现在这些动物种类实例中的这类差别)。就此统而观之，这意味着，因为人乃是动物之一种，故不能单独析出而使之"像是一个国中之国(tanquam imperium in imperio)"，人人之有其受感致动的情状也是被决定了的，人有且只能有人类特有的受感致动的情状。

若不在始基差异或种属差异层面考量，而在同类个体差异层面考量，情况又是怎样的呢？显然，要作这样的理解，我们除了由动词"différe(不同)"所表达的差别观念之外，还必须引入由动词"discrepare(不相合)"所表达的"不一致"这个概念：在这一情况中，"只要个体彼此在本质上是不同的，他们的满足在自然/性质上就不相合(gaudium unius a gaudio alterius tantum natura discrepat quantum essentia unius ab essentia alterius differt)"。实际上，这些有差异的"自然/性质"之间的区分，不仅是通过抽象观念被表述的种属单一体之间的区分，也是"个体的观念或心灵(idea seu anima ejusdem individui)"的区分，此时这里所说的观念或心灵因而是在个体具体存有中、在个体不可通约性之中被考量的观念或心灵。个体各有其满足和欣悦，这取决于个体各自的具体自然/性质(而非在种属或种类意义上被表述的抽象自然/性质)，个体各自的感性冲动又都是与其各自的具体自然/性质联系着的。

嗜酒者的满足和哲学家的满足之间有"天壤之别(interesse)"说的也正是这个意思；为了表现出这种分别的程度，斯宾诺莎写道，前一种个体"被导向（ducitur）"其满足，而后一种个体则是"获得（potitur）"其满足，以隐含的方式意指受感致动的被动情状和受感致动的主动情状（在接下来的两则命题中将被阐明的就是受感致动的主动情状）之间的区别。嗜酒者和哲学家虽都是人，人的特质使他们都禀赋着在种类上并无不同的感性样式，但是两者确乎极具差异，他们运用这些禀赋所依据的方向不仅在强度尺度上有量级差异，而且甚至完全是相反的。因此之故，必定不能只说两者简单地"不同"，还必须说他们"不一致"。无疑，人看到一匹马追求马的欲望的满足时不会感到奇怪，但看到嗜酒者追求其嗜酒欲的满足时却会不以为然，原因就在于，这个嗜酒者或者说嗜酒者这类人中的这个个体并非不可改变，并非注定是使他自身封闭在这种类型特征的局限之中的，因为，这种类型特征仅从外部（也就是说以没有任何绝对必然性的方式）决定着这个个体的存有。对使嗜酒者和哲学家的生命方式区别开来的、在"不一致"意义上说的"差异"进行探讨，绝不意味着就是抽象而永久地一成不变地看待这种差异，相反，在作这种探讨的同时形成了对嗜酒者的（心理）经济进行干预并使之改变的可能性。

斯宾诺莎至此已经证明 conatus（努力）及代表着它的直接表现的欲望使每个个体表现出了千差万别的感情，因而也证明了受感致动的情状有着个别性的特征，这就是受感致动的情状所服从的必然顺序（也正是这一必然顺序使受感致动的情状的工作机制成为完全可理知的），斯宾诺莎也就此表明受感致动的情状的差异性势必也会制造对抗和分裂，伦理学的解放规划将不得不把感情的对抗和分裂考量进去，并对它们善加经营，以达到理智和感性之间的完满和解，而对人之生存来说，理智与感性之间的完满和解必将构成最高的善。正因有此一伦理学视域,"论受感致动的情状"部分的全部阐述才以与此有关的一个简短而重要的阐发作结,就像命题五十七在结束它的全部论述时所预告的那样:"至此已论述了与人——就人是被动的而言——有关的受感致动的情状。接下来我要对受感致动的情状再多说几句,这些受感致动的情状也与人有关,但是,是就人是主动的而言的(haec de affectibus qui ad hominem referuntur quatenus patitur. Superest ut pauca addam de iis qui ad eundem referuntur quatenus agit)。"

第六章

受感致动的主动情状
（命题五十八和命题五十九）

Les affects actifs（propositions 58 et 59）

第六章　受感致动的主动情状（命题五十八和命题五十九）

"论受感致动的情状"部分以一个极为复杂的阐述作结，这个阐述在命题五十七附释的结尾已经作了预告——"接下来我要……再多说几句（superest ut pauca addam）"——，从语气上看，要补充的这些话与此前所说的大部分东西是相反的。实际上，在《伦理学》整个第三部分的论述过程里，尤其在与人际间受感致动的情状以及它们的随机性的冲突相关的那些论述中，斯宾诺莎特别关注感性生活的被动情状/激情方面以及个体在感性生活中呈现出来的种种争执效果。在这样解释受感致动的情状的过程中，斯宾诺莎本该沿袭道德家们对此问题的传统论述路径，对这种受感致动的情状的系统全然否定性的和极令人绝望的特征进行强调，既然这个系统是由想象生出的倒错幻觉盲目主导的，这个系统听任这些倒错幻觉的引导和诱惑，只遵循着随机的逻辑，这种逻辑正是事物的共同顺序的逻辑，也就是偶然相遇的逻辑。斯宾诺莎对常见的爱恨游戏进行了袪神秘化，证明了爱与恨可以化约为一定数量的基本工作机制，这些工作机制使人在毫无意识的情况下深陷其中，促发他们像梦游者一般动作举止，这样，斯宾诺莎首先给我们造成一种印象，他似乎首先也是给这些人的行为（这些行为绝大多数是反常的，并且永远受着 fluctuatio animi［心灵的混淆］视角的威胁）画一幅辛辣的讽刺画；这个印象同他本人在《伦理学》这一部分开篇前言中所宣称要做的完全相反，最终，他给出的与其说是对这些受感致动的情状的解释，不如说是谴责。

但是，如果通读了"论受感致动的情状"这一部分，细致留心论述的过程，我们就会发现这一印象是站不住脚的。我们回想一下，斯宾诺莎在《伦理学》这个第三部分前三个命题中，就已经解释过，与身体的生活实时同步地一同展开（但二者并非是互相涉入对方的）的心灵生活，其展开范围介于主动性和被动性的两极之间，心灵越是生产充分的观念就越趋向主动性一极，越是生产不充分观念则越趋向被动性一极。在对不同的受感致动的情状构成作专门分析时，这种两极的观念则被代换成了快乐和悲伤的两极形式：这两种基本感情所表现的事实是，个体的"是其所是"的力量释放若增加、保持，个体就有快乐的感情；个体的"是其所是"的力量释放若减少、受限，个体就有悲伤的感情。但这是否是说心灵快乐的时候就是主动的而心灵悲伤的时候就是被动的呢？当然不能这么说，因为这些感性冲动就其定义而言都是偶然一过性的，因而是没有本真性（不仅是在环境方面而言的本真性，而且是在主动性方面而言的本真性）存有所特有的稳定性的：我们的这种欲望历史面对的是快乐和悲伤的困境，被动地承受这种困境而不能对它改动分毫，这种快乐和悲伤的困境处在情境之中，故此，这种情境也必定总是被动情状/激情性的情境，在其中，纯然的快乐无一不能偶然地、视环境而定地成为悲伤的先机。心灵总是处在这样的扩张收缩的轮回兜转之中，这种轮回兜转运动的来回变动无休止地以这种节奏感荡着心灵的存有，一如旋风激荡着海面，显然，这样的心灵存有是难称自由的：心灵感受到的快乐也许可以让心灵对与它自身基底之中构成性的 conatus（努力）的剧烈冲动相联系的积极倾向有一定的意识；但是我们切不要搞错的是，这种意识不是充分观念，至少尚未被充分观念充分地启迪。

第六章　受感致动的主动情状（命题五十八和命题五十九）

这样看来，正如"论受感致动的情状"部分命题一和命题三所说明的那样，心灵要被视为主动的——在主动一词的真正意义上来说的"主动"（而非积极）——心灵，必须满足一个必要且充分的条件，即，心灵有充分的观念。故此，"论受感致动的情状"部分此前的所有探究尽管已经指明了是什么让人的生活不可抵抗地沿着被动性发展的，但是，人的生活通过哪些形式才能获得主动性，经过完整的把握，这些生活形式的存有条件和世界顺序又是什么——这一点是尚待研究的。这就是"论受感致动的情状"部分最后两则命题专门要处理的问题。这一部分也以一个积极的标志作结，在感性分析的语境中为伦理学解放规划的设定做好了准备。

《伦理学》第三部分的最后这两则陈述中出现的基本义理是，感性生活，尽管其发展过程在绝大程度上是由被动情状/激情的方面占据的，但实际上在构成性上并不命定地或注定地只能有这些被动表现（《伦理学》第四部分"论奴役"就是对这些被动表现的说明）。相反，在心灵中，毕竟还有一些受感致动的主动情状"会与我们——只要我们是主动的——相关（qui ad nos quatenus agimus referuntur）"，是与充分观念之形成有关的。这些受感致动的情状是真实的欲望和快乐的感情（命题五十八）①，这些受感致

---

① "Propositio 58. Praeter laetitiam et cupiditatem quae passiones sunt, alij laetitiae et cupiditatis affectus dantur, qui ad nos quatenus agimus referuntur."/"命题五十八：除了乃是被动情状/激情的快乐和欲望之外，还有别的快乐和欲望的受感致动的情状会与我们——只要我们是主动的——相关。"——译注

动的情状只具有欲望和快乐的形式而绝不可能有别的形式(命题五十九)①。这同时提示出两件事情:一方面,这一探讨直接返回了感性的基本形态,因而也就返回到了感性生活的源头,以最切近conatus(努力)这一始源冲动的方式去把握感性生活,这样一来,就可能从感性发展的内部(而非站在感性生活外面的某个位置)对使真正主动的、不是趋向于受奴役而是趋向于自由的生活成为可思议的那些条件进行测定;但另一方面,在感性的这些基本形态中,只有欲望和快乐,而绝无悲伤,欲望和快乐是主动性的倾向的支撑基座,主动性必定与对"是其所是"的力量——这一力量本性根源于conatus(努力)——的肯定是吻合一致的。这就使我们能大体预见自由而主动的生活:它是这样一种生活,由于完全理解了它自身的可能性条件,因而也是同充分的观念的形成联系着的,这种生活将知道怎样将它的欲望引导向对绝不由互相较量而来的快乐的获得,而欲望在相互较量中只能使它们自身表现为悲伤的受感致动的情状:这些纯粹的快乐将必定表现(以不混淆、不可退转的方式表现)每个个体自身之内的"是其所是"的力量的扩张,在这些快乐中,每个个体都与自然的整体达成沟通,进而以"尽量在其自身之中'是'(quantum in se est)"的方式成为真正的"整体的部分(pars

---

① "Propositio 59. Omnes affectus, qui ad mentem, quatenus agit, referuntur, nulli alij sunt, quam qui ad laetitiam vel cupiditatem referuntur."/"命题五十九:只要心灵是主动的,与这样的心灵相关的所有受感致动的情状,无不是与快乐和欲望有关的。"——译注

totatis)"①的承担者、成为他在无限中所居有的那个部分的承担者。不言而喻的是,"论受感致动的情状"结尾处的这部分论述仅是介绍了这个问题,也就是说只是提出了这个问题,该问题的完整解法只有在全书的终章才能得出。

据命题五十八,心灵若非被动而是主动,则能很好地感受到快乐和欲望的感情。对这个论点的证明分为两步进行,第一步考量快乐的情况,第二步考量欲望的情况。

命题五十三——命题五十八证明一开始就参考了这个命题——解释过"心灵考量自己及自己动作的力量时,会感到快乐(cum mens se ipsam suamque agendi potentiam concipit laetatur)"。但命题五十八证明以难以被察觉的方式调整了它的措辞:"当心灵设想它自身及它的动作力量时,它会感到快乐(cum mens se ipsam suamque agendi potentiam concipit laetatur)。"②简单地"考量(contemplari)"和"设想(concipere)"之间有极大的区别,"考量"是心灵机能的自发进程,在这一进程中,心灵机能完全由想象的工作机制役使,必然地连接着心灵所不能控制的不充分的观念的形成,而"设想"是由于掌握了共同概念而发生的理性认识的必然工作,在这种工作中心灵有充分的观念:在前一种情况中,观念只是流经心灵,这些观念根据随机和相遇的情形穿过心灵;在另一种情况中,观念被固定在概念的顺序为它们指定的位置上。正如

---

① "整体的部分(pars totatis)"是莱布尼茨使用的提法,该提法以"异质混杂(oxymore)"的修辞法很好地传达出了部分与整体、有限与无限之间相通的观念,这一观念是斯宾诺莎的解放观(自由观)的关键。

② 可参看前文第 436 页。

斯宾诺莎在命题五十三绎理中解释的那样,当心灵简单地考量它自身的时候,自动地服从于"承认"造成的幻影,这些幻影让认识落入陷阱,以至于心灵对自身的认识——它的自我意识——简化为镜像,即由他人反射过来的对它的评价。对心灵而言,"设想它自身(se ipsam concipere)",不再是简单地"考量它自身(se ipsam contemplari)",而是"必然地观想它自身(se ipsam necessario contemplari)":显而易见与必然性的这种联系会使条件发生彻底改变,在彻底改变了的条件下,心灵返回到自身,由此不再汇集有关自身在一定时刻的暂时所感的肤浅的、充满空白的印象,而是设想它自身,对自身之所是形成必然观念而认识自身的真实自然/性质。

这样说来,心灵只要参与到使它生产充分的观念的理性过程之中就足以获得这样的认识了,充分的观念之所以是真实的,乃在于它们是落在神的无限理智之中的:实际上,正如"论心灵"部分命题四十三说明的那样,"有真观念的人同时也知道自己有真观念,而且不会怀疑这事的真实性(qui veram habet ideam simul scit se veram habere ideam nec de rei veritate potest dubitare)"。有真观念,这种占有本身带上了——不可分离地带上了——"事的真实性"的确定性,也就是说,有真观念,"有"的不仅是这种观念的真之特征,而且同时,此种观念为心灵实际所"有(habet)"这一事实也在心灵中呈现出真之特征,心灵"有"此种观念的方式使心灵"有"真观念这一事实具有了真之特征,因为,心灵"有"此种观念的方式必定是必然性的方式,心灵"有"此种观念的方式是被固定在不可动摇的、不可置疑的确定性之上的。认识,在充分的观念的必然性生产的意义上的认识,也是进行着认识的自然对其自

第六章　受感致动的主动情状（命题五十八和命题五十九）

身的认识。① 心灵一旦进入"论心灵"部分命题四十附释二所说明的那种第二种知识的生产过程之中，便随即既"有"许多这种观念，又"设想特定的种种充分的观念（quasdam ideas adaequatas concipit）"。②在心灵是主动的情况——即"论受感致动的情状"部分命题一所说明的情况——中，据可见于命题一证明之中的提法，"只要我们的心灵有充分的观念，我们的心灵必然在特定的某些事情中是主动的（mens nostra, quatenus ideas habet adaequatas quaedam necessario agit）"③。随着充分的观念在心灵中发展起来，心

---

① "论心灵"部分命题四十三证明解释说，充分的观念，在其产生的同时，也生产出有关其自身必然性的观念，进而产生出有关它之所是的观念，或"观念的观念（idea ideae）"。这样的观念，它的存有和对它之所是的观念是吻合一致的，由此来看，知识内容（connaissance）和意识活动（conscience），在作为进行着认识的自然对其自身的认识的意义上，是绝对地同时发生的：二者是绝对相互依存的。在这个意义上，我们只能说，对心灵而言，设想和自我设想是同一回事。

② 这正是《理智改进论》中的著名提法" habeo enim ideam veram"所表达的东西，这句话的非凡的简洁性使它极难被翻译：这句话既有"我实际地有着真观念（en effet j'ai une idée vraie）"的意思，也有"我事实上有着真观念（l'idée vraie, de fait, je l'ai）"的意思，这两个意思虽然完全是叠加在一个句子上的，但按照斯宾诺莎的推理，两种意思绝不能混为一谈。

③ 这个提法，在确定了心灵是主动的实际条件的同时，又给这种主动性赋予了一种相对化的样貌：一方面，"quatenus（只要……）"给这种主动性赋予了一种差分等级序列的强度范围；另一方面，"quaedam（在特定的某些事情中）"则暗示这种主动性只是部分地占据心灵的，至于占据多少，要视心灵的认识力量达到的水平而定，"论奴役"部分将用（我们理智所决定的）"较高部分（pars melior）"*来说明认识力量的这种水平。[* 见"论奴役"附录第三十二条。——译注]

灵就由于这种主动性而是快乐的,同时还伴随着把它自己视为它自身主动性的充分原因的表述,之所以会伴随有这样的表述,就是因为,在心灵为充分的观念所完善的同时,还被它自己设想为必然的。由此得证,心灵若不在被动性条件(也即使它不稳定的被动情状/激情状态中)就能够体验到快乐:当心灵进行设想(在设想一词的真正意义上来说的设想)并因而也将它自身设想成正在承担着概念活动的主动性的时候,在心灵之中就发展出了一种特殊的受感致动的情状、一种真实的感情状态,这种感情状态具有受感致动的主动情状的地位。

命题五十八证明在谈了快乐的情况之后还曾谈到过欲望的情况,为的是指明欲望也可以具有受感致动的主动情状的形式。斯宾诺莎在这里给出的基本推理的基础是对 conatus 的依赖:他采用了命题九所阐明的观念,即,"心灵努力使自身在无限期的时间内保持在它自己的'是其所是'之中……因为心灵有清楚明白的观念,也有混淆的观念(mens tam quatenus claras et distinctas quam qutenus confusas habet ideas in suo esse perseverare çonatur)"。换言之,conatus(努力)的冲动是我们心灵力量的全部显现方式(无论这些显现方式有何种形式)的本源:conatus(努力)的无意识动力机制普遍地推动着心灵生活的展开,无论心灵在这个展开过程中选择的是被动地生产不充分观念的方向,还是主动地生产充分观念的方向。心灵一旦不再借由它乃是其观念的身体同外部物体之随机相遇去生产点对点的碎片观念,而是投入真正的思辨(proprement spéculatives)之中,心灵就会依据明白而清楚的观念(就像它以几何学家的方式进行推理时所做的那样)对从基底为心灵灌注生气的那"是其所是"的欲望进行培养和约束,从而不会使这种欲望偏离而是保持在心灵获取有关事物的自然/性质(因而也是有关心灵自身的自然/性质)的必然知识的努力这一图景之中:直接源自 conatus(努力)冲动的根本欲望,在归根到底的意义上,决定着对这一努力的追求,而这一努力若无这一根本欲望也无从实现。这样一来,就有了一个后果,即,"就我们是能理知的而言,欲望也是与我们相关联的(cupiditas ad nos refertur etiam quatenus intelligimus)"①:换言之,进行理知和有欲望,这两件事在大多数情况下尽管受事物的共同顺序影响而不相干,但是二者无彻底的对立,二者之间并不存在使理性顺序和感性顺序隔绝开来的那种不可克服的天壤之别。总的来说,在欲望活动中,存在着一种不可勾销的肯定因素,在任何情况下,这种肯定因素都不可能被它自身的内在逻辑颠倒为它的对立面:凭借这种不可勾销的肯定因素,欲望竭力地把一种本质上主动性的禀赋实现出来,"论受感致动的情状"命题三也说明过,一旦心灵摆脱了想象的工作机制,便会严格地运用证明的知识或直观的知识接近于真,也正是在——且只有在——证明的知识或直观的知识的严格运用中可以发现欲望的这种本质上主动的禀赋。

接下来,命题五十九把感性的第三个基本形态——即悲

---

① 这个提法之中副词"etiam(也)"也在命题五十九证明的结尾被使用,该副词引入了一种意味深长的限制:如果说心灵在欲望着或处于快乐的状态时也可能是主动的——可以确定的是,心灵在悲伤时,绝不可能是主动的——,那么,显而易见,心灵并非在任何情况下进行欲望或处于快乐的状态时都是主动的,相反,仅当这些感性倾向所联系的事实是认识和理解,也就是说,是以必然顺序形成充分观念的时候,心灵才可能是主动的。

伤——纳入了考量之中,指出在任何情况下悲伤都不会造成主动性倾向的发展。换句话说,知识欲望(désir de connaître)总是在快乐中获得满足的,这种类型的欲望的主动性绝不可能与悲伤相联系,悲伤永远是染着被动性的,永远联系着乃是被动情状/激情的受感致动的情状的发展的,故此同悲伤联系着的只能是被动情状/激情。实际上,如果说快乐和欲望在倾向上是主动的和肯定性的,那么,悲伤则是一种否定的状态,故此,"心灵越是处于悲伤的状态,它的理解的力量,也就是说,它的动作的力量,就越是减弱或受限(mens quatenus contristatur eatenus ejus intelligendi hoc est ejus agendi potentia minuitur vel coercetur)"。实际上,对心灵来说,它的动作就是它的理解,它的理解就是它的动作,二者是同一种决定,展现着心灵在其自身之中"是其所是"的力量,这一决定是在欲望和快乐的规律下积极地实现出来的,绝不可能给悲伤留出任何表现它自身的机会:"只要心灵是主动的,除快乐和欲望的受感致动的情状外绝不会有悲伤的受感致动的情状与心灵相关联,快乐和欲望的受感致动的情状同心灵相关联——只要心灵是主动的(nulli tristitiae affectus ad mentem referri possunt quatenus agit, sed tantum affectus laetitiae et cupiditatis qui eatenus etiam ad mentem referuntur)。"心灵在其具体生活中就这样来回摇摆,保持着快乐与悲伤的平衡:在对某物所进行的理解中和在就某物所展开的动作中,心灵都是同欲望的观念和快乐的观念联系着的,相反却全然并且永久地对悲伤的观念予以排除。欲望和快乐"也(etiam)"能具有主动的形式,而悲伤——就其自然/性质而言——只属于被动性:"悲伤从来总是一种被动情状/激情(semper passio est)"①,后来"论奴役"部分命题三十四证明的结尾处对此处命题五十九的内容总结时这样说。

命题五十九后附一个长篇附释,在这篇附释中,斯宾诺莎首次着手对这些受感致动的主动情状给出具体的特征说明,此前在证明中已经先验地证明过了这些受感致动的主动情状的可能性,它们是"就心灵理知它们而言与心灵相联系的受感致动的情状(qui ad mentem referuntur quatenus intelligit)",或者,心灵至少对它们中的某一些是理知的。② 这些被理知的受感致动的情状将种

---

① 在这个意义上,"论自由"命题十八附释解释说,"我们越是理解悲伤的原因,悲伤就越不再是悲伤,也就是说,就越不再是一种被动情状/激情(quatenus tristitiae causas intelligimus, eatenus ipsa âesinit esse tristitia, hoc est desinit esse passio)"。既然感情是以某种绝对不能更改的方式处于它所属的总的语境之中的,而不可能像经历一等考试后那样升等晋级,所以,对这句话的解释只能是,感情将越来越不被以被动的方式承受,它不再是一种被动状态:如果说这种感情是一种悲伤的感情,又绝不可能被感受为快乐的话,它起码可以在另外的条件下被体验,这些条件将根本地、在使"震撼"心灵的情绪激荡得以平复的方向上改变悲伤的感情的含义——这种改变不仅是理智上的而且是在感情效果上的。

② 这就是acquiescentia(满足、平和泰然)的概念,尽管acquiescentia in se ipso(自我满足)也有其平和泰然的特征,但切不可与此概念混同,acquiescentia(满足、平和泰然)无疑才是最佳的受感致动的主动情状,这种状态是理性与感情的绝对圆融,《伦理学》的结尾即"论自由"的第二部分将对这个概念进行介绍。

种"主动行动(actiones)"①转化为事实,这些"主动行动"表现了一种"内心的力量(fortitudo)"②,而这种"内心的力量"又使自身呈现为"心灵的品性强度(animositas)"③和"仁爱(generositas)"两个方面。心灵品性强度和仁爱是欲望完全展现为主动和积极的时候的两个指标,一个指标涉及(主动)行为者自己,另一指标涉及他人。心灵品性强度是"每个人只顺应由理性生效的法则而努力保持其'是其所是'的欲望(cupiditas qua unusquisque conatur suum esse ex solo rationis dictamine conservare)";这种欲望主要的形式有"节制(temperantia)"和"清醒(sobrietas)"以及"心灵在危险中现前(animi in periculis praesentia)",它们"仅专注于行为者自身的利益(solurn utile agentis intendunt)"。仁爱是"每个人只顺应由理性生效的法则而努力辅助他人并获得他们的友谊的欲望(cupi-

---

① actio 一词在这里应从就其直接相对于 passio 而言的字面意义上来理解:actio 不是在一般和中性意义上所指的活动或动作,而是在肯定意义上所指的主动行动。

② 在"论奴役"部分命题六十九证明中,fortitudo 这个概念被用作"心灵的能力/德性(animi virtus)"的近义词。所有这些提法暗示了对心灵建制的这样一种表述,即,这种心灵建制从自身生命使命和社会使命的原理中得出理性,这一理性因是该心灵建制的"主动行动(actiones)"的充分原因,这种心灵建制也由于运用这一理性而使自身得到加强。

③ 我们不禁想用"毅力(cran)"来翻译 animositas 一词。在本导读系列专论《伦理学》第五部分的《解放之途》(*Les voies de la Libération*, Paris, PUF, 1994, p. 193)中,animositas 被译作"勇气(courage)"。"论自由"命题六十九绎理和附释就是在这个意义上使用该词的,在那里,这个词是"心灵的现前(animi praesentia)"的同义词,这里的命题五十九附释同样也涉及"心灵的现前"这层意思。

第六章 受感致动的主动情状（命题五十八和命题五十九）

ditas qua unusquisque ex solo rationis dictamine conatur reliquos homines juvare et sibi amicitiajungere）"；这种欲望的主要形式有"谦恭（modestia）"和"宽仁（clementia）"，它们"也是注重他人的利益的（qui alterius etiam utile intendunt）"。在欲望的这两类形式（为自己的和为他人的两类形式）之中，欲望都直接地取决于conatus（努力）的冲动，这种冲动要么仅侧重于在持存于它的"是其所是"之中的方向上采取主动行动的主体，要么也将自身的冲动力量的侧重点放在对他人的考量上，但这样做并不会使这一侧重与前一种侧重构成非此即彼的取舍关系①；在这两种情况中，欲望都追求的是一种功利性愿景，但也是使这一功利性愿景服从于唯因理性而生效的法则的。所有这些提示预支了将在"论奴役"中得到专门说明的那些问题的论述：因而，在"受感致动的诸情状定义"后附的说明中，斯宾诺莎也提到了"心灵的品性强度"和"仁爱"这两个受感致动的主动情状，他并没有将这两种受感致动的主动情状放在"受感致动的诸情状定义"中单独定义，而只是说"de quibus in sqq"——此后将会澄清它们。②

---

① "论奴役"部分也解释说，"谋求自身利益（proprium utile）"的考量会导向"谋求共同利益（utile commune）"的考量，前者与后者是内在地联系在一起的（参看"论奴役"命题十八）。

② "论奴役"命题七十三附释还会同时提到"心灵的品性强度（animositas）"和"仁爱（generositas）"，在那里，这两种受感致动的情状被说成充溢于"理性指导下的人（homo qui ratione ducitur）"的行为之中，"论自由"命题四十一也是这样说的，此命题指出，人即使尚未获得第三种知识，但若能够在日常生活的环境中以正确的伦理代替第三种知识，他也能做出充溢着这两种受感致动的情状的行为。

在"受感致动的诸情状定义"之定义四十八后附的这个说明（该则说明简要地提到了这两种受感致动的主动情状）中，斯宾诺莎还提到了同"贞洁（castitas）"联系着的"节制（temperentia）"和"清醒（sobrietas）"，对这两种受感致动的情状，斯宾诺莎回顾说他"已经指出过"，它们"都表现心灵的力量，而非被动情状/激情（mentis potentiam non autem passionem indicarejam etiam monui）"。在这个说明中，他还提到了"谦恭（modestia）"的情况，但他说"谦恭"是"冀人青眼的欲望的一种（species ambitionis）"；故此可以得出这样的结论，即，"谦恭"是介于被动情状/激情和主动行动之间的一种中间性的心灵状态，也就是说，"谦恭"可以导向前者的方向，亦可导向后者的方向，这取决于它是否服从因理性而生效的法则。但是在这同一个段落里特别令人感兴趣的东西是，斯宾诺莎带着十分强调的语气肯定说这些在倾向上主动的受感致动的情状并不与它们能控制的那些受感致动的（被动）情状构成"相对（contrarii）"的关系，因为两类受感致动的情状是处在心灵生活的完全不同的水平上的；所以，如果说人的心灵"是其所是"的力量受感致动从而在快乐和悲伤的起伏消长之间做出来回摇摆的动态平衡全然是心灵的被动状态的表现的话，那么，心灵绝不可能在认识上充分的主动行为和没有反思干预介入的被动行为之间作这种来回摇摆。① 命题五十八和命

---

① 当受感致动的主动情状被与受感致动的被动情状相比较权衡，受感致动的主动情状就会自动地失去它们的主动特征，这是某种可怕的机制使然，在"论奴役"序言中被使用过，《伦理学》这部分命题十七又重提的一则格言，就是对这种可怕机制的说明。这个格言是：Video meliora proboque deteriora sequor（见善虽吾乐，遇恶却随之）。

题五十九中以及命题五十九附释开头有关受感致动的主动情状的分析得出的主要义理因而是这样的:这些对心灵有稳定作用的受感致动的情状,与其他的受感致动的情状不同,尽管它们由于都是欲望和快乐的形式,因而也都属于感性的顺序之中;实际上,它们体现了一个事实,即,它们在conatus(努力)的根本上汲取着conatus(努力)的冲动力量,从而积极地使conatus(努力)的内在力量得以展开,而不是取决于环境地遵循并承受来自外部的忽动忽止的刺激,而感性在服从这些刺激时表现为conatus(努力)力量的增长或减少、受推或受限。

命题五十九附释用了十几行文字专门对"内心的力量(fortitudo)"进行了特征说明,心灵正是借此"内心的力量"才能进入完全主动的心灵建制,关于这一主题,《伦理学》后续的几个部分将给出更为完整的说明并在原因性上作出证明。在这则附释的接下来的部分里,斯宾诺莎提出了一些总结性的思考,从而表明有关感性的理性分析——绝大多数——已经结束,在"论受感致动的情状"前言里勾勒的规划也已执行完毕:"我相信我已经把由欲望、快乐、悲伤三个受感致动的基本情状情绪组合而成的许多最主要的受感致动的情状和心灵的困扰解释明白了,并且已经溯至了它们的第一原因(puto me praecipuos affectus animique fluctuationes quae ex compositione trium primitivomm affectuum nempe cupiditatis, laetitiae et tristitiae explicuisse perque primas suas causas ostendisse)。"①故此,对在经验中有极为复杂的特殊表现的那些心理机

---

① 在斯宾诺莎回顾他对感性所作解释时使用的这一简化图式中,他提到了"心灵的困扰(animi fluctuationes)",在几行之后,这个提法还被表述为

制作更进一步的解释就是没有必要的了，我们无须给出一种完全细节性的说明。为了让我们明白感性生活的无穷无尽的多样性，斯宾诺莎用了一个相当漂亮、非常令人感兴趣的意象："外部原因以许多方式使我们受到促动，我们受到困扰，不知我们的前途与命运，有如海洋中的波浪，为相反的风力所动荡（nos a causis extemis multis modis agitari nosque perinde ut maris undae a contrariis ventis agitatae fluctuari nostri eventus atque fati inscios）。"杂多的具体受感致动的情状让我们随着它们的消长起伏而动摇徘徊，在真正的意义上推动着我们，受感致动的情状的这种具体杂多性是没有定限的，就像海面上涌动的波涛，要清数这些波涛的运动是注定徒劳的：既然已经对支配着它们的起起落落的纯工作原理作出了解释，这就已经足够了，因为，一旦认识了驱动着这种运动的基本冲动，这种运动就会被约简为诸种作用力的效果，这些作用力的个别效果可以有无穷无尽的组合，要想确切预判这些组合将在何种给定地点和给定场合出现则是不可能的。对感性来说，情况也是一样：一旦理解了感性的工作的总的原因，就有可能在这种或那种情形中重构出——至少是大致重构出——感性乃是其原因的具体现象的相关解释："我相信，从已经被谈到的东西中，每个人都能清楚地搞明白受感致动的情状相互组合，其组合方式是如此之多，会引发的变化也是如此之多，以至于不可能将它们化简为一个有定限的数目（unicuique exjam dictis clare constate credo

---

"心灵的冲突（animi conflictus）"。这是为了提请读者注意感性生活的主要表现所具有的不稳定的、引发冲突的特征：这个主题将是《伦理学》下一部分有关人的状况的分析的中心议题。

第六章 受感致动的主动情状（命题五十八和命题五十九）

affectas tot rnodis alii cum aliis posse componi indeque tôt variationes oriri ut nullo numéro definiri queant）."对感性的原因性说明使我们能在受感致动的基本情状和受感致动的次生情状之间作出区分,后者是前者配置之后所产生的结果,前者从理性认识角度来看是可以引起关注的,而后者则在理性认识的视域中可被忽略①:实际上,我们可以作出这样的估量,即,"它们（具体的受感致动的次生情状）虽可满足博雅者好奇的兴趣,但无关宏旨（plus curiositatis quam utilitatis haberent）"。

然而,在说完这话之后,斯宾诺莎又对爱和为爱所激发的占有的欲望补充了一个附带的评论:这种欲望的实现——以其满足为形式的实现——为什么在引发该欲望消失的同时,更会刺激这种欲望转向它的反面？换言之,被满足的爱为什么常常在带来满足的同时还引发某种排斥感？斯宾诺莎解释说,从爱被宣示出来的时刻到爱被满足的时刻,身体——心灵是它的观念——的状态发生了变化:使身体应变致动的印象不再是同一些印象,对应着印象的观念同时也发生了改变；一个人在吃饱肚子的时候,他眼中的世界,尤其是他眼中的世界里可供食用的好东西,和在他未吃饱时候所见是相当不同的。正是由于这一原因,同一个事物,在不同时间里,既可能是爱的对象,也可能是恨的对象,这取决于轮换的选择性或间歇性的不可避免的运动,这种运动的必然性是铭写在身体的具体历史之中的。这一情况并不令人惊奇,也不会

---

① 这就是"论受感致动的情状"前言结束时勾勒的规划的直接后果:考察受感致动的情状应像对线、面和体积的考察一样,只需依循受笛卡尔启发的机械论物理学的探究方式着眼于重构一种简化的形式即可。

使前面的分析所得出的原理发生动摇。但这个情况揭示出两个新的受感致动的情状的形态,它们是"抵触(fastidium)"和"厌倦(taedium)"。① 这两种受感致动的情状直接表现着身体状态变化的心理响应,它们随着身体状态的变化而旋起旋灭,这个过程不牵扯任何心灵状态。在这两种受感致动的情状中,我们更接近心灵与身体的"统一",也就是身心完满地一体化意义上的"统一",这种"统一"不能化简为各自独立的、相互保持各自自身存在的元素之间的适应。"战栗(tremor)""勃然变色(livor)""唏嘘(singultus)""大笑(risus)"等"身体的外在应变致动的状态(corporis affectiones externae)"皆属此类:这些身体反射性的表现以一定方式通过具有感性价值的印象反映在心灵中,但它们是在这样一种条件下发生的,即,心灵的自然/性质仅以纯机械性冲动的形式边际性地参与到它们的发生当中:"它们都只与身体有关,而与心灵无关(ad solum corpus absque ulla ad mentem relatione referuntur)"。因此,只需对它们稍作提及即可,没有必要将它们纳入受感致动

---

① 显然,这两种受感致动的情状是悲伤的征象。但是,将它们解释为fluctuatio animi(心灵的混淆)之症状又是说不通的:这两种受感致动的情状所涉及的爱恨的对立感情不可能同时发生,而是在不同时间里交替发生的。这两种受感致动的情状的特殊性恰恰就在于它们作用于心灵生活的、将连续性"织体"撕裂的这种极端割裂的效果:我们片刻之前喜爱着的同一个事物,此时又让我们不快,以至于我们将它能使我们愉悦这一事实忘掉;这是什么原因呢? 这只是因为我们已经——如我们所愿地——获得了对它的全部的支配。在这两种心灵倾向中令人吃惊的东西是,它们自然地、在激不起任何扰动的情况下,被当作自明的东西接受下来,之所以如此,只是因为它们完满地适应于将此前的身体倾向抹除的实时身体状态。

的情状的推理分析,它们并不在这一推理分析的总体系统范围之内。

对感性工作机制的解释就此完结:接着只需列出一个详表就可以了,斯宾诺莎在《伦理学》这一部分的附录中也是这么做的,他在这份详表中重述了那些受感致动的主要情状的定义,这些受感致动的主要情状的自然/性质都曾在原因性推理的过程中得到过连续性的推导,此一连续性推导始于conatus(努力)的基本现实性,对心灵显现方式的主要形式进行了测定,并且偶尔在这个证明序列所附的旁注、附释里具体地对它们作出了识别。①

---

① 这些定义在《伦理学》这部分接下来的文本中又被逐一列出,但它们及随附说明所涉及的内容已经在前面的内容中得到了评述。因此无须再对它们作出阐述。作为总结,本文将对"论受感致动的情状"阐述过程中已单独列出的那些感性的主要形态作一归总,形成一份索引。

主要受感致动的情状形态索引

在"论受感致动的情状"部分的附录中,斯宾诺莎以列举清单的方式对若干受感致动的情状形态进行了重述,这些受感致动的情状形态都是《伦理学》这一部分正文就感性系统作推理分析时或在这部分有关原因性解释的旁注中曾被单独识别过的,而那些旁注也就是穿插在命题之间的那些附释。从一方面来看,这个附录是一组词条,收录了传统上被归给主要感情形态的若干名称,即便人们对感情形态的这类传统称呼并不总是那么恰切;从另一方面来看,这个附录还是一个分类系统,具有定义特征的这些词条按照"论受感致动的情状"部分所给出的推理原理的顺序被一一列举出来,从而说明了受感致动的次级情状是如何从受感致动的基本情状(欲望、快乐和悲伤)中衍生出来的。这就使我们在理解这些词条时能够有机会逆向地对若干感情作新的理解,或者说以符合于感性生活顺序设定的另一种方向从它们的起因去理解或识别这些感情,而不再仅仅是基于其效果经验对它们进行描述(虽然斯宾诺莎在"论受感致动的情状"部分前言中说明过,他在他的这部著作中想要做到的就是对感情的这种描述)。

在这里,我们按拉丁首字母音序把"论受感致动的情状"这一部分的文本中识别出来的感情列出一个总表。对斯宾诺莎所识别的这些受感致动的情状的拉丁名称，我们都尽可能在同一栏给出其同义词（由"cf."提示）或反义词（由"/"提示）的拉丁文。每个词条的下一行中给出的是该词的译名，译名尽可能与斯宾诺莎所使用的非常特殊的意涵相贴合，斯宾诺莎自己说过，他更看重字面背后所指称的事物的自然而多过词语本身的意义。译名下标出了该词条所表述的概念在《伦理学》中出现和得到解释的段落位置，并尽可能地再标出整部《伦理学》中使该概念得到完整阐明的其他主要段落位置。右端标出的页码①，是本书介绍和分析该概念的位置。

每个受感致动的情状的拉丁名称下的括号内还以小号字体给出了该受感致动的情状在这一部分上下文中的分类，一类是感性的主要形态；一类是第三部分文本最后提到的受感致动的主动情状的几个形态；一类是身体性应变致动状态，如"厌倦（taedium）"；一类则是"轻蔑（contemptus）"之类处在感性生活边缘的感情形态。后两类形式又都被斯宾诺莎归为被动情状/激情，它们都根源于欲望（有所欲望的冲动），且衍生自快乐和悲伤（被动的快乐情状/快乐的激情和被动的悲伤情状/悲伤的激情）。

1	*abjectio*（被动的悲伤情状/悲伤的激情）		第212页
		沮丧 第三部分附录定义二十九 *cf.*另外参看第四部分命题五十五、命题五十六、命题五十七附释	

---

① 表中页码为原法文版页码，即本书的页边码。——译注

			续表
2	*acquiescentia in se ipso*（被动的快乐情状/快乐的激情）	/*humilitas*（羞惭） /*poenitentia*（懊悔）	第 339 页
		自我满足 第三部分命题三十附释 第三部分命题五十五绎理之附释 第三部分附录定义二十五 *cf.*另外参看第三部分命题五十一附释 第三部分附录定义二十八 第四部分命题五十二 第五部分命题十附释	第 339 页
3	*admiratio*（并非一种真正的受感致动的情状）	/*contemptus*（轻蔑）	第 323 页
		惊讶 第三部分命题五十二附释 第三部分附录定义四	
5	*aemulatio*（有所欲望的冲动）		第 221 页
		仿效 第三部分命题二十七附释 第三部分附录定义三十三	
6	*ambitio*（有所欲望的冲动）		第 235 页

续表

		冀人青眼的欲望 第三部分命题二十九附释 第三部分附录定义四十四 *cf.* 另外参看第三部分命题三十一附释 第三部分命题三十九附释 第三部分命题五十六附释 第三部分附录定义四十八说明 第四部分附录第二十五条 第五部分命题四附释	
7	*amor*（被动的快乐情状／快乐的激情）	/*odium*（恨）	第 139 页
		爱 第三部分命题十三附释 第三部分附录定义六 *cf.* 另外参看第四部分命题四十四 第四部分命题四十六	
8	*amor sui* （*cf. philautia*） （被动的快乐情状／快乐的激情）		第 210 页
		对自己的爱（同自爱） 第三部分附录定义	

续表

9	*animositas*(有所欲望的冲动)		第 384 页
		心灵的品性强度（勇毅） *cf.* 另外参看第三部分命题五十九附释 第三部分附录定义四十八说明 第四部分命题六十九绎理及附释 第四部分命题七十三附释 第五部分命题十附释 第五部分命题四十一及其附释	
10	*antipathia*(被动的悲伤情状/悲伤的激情)	/*sympathia*(投缘)	第 156 页
		反感 第三部分命题十五附释	
11	*appetitus*(有所欲望的冲动)		第 98 页
		冲动 第三部分命题九附释 *cf.* 另外参看第三部分附录定义一	
12	*audacia*(有所欲望的冲动)	/*timor*(怯懦)	第 317 页
		大胆 第三部分命题五十一附释 第三部分附录定义四十	

续表

13	*avaritia*（有所欲望的冲动）		第 347 页
		贪婪 第三部分命题五十六附释 第三部分附录定义四十七 *cf.* 另外参看第三部分命题三十九附释	
14	*aversio*（*cf. antipathia*）（被动的悲伤情状/悲伤的激情）	/*propensio*（偏好）	第 156 页
		厌恶 第三部分附录定义九	
15	*benevolentia*（有所欲望的冲动）		第 225 页
		仁慈 第三部分命题二十七绎理三附释	
16	*castitas*（受感致动的主动情状）		第 385 页
		贞洁 第三部分命题五十六附释 第三部分附录定义四十八说明	

			续表
17	*clementia*（有所欲望的冲动）		第 384 页
		宽仁 第三部分附录定义三十八说明 *cf.* 另外参看第三部分命题五十九附录	
18	*commiseratio*（被动的悲伤情状/悲伤的激情）		第 197 页
		怜悯 第三部分命题二十二附释 第三部分附录定义十八 *cf.* 另外参看第三部分命题二十七附释及绎理二和绎理三 第四部分命题五十	
19	*conscientiae morsus*（被动的悲伤情状/悲伤的激情）	/*gaudium*（欣慰）	第 173 页
		遗憾 第三部分命题十八附释二 *cf.* 另外参看第四部分命题四十七附释	
20	*consternatio*（被动的悲伤情状/悲伤的激情）		第 323 页

续表

		恐慌 第三部分命题三十九附释 第三部分命题五十二附释 第三部分附录定义四十二	
21	*contemptus*（并非一种真正的受感致动的情状）	/*admiratio*（惊讶）	第328页
		轻蔑 第三部分命题五十二附释 第三部分附录定义五 *cf.* 另外参看第三部分附录定义十一 第四部分命题四十五绎理一	
22	*crudelitas* (*cf. saevitia*)（有所欲望的冲动）		第287页
		残忍（同冷酷） 第三部分命题四十一绎理之附释 第三部分附录定义三十八	
23	*cupiditas*（受感致动的基本情状）		第99页
		欲望 第三部分命题九附释 第三部分附录定义一 *cf.* 另外参看第五部分命题四十四	

续表

24	*dedignatio*（被动的悲伤情状/悲伤的激情）	/*veneratio*（敬畏）	第 329 页
		鄙夷 第三部分命题五十二附释 *cf.* 另外参看第三部分附录定义五说明	
25	*desiderium*（有所欲望的冲动）		第 270 页
		渴望 第三部分命题三十六绎理之附释 第三部分附录定义三十二 *cf.* 另外参看第三部分命题四十七附释	
26	*despectus*（被动的悲伤情状/悲伤的激情）	/*existimatio*（溢美）	第 214 页
		贬抑 第三部分命题二十六附释 第三部分附录定义二十二 *cf.* 另外参看第四部分命题四十八	
27	*desperatio*（被动的悲伤情状/悲伤的激情）	/*securitas*（确信）	第 173 页

续表

		绝望 第三部分命题十八附释二 第三部分附录定义十五 *cf.*另外参看第四部分命题四十七附释	
28	***devotio***（被动的快乐情状/快乐的激情）	/*irrisio*（嘲讽）	第 325 页
		敬爱 第三部分命题五十二附释 第三部分附录定义十	
29	***dolor***（被动的悲伤情状/悲伤的激情）	/*titillatio*（痛快）	第 122 页
		痛苦 第三部分命题十一附释 *cf.*另外参看第四部分命题四十三	
30	***ebrietas***（有所欲望的冲动）		第 345 页
		贪酒 第三部分命题五十六附释 第三部分附释定义四十六	
31	***existimatio***（被动的快乐情状/快乐的激情）	/*despectus*（贬抑）	第 214 页

续表

	溢美 第三部分命题二十六附释 第三部分附录定义二十一和定义二十二 *cf.* 另外参看第四部分命题四十八和命题四十九	
32	*fastidium*（身体的应变致动状态）	第 389 页
	抵触 第三部分命题五十九附释	
33	*favor*（被动的快乐情状/快乐的激情）/*indignatio*（气愤）	第 198 页
	嘉许 第三部分命题二十二附释 第三部分附录定义十九 *cf.* 另外参看第四部分命题五十一	
34	*fluctuatio animi*（左右摇摆不定的心绪）	第 166 页

续表

		心灵的混淆 第三部分命题十七附释 *cf.*另外参看第三部分命题二十三附释 第三部分命题三十一 第三部分命题三十五附释 第三部分命题四十七 第三部分命题五十六 第三部分附录定义四十二说明	
35	*fortitudo*（受感致动的主动情状）		第384页
		内心的力量 第三部分命题五十九附释 *cf.*另外参看第三部分命题五十五绎理之附释 第四部分命题七十三附释 第五部分命题十附释 第五部分命题四十一附释	
36	*gaudium*（被动的快乐情状/快乐的激情，或可成为受感致动的主动情状）	/*morsus conscientiae*（遗憾）	第173页

续表

		欣慰 第三部分命题十八附释二 *cf.* 另外参看第三部分命题五十七附释 第四部分命题四十七附释 第五部分命题四十二	
37	***generositas*** （受感致动的主动情状）		第384页
		仁爱 第三部分命题五十九附释 *cf.* 另外参看第三部分附录定义四十八说明 第四部分命题四十六 第四部分命题七十三附释 第四部分附录第十一条 第五部分命题十附释 第五部分命题四十一及附释	
38	***gloria***（被动的快乐情状／快乐的激情）	/*pudor*(耻辱)	第241页

续表

		光荣 第三部分命题三十附释 第三部分附录定义三十 *cf.* 另外参看第三部分命题三十四 第三部分命题五十二附释 第四部分命题五十八 第五部分命题十附释	
39	*gratia*（*cf. gratitudo*）（有所欲望的冲动）		第286页
		感谢（同谢忱） 第三部分命题四十一附释 第三部分附录定义三十四 *cf.* 另外参看第四部分命题七十一附释	
40	*hilaritas*（被动的快乐情状/快乐的激情）	/*melancholia*（忧郁）	第121页
		欢乐 第三部分命题十一附释 *cf.* 另外参看第四部分命题四十二 第四部分命题四十四附释	
41	*horror*（被动的悲伤情状/悲伤的激情）		第324页

续表

		惊骇 第三部分命题五十二附释	
42	***humanitas***(有所欲望的冲动)		第 237 页
		通人情 第三部分命题二十九附释 第三部分附录定义四十三 *cf.* 另外参看第四部分命题三十七附释一	
43	***humilitas***(被动的悲伤情状/悲伤的激情)	/*acquiescentia in se ipso*(自我满足)	第 339 页
		羞惭 第三部分命题五十五绎理之附释 第三部分附录定义二十六 *cf.* 另外参看第三部分附录定义二十八 第四部分命题五十三和命题五十四	
44	***indignatio***(被动的悲伤情状/悲伤的激情)	/*favor*(嘉许)	第 198 页

续表

		气愤 第三部分命题二十二附释 第三部分附录定义二十 *cf.* 另外参看第四部分命题五十一附释	
45	*intrepidus*（并非一种真正的受感致动的情状）		第 316 页
		勇敢 第三部分命题五十一附释	
46	*invidia*（被动的悲伤情状/悲伤的激情）	/*misericordia*（同情）	第 199 页
		嫉妒 第三部分命题二十四附释 第三部分附录定义二十三 *cf.* 另外参看第三部分命题三十二附释 第三部分命题三十五附释 第三部分命题五十五附释及绎理 第三部分附录定义三十三 第四部分命题三十四 第四部分命题四十五绎理一	
47	*ira*（有所欲望的冲动）		第 284 页

续表

	恼怒 第三部分命题四十绎理二之附释 第三部分附录定义三十六 *cf.* 另外参看第四部分命题四十五绎理一 第四部分命题五十九附释 第四部分命题六十三绎理之附释 第五部分命题四附释		
48	*irrisio*（被动的快乐情状/快乐的激情）	/*devotio*（敬爱）	第 300 页
	嘲讽 第三部分附录定义十一 *cf.* 另外参看第三部分命题四十七附释 第三部分命题五十二附释 第四部分命题四十五绎理一		
49	*laetitia*（受感致动的基本情状）	/*tristitia*（悲伤）	第 114 页
	快乐 第三部分命题十一附释 第三部分附录定义二 *cf.* 另外参看第四部分命题四十一		
50	*laus*（被动的快乐情状/快乐的激情）	/*vituperium*（责备）	第 238 页

续表

		赞赏 第三部分命题二十九附释 *cf.* 另外参看第一部分附录 第三部分命题三十一附释 第三部分命题五十三绎理 第四部分命题三十七附释二 第四部分命题五十二附释		
51	*libido*（有所欲望的冲动）		第 347 页	401
		淫欲 第三部分命题五十六附释 第三部分附录定义四十八		
52	*luxuria*（有所欲望的冲动）		第 347 页	
		嗜吃 第三部分命题五十六附释 第三部分附录定义四十五		
53	*melancholia*（被动的悲伤情状/悲伤的激情）	/*hilaritas*（欢乐）	第 121 页	
		忧郁 第三部分命题十一附释 *cf.* 另外参看第四部分命题四十二		

续表

54	*metus*（被动的悲伤情状/悲伤的激情）	/*spes*（希望）	第173页
		恐惧 第三部分命题十八附释二 第三部分附录定义十三 *cf.* 另外参看第三部分命题三十九附释 第三部分命题四十附释 第三部分命题五十附释 第四部分命题四十七	
55	*misericordia*（既可以是被动的快乐情状/快乐的激情，也可以是被动的悲伤情状/悲伤的激情）	/*invidia*（嫉妒）	第200页
		同情 第三部分附录定义二十四 *cf.* 另外参看第三部分命题三十二附释 第三部分附录定义十八 第三部分附录定义二十三	
56	*modestia*（有所欲望的冲动）		第385页

续表

		谦恭 第三部分附录定义四十三 *cf.* 另外参看第三部分命题五十九附释 第三部分附录定义四十八	
59	***odium***（被动的悲伤情状/悲伤的激情）	/*amor*（爱）	第 139 页
		恨 第三部分命题十三附释 第三部分附录定义七 *cf.* 另外参看第四部分命题三十四及其附释 第四部分命题四十五	
60	***philautia***（*cf. amor sui*）（被动的快乐情状/快乐的激情）		第 210 页
		自爱（同对自己的爱） 第三部分附录定义二十八 *cf.* 另外参看第三部分命题五十五附释	
61	***poenitentia***（被动的悲伤情状/悲伤的激情）	/*acquiescentia in se ipso*（自我满足）	第 319 页

续表

		懊悔 第三部分命题五十一附释 第三部分附录定义二十七 cf. 另外参看第三部分附录定义二十六说明 第四部分命题五十四	
62	*praesentia in periculis animi*（受感致动的主动情状）		第 394 页
		心灵在危险中现前 第三部分命题五十九附释 cf. 另外参看第四部分命题六十九绎理 第五部分命题十附释	
63	*propensio*（cf. *sympathia*）（被动的快乐情状/快乐的激情）	/*aversio*（厌恶）	第 156 页
		偏好（同投缘） 第三部分附录定义八	
64	*pudor*（被动的悲伤情状/悲伤的激情）	/*gloria*（光荣）	第 241 页

续表

		耻辱 第三部分命题三十附释 第三部分附录定义三十一 *cf.* 另外参看第三部分命题三十九附释 第三部分命题四十附释 第三部分附录定义二十八		
65	*pusillanimitas*（被动的悲伤情状/悲伤的激情）		第317页	403
		胆小 第三部分命题五十一附释 第三部分附录定义四十一 *cf.* 另外参看第三部分附录定义四十二		
66	*saevitia*（*cf. crudelitas*）（有所欲望的冲动）		第287页	
		冷酷（同残忍） 第三部分附录定义三十八		
67	*securitas*（被动的快乐情状/快乐的激情）	/*desperatio*（绝望）	第173页	

续表

		确信 第三部分命题十八附释二 第三部分附录定义十四说明 *cf.* 另外参看第三部分命题五十二附释 第三部分附录定义十五说明 第四部分命题四十七附释	
68	*sobrietas*（受感致动的主动情状）		第385页
		清醒 第三部分命题五十九附释 *cf.* 另外参看第三部分命题五十六附释 第三部分附录定义四十八说明	
69	*spes* （被动的快乐情状/快乐的激情）	/*metus*（恐惧）	第173页
		希望 第三部分命题十八附释二 第三部分附录定义十二 *cf.* 另外参看第三部分命题五十及其附释 第四部分命题四十七	

续表

70	*superbia*（被动的快乐情状/快乐的激情）		第 209 页
		骄傲 第三部分命题二十六附释 第三部分附录定义二十八 *cf.* 另外参看第四部分命题四十九 第四部分命题五十五，命题五十六和命题五十七 第五部分命题四附释	
71	*sympathia*（被动的快乐情状/快乐的激情）	/*antipathia*（厌恶）	第 156 页
		投缘 第三部分命题十五附释	
72	*taedium*（身体的应变致动状态）		第 389 页
		厌倦 第三部分命题五十九附释	
73	*temperentia*（受感致动的主动情状）		第 385 页
		节制 第三部分命题五十九附释 *cf.* 另外参看第三部分命题五十六附释 第三部分附录定义四十八说明	

续表

74	*timidus*(被动的悲伤情状/悲伤的激情)		第 349 页
		懦弱 第三部分命题五十一附释 *cf.* 另外参看第三部分附录定义四十八说明	
75	*timor*(有所欲望的冲动)	/*audacia*(大胆)	第 280 页
		怯懦 第三部分命题三十九附释 第三部附录定义三十九	
76	*titillatio*(被动的快乐情状/快乐的激情)	/*dolor*(痛苦)	第 121 页
		痛快 第三部分命题十一附释 *cf.* 另外参看第四部分命题四十三	
77	*tristitia*(受感致动的基本情状)	/*laetitia*(快乐)	第 114 页
		悲伤 第三部分命题十一附释 第三部分附录定义三 *cf.* 第四部分命题四十一	

续表

78	***veneratio***（被动的快乐情状/快乐的激情）	/dedignatio（鄙夷）	第329页
		敬畏 第三部分命题五十二附释 *cf.*另外参看第三部分命题五十五附释 第三部分附录定义五	
79	***verecundia***（被动的悲伤情状/悲伤的激情）		第281页
		害羞 第三部分命题三十九附释 *cf.*另外参看第三部分附录定义三十一	
80	***vindicta***（有所欲望的冲动）		第284页
		报复 第三部分命题四十绎理之附释二 第三部分附录定义三十七 *cf.*另外参看第四部分命题三十七附释二 第四部分命题四十五绎理一	
81	***vituperium***（被动的悲伤情状/悲伤的激情）	/*laus*（赞赏）	第238页

续表

		责备 第三部分命题二十九附释 *cf.* 另外参看第一部分附录 第四部分命题三十七附释二 第四部分命题五十二附释	
	82	*voluntas*（*cf. appetitus et cupiditas*）（受感致动的基本情状）	第 98 页
		意志（同冲动、同欲望） 第三部分命题九附释	
	83	*zelotypia*（被动的悲伤情状/悲伤的激情）	第 266 页
		猜忌 第三部分命题三十五附释 *cf.* 另外参看第三部分附释四十八说明 第五部分命题二十证明	

《伦理学》第三部分纲要
感性生活

前言(与其他所有自然现象一样,感性也完全是自然现象,也必须通过其原因来进行说明)。

三则定义(充分原因/不充分原因,主动的/被动的。受感致动的情状)。

两则公设(身体具有应变致动的能力,其他物体同身体发生相互作用的关系时,身体能保留其他物体在它那里留下的印迹)。

I. 感性的自然基础

(命题一到命题十一)

1. 主动性和被动性

命题一(及绎理)(心灵形成出充分观念则主动,形成出不充分观念则被动)。

命题二(及附释)(身体与其他物体相互作用而应变致动并受

---

① 《解放之途:斯宾诺莎〈伦理学〉第五部分导读》附录也曾给出过"论受感致动的情状"部分的图示化大纲,这里的纲要稍作调整,重新列出。关于作出调整的理由,请参看本书第 319 页的注释①。

决定运动或静止,身体受物体的这种决定,但是物体绝不会作用于心灵的决定机制,心灵是主动的还是被动的,完全由严格的心灵决定机制来解释)。

命题三(及附释)(因而,在被动性和主动性两极之间展开的心灵生活完全由心灵中形成的诸观念的自然/性质来解释)。

2."conatus(努力)"

命题四和命题五(任一事物或任一"主体"的自然/性质中都没有可以使该事物或"主体"消灭的东西,如果它消灭了,它的这种消灭只能由一种或若干种外部原因的介入来解释)。

命题六和命题七(每个事物都会在其自然/性质所决定的它成其所是的最大限度内保持在它自身的是其所是之中,这就是每个事物的实际本质)。

命题八(这种努力——就事物的各自禀赋的独特自然/性质决定了这种努力而言——是在绵延中无限期地延续的)。

3. 受感致动的基本情状

命题九(及附释)(冲动、意志、欲望是源发自 conatus[努力]的冲量的直接表现)。

命题十(心灵绝不可能欲求或欲望同身体的冲动相反的东西,或者说绝不可能欲求或欲望同身体保持其自身存在的努力相反的东西)。

命题十一(及附释)(快乐和悲伤是 conatus[努力]力度消长的反映,而 conatus[努力]力度消长取决于其他物体对身体的限制)。

II. 受感致动的情状丛结和对象关系的形成

(命题十二到命题二十)

1. 爱与恨

命题十二和命题十三(绎理和附释)(爱与恨就是同对于外部原因的表述相联系的快乐和悲伤)。

2. 联系和转移的机制

命题十四和命题十五(绎理和附释)(欲望之所以会同这个或那个被决定的对象相绑定,是由联系的工作机制来解释的)。

命题十六(这种绑定一旦形成之后,就会在转移机制的作用下被转移到别的诸多对象之上)。

3. 感性的双向特征

命题十七(及附释)(前面所说的联系和转移两种工作机制偶然的组合就会引起 fluctuatio animi,也即心灵的混淆状态)。

4. 受感致动的情状系统的时间性投射

命题十八(附释一和附释二)(希望和恐惧是与过去或未来的事物相联系的爱和恨)。

命题十九和命题二十(欲望着所爱的事物能持存而欲望着所恨事物被毁灭,这是受感致动的情状的自然倾向——由此过渡向人际间的受感致动的情状丛结)。

III. 受感致动机制在人际间的表现形态和受感致动的情状的模仿

(命题二十一到命题三十四)

1. 二元组情境和三元组情境

命题二十一、命题二十二(附释)、命题二十三(附释)和命题二十四(附释)(一个人的感情可能会同另一人的快乐或悲伤的感情形成关联,那另一人的快乐或悲伤还可能是与某个第三人相联系的,若是如此,则人就会使他的感情同那个第三人形成关联)。

2. 指向他人的感情和指向自我的感情

命题二十五和命题二十六(附释)(与行为模式之形成相关的感情中隐含着对他人的想象)。

3. 受感致动的情状的模仿

命题二十七(附释、绎理一、绎理二、绎理三及其附释)(受感致动的情状的模仿,或感情共享:在一个人身上产生的受感致动的情状和这些受感致动的情状所造成的价值范式可以传递给另一个人,即使他们之间最初并无任何由感情纽带所维系的依恋关系)。

4. 他人注视之下的动作

命题二十八、命题二十九(附释)和命题三十(附释)(因考虑他人的感情反应而自动形成的感情)。

5. 受感致动的情状模仿机制的讨回效果

命题三十一(绎理和附释)和命题三十二(附释)(每个人都竭尽所能地让别人喜爱他所喜爱的事物,而且每个人也都喜爱别人所喜爱的事物——儿童看到别人笑的时候就会笑就是一个例子)。

命题三十三和命题三十四(我们正是由于想被他人爱才去爱他人,这就是对互惠的欲望)。

IV. 感性冲突

(命题三十五到命题四十七)

1. 爱颠倒为其反面

命题三十五(附释)(当我们想象在我们之外的别人爱我们所爱的事物,我们就可能恨我们爱的那事物)。

命题三十六(绎理和附释)(想把过去或未来的某些感情关系

以及这些感情关系涉及的关联情境永恒化的欲望:渴望)。

命题三十七和命题三十八(某些感情因它们的双向特征而具有强化的表现形式)。

2.拒你所欲和欲你所拒

命题三十九、命题四十(附释、绎理一和绎理二及其附释)和命题四十一(附释、绎理及其附释)(感性生活在自发发展过程中会造成对他人的侵越,而人之所以会克制对他人的侵越,是由于有对更大的恶果的表述——爱若在起源上与恨相伴随,则这种爱就不可避免地具有含混性)。

命题四十二、命题四十三和命题四十四(附释)(感情关系的不稳定性由一个事实来说明,即这些感情关系是在想象机制的法则作用之下结成的)。

3.厌憎和迷恋

命题四十五、命题四十六和命题四十七(附释)(人会自动运用相似性原理将对个体的感情想象性地转移向个体所属的群体;在这种情况下,从仇恨中会产生矛盾性的喜悦——民族主义和种族主义的起源)。

V.感性生活中的偶性和变动

(命题四十八到命题五十七)

1.固着

命题四十八和命题四十九(附释)(人际间感情的强弱取决于这些感情是否固着于关于特定事物的排他性考虑)。

2.预感

命题五十(附释)(完全基于想象性解释的感性生活痴迷于种

3. 无常的喜怒哀乐

命题五十一(附释)(感性生活的多变性,这种多变性表现是不可预测的)。

4. 心灵的几种走锚情状

命题五十二(附释)(对例外事物或新异事物的感情,与这类感情相关的感性旨趣具有不同的表现强度)。

5. 忧虑与偏好

命题五十三(绎理)、命题五十四和命题五十五(绎理、附释及其绎理和绎理之附释)(对全部感性生活起激发作用的根本旨趣:尽量消除妨害心灵动作力量的悲伤原因,同时尽量发挥心灵的动作力量并从中体验最大程度的快乐)。

6. 关于偶性的感性行为的推导

命题五十六(附释)(感情具有多变性,感情还可以叠加组合成受感致动的情状丛结,在每个个体身上并且根据环境的变化,这些感情和受感致动的情状丛结可能表现为任何形式,且可能固着于任何对象)。

7. 个体感性体验的差异性

命题五十七(附释)(不同个体的感情是不同的,也是在性质上不相合的,而且,同一个个体在不同的生活阶段,其感情也是不同的和在性质上不相合的)。

VI. 受感致动的主动情状

(命题五十八和命题五十九)

命题五十八和命题五十九(绎理)(心灵只要能形成出充分观

念,就能具有非被动情状/激情的受感致动的情状,这些受感致动的情状仍旧有着欲望和快乐的形式)。

VII. 总归纳以及受感致动的情状的条目

(受感致动的诸情状定义一到定义四十八)

1. 欲望(cupiditas);2. 快乐(laetitia);3. 悲伤(tristitia);4. 惊讶(admiratio);5. 轻蔑(contemptus);6. 爱(amor);7 恨(odium);8. 偏好(propensio);9. 厌恶(aversio);10. 敬爱(devotio);11. 嘲讽(irrisio);12. 希望(spes);13. 恐惧(metus);14. 确信(securitas);15. 绝望(desperatio);16. 欣慰(gaudium);17. 遗憾(conscientiae morsus);18. 怜悯(commiseratio);19. 嘉许(favor);20. 气愤(indignatio);21. 溢美(existimatio);22. 贬抑(despectus);23. 嫉妒(invidia);24. 同情(misericordia);25. 自我满足(acquiescentia in se ipso);26. 羞惭(humilitas);27. 懊悔(poenitentia);28. 骄傲(superbia);29. 沮丧(abjectio);30. 光荣(gloria);31. 耻辱(pudor);32. 渴望(desiderium);33. 仿效(aemulatio);34. 谢忱(gratitudo);35. 仁慈(benevolentia);36. 恼怒(ira);37. 报复(vindicta);38. 残忍(crudelitas);39. 怯懦(timor);40. 大胆(audacia);41. 胆小(pusillanimitas);42. 恐慌(consternatio);43. 通人情(humanitas);44. 冀人青眼的欲望(ambitio);45. 嗜吃(luxuria);46. 贪酒(ebrietas);47. 贪婪(avaritia);48. 淫欲(libido);受感致动的被动情状/激情性的感情的总定义。

代译后记：
斯宾诺莎《伦理学》Affectus 概念意涵锥指

在前一现代哲学的再解读的语境中，"激情（passion）"向哲学和伦理学舞台的回归构成了一个重要的理论趋势。在各种哲学思考中，我们可以发现，与 passion 联系在一起，并且在理论脉络中牵连甚深的还有一个重要的概念，即"affect"，其拉丁词源的表达形式为"affectus"。

在现代日常语汇，特别是在现代心理学影响下的语用环境之中，passion 和 affect 的含义都是明确的——passion 是"激情"，affectus/affect 最常见的意义就是"感情"。在这一条件下，它们都是指主体的"心灵状态"，"激情（passion）"侧重于表现心灵的不受理性控制的激动状态和效果，而"感情（affect）"则是这种效果的种种内容，如爱、恨、嫉妒，等等。

这些日常的词汇若被回置到它们所由之而来的哲学、伦理学脉络之中，其意涵就远不是这么清晰了，甚至可以说，它们各自都在不同的哲学、伦理学系统中承担着具有难题性（problematique）性质的意涵。这也就是说，无论是"激情（passion）"还是"感情（affectus/affect）"，在概念的功能性表现方面，其意义都是"成问题的"。从斯多葛学派开始（甚至要更早），"激情（passion）"就是被与"理智"相对立的心灵功能。而这个词在词源学上与"受动性"或"被动性"(passivité)有着直接的关系。如果说,"理智"是心灵主动地由自身并依自身的活动的话,那么"激情"则是心灵受动地由外部事物的刺激、影响或激发而依外部对象的活动情状,进而,作为"激情"的内容的"感情(affectus/affect)"也无可避免地依激情所趋向的外部对象而获得自身的实质。在斯多葛主义的这种哲学、伦理学传统之中,哲学的技艺的最高目标之一就是以心灵的主动性活动即"理性"统辖并主导、支配心灵的被动情状即"激情(passion)"及其"感情(affectus/affect)"。这一古老的哲学、伦理学的观念,在17世纪后文艺复兴时期,被笛卡尔在新的"身心二元论"哲学基础上进行了重构:笛卡尔在这方面的代表性观点,全部体现在其长文《论灵魂的激情》("Les passions de l'âme")里。

在某种意义上,可以说笛卡尔对斯多葛主义的心灵观的现代复兴,奠定了现代观念论对"心灵—激情—感情"这一组三元关系的认知,**心灵中的主动部分对受动部分的控制**,则构成了观念论传统中的哲学实践的基本主题,主动部分的"理性"无论**借由与自身形式相同一的进路(康德)**,还是借由与外部事物过程相同一的进路(黑格尔),目的都是要获得对激情(passion)以及作为其内容的"感情(affect)"的控制,从而使主体成为理性的主体或历史的主体。在这个线索中,心灵结构本身内部的二元论的秩序关系是相当确切的,可以图示如下:

理智是心灵的主动情状,知识是该主动性的结果;激情是心

灵的被动情状，affectus/affect是该被动性的种种结果。前者与主体的自由相联系，后者与主体的奴役相联系。在现代理性主义的哲学语境中，passion应更确切地被译解为"心灵的被动情状"，但心灵受动于外而兴于衷的affectus/affect仍旧可以被译解为"感情"——因"感"而生发种种"情"。在这种心灵"秩序"中，心灵的被动情状（passion）是次级的，并与存在的真理无关，而它的表现即感情（affectus/affect）则与存在的真理隔了两层。

随着20世纪存在主义（海德格尔）和存有主义（萨特）以及身体现象学（梅洛-庞蒂）所带动的哲学批判的深入，对affectus/affect的理解，亦发生了激进的转变，这种转变的效果之一就是"激情"在哲学、伦理学中的回归，以及随之而来的对affectus/affect的全面的"新的"理解和译解。在这一"新的"背景中，要将"思维的理性"优先于"身体动作"、"认识或知识"优先于"实践"、"精神的思辨"优先于"行动"的秩序颠倒过来，就必须"重新"解释affectus/affect：只有把affectus/affect提升到构成性的"动"的始源地位而不是被构成的"感情"，这种颠倒才是可能的。在这个方向上，德勒兹（Gilles Deleuze）在《意义的逻辑》（*la Logique du sens*）和《差异与重复》（*Différence et répétition*）中，特别给affectus/affect赋予了身心"装置"的中介性的地位，以至于不能再将该词译解为"感情"，因为，它不再是个体心理的后验反应性的内容，而是在身体动作、事物表象和意义连续体之间的核心中介。在这个意义上，国内学界在德勒兹著作的译介工作中，将affectus/affect这个术语译为"情动"。然而，德勒兹以及对理性主义观念论传统批判的哲学家们对affectus/affect一词的阐释并非是真正意义上全新的，相反，乃是基于对17世纪哲学的再阐释；故此，affectus/affect一词的当代激进化也是对17世纪西方哲学传统文本的"再占用"的结果。该词的"另类"阐释直接来自对斯宾诺莎《伦理学》的阅读。在斯宾诺莎的笛卡尔批判及其哲学表述中,尤其是在《伦理学》的表述中,affectus/affect 有明确的意涵,确切地说,该词应该译解为"受感致动的情状"。① 我们可以在斯宾诺莎《伦理学》高度统一、系统而复杂的"原始"语境中,对 affactus/affect 概念的地位、功能和意义作出回溯,从而看到 affectus/affect 作"受感致动的情状"译解的理由。

1.《伦理学》第三部分序言的基本主张

斯宾诺莎《伦理学》第三部分的标题就是"affectuum 的起源与自然(de origine et natura affectuum)"②,而且也正是从这一部分

---

① Gilles Deleuze. *Spinoza*, *Philosophie pratique*. Paris: Les Édition de Minuit, 1973, p.68—73.

② Affectuum,拉丁语,为 affectus 的复数形式。此外,贺麟先生译本将此部分的副标题译作"论情感的起源和性质"。就 affectus 一词而言,在贺麟先生的译本中(这里考虑但并不仅限于第三部分的情况)译作情感、感情、情绪,并不统一,但这种解译恰恰是与斯宾诺莎的理论构想不相符的。就 natura 一词而言,贺麟先生的译本在涉及存在物、事物、东西以及"神"的时候,译作"自然"或"性质",而涉及人的情况的时候,往往译作"本性"或"性质",这也会造成"人"与"事物"仿佛是有本质性的区别的阅读效果,但在斯宾诺莎的哲学、物理学、伦理学构想中,这种性质上的区别是被否定的,故此,在这里凡是 natura 皆译解作"自然",这种理解的理由后文详述。此外,本文参考、引用拉丁文《伦理学》原文亦皆出自 *The Vatican Manuscript of Spinoza's Ethica*, ed. Leen Spruit and Pina Totaro, LEIDEN · BOSTON: Brill, 2011. 后文只标出该著页码,并同时标出参考贺麟先生《伦理学》译本(北京:商务印书馆1959年版)的页码,以"(拉/汉)"的形式随文标出。

开始,《伦理学》在结束了存在论阐明(第一部分"论神")、精神现象的原理阐明(第二部分"论心灵的自然和起源")之后,真正进入了"伦理学"的论域。在这个"第三部分"的序言里,斯宾诺莎在开篇便对斯多葛主义—笛卡尔主义的"心—物"/"主—客"二元论的出发点作出了直接的批判:

> 大部分写文章谈论人的**受感致动性**和生活系统的人,好像不是在讨论遵守自然界的共同规律的自然事物,而是在讨论超出自然以外的事物似的。他们似乎简直把自然中的人设想得像是一个国中之国(Plerique qui de affectibus et hominum vivendi ratione scripserunt videnturnon de rebus naturalibus quae communes naturae leges sequuntursed de rebus quae extra naturam sunt agere. Imo hominem in natura veluti imperium in imperio concipere videntur)。(拉169/汉103)

在这里,斯宾诺莎明白地表示了他本人拒绝承认"人"是有别于自然一般的"主体",或者说,"人"拥有独立于自然的另类法则和起源。在这里,斯宾诺莎使用的"国中之国(imperium in imperio)"的比喻是很有意味的:在斯多葛主义—笛卡尔主义的思想线索中,外部世界有自己的"制度"和"权力",而内部世界即人的心灵世界又有自己的"制度"和"权力",这两套"制度"和"权力"异质而不能兼容,"哲学"或"伦理学"的目标似乎就是以"正确"的内部"制度"技术扩大它自身的"权力"范围。正如斯宾诺莎在随后指出的那样,为了探讨这种"正确"的内部"制度",哲学家、道德家们区分出了人的自然中的那些被动的感情用事的缺陷(即 affectus/affect)并"表示悲哀、嘲笑、蔑视、通常甚或加以诅咒",另一方面又寄望于用心灵的理性部分克制这些 affectus/affect。斯宾诺莎这里的表述非常重要,因为他使用的"表示悲哀、嘲笑、蔑视"等"表述"不是别的,也正是一些"感情用事"的情形。斯宾诺莎隐含的意思是:传统的哲学家、道德家们从二元论出发,恰恰只能对他们所理解的"理性"视角下的"感情(affectus/affect)"报之以"感情(affectus/affect)",然后虚构出理性的"解决办法",这就好比还未与敌人交战便宣告我方胜利的一场战争,这种"战争"不仅不能消灭敌人,反倒会使自己陷入"想象"之中。心物二元论的传统解决办法是"想象的",在这个传统中思考 affectus/affect,只能使这些哲学家、道德学家们陷入坏的循环。

在这篇序言里,斯宾诺莎接着从正面阐明了自己努力"如考察线、面、体积一样"(拉 170/汉 97)测定 affectus 的性质,从而提出打破这种循环的几条基本原则(就《伦理学》全书来说,它们也是一般原则)。

原则一:"自然中发生的一切,没有什么是可能归因于自然的无效的(Nihil in mima fit, quod ipsius vitio possit tribui. Est namque natura semper eadem, et ubique una)",因为"所有事物由其所成并因其而从一些形式变化到另一些形式的自然的法则和规则,是永远且到处同一的(naturae leges and regulae secundum quas omnia fiunt et ex uniformis in alias mutantursunt ubique and semper eaedem)"。(拉 169—170/汉 97)

原则二:"应该运用同一的方法去理解一切事物的自然,这就是说,应该运用普遍的自然规律和法则去理解一切事物的自然

(atque adeo una eademque etiam debet esse ratio rerum qualiumcunque naturam intelligendi, nempe per leges et Regulas naturae universales)。"(拉170/汉97)

如果说第一条原则重申了《伦理学》第一部分的存在论原理，那么第二条原则则是由此原理而来的方法论标准。这样一来，这一"理论场地"便与斯多葛—笛卡尔的心—物/主—客二元论"场地"完全不同了，在这个"新"的场地中，不再有给定的那种不断"二分化"的秩序结构，相反，那种结构被彻底打散，化为了极简的单位要素，这些要素无非就是事物（res）本身。在整个《伦理学》中，"事物（res）"是一个牵连极广、含义极丰的指代名词，就是指一切出现的、存在的、必然存有的事情、东西、情况和现象——也指人这一"特殊的"存在者，所以当然包括斯宾诺莎所论的个别的事情和"事情一般"；无论是心理现象、自然事物还是这些东西的"发生"情况，在《伦理学》中都可以被称为"事物（res）"。故此，affectus/affecut 和人，不再是心理内容和心理主体的关系，不再是前者从属于后者的关系，相反，在元素意义上，它们同样匀质地都是"事物（或情况）"①，就像"线、面、体积一样"。一切已然和必然存有的"事物（或情况）"都是有原因并表现着原因性的。因此，对

---

① 斯宾诺莎在《伦理学》的文本中，将"神"称为"思想的事物（Deus est res cogitans）"和"有广延的事物（res extensa）"（见第二部分定义一和命题一），而又将"身体/物体"称为"有广延的事物"（见第二部分定义一），将"心灵"称为"思想的事物（res est cogitans）"（见第二部分定义三）。在这三个基本规定性的实体性东西之下，各种有限样式的分殊都是"个别的事物或东西"。

一个个别或具体的事情的探究,就是去探究它的必然的原因。所以,affectus/affect 作为一种"事物(或情况)",不能被"先行"放在别的事物之内推导其原因性,而应回到它本身,回到"事情本身"去看它的发生、作用和功能的原因性。它必然牵涉的原因性就是它本身的"自然",而"自然"规则"是永远且到处同一的"。

2. affectus 的存在论和物理学

"自然"规则是"永远且到处同一的"。在斯宾诺莎《伦理学》的语境中,这一个判断句的表述有着极高的理论表达密度。就其主词的要素之一进行追问:什么是"自然"？无疑,《伦理学》整个"第一部分"都谈的是这个"natura"或"natura rerum(自然的事物)",即著名的提法"神或自然(Deus sive natura)"所涵盖的所有事物的全部现实性。正如在前文已经提及的那样,斯宾诺莎按照必然性的推理,指出"事物一般"对人的理性来说总是在实体的两个属性的样式中被认识的,即,被认识为"广延的事物"——"物体",和"思想的事物"——"观念"。① 也就是说,一切事物,就其在两种样式(广延、思想)之下而能为人所认识而言,都是这两种样式中的"分殊(affection)"。我们必须注意到,在斯宾诺莎所论的这一部分里,"分殊(affection)"在词源上和"affectus/affect"的关联性是极为突出的:从词源词意来说,"分殊"就是指事物必然的"动作过程"。而之所以在涉及"自因的事物(即自在之物、事物一般)"或"自然"本身时、在言及它的样式性"动作"结果的时候,不说它是被动的或主动的,原因在于,作为事物的总体即实体,它

---

① 参看《伦理学》第一部分命题十四及其证明,以及该命题的两则绎理。

之外不可能有另外的实体，它的原因只能在它之内找到——它作为总体是自我致动的，故只能将自然的动作及其结果译解为"分殊"。至于事物本身或自然可被人构想的最基本属性为什么是"广延"和"思维"，斯宾诺莎对这个问题的推理极为精审复杂，牵涉《伦理学》第一部分和第二部分定义、公理、命题的全部系统，这里无法全部展开，但可以仅借与本文所论主旨直接相关的简单推理从侧面加以提示：自因的事物本身"是着"，且必定"有着"，"是"且"有"的事物必定可被"设想"，也就是说能够在"心灵"中给出"观念"（观念不是人的知识或认识，而是事物的可被思的、可设想的方面的存有，即概念，它即便暂时还未被人认识，但必定终会被人的心灵所认识），这个逻辑顺序是可以逆推的，正是因此，自因的事物才在它的观念下从它的形式条件"是（存在）"中生产出"有（存有）"。这就是《伦理学》第二部分著名的命题七"观念的顺序和联系，和事物的顺序和联系是一回事（Ordo et connexio idearum idem est, ac ordo et connexio rerum）"（拉125/汉49）所表达的意思。总之，一切事物的总体或自然，对人的认识条件而言，存在于两个基本顺序之中，存在于事物的物体性顺序①和事物的观念性顺序之中。

"自然"规则是"永远且到处同一的"。就这句话的另一要素

---

① "身体（corpus）"是另一个需要说明的概念，在斯宾诺莎的语境中，corpus 就是"广延的东西"及其分殊的样式即个别的事物的物理实存体。故此，在个别的意义上，可以译解为"物体"，在涉及人时才译解为"身体"，但二者实质上是同一属性下的同性质的样式性事物。可参看《伦理学》第二部分命题十七的陈述、证明一及其绎理和证明二及附释。

"规则"提问:永远且到处同一的规则是什么?结合斯宾诺莎的《伦理学》的整个系统而言,可以说,这个唯一的规则就是与"affectus/affect"直接相关的"努力(conatus)"原则。"凡是尽量在其自身之中'是'的任何事物,都会努力地使自己保持在它自己的'是其所是'之中。"(第三部分命题六)"努力使其自身保持在它自己的'是其所是'之中的任何事物的这一努力不是别的,就是该事物的实际本质。"(第三部分命题七)"努力使自己保持在它自己的'是其所是'之中的任何事物的这一努力不包含任何有限的时间,而是包含无限期的时间。"(第三部分命题八)"Conatus(努力)"是存在的力度,是事物的实际本质,是每个事物无时限的绵延的实际本质。就身体(物体)的事物而言,这些事物相互关联、相互影响作用。每个事物在运动的系统中,莫不相互"激动"着,它们各自为了保持自己的状态和本质(所是)在主动和被动的力量关系之间运动起来。为了持续存在,物体必须保持主动,因为总有受动性以某种规律威胁着压倒事物(压倒的结果就是事物的消灭)。为了持留于存有之中,就必须付出努力,保持以"动、静的恒定比例"为基础的动态性。

一事物(物体)在受外力作用并保持自身存在的努力过程中所表现的"动作的情状(或主动或被动的情状)"就是 affectus/affect。它的意思就是力量的动量性状,这种力量的动量性状在每个事物的现实性的基底中都存在着,构成着它们的"实际的本质"(第三部分命题六)。总是在关系系统中被激动而动作着的任一事物(物体)在与他物的力量关系中,遇强物则受抑而慢,自身的动作情状(affectus/affect)即为受动的;遇弱物则舒展而快,其自身的动作情状(affectus/affect)即为主动。正如奈格里所总结的那样,在斯宾诺莎的 conatus(努力)学说中,各自"努力"的事物构成的系统的唯一规则就是"此消彼长的力量本身,因而由全部事物构成的事物一般也将自身呈现为通过力量汇聚起来的诸种受感致动的情状。有限样式世界这样一来便可纳入受动(激情)理论之中。这个世界将自身展现为一个消消长长——生灭的消消长长——的世界,将自身展现为主动的被动的'受感致动的情状(affectus)'之间连续的关系和分配比例,譬如弹性。所有这一切都受到 conatus(努力)的约束,它是一个高踞于实存之上的一个本质要素、永远积极的动力、纯然内在的因果性"①。巴利巴尔(Étienne Balibar)在《斯宾诺莎那里的个体性和超个体性》("Individualité et transindividualité chez Spinoza")一文中,更为生动地指出,受 conatus(努力)原则支配的所有事物,在各自的努力中只有**通过在**相互间动量关系激动**之下**发生各种"受感致动的情状(affectus)",并且只能通过"再生(régénération)"才能努力维持各自自身的存在,"再生(régénération)"意味着,某个特定个体必定永远要放弃自己的一部分,永远成为他者的一部分,以满足这个条件,即这种让渡使得某种比例保持恒定。② 巴利巴尔对事物在努力中的"受感致动的情状(affectus/affect)"的这种描述,可以很好地以"分子热运动"或"布朗运动"为例进行说明,分子的不断运动就是它们保持自己存在的努力的受感致动的情状(affectus/affect)。

---

① Anotio Negri. *Spinoza*. Roma: I libri di Derive Approdi 1998, p. 195.

② Étienne Balibar. "Individualité et transindividualité chez Spinoza", P. -F. Moreau, (dir.), *Architectures de la raison. Mélanges offerts à Alexandre Matheron*, Fontenay-St-Cloud: ENS-LSH Édition, 1996, p. 41.

代译后记:斯宾诺莎《伦理学》Affectus 概念意涵锥指

"自然"规则是"永远且到处同一的"。有广延的事物(物体)服从于 conatus(努力)原则以及这个原则之下的"受感致动的情状(affectus/affect)"的运作规则,思想的事物(观念)亦然。一切事物在广延的样式中借由接触而相互构成力量对比、构成作用与反作用,进而相互刺激产生被动或主动的应变致动的状态(affection),一切事物在思想的样式中也同样相互构成力量对比,借由观念的印象(想象)相互构成力量对比、构成作用与反作用,进而相互刺激产生被动或主动的受感致动的情状(affectus)。《伦理学》第二部分的命题七的另一个表达形式出现在第五部分的第一个命题当中:"Propositio 1. Prout cogitationes rerumque ideae ordinantur, et concatenantur in mente, ita corporis affectiones seu rerum imagines ad amussim ordinantur et concatenantur in corpore./命题一:思想和事物的观念在心灵中按顺序被排列和联结,身体的应变致动的状态(affectiones),或事物的印象,也完全对应地在身体中按顺序被排列和联结。"(拉 293/汉 240)这就是说,身体在场之处,心灵①也总是在场,而心灵在场之处,身体/物体也总是在场。心灵以自己的方式、用自己的语言,以"思想(cogitationes)"和"对事物的观念(ideae rerum)"来进行表现,而这同一些动作和运动,在身体的语言中,则成了"应变致动的状态(affectiones)"和"事物印象(imagines rerum)",这些印象纯粹是痕迹或物理印记。在心灵之中,则表现为"受感致动的情状(affectus)"。在相互激动的诸事物的身体上有什么样的应变致动的状态(affection),在可设想

---

① Mens,心灵,在斯宾诺莎的《伦理学》体系中不是属于人的或专属于人的,相反,作为自然的一种分殊,"心灵(mens)"就是"思想的事物"的样式。

的心灵顺序中，它们就有怎样的受感致动的情状（affectus/affect）——"任何会助长或减弱、促进或阻碍我们身体的动作力量的事物，它的观念亦会助长或减弱、促进或阻碍我们心灵思想的力量"（第三部分命题十一）。每个事物都竭力保持自身，在心灵的顺序中，每个事物的观念亦然，"Mens quantum potest, ea imaginari conatur, quae Corporis agendi potentiam augent vel juvant/心灵总是竭尽所能尽量努力去想象足以增加或助长身体的动作力量的东西"（第三部分命题十二）。每个事物竭力保持自身，其应变致动的状态（affection）正是这种努力的趋势（趋利避害以维持自身）的表现，表现着与他物的力量关系，而在心灵顺序中，事物的观念的受感致动的情状（affectus/affect）完全相应地表现着这种努力，具体说就表现为"欲望"的种种形态，表现着与他物的观念上的力量对比关系。

就此，我们可以说在斯宾诺莎《伦理学》的体系中，"affectus/affect"不是狭义的"感情"，它的主体不仅仅是人，相反，是一切存在并且存有的事物。因而，"affectus/affect"在斯宾诺莎看来，就是事物维持自身而相互激动所发生的动作情状，在物体的广延顺序中表征为所有事物各自的"应变致动的状态（affection）"，在心灵的思想顺序中则完全对应地表征为观念的"受感致动的情状（affectus/affect）"，在这两套顺序中，起支配作用的只有一种法则，即力量的法则，在这法则之下，每个事物的努力在力量强弱样式和关系的系统限定之内莫不是被"决定"的。

3. "受感致动的情状（affectus/affect）"的精神现象学

所有事物无时无刻不在事实层面生成着有原因性的应变致

动的状态（affection），相对地在受动和主动之间波动，这是《伦理学》第一部分所论述的主旨。而事物除了在事实层面存在，还在心灵的顺序中存在，事物可以被思考就是因为事物同时还是一种观念的存在。在斯宾诺莎那里，事物的直接观念、真观念的对象被称为"ideatum（观念对象）"，一切存有的事物在可设想的意义上，都同时是事实和它的 ideatum，也就是说，若一物无 ideatum 则它必不可能实有，这是很明白的。《伦理学》第二部分所论述的就是事物的观念在心灵层面发生原因性的应变致动的原理，分析了观念在不充分和充分之间的力量波动。

事物在两种顺序之中对应地自在存在，并无时无刻不对应地运作着，在这个意义上说，它们在这两种顺序中各自都是必然地充分的（事物是真实的且事物观念是真观念）。但是，有一个事实，即"人是能思的"，或者说，"人"这种范畴样式有"思想"的属性。这个事实使"人"处在一个既有利又不利的存在论位置上。说它"有利"，是因为"思想"的心理能力有使人经由"观念"同时感知身体的应变致动的状态和心灵的受感致动的情状的"能力"，虽不能说这种心理能力只为人所专有，但至少可以说，这种能力是一个不能从人这里否定掉的现实性。说它"不利"，是因为，人是自然里诸事物中的一种，其身体的存有不是充分的存有，无论是在广延上，还是在时间性的绵延上，也就是说人的身体存在必然是"受限制"的、"有限"的存有，相应地，在心灵的顺序中，在思维中，人的观念、感知和意识也必然是"受限制"的和"有限"的。人通过他受限制的心灵，在他受限制的精神中对事物和他自身的应变致动关系的表征，以及此种表征在人的精神中进而激动起来并转化为进一步的动作的精神效果就是人的"受感致动的情状"

或"感情"。《伦理学》第三部分专论的就是事物应变致动的状态与心灵受感致动的情状在人这个特殊范畴中的种种特殊样式化原理。

也正是在这个"有利"的存在论位置上，人的"受感致动的情状"可以被追溯到它们在事实性层面的身体应变致动的原因。斯宾诺莎在《伦理学》第三部分的命题九、命题十和命题十一中指出，由于身体和心灵服从于同一个努力的原则，所以在人这里最基本的受感致动的情状（affectus primarii，见命题十一）同事物的应变致动的最基本状态完全一致。正如前文所说，关系系统中被激动而动作着的一事物（物体）在与他物的力量关系中，遇强物则受抑而慢，自身的应变致动的状态（affection）即为受动的；遇弱物则舒展而快，应变致动的状态（affection）即为主动。相应地，就人而言，人作为一事物，其原力的努力观念即为"欲望（cupiditas/desire）"这种竭力自我保存的受感致动的情状，凡是在某对象上可以发现无法满足这一目的的观念，或相较更少能满足这一目的的观念，在人的心灵中即反映为受抑的受感性，感觉在动量上则缓滞，在受感致动的情状上则反映为"tristesse（悲伤/抑郁）"的感情，就此（或此类）对象则有"odium（恨）"的消极感情；而凡是在某对象上能发现可满足欲望目的的观念，或相较更多能满足这一目的的观念，在人的心灵中即反应为舒畅的受感性，感觉在动量上则欣快，在受感致动的情状上则反映为"laetitia（快乐/欣快）"，就此（或此类）对象则有"amor（爱）"的感情。

然而，从人的存在论位置的"不利"方面来说，他的身体的存在不可能是"自因"的，根据"自因"的定义（见《伦理学》第一部分定义），"自因的"事物的原因在自己之内并通过自身而被设想，唯一的"自因"事物就是自然整体。故此,人的存在只能是"受限制"的("受限制""有限",见《伦理学》第一部分定义),其原因在他之外并通过其他事物而被设想。相应地,人的观念活动、精神活动也必然是"受限制"的,也就是说,人的精神中的受感致动的情状,原因在别的事物之中,并且因而人的受感致动情状在观念上受制于别的事物及其造成的种种条件。故此,在人的精神现象中,依从于单一力量原则的"欲望"—"冲动"—快乐—爱/悲伤—恨—消极性这一受感致动的情感动作在受限制的条件中,呈现出复杂的精神现象结构,交织出光怪陆离、驳杂纷呈的感情动作的统绪。

正如马舍雷在本册导读中细致分析的那样,人的精神的受感致动的情状来自观念中对原因性对象和它造成的愿望满足的"联系"。充分的观念造成充分的联系。这个原理是清楚的。但是,人的观念总是不充分的。所以,这种观念的"联系"的工作机制,可能转化为"转移"的工作机制。也就是说,在不充分的观念中,人往往将快乐—爱的主动性的原因"转移"到错误的原因性事物的观念上,进而引发更为复杂的"联系"的"转移",这种错误的联系/转移,会衍生出诸多次级的受动性的受感致动的情状,在这里,人在真实的动机之下,在其心灵中产生出诸多复杂的错误的受感致动的动作。在第三部分的命题十二到命题二十里,斯宾诺莎令人吃惊地给出了对弗洛伊德—拉康精神分析理论的"预演"。

依照"力量原则",越有力量的身体/物体越有益,该身体/物体的观念就越充分,越有力的身体/物体越能支配他物,越有力的观念越能支配其他观念。这也是明白的道理。人从其致动的动机而言,当然欲求自身力量的增长,欲求自己的身体支配其他身体，欲求自身的观念支配其他观念。以此可知，在每个个体的人的观念中，自己的欲望越是成为他人的欲望才可能是越好的、越有力量的欲望，也就是说，"我"所喜爱的越是成为更多的他人所喜爱的，我就越是从这个对象上获得更大的受感致动的情状和快乐，但与此同时，"我"在观念中就越是"惧怕"他人对此对象的争夺，进而对他人形成"嫉妒""恨"等消极的情感，这种矛盾的爱恨交织的受感致动的情状在《伦理学》第三部分的分析舞台上扮演着重要的"动力机制"，生成了诸多的"子受感致动的情状"和"次级感情"等"心灵的波动"的状态。马舍雷指出，在《伦理学》整个第三部分的分析中，斯宾诺莎证明爱与恨的巨大装置在"联系""转移"、对致动对象的观念的"误认"、对他人欲望的欲望这一整套工作机制中，产生了极为多变而复杂的形式，而这些形式无限复杂的机制占据了我们感性生活的绝大部分情况。

由于在斯宾诺莎那里，身体的应变致动的状态（affection）和心灵的受感致动的情状（affectus/affect），是个体事物维持自身的努力（conatus）造成的激动、运动状态，所以二者并无本质上的不同。正如个别事物（包括人的个体）的身体的存在的动作方向，受另外的身体（物体）的作用发生正向（主动）或逆向（被动）的运动一样，

> 一次受感致动的情状，就它与心灵相关而言，不会被克制或消灭，除非通过反方向的、比我们正经受的这一个更强的另一个身体的应变致动的状态的观念。因为我们正经受的这个受感致动的情状不可能被克制和消灭，除非由于一个更强于它的并相反于它的受感致动

的情状,也就是说除非是通过身体的另一个应变致动的状态的观念,身体的这个应变致动的状态比我们正经受的这个致动情状更强,且与之相反。/Affectus, quatenus ad mentem refertur, nec coerceri nec tolli potest, nisi per ideam corporis affectionis contrariae, et fortioris affectione, quâ patimur. Nam affectus, quo patimur nec coerceri nec tolli potest, nisi per affectum eôdem fortiorem eique contrarium hoc est nisi per ideam corporis affectionis fortioris, et contrariae affectioni, quâ patimur. (《伦理学》第四部分命题七绎理)(拉237/汉176)

这段文字清楚地表明,斯宾诺莎对"受感致动的情状(affectus/affect)"的理解与笛卡尔的"感情""激情"的理解完全不同,彻底颠倒了"感情"理论的难题性结构。在斯宾诺莎的理论系统中,心灵中的感情(affectus/affect)只能被理解为身体的应变致动的状态在观念中引发的动作状态,所以并不是人的"心灵"自身有其独立工作方式的机制的结果;心灵和身体是完全对应一致的。所以,在斯宾诺莎那里,affectus/affect 不能一般地译解为"情感"或"感情",因为它不是因主观的"情"而发生"感动",也不是由"感"而生"情"的纯粹心理状态,相反,affectus/affect 是身体的致动情状同时转换至心灵的"受感"状态,并同时因此"受感",心灵获得"致动"而发生主动或被动的动作,这种观念的动作复又同时地转换为身体的新动作的印象,这种致动在身体和心灵两种顺序间的交流转换时时刻刻、瞬间并同时发生,衍生出个体身心间及个体与它的关系群体间的复杂的身体和心灵运动效果及其精神现象学。

20世纪哲学对斯宾诺莎哲学的复兴,也伴随着对affectus/affect概念从"情感"到"受感致动的情状"的重新译解。德勒兹等人所进行的这种斯宾诺莎阐释,不仅是哲学内部的一次"回溯",更重要的是,"受感致动的情状"的理论广泛地在"装置哲学"、客体导向的哲学(物主义)、精神分析运动中产生了深远的影响,其影响的范围至今还在扩大之中。正是由于这一原因,affectus/affect的概念才亟待得到更为系统完整的研究。皮埃尔·马舍雷的《感性生活:斯宾诺莎〈伦理学〉第三部分导读》正是这一方面研究的当代力作。

译者译介本书,希望就教于学界方家,译文不准确或错误,由译者负责,望读者们批评。

译 者
二〇二二年三月
于陕西师范大学

著作权合同登记号:陕版出图字 25-2020-183

图书在版编目(CIP)数据

感性生活:斯宾诺莎《伦理学》第三部分导读／(法)皮埃尔·马舍雷著;赵文译. ——西安:西北大学出版社,2022.11

(精神译丛／徐晔,陈越主编)

书名原文:Introduction à l'*Ethique* de Spinoza. La troisième partie:la vie affective

ISBN 978-7-5604-5045-2

I. ①感… II. ①皮… ②赵… III. ①斯宾诺莎(Spinoza,Benoit de 1632 -1677)—伦理学—思想评论 IV. ①B563.1 ②B82

中国版本图书馆 CIP 数据核字(2022)第 205996 号

感性生活:斯宾诺莎《伦理学》第三部分导读

[法]皮埃尔·马舍雷 著
赵文 译

出版发行	西北大学出版社
地　　址	西安市太白北路 229 号
邮　　编	710069
电　　话	029 -88302590
经　　销	全国新华书店
印　　装	陕西博文印务有限责任公司
开　　本	889 毫米×1194 毫米　1/32
印　　张	18
字　　数	415 千
版　　次	2022 年 11 月第 1 版　2022 年 11 月第 1 次印刷
书　　号	ISBN 978-7-5604-5045-2
定　　价	139.00 元

本版图书如有印装质量问题,请拨打电话 029 -88302966 予以调换。

*Introduction à l'*Ethique *de Spinoza*
La troisième partie : la vie affective
by Pierre Macherey
Copyright © Presses Universitaires de France/Humensis 1997
Chinese simplified translation copyright © 2022
by Northwest University Press Co., Ltd.
ALL RIGHTS RESERVED

Re 精神译丛（加*者为已出品种）

第一辑

*从莱布尼茨出发的逻辑学的形而上学始基	海德格尔
*德国观念论与当前哲学的困境	海德格尔
*正常与病态	康吉莱姆
*孟德斯鸠：政治与历史	阿尔都塞
*论再生产	阿尔都塞
*斯宾诺莎与政治	巴利巴尔
*词语的肉身：书写的政治	朗西埃
*歧义：政治与哲学	朗西埃
*例外状态	阿甘本
*来临中的共同体	阿甘本

第二辑

*海德格尔——贫困时代的思想家	洛维特
*政治与历史：从马基雅维利到马克思	阿尔都塞
怎么办？	阿尔都塞
*赠予死亡	德里达
*恶的透明性：关于诸多极端现象的随笔	鲍德里亚
*权利的时代	博比奥
*民主的未来	博比奥
帝国与民族：1985—2005年重要作品	查特吉
*政治社会的世系：后殖民民主研究	查特吉
*民族与美学	柄谷行人

第三辑

*哲学史：从托马斯·阿奎那到康德	海德格尔
布莱希特论集	本雅明
*论拉辛	巴尔特
马基雅维利的孤独	阿尔都塞
写给非哲学家的哲学入门	阿尔都塞
*康德的批判哲学	德勒兹
*无知的教师：智力解放五讲	朗西埃
*野蛮的反常：巴鲁赫·斯宾诺莎那里的权力与力量	奈格里
*狄俄尼索斯的劳动：对国家—形式的批判	哈特 奈格里
免疫体：对生命的保护与否定	埃斯波西托

第四辑

*古代哲学的基本概念	海德格尔
黑格尔《精神现象学》的发生与结构（上卷）	伊波利特
卢梭三讲	阿尔都塞
*野兽与主权者（第一卷）	德里达
*野兽与主权者（第二卷）	德里达
黑格尔或斯宾诺莎	马舍雷
第三人称：生命政治与非人哲学	埃斯波西托
二：政治神学机制与思想的位置	埃斯波西托
领导权与社会主义战略：走向激进的民主政治	拉克劳 穆夫
德勒兹：哲学学徒期	哈特

第五辑

基督教的绝对性与宗教史	特洛尔奇
黑格尔《精神现象学》的发生与结构（下卷）	伊波利特
哲学与政治文集（第一卷）	阿尔都塞
疯癫，语言，文学	福柯
与斯宾诺莎同行：斯宾诺莎主义学说及其历史研究	马舍雷
事物的自然：斯宾诺莎《伦理学》第一部分导读	马舍雷
*感性生活：斯宾诺莎《伦理学》第三部分导读	马舍雷
拉帕里斯的真理：语言学、符号学与哲学	佩舍
速度与政治	维利里奥
《狱中札记》新选	葛兰西

第六辑

生命科学史中的意识形态与合理性	康吉莱姆
哲学与政治文集（第二卷）	阿尔都塞
心灵的现实性：斯宾诺莎《伦理学》第二部分导读	马舍雷
人的状况：斯宾诺莎《伦理学》第四部分导读	马舍雷
帕斯卡尔和波-罗亚尔	马兰
非哲学原理	拉吕埃勒
连线大脑里的黑格尔	齐泽克
性与失败的绝对	齐泽克
探究（一）	柄谷行人
探究（二）	柄谷行人